Also in the Variorum Collected Studies Series:

NINA G. GARSOÏAN
Church and Culture in Early Medieval Armenia

JAMES HOWARD-JOHNSTON
East Rome, Sasanian Persia and the End of Antiquity
Historiographical and Historical Studies

G.J. REININK
Syriac Christianity under Late Sasanian and Early Islamic Rule

SIDNEY H. GRIFFITH
The Beginnings of Christian Theology in Arabic
Muslim–Christian Encounters in the Early Islamic Period

ROBERT F. TAFT
Divine Liturgies – Human Problems in Byzantium, Armenia, Syria and Palestine

GABRIELE WINKLER
Studies in Early Christian Liturgy and its Context
Byzantium, Syria, Armenia

ROBERT F. TAFT
Liturgy in Byzantium and Beyond

MICHEL VAN ESBROECK
Aux origines de la Dormition de la Vierge
Etudes Historiques sur les Traditions Orientales

HAN J.W. DRIJVERS
History and Religion in Late Antique Syria

R.W. THOMSON
Studies in Armenian Literature and Christianity

LESLIE S.B. MACCOULL
Coptic Perspectives on Late Antiquity

SIDNEY H. GRIFFITH
Arabic Christianity in the Monasteries of Ninth-Century Palestine

VARIORUM COLLECTED STUDIES SERIES

Studies on the Formation of
Christian Armenia

In respectful memory of His Holiness,
Karekin I, Katholikos of all the Armenians
A great Scholar and Churchman

Nina G. Garsoïan

Studies on the Formation of Christian Armenia

ASHGATE
VARIORUM

This edition © 2010 by Nina G. Garsoïan

Nina G. Garsoïan has asserted her moral right under the Copyright, Designs and Patents Act, 1988, to be identified as the author of this work.

Published in the Variorum Collected Studies Series by

Ashgate Publishing Limited
Wey Court East
Union Road
Farnham, Surrey
GU9 7PT
England

Ashgate Publishing Company
Suite 420
101 Cherry Street
Burlington, VT 05401–4405
USA

Ashgate website: http://www.ashgate.com

ISBN 978–1–4094–0366–1

British Library Cataloguing in Publication Data
Garsoian, Nina G., 1923–
  Studies on the formation of Christian Armenia.
  – (Variorum collected studies series ; CS959)
  1. Armenian Church – History. 2. Armenia – Church history.
  I. Title II. Series
  275.6'62–dc22

ISBN 978–1–4094–0366–1

Library of Congress Control Number: 2010921553

VARIORUM COLLECTED STUDIES SERIES CS959

Mixed Sources
Product group from well-managed forests and other controlled sources
www.fsc.org Cert no. SGS-COC-2482
© 1996 Forest Stewardship Council
FSC

Printed and bound in Great Britain by
TJ International Ltd, Padstow, Cornwall

CONTENTS

Preface		vii
Acknowledgements		xi
I	Evolution et crise dans l'historiographie récente de l'Arménie médiévale *Revue du monde arménien moderne et contemporain 6, 2001*	7–27
II	L'interrègne arménien: esquisse préliminaire *Le Muséon: Revue d'Etudes Orientales 122, 2009*	81–92
III	Frontier-Frontiers? Transcaucasia and eastern Anatolia in the pre-Islamic period *La Persia e Bisanzio. Atti dei convegni Lincei 201 (Rome, 14–18 October, 2002), 2004*	327–352
IV	L'*Histoire* attribuée à Movsēs Xorenacʻi: que reste-t-il à en dire? *Revue des Etudes Arméniennes 29, 2003-2004*	29–48
V	La date de la fondation de Théodosioupolis-Karin *Revue des Etudes Byzantines 62, 2004*	181–196
VI	Janus: the formation of the Armenian Church from the IVth to the VIIth century *The Formation of a Millennial Tradition: 1700 Years of Armenian Christian Witness (301–2001) (Orientalia Christiana Analecta 271), ed. R. Taft. Rome: Pontificio Istituto Orientale, 2004*	79–95
VII	Tarōn as an early Christian Armenian center *Armenian Baghesh/Bitlis and Taron/Mush, ed. R.G. Hovannisian. Costa-Mesa, CA: Mazda, 2001*	59–69

VIII	Le témoignage d'Anastas *vardapet* sur les monastères arméniens de Jérusalem à la fin du VIe siècle *Travaux et Mémoires 14 (Mélanges Gilbert Dagron), 2002*	257–267
IX	Introduction to the problem of early Armenian monasticism *Revue des Etudes Arméniennes 30, 2005–2007*	177–236
X	Was a council held at Vałaršapat in A.D. 491? *Le Muséon: Revue d'Etudes Orientales 117, 2004*	497–506
XI	Le vin pur du calice dans l'Eglise arménienne *Pratiques de l'eucharistie dans les Eglises d'Orient et d'Occident (Antiquité et Moyen-Age), eds N. Bériou, B. Caseau and D. Rigaud = Collection des Etudes augustiniennes (Série Moyen-Age et Temps Modernes 45–46), 2 vols, 2009, I*	249–271
XII	Armenian sources on Sasanian administration *Res Orientales 18: Sources pour l'histoire et la géographie du monde iranien (224–710), 2009*	91–114
XIII	Une coïncidence supplémentaire entre les sources arméniennes et perses: le cas du grand vizir Mihr Nersēh *Revue des Etudes Arméniennes 27, 1998–2000*	311–320
XIV	Le 'guerrier des seigneurs' *Studia Iranica 32, 2003*	177–184
Index of Technical Terms		1–3
General Index		1–18

This volume contains xii + 296 pages

PREFACE

The present, third, collection of my articles, is in part a continuation of the two earlier ones: *Armenia between Byzantium and the Sasanians* (Variorum, 1985) and *Church and Culture in Early Medieval Armenia* (Variorum, 1999). Two of the main themes of these collections have been further explored and amplified here.

The first of these, the two-fold character of Early Christian Armenia, stressing the importance of the role played by Iran and counterbalancing the long-identified influence of the Mediterranean, Graeco-Roman, tradition, has been confirmed by minor studies relying on the comparison of Armenian and Persian sources. This method has led to a re-appraisal of the career of the grand-vizir, Mihr-Nersēh (XIII). The information found in Armenian historical sources has added to our knowledge of Sasanian administration, particularly in outlying western regions of the empire (XII). Sasanian seals, made available by the numerous publications of Rika Guyselen, both confirmed some of the Armenian evidence and made possible the clarification of unusual and hitherto incomprehensible titles appearing in Armenian documents, such as the one of Xusrō II's favorite, prince Smbat Bagratuni, invariably styled in them "warrior of the lords" in addition to his hereditary Armenian charge of *aspet* and his more familiar Sasanian office of *marzban* of Gurkan (XIV). In the purely Armenian area, additional material has brought greater precision to the date of the foundation of the great border fortress of Theodosioupolis/Karin (V) and also to the long disputed date assigned to the *History* attributed to Movsēs Xorenacʻi (IV). Further investigations have pointed to the reality of an identifiable zone running from the Caucasus to Mesopotamia athwart the traditionally given frontier between the Byzantine and Persian Empires, but characterized by its own identity distinct from either one of them (III).

The second theme, the affirmation of the autocephaly of the Armenian Church, leading to its rejection of both the Dyophysism officially adopted by the Persian State Church and the Chalcedonian Orthodoxy of the Imperial Church of Constantinople by the beginning of the seventh century (VI) has received a more extensive treatment in my book, *L'Eglise arménienne et le Grand Schisme d'Orient* (Corpus Scriptorum Christianorum Orientalium 574, 1999), but has also been complemented here by a number of more restricted studies: the identification of the earliest probable center of Armenian Christianity at Aštišat in the southern district of Tarōn (VII); the evidence for the probable reception of the Imperial *Henotikon* by Armenia and the

Churches of Southern Caucasia at a council held at Vałaršapat in 491 (X); and the unique Eucharistic rite of the Armenian Church with its implications for the development of its own dogmatic position (XI). The preliminary study of recorded Armenian foundations in Jerusalem in the late sixth century, as a possible source of influence for the gradual appearance of stable, cœnobial, monastic establishments in Greater Armenia during the next century, as against its earlier peripatetic, hermitic tradition (VIII), has led to a more detailed analysis of pre-Islamic Armenian monasticism (IX).

The major new theme being inaugurated in the present volume (I and especially II) introduces a shift both in chronological focus and in methodology. Over the quarter century since the publication of my first collection in 1985 I have grown increasingly dissatisfied with the traditional interpretation generally dominating the approach to Armenian history: the almost exclusive attention given to the modern period; the study of Armenia as an isolated unit separated from its context; the intrusion of literary criteria, such as the identification of the fifth century as a "Golden Age," into historical analyses for which they are not suited; the treatment of medieval Armenia as a centralized state; finally, the reliance on written sources, ignoring all others, particularly the pertinent architectural evidence. This methodology has resulted in a fragmented pattern consisting in spasmodic leaps from the end of the Arsacid kingdom of Greater Armenia in 428 to the coronation of the first Bagratid, Ašot I in 884, more than four centuries later, to the subsequent transfer from the Armenian plateau to the Euphratine principalities and the Cilician kingdom in the eleventh century, to the return to Armenia in the fourteenth, and the long Ottoman period, until the fleeting appearance of the first Armenian Republic in the twenties of the twentieth century brought a simulacrum of independence, soon obliterated by the Soviet domination, and now resuscitated in the nineties of the same century. This disjointed, episodic and primarily political approach is not only unsatisfactory in itself; it fails to give the attention due to the intervening "Dark Ages," especially to the long hiatus separating the Arsacid and Bagratid periods. Most of all it fails to account for the survival of an Armenian identity over the centuries despite the vicissitudes of its tumultuous history, when the far greater power of Rome has been relegated to history books.

The uneasiness caused by this interpretation has led me first to a re-examination of the generally neglected period of the seventh and early eighth centuries when stateless Armenia was under the domination of the Sasanians and subsequently of the Arab Umayyad Caliphate. This study of the "Interregnum" has not supported its disregard by scholars, but rather revealed the crucial importance of this period in the formulation and consolidation of the constants within the Armenian identity.

A consideration of the intense architectural activity on the Armenian plateau, as against the generally negative image of the seventh century given by the written sources, argues that it should also be viewed as a period of considerable prosperity. It further demonstrates that the basic nexus of Armenian society composed of its great noble families, disrupted by their near obliteration in the catastrophic Persian victory of 451, had reconstituted itself, thus providing a solid continuity which would survive the Arab conquest of the mid-seventh century and even the gradual alteration of the demography of the Armenian plateau by the implantation of Muslim emirates beginning with the ninth century.

The doctrinal evolution of the Church, which now replaced the absent state as the focus of all Armenian loyalties finally reached its full development. Freed from earlier foreign pressures by the beginning of the seventh century, it overcame internal Chalcedonian and heretical elements. Most particularly, it successfully contained the powerful influence of extreme Julianist Monophysitism, whose strength came to a head by the middle of the century, in the insufficiently appreciated movement largely distorted by the contemporary sources, of Yovhannēs Mayragomecʻi and his disciples. Only then, was the Armenian Church able to achieve at last its own formulation of a mitigated Ephesian dogmatic definition with the promulgation of the first *Armenian Book of Canons* by the katholikos Yovhannēs Öjnecʻi in 719. The gradual establishment of a full cœnobial monasticism ensured that the centers would provide and nurture the intellectual development of the country in the Later Middle Ages.

The Arab conquest, bewailed by the native sources, first unified the territories once divided between Byzantium and Persia thus giving an administrative underpinning to the intellectual concept of a single Armenia reflected in the fictional and unhistorical presentation of it in the *Armenian Geography* (*Ašxarhacʻoycʻ*) composed in the seventh century.

The turn of my attention to the importance of the Interregnum, admittedly a period of political upheaval in the absence of any central authority, has led me to a more fundamental general postulate; that the study of Armenian society through a focus on its political structure has obscured its inherent constants. Specifically, that a centralized state was not characteristic of the centrifugal aristocratic Armenian society, resting on a fragmented geographical setting, in which even in the royal Arsacid period the king was but the first among his peers. A new methodology concentrating on the constants forged outside of a single political framework during the Interregnum, long before the modern period, seems more likely to provide eventually a clearer understanding of the stubborn survival of the true Armenian identity as that of a nation rather than a state.

NINA G. GARSOÏAN

New York
January 2010

PUBLISHER'S NOTE

The articles in this volume, as in all others in the Variorum Collected Studies Series, have not been given a new, continuous pagination. In order to avoid confusion, and to facilitate their use where these same studies have been referred to elsewhere, the original pagination has been maintained wherever possible.

Each article has been given a Roman number in order of appearance, as listed in the Contents. This number is repeated on each page and is quoted in the index entries.

ACKNOWLEDGEMENTS

For permission to reprint these articles, I am most grateful to the following editors, journals and publishers: Professor Claire Mouradian and the Association des études arméniennes (for article I); Professor Andrea Schmidt and *Le Muséon* (II and X); Professor Lamberto Maffei, Director of the Accademia Nazionale dei Lincei (III); Monsieur Albert Fallier, the *Revue des études byzantines*, and the Editions de Boccard (V); Father Farrugia of the Pontificio Istituto Orientale and *Orientalia Christiana Analecta* (VI); Professor Richard Hovannisian (VII); Professor Constantin Zuckerman, and the Association des amis du centre d'histoire et civilisation de Byzance (VIII); Père Jean-Claude Frédouille and the Institut des études augustiniennes (XI); Madame Rika Guyselen and *Res Orientales* (XII); Madame Maria Szuppe, Rémy Boucharlat and Marcel Bazin, and *Studia Iranica* (XIV); and especially Dr John Smedley for his valuable suggestions and his help in making the present volume possible.

I

ÉVOLUTION ET CRISE DANS L'HISTORIOGRAPHIE RÉCENTE DE L'ARMÉNIE MÉDIÉVALE*

Jusqu'à une époque récente les études arméniennes ont été considérées par la plupart des historiens occidentaux comme d'un intérêt principalement local ou, tout au plus, marginal pour la compréhension du monde médiéval, même dans le cas plus spécialisé de l'Empire byzantin. Ce manque d'attention touche surtout le domaine de l'histoire, car les linguistes ont noté, depuis longtemps, l'importance de l'arménien classique comme une langue indo-européenne *sui generis* et non comme faisant partie d'une des familles indo-européennes déjà connues. De même, les spécialistes de la patristique ont reconnu la nécessité de consulter les versions arméniennes de la Bible ainsi que les œuvres tels le *De Jona* de Philon d'Alexandrie, la *Chronique* d'Eusèbe de Césarée ou la *Réfutation du concile de Chalcédoine* du patriarche monophysite d'Alexandrie Timothée Ælure, dont les textes originaux grecs ont disparu. En dépit de cette longue indifférence des savants, l'étude de l'histoire arménienne s'impose aujourd'hui de plus en plus, tant comme une branche de l'histoire byzantine ou de l'Église paléochrétienne, que particulièrement pour toute reconstitution de la société iranienne, sassanide ou surtout parthe, pour lesquelles les sources perses font presque entièrement défaut. Le rôle dominant de l'Arménie se manifeste maintenant comme le point de transmission et d'échanges culturels entre les deux grandes civilisations, classique et orientale, qui l'encadrent et qui ont influencé et enrichi la sienne, ainsi que dans le groupe des chrétientés orientales non grecques, égyptienne, syrienne et géorgienne, dont

---

* Une version anglaise de cet article a été présentée au symposium à Smith College intitulé : « The World of Late Antiquity : The Challenge of New Historiography » (Northampton, MA, 15-17 octobre 1999) dont les *Actes* doivent paraître sous peu.
    Cet article n'a aucune prétention à l'originalité. Son propos est de présenter le développement rapide au xxe siècle d'une discipline actuellement en danger.
    En raison des limites de longueur, les indications bibliographiques de ces notes ont été délibérément écourtées. Les ouvrages en russe ou en arménien n'y ont été inclus que dans les cas où un ouvrage équivalent n'existe pas dans une langue occidentale. Les références aux sources et ouvrages déjà notés dans une des études citées ne sont pas répétées. Pour des bibliographies plus complètes, voir R.W. THOMSON, *A Bibliography of Classical Armenian Literature to 1500 AD* (Turnhout, 1995) ; N. ADONTZ, *Armenia in the Period of Justinian*, éd. et trad. N. Garsoïan, (Lisbonne, 1970), p. 264*-303* ; G. GARITTE, *La Narratio de rebus Armeniæ* (Louvain, 1952), p. ix-xliv ; N.G. GARSOÏAN, *The Epic Histories Attributed to P'awstos Buzand* (Cambridge, MA, 1989), p. 604-664 ; et EAD., *L'Église arménienne et le Grand Schisme d'Orient* (Louvain-la-Neuve, 1999) [= *Église arménienne*], p. xxi-lxxi.
    Pour des études générales sur la littérature arménienne en langues occidentales, voir V. INGLISIAN, « Die Armenische Literatur », dans *Handbuch der Orientalistik*, I/vi : *Armenisch und Kaukasische Sprachen* (Leyde-Cologne, 1963), p. 156-250 ; et Ch. RENOUX, « Langue et littérature arméniennes », dans M. ALBERT, et AL. (éd.), *Christianismes orientaux. Introduction à l'étude des langues et des littératures* (Paris, 1993). p. 109-186.

elle a fait partie. Vu l'appréciation grandissante de son importance, il ne semble pas superflu d'esquisser, ne serait-ce que brièvement, le développement récent des études consacrées à l'Arménie médiévale, dont l'avenir risque malheureusement d'être sérieusement compromis.

Le peu d'intérêt relatif des historiens jusqu'ici n'a rien de bien surprenant, car l'historiographie arménienne est une science jeune, restée jusqu'au début du XXᵉ siècle dans un état d'innocence sinon d'obscurité. Même aujourd'hui, nous sommes encore forcés, dans bien des cas, de poser les premiers jalons et d'inaugurer l'exploration d'aspects longtemps pris pour acquis par nos collègues dans des régions plus connues. Certaines données nous manquent totalement et conduisent par conséquent à des conclusions qui peuvent paraître simplistes ou évidentes dans des domaines mieux travaillés. Ce n'est que dans les dernières années du XVIIIᵉ siècle que le père Michael Tchamtchean (Միքայէլ Չամչեան [Mikʻayēl Čʻamčʻean]), appartenant à la congrégation arménienne catholique des Mekhitaristes de Venise, entreprit pour la première fois de réunir les sources nationales à sa portée afin d'en tirer une histoire globale de son pays qu'il intitula *Histoire d'Arménie des origines à l'année du Seigneur 1784*[1].

Ce retard dépend en partie d'une série d'obstacles supérieurs à ceux auxquels sont ordinairement confrontés les médiévistes. Deux des instruments dont ceux-ci se servent habituellement pour suppléer aux données des sources historiques sont presque totalement absents. L'histoire agitée et souvent tragique de l'Arménie en a détruit les archives avec les chancelleries et les monastères qui les abritaient, à l'exception de quelques chartes octroyées par les rois du Royaume arménien de Cilicie (XIIᵉ-XIVᵉ siècles) à des marchands italiens, catalans ou français. Ce sont d'ailleurs des copies ou versions des originaux disparus qui ont survécu fortuitement en Occident[2]. Seuls existent encore de nombreux colophons de manuscrits arméniens contenant souvent des données historiques de grande valeur, mais ils ne remontent guère au-delà du XIIᵉ siècle[3]. Nous ne possédons ni monnaies ni sceaux arméniens proprement dits entre les périodes hellénistique et cilicienne, c'est-à-dire pour les douze premiers siècles de l'ère chrétienne[4].

---

1 - Միքայէլ Չամչեան, [Mikʻayel Čʻamčʻean / Michael Tchamtchean], Պատմութիւն Հայոց ի սկզբանէ մինչեւ ցամ Տեառն *1784*, 3 vol. (Venise, 1784-1786).

2 - V. Langlois, *Le trésor des chartes d'Arménie* (Venise, 1863).

3 - N. Garsoïan, « Notes préliminaires sur l'anthroponymie arménienne du Moyen-Âge », *L'anthroponymie document de l'histoire sociale des mondes méditerranéens médiévaux*, éd. M. Bourin, J-M. Martin et F. Menant (Rome, 1996) [= *Anthroponymie*], p. 228, n. 3, réimp. dans Ead., *Church and Culture in Early-Medieval Armenia* (Londres, 1999) [= *Church and Culture*], ix. L'ouvrage principal sur la prosopographie arménienne est Հ. Աճառյան, [H. Ačaryan / H. Adjarian], *Հայոց անձնանունների բառարան* (*Dictionnaire des anthroponymes arméniens*), 5 vol. (Erevan, 1942-1962), qui demeure indispensable malgré certaines erreurs.

4 - P.Z. Bedoukian, *Coinage of Artaxiad Armenia* (Londres, 1978) ; Id., *Coinage of Cilician Armenia*, 2ᵉ éd. (Danbury, CT, 1979) ; A. Mousheghian et G. Dupeyrot, *Hellenistic and Roman Armenian Coinage* (Wetteren, 1990).

Le domaine de l'archéologie présente des problèmes particulièrement importants. Des fouilles sérieuses n'ont été entreprises que sur le territoire de la République contemporaine, qui correspond à environ un cinquième de l'étendue de l'Arménie historique, tandis qu'elles restent impossibles dans sa majeure partie située en Turquie et partiellement en Iran. Ainsi, même le site de la grande capitale arménienne du dernier siècle avant J.-C., Tigranocerte ou Tigranakert, dont Pline l'Ancien et Plutarque vantent la beauté, ne peut être identifié avec certitude[5]. Notre manque de connaissances est aggravé ici par le danger constant de tirer des conclusions injustifiables sur une base de *pars pro toto*. En outre, nous restons toujours sans solution pour l'absence mystérieuse et presque totale de documents archéologiques attribuables au millénaire séparant le VIe siècle av. J.-C. des premiers monuments chrétiens du Ve siècle ap. J.-C., bien qu'une abondance de matériaux appartenant aux périodes antérieures du Royaume ourartien et de l'Âge de bronze ait survécu[6]. Seule une quantité minime d'objets éparpillés représentant la

---

5 - Pour les dernières discussions au sujet du site de Tigranocerte, voir M.-L. CHAUMONT, « Tigranocerte : Données du problème et état des recherches », *Revue des études arméniennes* [= *REArm*], n.s. XVI (1982), p. 89-110 ; EAD., « Quelques notes concernant Tigranocerte », *REArm*, XXI (1988-1989), p. 233-249 ; M. NOGARET, « Quelques problèmes archéologiques et topographiques dans la région de Maiyāfāriḳīn », *REArm*, n.s. XVIII (1984), p. 411-433 ; T. SINCLAIR, « The Site of Tiganocerta » I, *REArm*, 25 (1994-1995), p. 83-154 ; II, *REArm*, 26 (1996-1997), p. 51-118. Toutes ces suppositions restent nécessairement au niveau de l'hypothèse jusqu'à la possibilité d'entreprendre des fouilles.

6 - Pour les premiers documents ourartéens, voir Б.Б. ПИОТРОВСКИЙ [B.B. PIOTROVSKIJ], *Ванское Царство* (*Le Royaume de Van*) (Moscou-Léningrad, 1959) ; la traduction anglaise, *The Kingdom of Van*, manque malheureusement de précision et n'est pas complète ; ID., *Ourartou, Archeologia Mundi* (1966), etc ; M.N. VAN LOON, *Urartian Art : Its Distinctive Traits in the Light of New Excavations* (Istanbul, 1966) ; G. AZARPAY, *Urartian Art and Artifacts* (Berkeley-Los Angeles, 1968) ; Г.А. МЕЛИКИШВИЛИ [G.A. MELIKIŠVILI] (éd.), *Урартские клинообразные надписи* (*Les inscriptions cunéiformes d'Urartu*) (Moscou, 1960) ; И.М. ДЬЯКОНОВ [I.M. DIAKONOV] (éd.), *Урартские письма и документы* (*Lettres et documents ourartéens*) (Moscou, 1960) ; de même les rapports sur les fouilles de Karmir Blur, *Karmir Blur I-IV* (Erevan, 1950-1955) ; les nombreux articles de R.D. BARNETT sur les fouilles anglaises à Toprak kale près de Van ; et ceux de M. MELLINK dans *American Journal of Archaeology*.

Pour l'âge de bronze, l'ouvrage principal jusqu'à présent reste celui de Ս.Ա. Խաչատրյան, T.C. ХАЧАТРЯН [T.S. XAČ'ATRYAN / T.S. KHATCHATRIAN], *Артикский некрополь* (*La nécropole d'Artik*) (Erevan, 1979), complété par de nombreux articles ; voir aussi Ա.Ա. Մարտիրոսյան [A.A. MARTIROSYAN / A.A. MARTIROSSIAN], *Армения в Эпоху бронзы и раннего железа* (*L'Arménie à l'âge du bronze et au début de l'âge du fer*) (Erevan, 1964) et R. DEZELIUS, *Metsamor* (Vienne, 1995). Sur les inscriptions, voir K.B. ТРЕВЕР [K.V. TREVER], *Очерки по истории и культуры древней Армении* (*Esquisses de l'histoire et de la culture de l'Arménie antique*) (Moscou-Léningrad, 1953) [= *Arménie*], p. 104-288 ; l'Académie des Sciences d'Arménie a publié depuis 1968 une série de volumes intitulés Հայաստանի հնագիտական հուշարձանները (*Les monuments archéologiques d'Arménie*) sur les monuments archéologiques du pays.

Sur les premiers monuments chrétiens, voir S. DER NERSESSIAN, *L'Art arménien* (Paris,1977) [= *Art*] ; J.-M. THIERRY et P. DONABÉDIAN, *L'Art des Arméniens* (Paris, 1987) [= THIERRY, *Art*] ; *Documents of Armenian Architecture*, 23 vol. (Milan-Venise, 1968-1998) ; P. CUNEO, *Studi di Architettura medioevale armena* iv (Rome, 1973) ; ID., *L'architettura armena dal quarto al diecinovesimo secolo*, 2 vol. (Rome, 1988) [= *Architettura*] ; F. GANDOLFO, *Le basiliche armene IV-VII secolo* (Rome, 1982) et les multiples ouvrages de J.-M. et N. THIERRY, ainsi que ceux de M. HASRATYAN, V. HARUT'YUNYAN, et A.L. JAKOBSON, en arménien et en russe, inclus dans la bibliographie de CUNEO, *Architettura* , vol. 2, p. 873-905. Sur les fouilles de Duin, voir, Վ. Հարությունյան [V. HARUT'YUNYAN], Դվինի Ճարտարապետական հուշարձանները (*Les monuments architecturaux des V-VIIe siècles à Dvin*) (Erevan, 1950) ;

totalité des époques achéménide, hellénistique et romaine est parvenue jusqu'à nous ainsi que quelques inscriptions dont les plus intéressantes sont celle, en grec, de Gaŕni trouvée avec la mosaïque du bain jouxtant la reconstruction controversée du petit monument hellénistique identifié comme un temple[7] et les graffiti également chaudement discutés provenant d'Armawir sur la rive gauche de l'Araxe, dont la moitié a récemment disparu[8]. À cette chétive collection nous ne pouvons ajouter que les maigres résultats des fouilles commencées en 1970 sur le site de la capitale hellénistique et paléochrétienne d'Artašat[9] et, enfin, plusieurs bornes datant du début du IIe siècle av. J.-C. qui portent des inscriptions araméennes au nom du roi Artašēs Ier, dont l'importance a été notée récemment[10].

Les problèmes posés par la pauvreté de la documentation archéologique pour la période précédant la christianisation de la Grande Arménie au début du IVe siècle se retrouvent aussi dans les sources écrites. L'historiographie s'établira

Կ. Ղաֆադարյան, [K. ŁAFADARYAN / K. KAFADARIAN], Դվինի քաղաքը և նրա պեղումները (*La ville de Dvin et ses fouilles*), 2 vol. (Erevan, 1952, 1982) ; ID., « Les fouilles de la ville de Dvin (Duin) », *REArm*, n.s. II (1965), p. 283-301 ; M. D'ONOFRIO, *Le chiese di Dvin* (Rome, 1973).

7 - К.В. ТРЕВЕР [K.V. TREVER], Надпись о построении армянской крепости Гарни (*Inscription sur la construction de la forteresse de Gaŕni*) (Léningrad, 1949) ; EAD., Armenia, p. 26-95, 174-211 ; Հ.Մ. Բարթիկյան, [H.M. BARTʿIKYAN], « Գառնիի հունարէն արձանագրութիւնը և Մովսէս Խորենացի » (« L'inscription grecque de Gaŕni et Movsēs Xorenacʿi »), Պատմաբանասիրական Հանդէս (*Patmabanasirakan Handes*) [= PB-H] (1965/3), p. 238-244. Sur les résultats des fouilles et la reconstruction du soi-disant temple de Gaŕni, voir Բ.Ն. Առաքելյան և այլք [B.N. ARAKʿELYAN et AL.], Գառնի (Gaŕni) I-V (Erevan, 1951976) ; ID. « Excavations at Garni 1949-1950, 1951-1955 : Contributions to the Archaeology of Armenia », *Russian Translation Series of the Peabody Museum* III/3 (Cambridge, MA, 1968), p. 13-198. Pour la réfutation de l'identification de ce bâtiment, voir R.D. WILKINSON, « A Fresh Look at the Ionic Building at Gaŕni », *REArm*, n.s. XVI (1982), p. 221-244.

8 - А.И. БОЛТУНОВА [A.I. BOLTUNOVA], « Греческие надписи из Армавира » (« Les inscriptions grecques d'Armawir »), Տեղեկագիր [Tełekagir] (1942/1-2) ; TREVER, *Arménie*, p. 104-156 ; Г. МАНАНДЯН [H. MANANDYAN], *Греческие надписи из Армавира* (*Les inscriptions grecques d'Armawir*) (Erevan,1946), un resumé très bref en est donné dans ID., *The Trade and Cities of Armenia in Relation to Ancient World Trade*, trad. N.G. GARSOÏAN (Louvain-Lisbonne, 1965), p. 36-38. Pour les études récentes de ces graffitis endommagés et encore discutés, voir J.-P. MAHÉ, « Moïse de Khorène et les inscriptions grecques d'Armawir », *Topoi*, IV/2 (1994), p. 567-586 ; et Ch. DE LAMBERTERIE, « Un poète hellénistique en Arménie », *Langues en contact dans l'antiquité*, éd. A. Blanc et A. Christol (Nancy-Paris, 1999), p. 151-167. Malheureusement, une des parties paticulièrement importantes de ces graffitis énigmatiques a été détruite récemment. Voir aussi M. РОСТОВЦЕВ [M. ROSTOVTSEFF], *Апаранская греческая надпись царя Тиридата* (*L'inscription grecque d'Aparankʿ du roi Tiridate*) (Saint-Pétersbourg, 1911).

9 - Б.Н. АРАКЕЛЯН [B.N. ARAKʿELYAN], *Очерки по истории искусства древней Армении* (*Autour de l'histoire de l'art de l'Arménie ancienne*) (Erevan, 1976) ; ID., Արտաշատ (*Artašat*) I (Erevan, 1982) ; Ժ.Դ. Խաչատրյան, [Z.D. XAČʿATRYAN / Z.D. KHATCHATRIAN], Արտաշատ (*Artašat*) II (Erevan, 1981).

10 - И.М. ДЬЯКОНОВ et К.Б. СТРАКОВА [I.M. DIAKONOV et K.B. STRAKOVA], « Надписи Артаксия (Арташеса) царя Армении » (« Les inscriptions du roi d'Arménie Artašēs »), *Вестник Древней Истории* [*Vestnik Drevnej Istorii*] (1955/1) ; A. DUPONT-SOMMER, « Les inscriptions araméennes trouvées près du lac Sevan », *Syria*, XXV/1-2 (1946-1948) ; TREVER, *Arménie*, p. 162-174 ; А.Г. ПЕРИХАНЯН [A.G. PERIKHANIAN], « Арамейская надпись из Гарни » (« L'inscription araméenne de Gaŕni »), *PB-H* (1964/3), p. 123-137 ; EAD. «L'inscription araméenne du roi Artašēs », *REArm*, n.s. III (1966), p. 17-29 ; EAD., « Les inscriptions araméennes du roi Artašēs », *REArm*, n.s. VIII (1971), p. 169-174 ; EAD. « Inscription araméenne gravée sur une coupe d'argent trouvée à Sisian (Arménie) », *ibidem*, p. 5-11, pl. I-II ; Ա.Մ. Դանիելյան, [A.M. DANIELYAN], « Արտաշէս Ա-ի սահմանաքարերի իրավական նշանակությունը » (« Le sens juridique des bornes d'Artašēs Ier »), *PB-H* (1977/3), p. 235-244.

ÉVOLUTION ET CRISE DANS L'HISTORIOGRAPHIE DE L'ARMÉNIE MÉDIÉVALE 11

rapidement comme un des genres favoris de la littérature arménienne médiévale, mais les Arméniens ne trouvèrent leur propre voix qu'avec la création de leur alphabet au début du Ve siècle de l'ère chrétienne. Pour toute information précédant cette date, les spécialistes dépendent des renseignements épars et souvent hostiles des sources classiques ou des rares inscriptions iraniennes qui ne dépassent pas le IIIe siècle ap. J.-C.[11] À ces difficultés se joignent les problèmes techniques liés à la préservation des manuscrits. Même là où les sources dont nous disposons ne reposent pas sur un manuscrit unique, la longueur chronologique démesurée séparant l'époque de la création d'un ouvrage du premier témoin qui nous soit parvenu rend d'autant plus ardue la tâche d'établir une édition critique. Tel, par exemple entre bien d'autres, est le cas de notre source principale pour la fin du royaume arsacide de Grande Arménie et pour son Église au IVe siècle, la compilation anonyme de sources orales intitulée *Récits épiques* [Պատմութիւն Հայոց զրուցաբան], mais longtemps attribuée à un certain P'awstos Buzand [Փաւստոս Բուզանդ] ou Fauste de Byzance, autrement inconnu. Le plus ancien

---

11 - Après Tacite, Pline l'Ancien et Dion Cassius, la source classique principale pour la période précédant l'invention de l'alphabet arménien est l'*Histoire* d'Ammien Marcellin. Malgré quelques hésitations sur la date précise de la création de l'alphabet arménien, elle est normalement rapportée à la première décennie du Ve siècle. Par la suite, la plupart des sources byzantines contiennent des renseignements sur l'Arménie, tout comme la législation de Justinien, surtout la *Novelle* xxxi de 536 créant les quatre Arménies impériales et, pour la période plus tardive, le *De administrando imperio* de Constantin Porphyrogénète, 2 vol., 2e éd. (Washington, 1982).

Les principales inscriptions sassanides sont celles du roi des rois, Šāhpūr Ier, et du grand *magupat* Kirdīr à Naqš-i Rustam, voir M. SPRENGLING, *Third Century Iran : Sapor and Kartir* (Chicago, 1953) et Ph. GIGNOUX, « Les quatre inscriptions du mage Kirdir », *Cahiers de Studia Iranica*, 9 (1991) et celle de Narsēs à Paikuli, H. HUMBACH et P.O. SKJÆRVØ (éd. et trad.), *The Sasanian Inscriptions of Paikuli*, vol. III (Wiesbaden, 1983) ; voir aussi M. BACK, *Die sassanidischen Statinschriften* (Leiden, 1978).

De plus en plus importantes sont les chroniques syriaques, telles les *Chronica Minora*, publiées dans la section syriaque du *Corpus Scriptorum Christianorum Orientalium* [CSCO] ou la *Chronicle of Joshua the Stylite*, trad. W. Wright (Cambridge, 1882; réimp. Amsterdam, 1968) et la troisième partie de l'*Histoire ecclésiastique* de Jean d'Éphèse, *Iohanni Ephesini Historiae ecclesiasticae pars tertia*, éd. et trad. E. Brooks (Louvain, 1936). C'est même le cas pour les œuvres beaucoup plus tardives, telle la Chronique de Séert, éd. et trad. A. Scher, *Patrologia Orientalis*, 4/1, 5/2, 7/2,13/4 ; et l'ouvrage du patriarche jacobite d'Antioche à la fin du XIIe siècle, Michel le Syrien, *Chronique de Michel le Syrien patriarche d'Antioche (1166-1199)*, éd. et trad. J.-B. Chabot, 4 vol. (Paris, 1899-1910 ; réimp. 1963), surtout ses versions arméniennes du XIIIe siècle qui contiennent des renseignements qui ne se trouvent pas dans l'original syriaque, Մխիթար պատրիարքի Ասորւոյ ժամանակագրութիւն (*Chronologie du patriarche Michel le Syrien*) (Jérusalem, 1870) et Ժամանակագրութիւն եւ Յաղագս քահանայութեան Տեառն Միքայէլի Ասորւոց պատրիարքի (*Chronologie suivi de Du sacerdoce, du seigneur Michel, patriarche des Syriens*) (Jérusalem, 1871), ces deux dernières éditions ne sont pas identiques ; voir aussi Н.В. ПИГУЛЕВСКАЯ [N.V. PIGULEVSKAJA], Сирийские источники по истории СССР (*Les sources syriennes concernant l'histoire de l'URSS*) (Moscou-Léningrad 1941).

Une série de traductions en arménien des sources étrangères concernant l'Arménie a été inaugurée à Erevan, e.g. Գ.Լ. ՄԵԼԻՔ-ԲԵԿ [G.L. MELIK'SET'-BEK], Վրաց աղբյուրները Հայաստանի եւ հայերի մասին (*Les sources géorgiennes concernant l'Arménie et les Arméniens*), 3 vols. (Erevan, 1934, 1935, 1955) et Հ.Տ. ՆԱԼԲԱՆԴՅԱՆ [H.T. NALBANDIAN], Արաբական աղբյուրները Հայաստանի եւ հարեւան երկիրների մասին (*Les sources arabes concernant l'Arménie et les pays voisins*) (Erevan, 1965), mais aucun de ces recueils n'a été traduit dans une langue occidentale.

texte complet de ce recueil composé à la fin du Ve siècle se trouve dans un manuscrit de Jérusalem datant de 1599[12].

Le point de vue des sources historiques dont nous disposons augmente les difficultés de leur interprétation. Les premières remontent à la seconde moitié du Ve siècle, c'est-à-dire à la génération immédiatement postérieure à la résistance désespérée de la noblesse arménienne groupée, en 451, autour de son connétable héréditaire, le prince Vardan Mamikonean, à la tentative de l'Empire sassanide de réimposer le mazdéisme à une Arménie déjà chrétienne. La portée idéologique de ce désastre militaire marquera l'Arménie à travers les siècles de son histoire. Saint Vardan et ses compagnons furent canonisés par l'Église arménienne qui marque toujours leur commémoration comme un des points culminants de son année liturgique. La mémoire de leur martyre héroïque fournit aux Arméniens un point de ralliement national, même pendant les longues périodes d'absence d'un État séculier. Il n'est donc guère surprenant que la tradition littéraire arménienne qui devait prévaloir (celle qui est justement qualifiée de « tradition reçue » par Robert Thomson), née dans de pareilles circonstances, ait rejeté tout lien et même tout souvenir de son passé iranien ou qu'elle ait occulté, par la suite, la domination musulmane[13]. Par conséquent, les sources arméniennes doivent souvent être considérées, du moins partiellement, comme des miroirs déformants. Le complexe d'infériorité vis-à-vis de l'Europe, qui marquera le Moyen Orient au XIXe siècle, ne fera que renforcer le point de vue traditionnel des Arméniens. Il conduira même le grand historien Nicolas Adontz à rechercher anachroniquement dans son analyse minutieuse des institutions sociales de l'Arménie des IVe et Ve siècles, publiée en 1908, leurs parallèles dans la féodalité occidentale du XIe siècle et non dans la Perse contemporaine[14].

La connaissance de l'histoire arménienne a sans aucun doute progressé grâce à la publication de nombreuses sources arméniennes par les congrégations mekhitaristes, surtout de Venise mais aussi de Vienne, et d'études dans leurs deux revues, [*Բազմավէպ* / *Bazmavēp* / *Pazmavēb*] et *Հանդէս* [*Ամսօրեայ* / *Handes Amsorya*], et, surtout, dans la revue du catholicossat, [*Արարատ* / *Ararat*], de sources encore inconnues et d'études des savants ecclésiastiques, Awkerean / Aucher ou Karapet et Galoust Tēr Mkrč'ean (Ter Mkrtchean). Néanmoins, à la fin du XIXe siècle, l'historiographie arménienne n'avait guère dépassé une interprétation étroitement traditionnelle, exclusivement chrétienne et eurocentrique de son passé[15].

---

12 - N.G. Garsoïan, éd. et trad, *The Epic Histories Attributed to P'awstos Buzand (Buzandaran Patmut'iwnk')* (Cambridge, MA, 1989) [= *BP*], p. 601.

13 - R.W. Thomson (éd. et trad.)., *Elishē, History of Vardan and the Armenian War*, (Cambridge, MA, 1982) [= *Elishē*], Introduction, p. 1-3 ; N.G. Garsoïan, « Reality and Myth in Armenian History », « The East and the Meaning of History », *Studii Orientali dell'Universita di Roma La Sapienza*, 13 (Rome, 1994) [= *Reality and Myth*], p. 124-125 ; réimp. dans Ead., *Church and Culture*, xii.

14 - N. Adontz, *Armenia in the Period of Justinian. The Political Conditions based on the Naxarar System*, éd. et trad. N.G. Garsoïan (Lisbonne, 1970) [= *Armenia*] ; cf. Ead., *Reality and Myth*, p. 143-145.

ÉVOLUTION ET CRISE DANS L'HISTORIOGRAPHIE DE L'ARMÉNIE MÉDIÉVALE 13

La première partie du XXᵉ siècle apporta un accroissement fondamental des instruments de travail à la disposition des savants. En 1901 parut à Tiflis la première édition, bien que défectueuse, de la correspondance officielle de l'Église arménienne connue sous le titre de *Livre des lettres* [Գիրք Թղթոց]¹⁶. Plus utile encore fut la série d'éditions critiques des sources historiques entreprises également à Tiflis dans les années précédant la première guerre mondiale. Difficilement trouvables à cause des bouleversements politiques de la Transcaucasie de l'après guerre, ces éditions furent remplacées et suppléées par celles de savants travaillant principalement à Erevan depuis la seconde guerre mondiale. Leur activité nous rend actuellement accessible la plupart des sources médiévales du Vᵉ au XIIIᵉ siècle. De même, elles ont été progressivement rendues accessibles aux historiens occidentaux ne connaissant pas l'arménien classique par les traductions successives de Robert Thomson remplaçant progressivement les versions souvent défectueuses du XIXᵉ siècle¹⁷. Ses nombreuses notes concernant les emprunts des auteurs arméniens

---

15 - Ces deux revues [Բազմավէպ / *Bazmavēp* / *Pazmaveb*] (Venise, 1842-) et Հանդէս Ամսօրեայ [*Handes Amsorya*] (Vienne, 1876-) continuent à paraître principalement en arménien moderne occidental, mais contiennent aussi des articles en langues étrangères. Elles contiennent de nombreux articles de valeur surtout au XIXᵉ et dans la première moitié du XXᵉ siècle.
Արարատ [*Ararat*] (Etchmiadzine [1868-1911]). Actuellement, les principales revues touchant à l'histoire médiévale publiées en Arménie sont Տեղեկագիր [*Telekagir*] devenu Լրաբեր [*Lraber*] à partir de 1956 (= *Revue des sciences sociales de l'Académie des Sciences de la RSS*) et Պատմաբանասիրական Հանդէս [*Patmabanasirakan Handes*] (= *Revue d'histoire et de philologie de la République arménienne* [*PB-H*]) (1964-). La Bibliothèque Nationale des Manuscrits (Matenadaran) publie aussi Բանբեր Մատենադարանի [*Banber Matenadarani*] dont 17 volumes ont paru irrégulièrement jusqu'ici. En Europe, la principale revue pour l'histoire arménienne, des origines au XIIIᵉ siècle, est la *Revue des études arméniennes* publiée dans les principales langues européennes ; la première série a paru à Paris de 1920 à 1929 ; la nouvelle série, reprise en 1964 avec le même titre, compte maintenant 27 numéros.
16 - Գիրք Թղթոց (*Livre des lettres*), éd. Յ. Իզմիրեանց [Y. Izmireancʻ] (Tiflis, 1901). Une seconde édition qui, elle aussi, n'est pas critique a été publiée par Mgr Norayr Połarean/Bogharian (Jérusalem, 1994) [= *GT*ʻ]. Pour les autres textes concernant l'Église arménienne médiévale, voir la collection dogmatique du VIIᵉ siècle intitulée Կնիք Հաւատոյ (*Sceau de la foi*) (Etchmiadzine, 1914 ; réimp. à Louvain, 1976 avec le titre *Catholicos Komitas. Le sceau de la foi*) ; le recueil des canons de l'Église arménienne, վ. Հակոբյան [V. Hakobyan], Կանոնագիրք Հայոց (*Livre des canons arméniens*), 2 vol. (Erevan, 1964, 1971) ; G. Amaduni, *Testi vari di Diritto Canonico Armeno (secolo IV-XVIII)* (Vatican, 1932) ; la version arménienne des Apophtegmes des pères a été publiée avec une traduction latine par Dom L. Leloir, *Paterica armeniaca a P.P. Mechitaristis edita (1855) nunc latine reddita*, CSCO, Subs. #42,43,45,51 (Louvain, 1974-1976) ; une version du XIIᵉ siècle, G. Bayan (éd.), « Le synaxaire arménien de Ter Israel » se trouve dans la *Patrologia Orientalis*, 5/3,6/2,15/3,16/1,18/1,19/1, 21/1-6 (1910-1930), mais le texte qui y est donné est celui de Kirakos Arewelcʻi (1269) et non celui de Tēr Israēl (1240).
17 - Pour les éditions de sources publiées à Erevan, voir *supra* p. 7, n.* pour la Bibliographie de R.W. Thomson. Pour les traductions : R.W. Thomson (trad. et comm.), *The Teaching of Saint Gregory* (Cambridge, MA, 1970 ; 2ᵉ éd. revue, New Rochelle, NY, Séminaire de saint Nersess, 2000) ; Id., *Agathangelos. History of the Armenians* (Albany, N.Y., 1976) ; Id., *Moses Khorenatsʻi. History of the Armenians* (Cambridge, MA, 1978) [= *MK*] ; Id., *Elishē. History of Vardan and the Armenian War* (Cambridge, MA, 1982) ; Id., *Thomas Arcruni, History of the House of the Artsrunikʻ* (Detroit,1985) ; Id., « The Historical Compilation of Vardan Arewelcʻi », *Dumbarton Oaks Papers*, 43 (1989), p. 125-226 ; Id., « The Anonymous Storyteller (also known as Pseudo-Šapuh) », *REArm*, XXI (1988-1989) [= *Ps.-Šapuh*], p. 171-232 ; Id., *The History of Łazar Pʻarpecʻi* (Atlanta, 1991) [= *ŁP*ʻ] ; Id., *Rewriting Caucasian History, The Medieval Armenian Adaptation of the Georgian Chronicle* (Oxford, 1996) ; Id., *Sebēos. History of Heraclius* (Liverpool, 1999) [= *Sebēos*].

14

aux sources classiques ou patristiques ont démontré en outre la place de la littérature arménienne du premier âge dans le cercle plus étendu du monde médiéval. Bon nombre de faux ont été décelés, telle la soi-disant double *Histoire du Tarōn* traditionnellement attribuée à un auteur syrien du IVe siècle, Zenob Glak, puis à son continuateur arménien du VIIe siècle, Jean Mamikonean, mais qui, en fait, est une composition unique du Xe siècle[18]. En outre, un nombre constamment croissant de traductions d'ouvrages syriaques en arménien ont été identifiés même sous de faux noms ; il s'agit, entre autres, des traités d'Aphraat attribués en Arménie à Jacques de Nisibe. De même, des travaux réputés appartenir à Cyrille d'Alexandrie se sont révélés être en fait des œuvres de Théodoret de Cyr[19]. La plus grande partie des colophons suppléant les sources historiques de la période médiévale et jusqu'au XVe siècle ont été publiés et une sélection traduite en anglais[20]. Enfin, la publication systématique par région des inscriptions arméniennes a été inaugurée par l'Académie des Sciences d'Arménie[21].

Plusieurs traductions de caractère inégal ont également été publiées principalement en anglais : B. NOREHAD (trad.), *The Life of Mashtots* (New York, 1964 ; réimp. Albany, 1985) citée ici ; et plus récemment G. WINKLER (trad. et comm.), *Koriuns Biographie des Mesrop Maštocʻ* (Rome, 1994) [= *Koriun*] ; K.H. MAKSOUDIAN (trad. et comm.), *Yovhannēs Drasxanakertcʻi. History of Armenia* (Atlanta, 1987) ; L. AVDOYAN (trad. et comm.), *Ps. Yovhannēs Mamikonean. History of Tarōn* (Atlanta, 1993) [= *Ps.Y.*]. Voir aussi *supra* p. 12, n. 12. Les anciennes traductions de V. CHAHNAZARIAN (trad.), *Ghévond [Łewond]. Histoire des guerres et des conquêtes arabes en Arménie*, 2 vol. (Paris, 1856) ; et M.F. BROSSET (trad.), « *Oukhtanès d'Ourha. Histoire en trois parties* », *Deux historiens arméniens* (Saint-Pétersbourg, 1870) restent préférables à celles qui ont paru depuis. De même, la traduction par F. MACLER de la deuxième partie de l'*Histoire universelle* par Etienne Asołik de Tarōn (Paris, 1917) n'a pas encore été remplacée.

Sur les diverses versions de l'« Agathange », voir G. LAFONTAINE (trad.), *La version grecque ancienne du livre arménien d'Agathange* (Louvain, 1973) ; M. VAN ESBROECK (trad.), « Un nouveau témoin du livre d'Agathange », *REArm*, n.s. VIII (1971), p. 13-167 ; Լ. ՏԵՐ ՂԵՎՈՆԴՅԱՆ, [A. TER ŁEVONDYAN], Լգաթանգեղոսի արաբական նոր խմբագրությունը (*La nouvelle rédaction arabe d'Agathange*) (Erevan, 1968) ; et l'étude magistrale de G. GARITTE, *Documents pour l'étude du livre d'Agathange* (Vatican, 1946).

18 - Sur Pseudo-Zenob, voir la note précédente, AVDOYAN, *Ps.Y.* ; cf. aussi THOMSON, *Ps.-Šapuh.*

19 - Pour les traductions du syriaque et l'influence de la tradition exégétique d'Antioche en Arménie, voir L. MARIES et Ch. MERCIER, « Hymnes de saint Éphrem conservés en version arménienne », *Patrologia Orientalis*, 30/1 (1961) ; G. LAFONTAINE (éd. et trad.), *La version arménienne des œuvres d'Aphraat le Syrien*, 6 vol. (Louvain, 1977-1980) ; Л. ТЕР ПЕТРОСЯН [L. TER PETROSYAN], « Два сирийских агиографических памятника известних по армянскому переводу » (« Deux œuvres hagiographiques syriaques connues par leur traduction arménienne »), *Palestinskij Sbornik*, 25 [88] (1974), p. 144-151 ; ID., *Ancient Armenian Translations*, traduction anglaise (New York, 1992) ; ID., Աբրահամ խոստովանողի վկայք Արևելից (*Abraham le Confesseur, Les martyrs d'Orient*) (Erevan, 1976) ; ID., « La plus ancienne traduction arménienne des chroniques », *REArm* XVIII (1984), p. 215-225 ; L. TER PETROSYAN et B. OUTTIER, *Textes arméniens relatifs à S. Ephrem*, 2 vol. (Louvain-la-Neuve, 1985) ; M. VAN ESBROECK, « Abraham le Confesseur (Ve s.) traducteur des passions des martyrs perses », *Analecta Bollandiana*, 95 (1977), p. 169-179 ; l'excellente étude de J.-P. MAHÉ, « Traduction et exégèse : réflexions sur l'exemple arménien », *Mélanges Antoine Guillaumont* (Genève, 1988), p. 243-255 ; N.G. GARSOÏAN, *Église arménienne*, p. 131-133. Sur les traductions arméniennes authentiques ou attribuées d'Ephrem le Syrien, voir R. MURRAY, *Symbols of Church and Kingdom* (Cambridge, 1975) et E. MATHEWS, *The Armenian Commentary on Genesis Attributed to Ephrem the Syrian* (Louvain, 1998).

20 - Au sujet des colophons, voir N.G. GARSOÏAN, *Anthroponymie*, p. 228, n. 3.

21 - Académie des Sciences de la République d'Arménie [RSS], 6 volumes parus (Erevan, 1960-1982).

ÉVOLUTION ET CRISE DANS L'HISTORIOGRAPHIE DE L'ARMÉNIE MÉDIÉVALE 15

L'étude des aspects folkloriques et populaires attire de plus en plus l'attention des savants. Commencée vers la fin du XIXe siècle avec le recueil, à partir des souvenirs de conteurs paysans analphabètes, de fragments d'épopées populaires en divers dialectes, elle se dirigea d'abord vers leur reconstruction dans la mesure du possible puis fut amplifiée par les nombreuses analyses et études plus approfondies ou comparées de Manouk Abełean (Abeghian), J. Ōrbeli et K. Melikʻ-Ōhanǰanean (Melik-Ohandjanian) en Arménie, et actuellement de James Russell à Harvard[22]. Enterprise très récemment, l'étude des noms propres a revélé non seulement la présence remarquable d'au moins une cinquantaine de familles nobles distinctes en Arménie paléochrétienne mais aussi l'existence de prénoms apparemment réservés à certaines familles, tels Vardan ou Artawazd chez les Mamikonean. Cette découverte nous permet maintenant d'identifier plusieurs siècles plus tard l'empereur byzantin Philippikos/Bardanes/Vardan au VIIe siècle et le beau-fils de l'empereur Léon III, Artavasdos au VIIIe siècle comme étant des descendants de cette famille[23]. La juxtaposition de sources visuelles iraniennes et de sources écrites arméniennes, si proches dans bien des cas qu'elles semblent former un document unique avec ses illustrations, a ouvert de nouvelles possibilités d'approfondir nos connaissances des deux sociétés[24]. De nombreuses recherches tendent à modifier le statut de *terra incognita* dont la Grande Arménie a joui trop

---

22 - Les divers fragments de l'épopée nationale ont été publiés en 1939, Մ. ԱԲԵՂԵԱՆ և Կ. ՄԵԼԻՔ-ՕՀԱՆՋԱՆԵԱՆ, [M. ABELYAN et K. MELIKʻ-ŌHANJANYAN], Սասնա ծռեր (*Les tordus de Sassoun*) 3 vols. (Erevan, 1936, 1944, 1959) avec les suppléments rendus nécessaires par la découverte de nouveaux fragments. Une version composée a été publiée par J. ORBELI [Յ. ՕՐԲԵԼԻ], Սասունցի Դավիթ (*David de Sassoun*), 2e éd. (Erevan, 1961). La meilleure traduction est celle de F. FEYDIT, *David de Sassoun* (Paris, 1964), qui est préférable à la version anglaise de Shalian.
Sur le folklore en général, voir entre autres, M. ABEGHIAN, *Das armenische Volksglaube* (Leipzig, 1895) ; ID., Հայ ժողովրդական առասպելները (*Les légendes populaires arméniennes*) (Vałaršapat, 1900) ; ID., Հայ ժողովրդական վէպը (Tiflis,1908) ; ID., « Das armenische Volkepos », *Mitteilungen der Ausland-Hochschule an der Universität Berlin*, XLII (1940), p. 225-238 ; parmi les nombreux autres articles, Կ. ՄԵԼԻՔ-ՕՀԱՆՋԱՆԵԱՆ, [K. MELIKʻ-ŌHANJANYAN], « Տիրան-Տրդատ վէպը » « Le roman de Tiran-Trdat », *Telekagir* (1947/6), p. 59-74 ;(1947/7), p. 59-77 ; Ա. ՂԱՆԱԼԱՆՅԱՆ, [A. ŁANALANYAN], Ավանդապատում (*Histoire traditionnelle*) (Erevan 1969 ; trad. russe, 1980) ; J. HAMBROER, *Armenischer Dämonenglaube in religionwissenschaftlicher Sicht* (Vienne, 1962) ; et la série ethnographique et folklorique, Հայ ազգագրություն եւ բանահյուսություն (*Ethnographie et folklore arméniens*) (Erevan, 1968-).
L'influence des traditions iraniennes en Arménie a été étudiée particulièrement par J.R. RUSSELL, *Zoroastrianism in Armenia* (Cambridge, MA, 1984), développé et complété par de nombreux articles et dans ceux de N.G. GARSOÏAN réunis dans ses *Armenia between Byzantium and the Sasanians* (Londres, 1985) [= *Armenia*] et *Church and Culture*, ainsi que dans *BP* ; voir infra n. 41-49.
23 - N.G. GARSOÏAN, *Anthroponymie*, p. 230-231 ; EAD., « The Problem of Armenian Integration into the Byzantine Empire », dans H. AHRWEILER et A.E. LAIOU, *Studies on the Internal Diaspora of the Byzantine Empire* (Washington, 1992) [= *Armenian Integration*], réimp. dans EAD., *Church and Culture*, xiii, p. 66, 97.
24 - La juxtaposition des sources écrites et visuelles a été étudiée par N.G. GARSOÏAN, « L'art iranien comme témoin de l'armement arménien sous les Arsacides », *Atti del Quinto Simposio Internazionale di Arte Armena*, éd. B. Zekiyan (Venise, 1992) [= *Armement*], p. 385-395 et pls. ; réimp. dans EAD., *Church and Culture*, x ; aussi N.G. GARSOÏAN et J.-P. MAHÉ, *Des Parthes au Califat. Quatre leçons sur la formation de l'identité arménienne* (Paris, 1998) [= *Parthes*], p. 9-37 et pl.

I

longtemps, un atlas historique monumental de l'Arménie vient enfin de paraître et de nombreux sites et monuments peuvent maintenant être identifiés avec certitude[25]. L'évolution de la soi-disant école hellénophile dont les auteurs cherchèrent à créer en arménien le vocabulaire indispensable pour la traduction d'œuvres philosophiques grecques ou de traités théologiques a été précisée par les travaux de Manandyan, Mouradyan, Mercier et plus récemment Terian, bien que sa chronologie demeure toujours controversée[26]. Étudiant l'arménien classique du côté opposé, Émile Benveniste a amplifié et consolidé l'œuvre de Meillet en démontrant sa parenté avec le moyen-parthe plutôt qu'avec le pehlevi sassanide[27].

Malgré l'étendue des recherches, beaucoup reste encore à faire, surtout dans le domaine de l'identification et de la datation plus précise des sources. Le cas le plus flagrant reste toujours celui de Movsēs Xorenac'i, qui, depuis un siècle, se déplace du Ve au IXe siècle et au sujet duquel les spécialistes occidentaux et arméniens restent toujours pour la plupart sur leurs positions[28]. L'identité du pseudo-Sebēos ou

---

25 - H. HÜBSCHMANN, *Die altarmenische Ortsnamen* (Strasbourg,1904 ; réimp. Amsterdam, 1969) ; J. MARQUART / MARKWART, *Ērānšahr nach der Geographie des Ps. Moses Xorenac'i* (Berlin, 1901) ; ID., *Südarmenien und die Tigrisquellen* (Vienne, 1930) ; ID., « La province de Parskahayk' », *REArm*, n.s. III, p. 252-314 ; E. HONIGMANN, *Die Ostgrenze des byzantinischen Reiches* (Bruxelles, 1935) ; Ս.Տ. ԵՐԵՄՅԱՆ [S.T. EREMYAN], Հայաստանը ըստ « Աշխարհացյոց »-ի (*L'Arménie selon la « Géographie »*) (Erevan, 1963), version partielle en anglais par R. HEWSEN, « Armenia according to the *Ašxarhac'oyc'* », *REArm*, n.s. II (1965), p. 319-342 ; Թ.Խ. ՀԱԿՈԲՅԱՆ [T'.X. HAKOBYAN], Հայաստանի պատմական աշխարհագրութիւն (*Géographie historique de l'Arménie*), 4e éd. (Erevan,1968) ; R. HEWSEN, « Introduction to Armenian Historical Geography : The Vitaxates of Arsacid Armenia », I, *REArm*, XXI (1988-1989), p. 271-331 ; II, *REArm*, XXII (1990-1991), p. 147-183 ; ID. (trad. et comm.), *The Geography of Ananias of Širak* (*Ašxarhac'oyc'*). *The Long and the Short Version* (Wiesbaden 1992) ; ID., *Armenia : A Historical Atlas* (Chicago – Londres, 2001) ; T. SINCLAIR, *Eastern Turkey : an Architectural and Archaeological Guide*, 4 vol. (Londres, 1987-1990) [= *Eastern Turkey*].

Sur les monastères, voir, en particulier, J.-M. THIERRY, *Répertoire des monastères arméniens* (Turnhout, 1993 ; ID., *Monastères arméniens du Vaspurakan* (Paris, 1989) ; ID., *Églises et couvents du Karabagh* (Antélias, 1991) ; aussi SINCLAIR, *Eastern Turkey*.

26 - Հ. ՄԱՆԱՆԴՅԱՆ [H. MANANDIAN], Յունաբան Դպրոցը եւ նրա զարգացման շրջանները (*L'École hellénisante et ses périodes de développement*) (Vienne, 1928) ; Ա.Ն. ՄՈՒՐԱԴՅԱՆ [A.N. MURADYAN], Յունաբան Դպրոցը եւ նրա դերը Հայերէնի քերականական տերմինաբանութեան ստեղծման գործում (*L'École hellénisante et son rôle dans la création d'une terminologie grammaticale arménienne*) (Erevan, 1971) et, plus récemment, A. TERIAN, « The Hellenizing School : Its Time, Place and Scope of Activities Reconsidered », dans N.G. GARSOÏAN ET AL. (éd.), *East of Byzantium : Syria and Armenia in the Formative Period* (Washington, 1982), p. 175-186.

27 - A. MEILLET, « De l'influence parthe sur la langue arménienne », *REArm*, 1re série, I/i (1921), p. 1-6 ; É. BENVENISTE, « Éléments parthes en arménien », *REArm*, n.s. I (1964), p.1-39 ; voir aussi ID., « Titres iraniens en arménien », *REArm*, 1re série, IX (1929), p. 5-10 ; ID., « Mots d'emprunt iraniens en arménien », *Bulletin de la société linguistique de Paris*, 53 (1957-1958), p.55-71 ; ID., *Titres et noms propres en iranien ancien* (Paris, 1966) ; ID., *Le vocabulaire des institutions indo-européennes*, 2 vol. (Paris, 1973). Les linguistes arméniens continuent à développer leur discipline qui est beaucoup plus évoluée que l'historiographie. Il est donc impossible de donner ici même un aperçu de leur vaste bibliographie. Il nous faut noter cependant qu'en addition à ses nombreux articles, A. PERIKHANIAN a publié récemment le premier volume d'une étude d'ensemble sur les racines iraniennes en arménien, Иранские корни в армянском языке (*Racines iraniennes en arménien*) (Erevan, 1997).

28 - La bibliographie au sujet de Movsēs Xorenac'i est bien trop vaste pour en donner même un échantillonnage ici. L'état de la question jusqu'à la date de son étude est présenté par C. TOUMANOFF, « On the

du pseudo-Šapuh Bagratuni est encore à démontrer. Les sources syriaques et arabes sont loin d'avoir reçu l'attention qu'elles méritent[29]. Bien d'autres problèmes attendent encore une solution. Néanmoins, une bonne partie des instruments de travail indispensables pour l'avancement de nos connaissances dans de nombreux domaines sont désormais acquis, même là où nous n'atteindrons peut-être pas, faute d'une documentation nécessaire, le degré de précision et de finesse possible en Occident.

Plus importante que tout autre aspect pour l'évolution de l'historiographie arménienne au XXe siècle a été la capacité des spécialistes d'échapper enfin à l'étau des études traditionnelles fixées uniquement sur leur pays au détriment de toute considération de ses voisins. À travers ses recherches et ses analyses critiques du cadre historique, du style et de l'iconographie des miniatures arméniennes de l'époque cilicienne, la grande historienne de l'art arménien Sirarpie Der Nersessian avait relevé les rapports entre ces œuvres et les formes ou leurs développements artistiques soit à Byzance, soit en Occident, voire en Extrême-Orient. Les conclusions qu'elle tira de ses multiples études lui permirent de démontrer, comme l'avaient fait les linguistes, que les modèles arméniens n'avaient pas été créés *in vacuo*[30]. La méthode qu'elle exposa pour ses propres travaux :

> La partie relative à l'Arménie est la plus importante [...] et notre attention s'est portée davantage vers ce domaine [...] où nous pouvions faire connaître des œuvres inédites. Il nous semble aussi que notre formation de byzantiniste et la connaissance des autres arts du Proche-Orient nous permettaient de mieux situer l'art arménien dans le cadre de la civilisation du Moyen Âge[31] [...]

pouvait également servir de modèle pour l'étude de l'histoire dans laquelle elle avait reçu sa première formation, non comme un sujet isolé, mais dans le cas de l'Arménie, comme faisant partie des civilisations voisines en relation, selon elle, avec une culture paléochrétienne commune à toute la Transcaucasie et seulement diversifiée graduellement par la suite[32].

Comme cela a été noté plus haut, la société caractéristique de la Grande

---

Date of the Pseudo-Moses of Chorène », *Handes Amsorya*, LXXV (1961), col. 467-476 ; voir aussi THOMSON, *MK*, Introduction ; Գ.Խ. ՍԱՐԳՍՅԱՆ, [G.X. SARGSYAN], Հելլենիստական դարաշրջանը Հայաստանում եւ Մովսես Խորենացի (*La période hellénistique en Arménie et Movsēs Xorenac'i*) (Erevan, 1966) ; pour un recueil récent d'articles à ce sujet, voir D. KOUYMJIAN (éd.), *Movsēs Xorēnac'i et l'historiographie arménienne des origines* (Antelias, 2000).

29 - Voir *supra* p. 13-14, n. 17-18.

30 - Une bibliographie des œuvres de Sirarpie Der Nersessian jusqu'en 1973 a été publiée dans ses *Études byzantines et arméniennes*, 2 vol. (Paris, 1973). vol. II, p. 167-170. Elle est complétée dans la *REArm*, n.s. XXI (1988-1989), p. 8-10.

31 - S. DER NERSESSIAN, *Études byzantines et arméniennes*, vol. I, p.vii ; et la note suivante.

32 - EAD., *L'art arménien*, p. 39, 48, 68 ; N.G. GARSOÏAN et B. MARTIN, « Unité et diversité de la Caucasie médiévale (IVe-XIe siècles), Il Caucaso cerniera fra culture dal Mediterraneo alla Persia (secoli IV-XI) », XLII[ma] *Settimana di Studio del Centro Italiano di Studi sull'alto Medioevo* (Spoleto, 1996), vol. I, p. 275-347 ; voir aussi, C. TOUMANOFF, « Christian Caucasia between Byzantium and Iran », *Traditio*, 10 (1954), p. 109-189.

Arménie paléochrétienne sous la dynastie arsacide, après sa disparition en 428 jusqu'à l'époque de Justinien et même au-delà, avait déjà été décrite et analysée minutieusement dans les travaux d'Adontz, suppléés par ceux de Manandyan et surtout de Cyrille Toumanoff dans ses *Studies in Christian Caucasian History*[33]. La société décrite dans ces œuvres était clairement décentralisée et composée de familles nobles (նախարար / *naxarar*) parmi lesquelles le roi héréditaire, à titre de chef de la famille royale, ne figurait que comme *primus inter pares*. Chaque famille entourée de ses propres vassaux possédait de vastes territoires tenus en commun par la famille entière, passée, présente et future. Les chefs successifs de chaque famille étaient les commandants militaires et les administrateurs, mais non les propriétaires, de ces terres qu'ils ne pouvaient ni vendre, ni léguer, ni aliéner en aucune manière. En outre, ces grandes familles jouissaient de charges héréditaires que même la volonté expresse du roi ne pouvait leur ôter. Ainsi, la charge de connétable, général-en-chef de l'armée (սպարապետ / *sparapet*), était héréditaire dans la puissante famille des Mamikonean, même lorsque leur représentant était un petit garçon incapable d'assurer ses fonctions, et des substituts temporaires devaient être nommés[34]. Selon les contemporains, toute velléité royale de s'interposer dans cette succession automatique ne pouvait conduire qu'à une catastrophe[35]. Le caractère héréditaire de ces charges nous permet maintenant d'identifier certaines de ces grandes maisons, même loin de leur patrie. La charge de maître de la cavalerie (ասպետ / *aspet*) héréditaire en Grande Arménie dans la maison des Bagratides à l'époque paléochrétienne nous permet de la reconnaître à Byzance à l'époque de Justinien, sous le nom d'*Aspetianoi* que leur donne l'historien Procope[36]. Ce système héréditaire était si profondément ancré dans la société arménienne que, même après la christianisation du pays, il devait prévaloir dans l'Église où la dignité patriarcale passera de père en fils dans la maison de saint Grégoire l'Illuminateur jusqu'à la mort de son dernier descendant direct, même si une telle succession contredisait clairement les règles canoniques adoptées au concile de Nicée pour l'élection d'un évêque[37]. Les évêques représentaient les familles dont ils étaient membres, comme l'attestent les signatures des participants aux conciles arméniens des VIe et VIIe siècles préservées dans le *Livre des lettres*[38]. Au VIIe siècle, le prince de Siwnikʻ pouvait toujours faire appel au témoignage du sceau de « l'évêque de notre maison »[39].

---

33 - ADONTZ, *Armenia* ; Հ. ՄԱՆԱՆԴԵԱՆ, [H. MANANDIAN], Ֆեոդալիզմը հին Հայաստանում (*Le féodalisme dans l'Arménie ancienne*) (Erevan, 1934) ; C. TOUMANOFF, *Studies in Christian Caucasian History* (Georgetown, 1963).
34 - *BP*, III.xi, p.81 ; cf. N.G. GARSOÏAN, « Prolegomena to a Study of the Iranian Elements in Arsacid Armenia », *Handes Amsorya*, 90 (1976) [= *Prolegomena*], 177-234 ; réimp dans EAD., *Armenia*, ,x, p.1-46.
35 - *BP*, V.xxxv, xxxvii, p. 215-217, 218, 220.
36 - PROCOPE, *De bello persico*, II.iii, 12-18 ; cf. N.G. GARSOÏAN, *Anthroponymie*, p. 220-230.
37 - *BP*, III.xiii,xv,xvii, p. 85-86, 91, 92, 108-109 et cf. *supra* n. 34.
38 - *GTʻ*, 2e éd., p. 148, 172, 176, 196, 201, 204, 206, 219, etc., « Meršapuh évêque des Mamikonean », « Abraham évêque du Tarōn et des Mamikonean », etc.

Adontz continua son analyse par la démonstration que les réformes administratives de Justinien créant quatre Arménies en 536 et, encore plus, sa législation sociale étendant le droit romain sur l'héritage à ses territoires arméniens, eurent vite fait de détruire le système de clans qui avait survécu à la division de la Grande Arménie entre Rome et la Perse vers 387 et la disparition de la dynastie arsacide en 428[40]. Mais tout en acceptant de sortir par ses analyses du cadre étroit uniquement arménien, il ne parvint pas à franchir la barrière idéologique et à défier la « tradition reçue » en abandonnant une optique uniquement occidentale pour se tourner à part égale vers la Perse. Pourtant, toute une serie d'indices tacites – les parallèles visuels des sources écrites, l'anthroponymie, soit dans la hiérarchie ecclésiastique, dans la maison de saint Grégoire ou dans les noms inattendus des co-présidents du deuxième concile de Duin en 555 : le catholicos Nersēs II et l'évêque des Mamikonean, Mehršapuh ou Mihršāhpūr (c'est-à-dire « Mithra, fils de roi »), soit également dans l'aristocratie laïque ou même les membres de la famille des martyrs chrétiens par excellence portent des prénoms, Vardan, Vahan, Vasak, Hamazasp, Hamazaspuhi, incontestablement d'origine iranienne – attirent notre attention sur la présence d'un monde iranien sous-jacent[41]. Ce n'est qu'au cours de ces dernières années que la somme grandissante de témoignages et une analyse plus serrée des sources écrites nous a forcé petit à petit à abandonner une interprétation exclusivement occidentale et à admettre que la société arménienne des premiers siècles de notre ère, incontestablement vouée de tout cœur au christianisme, n'en reposait pas moins sur une base purement iranienne.

Les Récits épiques de la fin du Ve siècle restés en dehors de la « tradition reçue », révèlent une société arménienne contemporaine indiscutablement ordonnée selon le système des états iraniens de la grande noblesse (մեծամեծ նախարարք / *mecamec naxarark'*), la petite noblesse (ազատք / *azatk'*], et le tiers état (ռամիկք, շինականք / *r̄amikk', šinakank'*). Les charges héréditaires des chefs de clan se retrouvent à un niveau équivalent dans l'Empire sassanide. Ainsi, les Mamikonean, commandants en chef de l'armée arménienne, étaient la contrepartie exacte des Sūrēn iraniens[42]. Le titre porté par le patriarche arménien : « Défenseur des déshérités » (պատուագ որ անկելոց զրկելոց) est précisément celui des *magupats* zoroastriens « *drig ōšan ǰadag-go(w)* ». Le caractère héréditaire de son office rappelle celui des Mages en Iran[43]. Comme dans le cas des emprunts

---

39 - F. MACLER, *L'histoire d'Héraclius par l'évêque Sebéos* (Paris, 1917), xiii, p.41 ; cf. THOMSON, *Sebēos*, xxiii, vol. I, p. 43.
40 - ADONTZ, *Armenia*, p. 127-164.
41 - GARSOÏAN, *Anthroponymie*, p. 230 ; EAD., *Reality and Myth*, p. 119 ; cf. *BP*, Appendice, s.n.
42 - N.G. GARSOÏAN, « The Two Voices of Armenian Mediæval Historiography : the Iranian Index », *Studia Iranica*, 25, (1996) [= *Two Voices*], p. 8. Voir aussi, A.G. PERIKHANIAN, « Iranian Society and Law », *The Cambridge History of Iran*, III/2 (1983) p. 627-680 ; et son étude plus étendue : EAD., Общество и право Ирана в парфянский и сасанидский периоды (*La société et le droit en Perse aux époques parthe et sassanide*) (Erevan, 1983).
43 - N.G. GARSOÏAN, « Sur le titre de 'Protecteur des pauvres' », *REArm*, n.s. XV (1981), p. 21-23 ; réimp. dans EAD., *Armenia*, vi.

linguistiques, la société centrifuge de l'Arménie arsacide se rapprochait anachroniquement plus de l'ancien système parthe que de l'État, plus centralisé, des Sassanides contemporains. Les costumes portés par la noblesse arménienne sur les stèles du VIIe siècle sont incontestablement de type parthe, mais les descriptions de l'armement de la lourde cavalerie noble arménienne, bardée de fer et maniant la lance, correspondent en tous points aux représentations des reliefs iraniens et des fameuses coupes en argent sassanides. De leur côté, les descriptions des sources arméniennes nous aident à interpréter les monuments sassanides pour lesquels les sources perses font défaut[44]. Plus tard, les souverains arméniens chrétiens préféreront les volumineux turbans et les caftans de brocard orientaux aux costumes byzantins[45]. Les centres du pouvoir en Arménie paléochretienne ne se situaient pas dans les fondations urbaines comme dans le monde gréco-romain. À l'abri du pouvoir royal dans les forteresses inaccessibles de leurs terres, les nobles s'y adonnaient aux passe-temps favoris du monde iranien, la chasse et les banquets, et évitaient les villes et la cour royale, les estimant toutes deux comme étant des obstacles à leurs aspirations d'autonomie. Le roi lui-même semble avoir préféré séjourner dans des réserves de chasse de type iranien plutôt que dans une de ses capitales[46]. Les fondations urbaines arméniennes de l'époque hellénistique, détruites durant la conquête sassanide du pays en 364, ne furent pas relevées pendant des siècles et leurs réapparitions aux IXe-Xe siècles se situent sur les terres des émirs musulmans plutôt que sur celles des princes arméniens[47].

Les éléments iraniens en Arménie ne se limitaient pas à ces aspects purement sociaux. L'idéologie épique de la tradition iranienne – selon laquelle le roi ou le héros était identifiable et protégé, ainsi que son peuple, par sa vaillance (քաջութիւն / k'ajut'iwn) extraordinaire octroyée par les dieux, sa bonne fortune ou destin (բախտ / baxt), et la gloire transcendante (ir. χwarah, arm. փառք / p'aṙk') qui le rendait légitime et invincible, qui se manifestait même en son absence ainsi qu'après sa mort, et qui abandonnait seulement le pécheur – était parfaitement

---

44 - EAD., *Armement* ; N.G. GARSOÏAN-MAHÉ, *Parthes*, p. 9-37 et fig. 7-8 ; *BP*, Appendice iii, p. 568-572, 573-576, s.v. *zēn, zōrk'* ; H. SEYRIG, « Armes et costumes iraniens de Palmyre », *Antiquités syriennes*, II (Paris,1938), p. 45[3]-73[31].

45 - DER NERSESSIAN, *Art*, pl. 73, 75 ; THIERRY, *Art*, pl. en couleur, 52 ; pl. en noir et blanc, 246, 253-254, 595, etc.

46 - GARSOÏAN, *Prolegomena* ; EAD., « The Locus of the Death of Kings : Iranian Armenia the Inverted Image », dans R. HOVHANISIAN (éd.) *The Armenian Image in History and Literature* (U.C.L.A., 1980, [= *Locus*], p. 46-64 ; réimp. dans EAD., *Armenia*, xi ; R. GHIRSHMAN, « Notes iraniennes : scènes de banquets sur l'argenterie sassanide », *Artibus Asiae*, 16 (1953), p. 51-71 ; P. HARPER, *The Royal Hunter* (New York, 1978) ; P. GIGNOUX, « La chasse dans l'Iran sassanide », dans *Orientalia Romana : Essays and Lectures*, 5, éd. G. Gnioli (Rome, 1983) p. 101-118 ; et la note suivante.

47 - N.G. GARSOÏAN, « The Early-mediæval Armenian City : an Alien Element ? », *Journal of the Ancient Near Eastern Society*, 16-17 (= *Ancient Studies in Memory of Elias Bickerman 1984-1985*) [= *Armenian City*], p. 67-83 , réimp. dans EAD., *Church and Culture*, vii ; EAD., « "T'agaworanist kayeank'" kam "Banak ark'uni" : Les résidences royales des Arsacides arméniens », *REArm*, XXI (1988-1989), p. 251-269, réimp. dans EAD., *Church and Culture*, viii ; A. TER GHEWONDYAN, *The Arab Emirates in Bagratid Armenia*, trad. N.G. Garsoïan (Lisbonne,1976), p. 125-135, 141.

compréhensible et même partagée par les auteurs arméniens chrétiens dépendant des traditions orales, sinon par leurs plus savants collègues. Dans les *Récits épiques* – notre meilleure source pour la mémoire populaire –, les envahisseurs perses de la Grande Arménie tentèrent d'emporter dans leur propre pays les os de ses anciens souverains, afin que « la gloire de ses rois, la fortune et la vaillance de ce royaume le quittent et entrent dans le leur[48] ». La présence du roi même absent y est invoquée pour sa protection sur le champ de bataille :

> Que d'années se sont écoulées depuis qu'ils ont perdu Aršak leur seigneur, et pourtant ils étaient inspirés par lui durant le combat, Et chaque fois qu'ils abattaient un ennemi, ils criaient : « Pour Aršak ! », et cependant, il n'était pas parmi eux. […] Et tant d'années se sont écoulées depuis qu'ils ont perdu Aršak, leur seigneur, car il gît dans le Château de l'Oubli, au pays du Xužastan, et pourtant […] ils croyaient qu'il était à leur tête comme leur roi, qu'il était parmi eux au milieu de l'armée, à la tête du combat, et qu'eux-mêmes le servaient en sa propre présence[49].

Ce passage est d'autant plus intéressant qu'il invoque la protection du roi lointain et prisonnier plutôt que celle du roi régnant privé de ses attributs surnaturels selon la tradition iranienne pour avoir été voué dès son enfance aux forces du mal.

Aucun des détails de cette société aristocratique et décentralisée, dominée par une noblesse rurale ayant droit à des charges héréditaires et aboutissant théoriquement à une royauté héréditaire elle aussi, ne peut s'accorder avec le système municipal caractéristique de tout le monde méditerrannéen, dont les souverains *de jure*, sinon toujours *de facto*, étaient des magistrats élus par les citoyens, et dont le pouvoir reposait depuis le IIe siècle sur une bureaucratie professionnelle spécialisée. L'idéologie iranienne survivant malgré tout en Arménie était également étrangère aux conceptions classiques. Tous ces aspects suggèrent que l'Arménie des premiers siècles de notre ère, bien que chrétienne, ne faisait pas partie du monde romain, limité en Orient par la frontière de l'Euphrate établie par Auguste et qui conservait donc toujours sa raison d'être après des siècles.

L'aspect iranien ne se limita pas aux coutumes et aux institutions sociales de l'Arménie paléochrétienne, mais il devait jouer un rôle également important dans le développement de son Église car, malgré la dévotion fervente et l'identification idéologique du pays avec le christianisme, son évolution religieuse se plaça presque entièrement dans le cadre d'un monde essentiellement non chrétien. Dès le début du XXe siècle, Erwand Tēr Minassiantz et le père Paul Peeters avaient souligné l'importance du rôle de la chrétienté syriaque dérivée d'Antioche dans l'évangélisation de la partie méridionale du plateau arménien avant la misson traditionnelle de saint Grégoire dirigée vers le nord du royaume arsacide de Grande

---

48 - *BP*, IV.xxiv, p. 157-158.
49 - *Ibid.*, V.v, p. 195-196.

Arménie[50]. La portée de ce courant méridional délibérement occulté par la « tradition reçue », dédiée exclusivement à l'illumination de l'Arménie par saint Grégoire, a été démontrée récemment par des savants tels que Gabriele Winkler parmi d'autres, et surtout par l'étude des traductions arméniennes des écrits des pères syriens, tels Aphraat et Éphrem le Syrien[51]. Le fait que le patriarche ou catholicos arménien, consacré d'abord à Césarée de Cappadoce, était devenu résident sur le territoire iranien comme résultat du partage du royaume de Grande Arménie à la fin du IVe siècle (c'est-à-dire à peu près à l'époque où son Église commença à se considérer comme autocéphale) est reconnu depuis longtemps. Mais ses conséquences n'ont pas été suffisamment appréciées jusqu'ici. À partir du partage de l'Arménie entre Rome et la Perse, le chef de l'Église arménienne ayant son siège au-delà de la juridiction du *basileus* byzantin, se trouvait automatiquement en quelque sorte sujet du roi des rois sassanide, puis du calife musulman[52].

Nous savons, d'après les canons de l'Église d'Orient ou de Perse promulgués au concile de Séleucie-Ctésiphon en 410, au moment où le christianisme était accepté par les Sassanides comme une *religio licita*, que le roi des rois zoroastrien y recevait les mêmes droits que le concile de Nicée avait concédés environ un siècle auparavant à l'empereur chrétien : que les conciles ecclésiastiques soient convoqués par le souverain et non par le chef de l'Église, qu'ils soient présidés par lui ou son représentant même laïc, que le choix de tout évêque, à commencer par le catholicos, soit ratifié par le souverain, qui pouvait le nommer ou le destituer selon sa propre volonté, et, enfin, que le rang de chaque métropolite dans la hiérarchie ecclésiastique aboutissant à l'évêque de la capitale ou catholicos corresponde au statut de la ville où se trouvait son siège, devançant ici de plus d'une génération le décret du 28e canon du concile de Chalcédoine en 451[53].

Le même système avait apparemment cours en Grande Arménie, même après la concession de son autonomie ecclésiastique par la Perse en 485[54]. Nous n'avons aucun témoignage avant le VIIe siècle de la convocation d'un concile arménien sur

---

50 - E. Ter Minassiantz, *Die armenische Kirche in ihren Beziehungen zu den syrischen Kirchen bis zum Ende des 13. Jahrhunderts* (Leipzig, 1904) ; P. Peeters, « Pour l'histoire des origines de l'alphabet arménien », *REArm*, 1re série IX (1929), p. 203-237 ; réimp. dans Id., *Recherches d'histoire et de philologie orientales*, vol.1 (Bruxelles, 1951), p. 171-207.

51 - G. Winkler, « The History of the Syriac Prebaptismal Anointing in the Light of the Earliest Armenian Sources », *Symposium Syriacum 1976* (Rome, 1978), p.317-324 ; Ead., « The Original Meaning of Prebaptismal Anointing and its Implications : A Study of the Armenian, Syriac and Greek Terminology », *Worship,* 52 (1978), p.24-52 ; Ead., *Das armenische Initiationrituale* (Rome, 1982) ; Ead., « Die Tauf-Hymnen der Armenier, Ihre Affinität mit syrischen Gedenkengut », dans *Liturgie und Dichtung*, éd. H. Becker et R. Kaczinski, (Ste. Ottilie, 1983), p. 381-419 ; Ead., « Ein Beitrag zum armenischen, syrischen und griechischen Sprachgebrauch bei den Aussagen über die Inkarnation in den frühen Symbolizitaten », *Logos. Festschrift für Luise Abramowski* (Berlin-New York, 1993), p. 499-510 ; N.G. Garsoïan, *Église arménienne*, p. 19-27. Cf. *supra* p. 14, n. 19.

52 - Garsoïan, *Église arménienne*, p. 54-65, 360-364, 374-384, 406-409.

53 - J.-B. Chabot, *Synodicon Orientale* (Paris, 1902), p. 272 ; Garsoïan, *Église arménienne*, p. 54-55.

54 - *Ibid.*, p. 130.

l'ordre du roi des rois, mais la date des actes des conciles d'après l'année de son règne dans tous les documents qui nous sont parvenus est une preuve *ipso facto* de sa suzeraineté[55]. La situation est encore plus claire dans le cas de la juridiction séculière du roi des rois sur le patriarche arménien que le souverain pouvait destituer et remplacer par son propre candidat, même dans le cas de saint Sahak, le dernier descendant de l'Illuminateur, auquel cette dignité appartenait de droit héréditaire selon la coutume traditionnelle en Arménie[56]. Tout en se plaignant des mœurs des candidats syriens imposés par le roi de rois, les auteurs arméniens contemporains ne nient jamais son droit d'agir de cette manière, et ils ne donnent pas le titre de catholicos à un titulaire n'ayant pas reçu confirmation de sa dignité de la cour sassanide, reconnaissant par là-même la légitimité de sa juridiction[57]. Cela ressort explicitement de la réponse, bien qu'évidemment apocryphe, à l'ultimatum du roi des rois que l'historien arménien de la fin du Ve siècle, Łazar P'arpec'i, attribue au catholicos contemporain, Giwt :

> « Jusqu'ici tu as occupé ta charge sans ma permission et ceux qui t'ont accordé une si grande dignité sont mes serviteurs et tu n'as reçu aucune confirmation de moi. Cependant, si tu accomplis maintenant ma volonté, j'accorderai cette charge à toi et à ta famille [...] en perpétuité par un décret impérial. Et ainsi je te permettrai de rentrer en Arménie avec honneur. Et tu obtiendras des honneurs et une splendeur tels qu'aucun Arménien n'en a jamais reçu de notre cour. Mais si tu continues avec obstination à refuser d'accomplir ma volonté. Je te dépouillerai de l'épiscopat et je te priverai de tes charges et tu rentreras chez toi couvert de déshonneur et d'ignominie.
>
> Et le saint homme de Dieu, Giwt, lui répondit : "Dis au roi : Quant à ton accusation selon laquelle jusqu'ici j'ai reçu ma charge de tes serviteurs et non de toi-même, si toi ou n'importe lequel de tes serviteurs me l'ôtait, je serais heureux et content, car libéré des peines et des troubles spirituels de ce monde, je pourrais me consacrer à la prière. Quant à mon ordination épiscopale, dont tu dis que tu me dépouilleras, l'honneur de cette ordination céleste ne peut m'être ôtée ni par le roi ni par aucun prince ; même la mort en est incapable, car elle n'en a pas le pouvoir. Et je ne crains pas qu'aucun mortel puisse m'octroyer cet honneur ou me l'ôter."[58] »

L'auteur souligne indiscutablement ici le caractère surnaturel du sacre épiscopal. mais il reconnaît tout aussi incontestablement le droit du roi des rois de dépouiller le patriarche de la juridiction séculière de sa charge, ce dont le souverain profita immédiatement pour destituer Giwt. L'appréciation des liens entre l'Église arménienne et celle de Perse permet donc de rectifier l'interpétation traditionnelle fréquente selon laquelle les Arméniens figurent comme une minorité schismatique à l'intérieur du monde orthodoxe de Byzance.

---

55 - *Ibid.*, p. 55-57.
56 - *Ibid.*, p. 58-59 et *supra* p. 18, n. 37.
57 - *Ibid.*, p. 59-61 ; N.G. Garsoïan, « Secular Jurisdiction over the Armenian Church (IV-VII centuries) », *Okeanos : A Tribute to Ihor Ševčenko on his Sixtieth Birthday* [= Harvard Ukrainian Studies, 7], éd. C. Mango et O. Pritsak (1984) [= *Secular Jurisdiction*], p. 220-250 ; réimp. dans Ead., *Armenia*, ix.
58 - *ŁP'*, I.lxiv = trad. p. 167-168.

Intellectuellement, le monde arménien bi- et même trilingue profite des deux pôles culturels entre lesquels il oscille. Son Église « corrige » sa première traduction de la Bible marquée par des syriacismes afin de la raccorder avec la « meilleure » version rapportée de Constantinople en 435 avec les Actes du premier concile d'Éphèse[59]. Les œuvres des pères cappadociens sont traduites côte à côte avec celles d'Aphraat, d'Éphrem le Syrien et les Actes des martyrs de Perse[60]. Cependant, l'accès plus facile vers l'Orient est admis tacitement dans le compte rendu de la mission des savants traducteurs arméniens. Envoyés d'abord à Édesse pour traduire les œuvres de pères syriens, ils se mirent à l'ouvrage dès leur arrivée. Mais, s'étant rendus ensuite à Constantinople, ils durent faire des études préalables avant de pouvoir en faire autant pour les Grecs[61]. L'historiographie arménienne de l'époque semble maintenir un équilibre précaire entre la méthode analytique et chronologique des auteurs classiques et les vérités éternelles de l'épopée iranienne[62]. De tout cela il semble bien ressortir clairement que toute étude sérieuse de l'histoire de l'Arménie médiévale ne peut plus être entreprise dans l'isolement ou d'un point de vue unilatéral, mais qu'elle exigera dorénavant une conception élargie afin de la situer dans le tableau plus complexe des relations avec ses voisins tant orientaux qu'occidentaux.

Beaucoup reste encore à faire. Nous avons déjà noté les lacunes et problèmes des sources, surtout dans le domaine de l'archéologie et de l'épigraphie. La chronologie aberrante du IVe siècle, totalement brouillée par les contradictions des sources étrangères et nationales postérieures, attend toujours une solution. Le caractère particulier de la hiérarchie ecclésiastique, inextricablement mêlée aux institutions fondamentales de la noblesse et compliquée par l'absence de sièges urbains, demande à être examiné de plus près, tout comme l'absence apparente de fondations monastiques stables en Grande Arménie avant le VIIe siècle. Les relations hiérarchiques entre l'Église arménienne et ses voisines d'Ibérie et de l'Albanie caucasienne sont encore à préciser tout comme la portée des expressions « royaume d'Arménie », « terre arménienne » et « terre de langue arménienne », dont se servent les écrivains de l'époque.

Néanmoins, bien des difficultés ont déjà été levées. Les deux grands courants de la christianisation de l'Arménie ont été identifiés et les circonstances de cet événement clarifiées[63]. La conception monolithique d'une seule Arménie mal

---

59 - Koriwn, xix = trad. p. 43.
60 - N.G. Garsoïan, *Église arménienne*, p. 42-43, 131-133 et *supra* p. 14, n.19.
61 - Koriwn, xix = trad. p. 43, « [...] d'entre leurs disciples, ils envoyèrent deux frères dans la région des Syriens à la ville d'Édesse [...] afin qu'ils traduisent et inscrivent du syriaque en arménien les traditions des pères. Par conséquent, une fois arrivés à leur destination, les traducteurs exécutèrent les ordres qu'ils avaient reçus et renvoyèrent [les traductions] aux honorables pères. Ensuite, ils se rendirent dans la région des Grecs, où ils firent des études et devinrent des traducteurs habiles de la langue grecque ».
62 - Garsoïan, *Two Voices*.
63 - Garsoïan, *Église arménienne*, p. 1-43 ; et *supra* p. 22, n. 50-52 ; aussi P. Ananean, « La data e le circostanze della consacrazione di S. Gregorio Illuminatore », *Le Muséon*, LXXIV (1961), p. 43-73, 319-360.

définie s'affine graduellement pour y distinguer trois unités partageant à l'époque paléochrétienne une langue et pour la plupart une religion et une culture, mais non une unité politique, administrative ou institutionelle : les provinces romaines cis-euphratésiennes, le royaume arsacide de Grande Arménie au-delà du fleuve, remplacé après sa partition par une Persarménie gouvernée par un *marzpan* ou vice-roi sassanide, et les principautés semi-autonomes du sud le long de l'Euphrate oriental ou Arsanias[64]. Une lecture plus serrée du *Livre des lettres* permet maintenant de suivre de plus près l'évolution doctrinale de l'Arménie préislamique et de dater son schisme avec Constantinople au VIIe et non au Ve ou au VIe siècle[65]. La présence d'éléments hérétiques et surtout chalcédoniens dans le pays a été reconnue depuis les travaux de Marr, Adontz et Gérard Garitte, qui fut le premier à publier leurs écrits[66]. Le paradoxe d'un monde arménien divisé entre son idéologie chrétienne et sa culture partiellement hellénisée le poussant vers l'Occident et ses institutions sociales de caractère nettement iranien a été identifié[67]. Enfin, dans la période plus tardive, les rapports entre les Arméniens et les musulmans et l'importance de l'implantation arabe sur le Plateau commencent à être étudiés sérieusement[68]. Nous avons déjà vu l'abandon graduel d'une interprétation isolée de l'Arménie pour la replacer dans le domaine des chrétientés orientales non grecques dont elle faisait partie[69].

---

64 - Garsoïan, *Église arménienne*, p. viii-ix, 8-19.
65 - *Ibidem, passim*.
66 - G. Garitte, *La Narratio de rebus Armeniae* (Louvain,1952), trad. française de J.-P. Mahé, *REArm*, 25 (1994-1995), p. 429-438 ; G. Garitte, « Un petit florilège dyphysite grec traduit de l'arménien », *Studia Biblica et Orientalia*, 3 =Analecta Biblica, 12 (Rome, 1959), p. 102-112 ; réimp. dans Id., *Scripta disiecta* (Louvain-la-Neuve, 1980), vol. I, p. 275-285 ; H. Mapp [N. Marr], « Аркьаун монгольское название христян в связи с вопросом об Армянах-халкедонитахь » (« *Ark'aun*, désignation mongole des chrétiens en rapport avec la question des Arméniens chalcédoniens »), *Византийский Временник* [*Vizantijskij Vremennik*] 12/1-2 ([1905]-1906), p. 1-68 ; réimp. dans Id., *Кавказский культурный мир и Армения* (*Monde culturel caucasien et l'Arménie*) (Erevan,1995) ; H. Адонц [N. Adontz], « О происхождении Армян-Цатов » (« Sur l'origine des Arméniens *Tsat* »), *Журнал Министерства Народного Просвещения* [*Žurnal Ministerstva Narodnogo Prosveščenija*], n.s. 32 (avril, 1911), p. 239-49 ; avec une version arménienne dans *Handēs Amsorya*, XXVI/5 (mai, 1912), cols. 258-271. Ces études ont été continuées pour une époque plus tardive par В.А. Арутюнова-Фиданян [V.A. Arutjunova-Fidanjan], *Армяно-Халкедониты на восточных границах византийской империи* (*Les Arméniens chalcédoniens aux frontières orientales de l'Empire byzantin*) (Moscou, 1980) ; Ead., « The Ethno-confessional Self-awareness of Armenian Chalcedonians », *REArm*, XXI (1988-1989), p. 345-363 ; Ead., « Les Arméniens chalcédoniens en tant que phénomène culturel de l'Orient chrétien », *Atti del quinto simposio internazionale di arte armena* (Venise, 1992), p. 463-477 ; N.G. Garsoïan, *Armenian Integration*, p. 73-75 ; Ead., « Acace de Mélitène et la présence de dyophysites en Arménie au début du Ve siècle », *Res Orientales,* 7 [= Au carrefour des religions : Mélanges offerts à Philippe Gignoux] (1995), p. 73-85 ; réimp. dans Ead., *Church and Culture,* Ibid.
67 - N.G. Garsoïan, « Introduction » de Adontz, *Armenia*, p. xvi ; Ead., *Reality and Myth*.
68 - J. Laurent, *L'Arménie entre Byzance et l'islam depuis la conquête arabe jusqu'en 886* (nouvelle édition revue et mise à jour par M. Canard [Lisbonne, 1980]) ; Ս. Տեր Ղևոնդյան [A. Ter Łevondyan], *The Arab Emirates in Bagratid Armenia*, trad. N. Garsoïan (Lisbonne, 1976) ; Id., *L'Arménie et le califat arabe* (Erevan, 1977, en russe).
69 - Voir *supra* p. 17 et n. 32.

Ces développements peuvent mener loin. L'appréciation croissante de la complexité de la culture de la Grande Arménie paléochrétienne et surtout de sa position particulière comme point de contact et de transmission à la frontière entre les deux seules grandes puissances de l'époque admettant leur égalité mutuelle, Rome et la Perse[70], pourrait entraîner une réorientation de notre conception du monde méditerranéen et oriental à cette époque. Faut-il traiter la jonction entre ces deux civilisations égales comme une simple périphérie ou comme, en un certain sens, un point central du monde qu'elles se partageaient ?

Quelle que soit la justification de cette dernière hypothèse, l'historiographie de l'Arménie médiévale a incontestablement fait un pas considérable au XXe siècle. Les transformations politiques des dernières années semblaient annoncer de nouvelles possibilités de recherches arménologiques à travers l'ouverture de dialogues et de collaborations mutuellement profitables entre les spécialistes occidentaux et les savants arméniens plus proches des documents encore inédits et des découvertes archéologiques. Malheureusement, deux manifestations extérieures, bien compréhensibles mais potentiellement catastrophiques, menacent de ralentir sinon d'enrayer les développements positifs récents, du moins dans le domaine historique.

L'importante diaspora, légitimement traumatisée par l'horreur du génocide du début du XXe siecle qui en avait touché presque tous les membres directement ou indirectement, fixe toute son attention sur cette tragédie. De nombreux ouvrages sur ce sujet l'ont éclairé et continuent à l'étudier. Toutefois, une obsession sur les événements de 1915-1922, leurs causes et leurs effets, entraîne simultanément un manque d'intérêt regrettable qui aboutit presque à la négation des quelque deux millénaires qui les ont précédés et, par conséquent, à une concentration exclusive sur l'histoire moderne et contemporaine de l'Arménie au détriment des autres périodes historiques. À côté de cette fixation se manifeste parfois un manque de différenciation entre diverses disciplines ayant des critères différents, au risque de susciter le retour d'un vague « Orientalisme » qui n'est plus de mise dans d'autres domaines.

Plus alarmants encore sont les développements historiographiques actuels dans la République d'Arménie. La crise économique y a sérieusement ralenti les indispensables fouilles archéologiques. Fait plus grave encore, la réapparition du premier État arménien après plus de six siècles, exception faite pour la brève république écrasée par la Russie sovietique en 1920, ainsi que les combats et crises au sujet des territoires irrédentistes du Haut-Karabagh, semblent avoir imposé un

---

70 - D'après l'*Histoire* d'Ammien Marcellin, les deux souverains se qualifiaient de frères, *e.g.* : XVII.v.3, « rex regum Sapor particeps siderum, frater Solis et Lunae, Constantio Caesari fratri meo salutem plurimam dico » ; et du côté opposé : XVII,v.19 « Victor terra marique Constantius semper Augustus fratri meo Sapori regi salutem plurimam dico. » À ma connaissance, cette formule indiquant incontestablement l'égalité des deux parties n'est employée pour aucun autre souverain.

sursaut de nationalisme à outrance. Cela est fort compréhensible et d'ailleurs partagé par les autres républiques transcaucasiennes. Mais le triste résultat de cette explosion de patriotisme a été l'affirmation par des savants formés selon les méthodes soviétiques de l'existence, à travers les siècles, d'une unique Arménie unifiée et centralisée, sa culture distinctive élaborée sans nécessité de recours à des influences étrangère. Cette interprétation provoque inévitablement l'abandon du cadre plus large développé récemment, surtout du côté iranien, pour en revenir à l'interprétation la plus étroite du XIXe siècle comprimant artificiellement toute l'histoire arménienne dans un étau nationaliste particulièrement mal adapté à l'époque médiévale. La persistance des méthodes soviétiques, selon lesquelles une seule interprétation souvent politisée était admissible, a déplorablement fait baisser le niveau des travaux historiques émanant d'Arménie et a produit une vague d'attaques contre les spécialistes étrangers qui, non seulement, excluent toute possibilité de collaboration mais se manifestent dans des termes inadmissibles pour des publications scientifiques[71].

Tout n'est évidemment pas perdu. Des historiens rigoureusement formés et impartiaux continuent à travailler en Arménie comme en Occident. Le souvenir des périodes pré-modernes de l'histoire d'Arménie n'a pas disparu. Mais si les signes actuels de régression dans l'historiographie de l'Arménie médiévale ne sont pas enrayés rapidement, nous courons le risque de compromettre les grands progrès du siècle dernier, au lieu de les transmettre à la génération suivante.

---

71 - Voir, e.g., Ա. ԱՅՎԱԶՅԱՆ [A. AYVAZYAN], Հայաստանի պատմության լուսաբանումը ամերիկյան պատմագրության մեջ (*L'interprétation de l'histoire de l'Arménie dans l'historiographie américaine*) (Erevan, 1998), qui n'est malheureusement pas le seul représentant de cette tendance qui semble prendre une tournure officielle.

II

L'INTERRÈGNE ARMÉNIEN
ESQUISSE PRÉLIMINAIRE[1]

Il n'y a guère de doute que les études arméniennes ont fait de grands progrès durant le siècle passé: la philologie, en tête dès le début, les études littéraires qui ont continué leur développement, ainsi que l'histoire de l'art mise sur une base si solide par Sirarpie der Nersessian. L'archéologie nous a apporté dernièrement de nouvelles ouvertures, que ce soit le cimetière médiéval juif découvert dans le Zanguezur, révélant l'existence d'une communauté oubliée, ou les monnaies hellénistiques du type de la fameuse tétradrachme de Tigrane II, mais portant une légende en araméen, qui jettent une nouvelle lumière sur la profondeur de l'hellénisation de l'Arménie à cette époque. Toutefois, nous nous trouvons ici dans un domaine appartenant particulièrement à nos compatriotes et collègues en Arménie qui ont naturellement un accès beaucoup plus direct que le nôtre aux matériaux. Mais, malheureusement, les études historiques, pour parler *pro domo suo*, ne présentent pas encore la même vigueur et sont restées trop souvent tributaires des méthodes et de la chronologie de nos prédécesseurs.

La notion que le Ve siècle de l'ère chrétienne fut «l'âge d'or» arménien nous a été donnée par les travaux des Mekhitaristes au XIXe siècle[2]. Cette définition basée principalement sur des sources littéraires était, comme telle, parfaitement légitime puisque le développement rapide d'une littérature historique nationale inaugurée par la *Vie de Maštoc'* par son disciple Koriwn, juste avant le milieu du siècle[3], suivie avant la fin du même siècle par le cycle dit *Histoire des Arméniens* du soi-disant Agat'angełos[4] et les *Récits épiques* ou *Buzandaran* longtemps attribués à

---

[1] La première version de cet article a été présentée comme communication inaugurale à la XIe conférence générale de l'A.I.E.A, à Paris, le 10 septembre 2008. La présente esquisse, loin d'être une étude détaillée du sujet, n'est que l'ébauche d'un futur travail plus étendu et plus approfondi ainsi que la suggestion d'une nouvelle direction de recherche.

[2] Le terme «âge d'or» commence à paraître dans les ouvrages des Mekhitaristes de Vienne, plutôt comme une description stylistique que chronologique, dans les années quarante du XIXe siècle, mais la période à laquelle il s'appliquait ne dépassait guère le Ve siècle, même Łazar P'arpec'i est déjà au-delà.

[3] KORIWN, *Vark' Maštoc'i*, éd. M. ABEŁEAN, Erevan, 1941 (avec de nombreuses réimpressions) et traduction anglaise: KORIWN, *The Life of Mashtots*, tr. B. NOREHEAD, New York, 1964 (= KORIWN, éd. et tr.).

[4] AGATHANGELOS, *History of the Armenians*, tr. et comm. R.W. THOMSON, Albany, 1976 (= AGATHANGELOS, *History of the Armenians*).

un certain P'awstos Buzand, inconnu par ailleurs[5], puis par l'*Histoire des Arméniens* de Łazar P'arpec'i[6], marquèrent brillamment le point de départ d'un des genres majeurs de la littérature arménienne médiévale.

En revanche, sur un plan proprement historique, cette définition est difficilement recevable, surtout si, comme il semble acquis pour beaucoup, «âge d'or» signifie paix, unité et harmonie. Jusqu'aux dernières années du IVe siècle, quelle que soit l'unité culturelle des terres arméniennes, elles étaient divisées politiquement et administrativement en trois parties distinctes: les provinces romaines, *Armenia prima* et *secunda*, à l'ouest de l'Euphrate septentrional; le royaume arsacide de Grande Arménie au delà du fleuve, client de Rome mais gouverné par une branche cadette de la dynastie parthe, et enfin les principautés semi-autonomes, arméno-mésopotamiennes, dénommées *Satrapies* (ἔθνη ou *gentes*), qui s'étendaient de l'ouest à l'est le long de l'Euphrate oriental ou Arsanias (mod. Murad-su). Cette première division fut altérée d'abord vers 387 par la partition des territoires arméniens entre Rome et les Sassanides, puis par la disparition de la dynastie des Arsacides arméniens en 428, disparition qui laissait la majeure partie de leur royaume, désormais dénommée Persarménie, aux Sassanides, tandis que Byzance en recevait à l'est de l'Euphrate une portion nettement inférieure qui fut gouvernée séparément sous le nom d'*Armenia interior* ou *Armenia maior* comme *pars pro toto*, par un comte, sur lequel nous ne savons presque rien. Le statut des *Satrapies*, altéré par les traités de 299 et 364, demeurait toujours ambigu[7].

Les événements du Ve siècle allaient exacerber la situation. La Persarménie se trouva pratiquement sans défenses après le désastre de

---

[5] [Ps.-] P'awstos Buzand, *Patmut'iwn Hayoc'*, 4th ed., Venice, 1933 et traduction anglaise: *The Epic Histories attributed to P'awstos Buzand (Buzandaran Patmut'iwnk')*, tr. and comm. N.G. Garsoïan, Cambridge MA, 1989 (= P'awstos Buzand, éd. et trad.).

[6] Łazar P'arpec'i, *Łazaray P'arpec'woy patmut'iwn Hayoc' ew t'ułt' aṙ Vahan Mamikonean*, éd. G. Tēr Mkrtč'ean et S. Malxasean, Tiflis, 1904 et traduction anglaise: *The History of Łazar P'arpec'i*, tr. et comm. R.W. Thomson, Atlanta, 1991 (= Łazar P'arpec'i, éd. et trad.).

[7] N. Garsoïan, *Introduction to the Problem of Early Armenian Monasticism*, in *Revue des Études Arméniennes*, 30 (2005-2007), p.184. Ead., *The Aršakuni Dynasty* in R.G. Hovannisian (ed.), *The Armenian People*, New York, 1997, I. p. 91-93; Ead., *The Marzpanate* in *Ibid.*, p. 103-104 (= Garsoïan, *The Marzpanate*); Ead., *Some Preliminary Precisions on the Separation of the Armenian and Imperial Churches I. The Presence of 'Armenian' Bishops at the First Five Œcumenical Councils* in *ΚΑΘΗΓΗΤΡΙΑ. Essays Presented to Joan Hussey on her 80th Birthday*, Camberley, 1988, part. p. 254-256. Ead., *L'Église arménienne et le Grand Schisme d'Orient* (CSCO, 574; Subs., 100), Leuven, 1999, p. 10-17 (= Garsoïan, *L'Église*). Ead., *Frontier-Frontiers? Transcaucasia and Eastern Anatolia in the Pre-islamic Period*, in *La Persia e Bizanzio* (Atti dei Convegni Lincei, 201), Rome, 2004, p. 140-141 et n. 60 (= Garsoïan, *Frontier-Frontiers?*).

l'Avarayr en 451, où la plupart de la haute noblesse arménienne, groupée autour de son connétable héréditaire Vardan Mamikonean, choisit le martyre plutôt que l'apostasie, abandonnant de ce fait ses domaines affaiblis pour une génération, aux mains d'enfants mineurs, impuissants, dont certains se virent retenus en Perse comme otages[8]. Du côté byzantin, les *Satrapies* occidentales perdirent leurs droits héréditaires en 488 à cause de leur soutien à la révolte d'Issus, et au siècle suivant, la grande réforme de Justinien en 536 redivisa les territoires arméniens impériaux pour les joindre administrativement aux *Satrapies* et à certaine terres pontiques, afin de créer quatre nouvelles Arménies[9]. Une nouvelle division byzantino-perse en 591 viendra ajouter ses complications à celles des précédentes[10]. Le vocabulaire lui-même aide à nous fourvoyer. Le toponyme "Armenia" n'avait pas le même sens et ne désignait pas le même territoire dans la correspondance de Basile de Césarée vers la fin du IVe siècle et dans le recueil des *Récits Épiques* environ un siècle plus tard[11].

La géographie accidentée du plateau arménien aggravait le morcellement politique et faisait obstacle à toute tentative de centralisation. Du point de vue culturel, elle poussait le Nord, lié à l'ouest avec la Cappadoce, à se tourner vers le monde hellénisé de la Méditerranée. Au contraire au Sud, l'Arménie vannique et les *Satrapies* penchaient vers la Mésopotamie et le monde syriaque d'Édesse et d'Antioche. Jusqu'à ce que la création d'un alphabet particulier donne leur propre voix aux Arméniens, et même ensuite, l'influence du grec s'étendait sur la partie septentrionale du plateau, tandis que celle du syriaque était dominante dans le Sud, comme il ressort de certain passages de Koriwn et de Łazar P'arpec'i[12]. Une lecture attentive du récit d'Agathange sur la christianisation de l'Arménie, révèle qu'il ne s'adressait qu'à la partie septentrionale du royaume[13].

Plus grave encore, était le fait que l'unité de la chrétienté arménienne se voyait menacée par des transformations doctrinales intérieures

---

[8] Toute la première partie de l'*Histoire de Łazar P'arpec'i* et l'œuvre entière d'ELIŠĒ: *Ełišēi vasn Vardanay ew Hayoc' paterazmin*, éd. E. TER MINASYAN, Erevan, 1957 et traduction anglaise, *Ełishē. History of Vardan and the Armenian War*, tr. et comm. R.W. THOMSON, Cambridge MA, 1982 (= ELIŠĒ, éd. et tr.) sont voués à ces évènements qui forment un des épisodes centraux de la tradition arménienne. GARSOÏAN, *The Marzpanate*, I, p. 98-101.
[9] *Ibid.*, I, p. 104-106. N. ADONTZ, *Armenia in the Period of Justinian*, tr. et comm. N. GARSOÏAN, Louvain – Lisbonne, 1970, p. 103-125.
[10] GARSOÏAN, *The Marzpanate*, I, 107-110. EAD., *L'Église*, p. 263-282.
[11] EAD., *Nersēs le Grand, Basile de Césarée et Eustathe de Sébaste*, in *Revue des Études Arméniennes*, 17 (1983), p. 149-153. Voir aussi ci-dessous, p. 91.
[12] GARSOÏAN, *L'Église*, p. ix, 23-25. EAD. *Frontier-Frontiers?*, p. 335, 348-349.
[13] GARSOÏAN, *L'Église*, p. 2-8.

comme extérieures. Parallèlement à sa division en deux sphères culturelles, la christianisation de l'Arménie avait procédé de deux centres: Aštišat, dans la province méridionale du Tarön, avait reçu ses traditions de la Perse et de l'École syriaque d'Antioche au IIIe et peut-être même au IIe siècle, tandis que la mission de saint Grégoire l'Illuminateur apportait à Ējmiacin au début du IVe siècle le christianisme hellénisé de la Cappadoce. Ainsi, du point de vue dogmatique aussi bien que culturel, l'Église autocéphale d'Arménie ressentait simultanément la double influence de la doctrine dyophysite de Théodore de Mopsueste condamnée comme hérétique à Constantinople – mais officiellement adoptée par l'Église de Perse ainsi que celle de l'orthodoxie byzantine et des premiers conciles œcuméniques[14].

Étant donné le morcellement territorial et administratif de l'Arménie que nous venons d'ébaucher et les influences contradictoires auxquelles elle était ouverte, il est difficile de continuer de considérer le Ve ou le début du VIe siècle comme un «âge d'or», ou de parler à cette époque d'une Arménie unique, centralisée du point de vue administratif ou même doctrinal. Et pourtant c'est bien ce que les historiens du Moyen Âge que nous sommes, continuent de faire, en suivant docilement la tradition. En effet, nous continuons trop souvent d'apprécier l'histoire du Moyen Âge arménien en fonction de tranches chronologiques disjointes et dotées de valeurs différentes. Nous commençons par nous intéresser au royaume arsacide de l'Arménie paléochrétienne et au soi-disant «âge d'or» qui compense à nos yeux sa disparition au début du Ve siècle, pour nous détourner de la période suivante jugée sombre – et même particulièrement sombre – avec l'arrivée des Arabes, pour retrouver avec soulagement la royauté bagratide quelques quatre siècles et demi plus tard, quitte à l'abandonner de nouveau après moins de deux siècles pour nous rendre éventuellement en Cilicie. Mais une telle vision de l'histoire, fragmentée et disjointe, qui privilégie le fait royal, est peu satisfaisante et la grille de lecture politique s'avère un mauvais guide pour l'histoire arménienne. L'Arménie n'est pas la France médiévale où les seigneurs de l'Île-de-France étendaient petit à petit leur pouvoir sur des territoires

---

[14] *Ibid.*, p. 1, 19, 25-26, 40-41 *et passim*. La primauté d'Artašat est catégoriquement affirmée par P‘AWSTOS BUZAND, éd. I.xiv, p. 47, «ունէր սա զպատիւան աթոռոյն զխատրութեան Տարոնոյ, ի մեծէն և ի նախ զառաջին եկեղեցին ի մայր եկեղեցեացն ամենայն Հայաստանեայց։ Այս ինքն մայր և զառաջին և զխատրոր տեղին պատուական. զի յառաջ նախ անդ շինեալ էր սուրբ եկեղեցին, և ուղղեալ սեղան յանուն տեառն:» et tr., p. 86: «He... held the dignity, of the chief throne of Tarön, of the great and first church of the mother-of-the-churches in all Armenia. That is to say of the first and foremost place of honor, for [it was] there [that] the holy church was built for the first time and an altar raised in the name of the Lord.»

contigus. Pour comprendre notre histoire, il nous faut renoncer aux *a priori* politiques et nationalistes et recourir à d'autres guides de lecture et d'interprétation.

Voyons d'abord quelles sont nos raisons pour négliger la période qui sépare les Arsacides des Bagratides, à laquelle je propose de donner le titre d'«Interrègne» et, plus particulièrement à l'intérieur de cette période, celle qui va du VIe siècle à la première moitié du VIIIe. Il n'y a pas de doute que c'est une époque peu glorieuse au sens patriotique usuel du mot. Ébranlée par l'échec de la révolte de Vardan II Mamikonean en 572; sillonnée par les guerres byzantino-sassanides du VIe siècle et surtout par les campagnes de Xusrō II et d'Héraclius qui atteindront leurs capitales respectives au début du siècle suivant après avoir traversé le plateau arménien d'un bout à l'autre; redivisée par le traité de 591 entre Maurice et Xusrō II, qui abandonnait une bonne partie de la Persarménie et de ses diocèses à Byzance; affaiblie par la dévastation de l'Arzanène par Maurice en 577 et par les premiers transferts de population à Chypre et dans les Balkans; secouée à l'intérieur par les querelles continues des grandes familles; enfin, forcée de faire face aux premières razzias arabes avant le milieu du VIIe siècle, l'Arménie de l'Interrègne présente à première vue un triste spectacle. Partagée entre Byzance et les Sassanides, puis dominée par les Arabes, administrée par des gouverneurs souvent étrangers, il n'est pas question d'un état arménien, ni d'un pouvoir centralisé[15]. Mais il nous faut aussi admettre ici qu'un puissant pouvoir central n'a jamais été une des institutions caractéristiques de l'Arménie paléochrétienne. Même à l'époque royale, le souverain arsacide, seigneur de l'Ayrarat, n'était que le premier parmi ses pairs et il y a longtemps que Cyrille Toumanoff nous avait fait remarquer que si le dernier roi arsacide d'Arménie avait été destitué par le roi des rois de Perse, ce n'était qu'à la demande des *naxarars* arméniens[16], comme le note sans ambages Łazar P'arpec'i: «Quel besoin y a-t-il d'un roi? Qu'un prince perse vienne éventuellement pour nous gouverner»[17].

Par ailleurs, les jérémiades des historiens arméniens sur les malheurs de leur pays à cette époque ne sont pas toujours corroborées par les données matérielles trop souvent négligées. C'est au VIIe siècle que la

---

[15] GARSOÏAN, *The Marzpanate*, I, p. 198-110, 114; EAD., *The Arab Invasions and the Rise of the Bagratuni (640-884)*, in R.G. HOVANNISIAN (ed.), *The Armenian People from Ancient to Modern Times*, vol. I, New York, 1997, p. 117-122.

[16] C. TOUMANOFF, *Studies in Christian Caucasian History*, Georgetown, 1963, p. 153-154; GARSOÏAN, *L'Église*, p. 47.

[17] ŁAZAR P'ARPEC'I, éd. I.xiv, p. 24, «զի՞ հարկ ես այնու է թագաւոր, այլ իշխան պարսիկ բոտ ժամանակի եկեալ վերակացու լիցի մեզ.» et trad. p. 58.

Grande Arménie se couvre d'églises[18], non seulement à Vałaršapat, où le catholicos Komitas fait reconstruire les martyria des saintes[19] ou à Zwart'noc'[20], mais répandues à travers le pays. Entre autres, celles encore visibles de Sisian, de Lmbat et Mastara, de Gaṙnahovit sur les pentes de l'Aragac, de Mren, Ptłni, Bjni, Pemzašēn, Ōšakan, Aštarak, T'alin et enfin Ōjun[21]. Nombreuses d'entre elles sont de petite taille, mais les églises de Gaṙnahovit et de Sisian et surtout les grandes basiliques à coupole de Ptłni, T'alin, Aṙuč et Ōjun sont de dimensions majestueuses[22]. Or, l'architecture est le plus lent et le plus coûteux de tous les arts. La multiplicité de ces monuments présuppose donc des périodes ou des régions de stabilité et de prospérité qui demandent à être prises en considération. Plus particulièrement encore, ces fondations, dont les sites correspondent aux sièges des *naxarars*, confirment également les multiples données prosopographiques des sources de l'époque. Les cathédrales d'Aṙuč et de T'alin s'élèvent à proximité des palais des Mamikonean et des Kamsarakan[23]. Leurs inscriptions, entre autre à Aṙuč, nomment leur fondateur[24]. La taille exiguë de beaucoup d'autres démontre qu'il s'agit

---

[18] J.-M. THIERRY, *L'Arménie au Moyen-Âge*, Saint-Léger-Vauban, 2000, p. 39-92 avec cartes et planches en couleurs; p. 39-40: «En somme, l'Âge d'Or couvre essentiellement le VIIe siècle... Ce qui frappe surtout en ce VIIe siècle c'est la véritable 'ferveur créatrice' des architectes arméniens qui adaptèrent au pays des structures antérieures et inventèrent un nombre impressionnant de formes nouvelles» (= THIERRY, *L'Arménie*). J.-M. THIERRY – P. DONABEDIAN, *Les arts arméniens*, Paris, 1987, p. 63-73 et planches en couleurs, p. 470 et fig. 560, p. 491 et fig. 616, p. 404-405 et fig. 616, p. 495-496 et fig. 627-629, p. 497- 498 et fig. 635-636, p. 500 et fig. 643-644, p. 504 et fig. 655, p. 527 et fig. 716-717, p. 539 et fig. 746-747, p. 666 et fig. 780-783, p. 556-557 et fig. 786-790, p. 565 et fig. 809-811, p. 566 et fig. 812, p. 576 et fig. 837-839, p. 580 et fig. 850-853, p. 593 et fig. 883-884, p. 694 et fig. 888-891 (= THIERRY – DONABEDIAN, *Les arts*).
[19] [Ps.-] SEBĒOS, *Patmut'iwn Sebēosi*, éd. G.V. ABGAREAN, Erevan, 1979, xxxvii, p. 121 et traduction anglaise: *The Armenian History attributed to Sebeos*, tr. et comm. R.W. THOMSON – J. HOWARD-JOHNSON – T. GREENWOOD, 2 vols., Liverpool, 1999, I, p. 76-77 (= PS.-SEBĒOS, trad.); THIERRY, *L'Arménie*, p. 41, 50, pl. en coul. 26; THIERRY – DONABEDIAN, *Les arts*, p. 518-519, fig. 689-693.
[20] THIERRY, *L'Arménie*, p. 57, 83; THIERRY – DONABEDIAN, *Les arts*, p. 594-595, fig. 888-891.
[21] Voir n. 18 et THIERRY, *L'Arménie*, p. 87, pour la date contestée d'Ōjun.
[22] THIERRY – DONABEDIAN, *Les arts*, p. 64-73.
[23] THIERRY, *L'Arménie*, p. 56-57; THIERRY – DONABEDIAN, *Les arts*, p. 72-73.496 et fig. 632.
[24] T. GREENWOOD, *A Corpus of Early Medieval Armenian Inscriptions* (*Dumbarton Oaks Papers*, LVIII), Washington, 2004, p. 67, 86. et fig. 11: «Dans la 29e année de Constant au mois de Mareri au 15e jour (24 mars 670), cette sainte cathédrale fut fondée par Grigor Mamikonean, prince d'Arménie, et Hełinē son épouse pour l'intercession de ces mêmes [constructeurs]» (= GREENWOOD, *A Corpus*). THIERRY, *L'Arménie*, p. 56 et pl. en coul. 56. Voir aussi les inscriptions d'Ałaman datant de 636/637: «Dans la 27e année du pieux roi Héraclius, à l'époque de Nerseh, seigneur du Širak et de l'Ašarunik' et de T'eop'iłos évêque d'Ašarunik', Moi Grigor *ełosatr* et Mariam, ma femme nous avons construit cette sainte église pour [le salut de] nos âmes»; et celle de Mren: *Ibid.*, p. 84 et fig. 7, THIERRY, *L'Arménie*, p. 53.

de chapelles palatines des grandes familles et non d'églises paroissiales ou épiscopales comme le proclame clairement l'inscription encore parfaitement lisible de la petite église dédiée à la Mère de Dieu à T'alin:

«Moi, Nerseh, apohypate, patrice, seigneur du Širak et de l'Ašarunik', ai construit cette église au nom de la sainte Mère de Dieu en intercession pour moi-même et pour Šušan, mon épouse, et pour Hrahat, notre fils»[25].

La trame héréditaire des grandes familles, l'institution fondamentale à la base de la solidité de l'Arménie paléochrétienne, celle qui assurait la reconstruction de toute famille et de ses possessions si un seul de ses descendants mâles avait survécu, cette trame si gravement endommagée par la défaite de l'Awarayr s'était reconstituée: les enfants et les petits-enfants des morts avaient grandi et retrouvé leurs droits.

Dans le domaine intellectuel, il est difficile de justifier le mépris tacite des historiens pour la période de l'Interrègne. Il est malaisé de qualifier d'obscure une époque dans laquelle prennent place les grands savants ayant encore fait leurs études dans le monde hellénique, Anania Širakac'i, mathématicien, astronome et cosmographe, auteur probable de la *Géographie arménienne* (*Ašxarhac'oyc'*) dont l'auteur était encore familier avec les connaissances des savants de l'antiquité puisqu'il nous en cite les noms[26]. Puis Step'annos Siwnec'i, mort vers 735, traducteur, théologien, liturgiste, musicien[27] et son maître, le savant Movsēs de Siwnik'[28]. Ou encore les grands catholicos théologiens, comme Komitas au VIIe siècle, non seulement bâtisseur comme son successeur Nersēs III, mais également promoteur de la compilation dogmatique connue sous le nom du *Sceau de la Foi* (*Knik' Hawatoy*)[29]. Ou encore au début du siècle suivant, le réorganisateur de l'Église, Yovhannēs Ōjnec'i, «le

---

[25] GREENWOOD, *A Corpus*, p. 86 et fig. 12, «Ես Ներսեհ ապոհիպատ պատրիկ Շիրակայ և Աշարունեաց (sic) տէր շինեցի զեկեղեցիս յանուն սուրբ աստուածածնի ի բարեխաւսութիւն ինձ և Շուշանայ ամուսնոյ իմոյ և Հրահատայ որդւոյ մերոյ»; THIERRY, *L'Arménie*, p. 48 et Donabedian dans THIERRY – DONABEDIAN, *Les arts*, p. 581. L'existence attestée de deux Nerseh Kamsarakan a donné lieu à différentes attributions de ce monument, mais sa datation au VIIe siècle n'est pas mise en doute.

[26] H. AČAŘEAN, *Hayoc' Anjnanounneri Baŕaran*, Beyrouth, 1972, vol. I, p. 149-150 §3 (= AČAŘEAN, *Baŕaran*); R.W. THOMSON, *A Bibliography of Classical Armenian Literature* (Corpus Christianorum), Turnhout, 1995, p. 97-100 (= THOMSON, *Bibliography*); R.H. HEWSEN, *The Geography of Ananias of Širak* (*Ašxarhac'oyc'*), Wiesbaden, 1992, p. 7-15, 42-43A (= HEWSEN, *Geography*).

[27] AČAŘEAN, *Baŕaran*, vol. IV, p. 603-605; THOMSON, *Bibliography*, p. 201-202; M.D. FINDIKYAN, *The Commentary on the Armenian Daily Office by bishop Step'anos Siwnec'i († 735)*, (Orientalia Christiana Analecta, 270), Rome, 2004; A. AREVSHATYAN, *L'identité de Step'anos Siwnec'i*, in *Revue des Études Arméniennes*, 30 (2005-2007), p. 401-410.

[28] AČAŘEAN, *Baŕaran*, vol. III, p. 436 §26; THOMSON, *Bibliography*, p. 156.

[29] AČAŘEAN, *Baŕaran*, vol. II, p. 644-645 §1; THOMSON, *Bibliography*, p. 142, 196.

Philosophe» sous lequel la doctrine arménienne recevra sa définition finale dans la promulgation du premier *Livre des canons arméniens* (*Kanonagirkʻ Hayocʻ*)[30]. C'est également durant l'Interrègne, et pas avant, que les premiers établissements monastiques véritablement cénobitiques, et par conséquent stables, qui seront les précurseurs des grands monastères-universités, tels Hałbat, Sanahin, Narek, Horomos, Tatʻew et bien d'autres, autour desquels s'organisera la vie intellectuelle de l'Arménie médiévale, commencent à remplacer l'érémitisme gyrovague de la période précédente[31]. La grande tradition historiographique inaugurée par Łazar Pʻarpecʻi, loin de se tarir, se perpétue et s'étend. Nous ne pouvons en juger précisément toute l'ampleur, puisque la véritable histoire de Sebēos ne nous est pas parvenue[32], mais celle qui lui est attribuée, et à un niveau inférieur, celle du prêtre Łewond[33], ainsi que la compilation de Movsēs Kałankatuacʻi pour l'Albanie du Caucase[34], élargiront les limites d'une histoire nationale pour placer l'Arménie dans le cadre de son monde contemporain et pour aboutir ainsi à la grande synthèse de Movsēs Xorenacʻi à la fin du VIIIᵉ siècle[35].

Le plus important de tout pour le futur de l'Arménie fut le développement de son Église qui s'était maintenant substituée à l'État absent, comme point de mire de la fidélité de tous les Arméniens. Les premiers jalons avaient déjà été posés au début du VIIᵉ siècle[36]. Les documents préservés dans le *Livre des Lettres* (*Girkʻ Tʻłtʻocʻ*)[37] démontrent que le

---

[30] AČAṘEAN, *Baṙaran*, vol. III, p. 553-555 §73; THOMSON, *Bibliography*, p. 218-219, 265sq.; A. MARDIROSSIAN, *Le livre des canons arméniens* (*Kanonagirkʻ Hayocʻ*) *de Yovhannēs Awjnecʻi* (*CSCO*, 606; *Subs.*, 116), Leuven, 2004, p. 1 *et passim* (= MARDIROSSIAN, *Le Livre des canons*); *Ioannis Ozniensis Opera*, éd et tr. J. AUCHER, Venise, 1834 (= *Johannis Ozniensis Opera*).

[31] N. GARSOÏAN, *Introduction to the Problem of Early Armenian Monasticism*, in *Revue des Études Arméniennes*, 30 (2005-2007), p. 177-236.

[32] Voir ci-dessus n. 19; THOMSON, *Bibliography*, p. 196-198; PS.-SEBĒOS, trad, I, p. xxxiii-xxxviii; G. ABGARYAN, *Istorija Sebeosa i problema Anonima*, Erevan, 1964.

[33] ŁEWOND ERĒCʻ, *Patmutʻiwn Hayocʻ*, éd. K. EZEAN (2ᵉ éd.), St-Pétersbourg, 1887; THOMSON, *Bibliography*, p. 149-150. La traduction française de Chahnazarian, bien que vieillie est préférable à la traduction anglaise plus récente.

[34] MOVSĒS KAŁANKATUACʻI, *Patmutʻiwn Ałuanicʻ Ašxarhi*, éd. V. AṘAKʻELYAN, Erevan, 1983 et traduction anglaise: C.F.J. DOWSETT, *The History of the Caucasian Albanians by Movses Dasxuranc̣i*, Londres, 1961; THOMSON, *Bibliography*, p. 153-155.

[35] Sur la date controversée de cet historien, voir *Ibid.*, p. 156-167 et MOVSĒS KHORENATSI, *History of the Armenians*, tr. R.W. THOMSON, Cambridge MA, 1978 (1ᵗʰ ed.), introduction. Dernièrement, N. GARSOÏAN, *L'Histoire attribuée à Movsēs Xorenacʻi: Que reste-t-il à en dire?*, in *Revue des Éudes Arméniennes*, 29 (2003-2004), p. 29-48.

[36] Pour une étude détaillée des problèmes dogmatiques de la période précédente et des rapports de l'Église arménienne avec ses voisins, voir GARSOÏAN, *L'Église*.

[37] N. POŁAREAN (BOGHARIAN) (ed.), *Girkʻ Tʻłtʻocʻ*, Jérusalem, 1994 (2e éd.). Trad. française partielle dans GARSOÏAN, *L'Église*, p. 411-583.

dyophysisme nestorien de l'Église de Perse avait été condamné au deuxième concile de Duin en 555 et que le dogme de Chalcédoine avait enfin été anathématisé *de jure* en 607. L'autorité du catholicos arménien, sapée par le transfert de nombreux diocèses dans la sphère byzantine, du fait de la nouvelle frontière créée par le traité de 591 et le schisme de vingt ans provoqué par la politique religieuse hostile de l'empereur Maurice, fut rétablie après la mort de l'empereur. De même, les Églises d'Albanie caucasienne et du Siwnik' revinrent à leur obéissance antérieure; seule l'Église d'Ibérie s'écarta définitivement. La majorité des problèmes extérieurs avait été résolue au début du VIIe siècle et l'Église arménienne figurait de plus en plus comme une Église nationale, mais pour arriver à une formulation définitive de sa propre doctrine, de graves problèmes intérieurs restaient encore à résoudre.

La doctrine officielle, pro-chalcédonienne de l'Église impériale, soutenue par les efforts de la dynastie héraclienne, survit aux anathèmes de l'Église arménienne tout au long du VIIe siècle[38] et comptait toujours des adhérents vers 700, date que Garitte donne pour la traduction grecque du petit traité historique pro-chalcédonien connu d'habitude sous le titre de *Narratio de rebus Armeniae*[39]. Sans entrer ici dans la question de ses doctrines, condamnées en Arménie comme à Constantinople, l'hérésie paulicienne, qui fit son apparition dans les provinces orientales de l'Empire byzantin sous Constant II, le petit-fils d'Héraclius, au milieu du VIIe siècle[40], dut se maintenir en Arménie assez longtemps pour mériter sa condamnation formelle en 719 dans le discours *Contre les Pauliciens* du catholicos Yovhannēs Ōjnec'i[41].

Plus grave encore fut la question de l'influence sur la doctrine arménienne, du monophysisme extrême de Julien d'Halicarnasse, dont l'importance a été occultée pendant longtemps par nos sources, en conséquence de la *damnatio memoriae* de son coryphée Yovhannēs Mayragomec'i, l'ennemi farouche de la doctrine chalcédonienne[42]. La doctrine "phantasiaste" de Julien, selon laquelle le corps du Seigneur était demeuré incorruptible, même durant son passage sur la terre, et qui niait par conséquent la réalité de l'Incarnation, avait probablement été introduite en Arménie au milieu du VIe siècle par le syrien Abdišo, consacré évêque des Syriens orthodoxes par le catholicos Nersēs II, qui

---

[38] *Ibid.*, p. 384-396.
[39] G. GARITTE, *La Narratio de rebus Armeniae* (*CSCO*, 132; *Subs.*, 4), Leuven, 1952, p. 382-400 (= GARITTE, *La Narratio*).
[40] N.G. GARSOÏAN, *The Paulician Heresy*, La Haye – Paris, 1967, p. 116-117.
[41] *Ibid.*, p. 94-95; *Johannis Ozniensis Opera*, p. 78-107.
[42] GARITTE, *La Narratio*, p. 311-343; MARDIROSSIAN, *Le Livre des canons*, p. 255-288.

siégea parmi les évêques arméniens au concile de Duin en 555[43]. Les écrits extrémistes du patriarche monophysite d'Alexandrie Timothée Ælure et de l'évêque Philoxène de Mabboug semblent avoir été traduits en arménien vers la même époque[44], et ce dernier, plutôt que Julien lui-même, avait peut-être été la source de cette doctrine en Arménie[45]. En tout cas, une fois introduite dans le pays, cette forme extrême de la doctrine monophysite semble s'y être enracinée pour atteindre son apogée au VIIe siècle sous Mayragomec'i et ses disciples. Les sources contemporaines traitent Mayragomec'i uniquement d'hérétique et insistent sur sa défaite finale, sans mesurer l'étendue de son influence, mais tout nous porte à croire qu'elle fut grande. En fait, certains de ses écrits furent préservés dans le recueil du *Sceau de la Foi* et la doctrine julianiste sur l'incorruptibilité du corps du Seigneur incarné laissa son empreinte sur la conception arménienne de l'Eucharistie[46]. Le catholicos Komitas avait voulu désigner Mayragomec'i comme son successeur et des sources arméniennes plus tardives, tels le catholicos Yovhannēs l'Historien et l'historien Asołik continuent à faire l'éloge de son savoir et de son orthodoxie. À deux reprises, il brigua le catholicossat. Même après sa condamnation, il rentra en Arménie où il mourut en paix, et ses disciples continuèrent à prôner sa doctrine au moins jusqu'à la fin du siècle[47]. Ce n'est qu'après leur condamnation en 719 dans le traité *Contre les Phantasiastes* d'Yovhannēs Ōjnec'i, par sa promulgation du *Livre des canons arméniens* et enfin dans les canons du concile de Manazkert en 725/6, sous le même patriarche, que les dogmes monophysites extrémistes furent enfin extirpés[48]. C'est seulement après cette épuration de ses adversaires intérieurs, à la suite de celle de ses rivaux extérieurs, que l'Église arménienne trouva enfin la *via media* plus nuancée de sa propre définition christologique basée sur celle de Cyrille d'Alexandrie au concile d'Éphèse.

---

[43] GARSOÏAN, *L'Église*, p. 204-220, 260-261, 457-473, 476.

[44] *Ibid.*, p. 239 et n. 312, p. 243.

[45] S.P. COWE, *Philoxenus of Mabbug and the Synod of Manazkert*, in Aram V/1-2 (1993), p. 115-129 (= COWE, *Philoxenus*).

[46] N. GARSOÏAN, *Le vin pur du calice dans l'Église arménienne*, in N. BÉRIOU – B. CASEAU – D. RIGAUX (ed.), *Pratiques de l'eucharistie dans les Églises d'Orient et d'Occident (Antiquité et Moyen Âge)*, (Collection des Études Augustiniennes; Série Moyen Âge et Temps Modernes, 45-46), Paris, 2009, vol. I, p. 249-271.

[47] *Ibid.* et ci-dessus n. 42.

[48] *Johannis Ozniensis Opera*, p. 60-61, 108-179; J.-B. CHABOT (tr.), *Chronique de Michel le Syrien*, Paris, 1901 (réimpr. Bruxelles, 1963), II, p. 499, §III: «Si quelqu'un dit que ce n'est pas de notre chair mortelle, pécheresse et corruptible, que le Verbe s'est uni (un corps); mais de la chair qu'avait Adam avant son péché et qui était, par la grâce, immortelle, impeccable, incorruptible: Qu'il soit anathème!». Le texte arménien de ce canon est légèrement different: COWE, *Philoxenus*, p. 115, et ci-dessus n. 42, 45.

Finalement, nous avons débuté par l'observation que l'Arménie du soi-disant «Âge d'or» ne présentait guère d'unité. Les *Récits épiques* de la fin du Ve siècle distinguent encore «le royaume d'Arménie» (*ašxarh Hayoc'*), «la terre d'Arménie» (*erkir Hayoc'*) et «la terre de langue arménienne» (*erkir haykazean lezwi*), qui, même pour un auteur arménien, ne sont pas des synonymes[49]. Ce n'est qu'avec l'apparition dans l'*Ašxarhac'oyc'* du VIIe siècle d'une Arménie imaginaire réunissant des régions sans existence historique simultanée[50], mais représentant une entité unique[51], que nous atteignons pour la première fois la conception d'une seule Arménie. L'identité arménienne prend dès lors une réalité hors du temps qui lui donne la possibilité de survivre par la suite comme une nation, même sans État.

Ainsi, c'est pendant la période en apparence peu brillante de l'Interrègne, son importance masquée par des présupposés inadéquats basés sur les anciens critères de l'unité géographique et du pouvoir central, que l'Arménie confirme enfin ses éléments fondamentaux et immuables. C'est alors que l'Église achève la formulation de sa propre doctrine et prend sur elle son rôle dominant, que la trame sociale d'un monde centrifuge mais solidaire se reforme et que les futurs centres intellectuels commencent à apparaître. Par dessus tout, c'est alors que la nation arménienne prend pleinement conscience de sa propre identité.

Il nous reste encore beaucoup à faire. Ceci n'est qu'une ébauche préliminaire et l'indication d'une nouvelle direction. Il ne s'agit pas seulement d'une étude plus approfondie d'une période souvent négligée. Ce n'est qu'en changeant radicalement de perspective, en abandonnant les filières chronologiques, géographiques et politiques habituelles, qui nous ont guidées jusqu'ici, pour rechercher dans l'Interrègne, côte à côte avec la continuité d'une solide tradition linguistique et littéraire, la consolidation des bases sociales et l'établissement de constantes détachées d'une définition uniquement géographique et étatique, que nous pourrons distinguer les véritables bases d'une nation sans état, de sa force et de la

---

[49] *ašxarh*, P'AWSTOS BUZAND, trad. p. 510, *erkir*; *ibid.*, p. 524, *erkir haykazean lezwi*, *ibid.*, s.nn.

[50] HEWSEN, *Geography*, p. 32, «Armenia and Caucasia, however, are described as they appeared in two different eras, i.e. as they were before 387 A.D. and as they were after 591, the situation of 591 being projected into the past and combined with that of 387 to create a wholly artificial picture of the region.»

[51] *Ibid.*, p. 35, «... the greatest impact of the AŠX, and thereby its ultimate importance lies in the way it has impressed the Armenian geographical self-perception: the way in which it has defined for the Armenian people the concept of historical Armenia.» L'idée d'une «Arménie historique» a incontestablement marqué la mémoire nationale, mais les anachronismes notoires de l'*Ašxarhac'oyc'* suggèrent qu'il s'agit d'une conception plus idéologique que réelle.

persistance, autrement inexplicable, qui la rendront capable de survivre et de sauvegarder son identité à travers les siècles: dans les diasporas de plus en plus lointaines de Cilicie, de Constantinople, de la Nouvelle Djoulfa, de Crimée, des Balkans, de Tiflis, d'Outremer, tout comme de faire face à l'intensification de l'oppression arabe sous les Abbassides à partir du milieu du VIIIe siècle, à la transformation démographique du plateau arménien due à l'implantation des émirats musulmans dès le début du siècle suivant, et enfin aux forces destructrices des Empires ottoman et safavide, et du génocide manqué de 1915.

Abstract — Armenian medieval history has usually been studied from a primarily political point of view giving short shrift to the intervening periods, when the country was dominated by its more powerful neighbours. This approach has necessarily produced disconnected and fragmentary results. On the contrary, a study of the 6th to 8th centuries Interregnum, frequently disregarded or neglected by medievalists, appears to identify it as a significant period during which were set and consolidated the constants that allowed the Armenians to survive over the centuries as a nation without a state.

III

FRONTIER-FRONTIERS?
TRANSCAUCASIA AND EASTERN ANATOLIA
IN THE PRE-ISLAMIC PERIOD [*]

Long before the Early-Christian period, three people, the Syrians, Armenians and Iberians had taken root at the eastern edge of Anatolia on the vast, mountainous territory stretching beyond Cappadocia toward the Caspian Sea and from the main chain of the Caucasus to the Mesopotamian plain. During the near millennium separating Alexander the Great from the spread of Islam, this region, almost all of which had been an integral part of the Achæmenid empire, became an uneasy watershed between the Classical and Oriental worlds, equally describable as the Romano-Byzantine "Far East" or the Iranian "Far West".

In the north, geography dictated that the mountainous hinterland of coastal Colchis-Lazica, readily accessible from Constantinople by way of the Black Sea, tended to push it and the immediate basins of navigable rivers along a divergent path from difficultly reachable Eastern Iberia or Kartli, beyond the north-south Surami range intersecting the southern Caucasian plain [1]. Further south, the Euphrates frontier designated by

---

[*] The intent of this paper is not to break new ground or to review the literature that has accumulated around the problems concerning the frontier of the Byzantine and Sasanian Empires, or their respective foreign policies, but to redirect the attention of studies of this frontier from the usual considerations of its military and diplomatic aspects to the situation existing *de facto* in the intervening border zone. The main attention of this preliminary attempt at an overview will be on the northern sector of the frontier in Trans- or Southern Caucasia, i.e. Eastern Iberia or Kartli and Greater or Persarmenia, rather than on its better known southern portion in Mesopotamia. As yet no comprehensive, let alone exhaustive study of this aspect is possible, given the inadequacy of the primary sources.

For reasons of space, examples have been held to a minimum and bibliographical references generally limited to relatively recent studies subsuming earlier work. Primary sources cited or analysed by them will normally not be repeated directly. The references to Armenian or Georgian sources are given to translations, wherever these are available.

[1] On Lazica-Colchis, see D. BRAUD, *Georgia in Antiquity*, Oxford 1994 [= BRAUD, *Georgia*] and his preliminary sketch, ID., *Coping with the Caucasus: Roman responses to local*

Augustus as the eastern limit of the Roman Empire was to last, with occasional breaches, for centuries. By 363 however, Jovian's Peace abandoned forever Mesopotamian Nisibis to the Persians, conceded to them the domination over Kartli, and retroceded the eastern portion of the semi autonomous principalities, commonly known as the Satrapies, stretching from west to east along the Euphrates-Arsanias, that had passed into the Roman sphere of influence as a result of the earlier Peace of 299. In the mountains looming north of the Mesopotamian plain, the Arsacid kingdom of Greater Armenia, awkwardly poised between Rome and Parthia since the I[st] century A.D, as a result of the compromise agreement of Rhandeia, was temporarily abandoned to the Sasanians [2]. A new solution for its equivocal status, a perpetual *casus belli* between the two great powers on either side, was soon to be sought in the unequal partition between them, agreed upon by Theodosius the Great and Šāhpūr III in approximately 387 and the final disappearance of the local Arsacid dynasty half a century later [3].

For some two centuries thereafter, the line of demarcation created at the end of the IVth century by the so-called Peace of Akilisene or Ekełeacʻ was held to run north to south, from the imperial fortress of Theodosiopolis (Arm. Karin, mod. Erzurum) named for its founder The-

---

conditions in Colchis, in D. H. FRENCH, C. S. LIGHTFOOT (eds.), *The Eastern Frontier of the Roman Empire*, Oxford 1989 [= *Eastern Frontier*], Pt. I, pp. 31-43; as well as B. MARTIN-HISARD, *La domination Byzantine sur le littoral oriental du Pont Euxin (milieu du VIIe-VIIIe siècles)*, in *Byzantino-bulgarica*, VII, Sofia 1981, pp. 141-156; and C. ZUCKERMAN, *The Early Byzantine strongholds in Eastern Pontus*, in «Travaux et Mémoires» 11 (1991), pp. 527-553.

[2] For recent studies of the Peace of Nisibis and Jovian's Treaty of 363 containing earlier bibliography, see R. C. BLOCKLEY, *The Romano-Persian Peace Treaties of A.D. 299 and 363*, «Florilegium» 6 (1984), pp. 28-49 and his more recent *East Roman Foreign Policy*, Leeds. 1992 [= *Eastern Policy*], pp. 1-30; also E. WINTER, *On the regulation of the eastern frontier of the Roman Empire in 298* [= *Eastern Frontier*], in French and Lightfoot, *Eastern Frontier*, pp. 555-571; R. SEAGER, *Ammianus and the Status of Armenia in the Peace of 363*, «Hiron» 26, pp. 275-284; and N. G. GARSOÏAN, Ἀρμενία Μεγάλη καὶ Ἐπαρχία Μεσοποταμίας [= Ἀρμενία], *Byzantina Sorbonensia* 16 = ΕΥΨΥΧΙΑ. *Mélanges offerts à Hélène Ahrweiler*, Paris 1998, pp. 240-241; repr. in EAD., *Church and Culture in Early Medieval Armenia*, London 1999 [= *Church*], vi; and the next note.

[3] On the partition of Armenia ca. 387, see R. C. BLOCKLEY, *The Division of Armenia between the Romans and the Persians at the End of the Fourth Century*, «Historia» 36/1 (1987), pp. 222-234; and ID., *Eastern Policy*, pp. 42-45, who does not believe that a fixed boundary was achieved from the first but links it rather to the abolition of the Arsacid dynasty in 428; G. B. GREATREX, *The Background and Aftermath of the Partition of Armenia in A.D. 387*, «AHB» 14/1-2 (2000), pp. 35-48. GARSOÏAN, Ἀρμενία, pp. 239-240 and n. 1. On the evolution of the eastern frontier, see also, E. FRÉZOULS, *Les fluctuations de la frontière orientale de l'Empire romain*, in *La géographie administrative et politique d'Alexandre à Mahomet*, Strasbourg 1979, pp. 177-225.

odosius I to the subsequently fortified Byzantine anchor-point of Dara north west of Persian Nisibis [4]. The imperial frontier in Greater Armenia was thereby shifted east of the Euphrates. This new border remained the official limit of the Byzantine empire until it was moved sharply still further eastward by the concession of most of his Armenian lands and part of Iberia to Maurice by Xusrō II in 591 [5].

This official frontier line, reasonably clear except for its central segment in mountainous Persarmenia to which I shall return, has long been accepted as valid by scholars, who still tend to treat the entire northeastern border of the Classical world in linear terms and to concentrate primarily on the international geo-political, military and diplomatic aspects of this period from the point of view of the rivalry and claims of Constantinople and Ctesiphon: "to centre the interpretation of the eastern frontier on the chronicle of the great game between Rome and Iran" [6], thereby largely disregarding the *de facto* situation prevailing in the intervening north-south border zone. Furthermore, even such works as have addressed the realities of the frontier zone rather than the policies and military strategies of the distant centers of power, have understandably followed the point of view of the contemporaries in giving their major attention to northern Mesopotamia, justly characterized as: "the cockpit of the geopolitical struggle between Rome and Persia", concerning which we have the most information and where the situation was far clearer than in the north. Consequently, the temptation has been to use this region as the model for analyses of the entire border [7].

---

[4] On Theodosiopolis, see my forthcoming article, *La date de la fondation de Theodosiopolis*, «REB» (2004). Theodosiopolis was twice taken by the Sasanians, in 502 and in 607 during the great campaign of Xusrō II after the murder of Maurice, but its nearly permanent loss to the Empire came only with the Arab conquest. On Dara, which was not fortified until the early VIth century, see M. WHITBY, *Procopius' description of Dara (Buildings, 2.1-3)*, in P. FREEMAN, D. KENNEDY (eds.), *The Defense of the Roman and Byzantine East*, Oxford 1986 [= *Defense*], pp. 737-783.

[5] For the frontier line of ca. 387, see N. ADONTZ, *Armenia in the Period of Justinian*, trans. with partial revisions by N. G. Garsoïan, Louvain 1970 [= *Armenia*], pp. 7-24; E. HONIGMANN, *Die Ostgrenze des byzantinischen Reiches vom 363 bis 1071*, Bruxelles 1935 [= *Ostgrenze*], pp. 4-6 and *supra* BLOCKLEY in n. 3. For the new border of 591, see Nina GARSOÏAN, *L'Eglise arménienne et le Grand Schisme d'Orient*, CSCO #574, subs. 100, Louvain 1999 [= *Eglise*], pp. 263-287. For both frontiers, see R. H. HEWSEN, *Armenia: a Historical Atlas*, Chicago 2001 [= *Atlas*], map #65, p. 85.

[6] N. HODGSON, *The East as part of the wider Roman imperial policy* [= *East*], in FRENCH-LIGHTFOOT, *Eastern Frontier*, I, p. 181.

[7] J. EADIE, *The Transformation of the Eastern Frontier, 260-305* [= *Transformation*], in R. W. MATHIESEN, H. S. SILVAN (eds.), *Shifting Frontiers in Late Antiquity*, London 1996, p. 72. W. E. KAEGI, *Reconceptualizing Byzantium's Eastern Frontier in the Seventh Century*,

In fact, however, the situation *in situ* was far more complicated than can be understood merely by way of an analysis of the policies and claims of the rival empires. The partition line of ca. 387, seems to have had far less significance than has usually been attributed to it, and Mesopotamia is not a model for less well known Transcaucasia. My purpose here then, is not to repeat the findings of earlier studies or to deny their value. Nor will I attempt to enumerate the wars and negotiations which resulted in no appreciable gain of territory by either side from the time of the partition of ca. 387 until 591. Rather, I should like to redirect our attention away from the broader international considerations of military policy and diplomatic claims to the situation actually characterizing the northern Anatolian and Transcaucasian portion of the frontier zone in the pre-Islamic period[8].

Even if we concede the existence of a reasonably clear and generally unaltered line of demarcation between Byzantium and Persia, we must note at once, that it was not identified and supported by a system of continuous fortifications such as prevailed in Britain or on the German *limes*, as has been pointed out by Hodgson. Without attempting to enter into the long debate on the intent, effectiveness and details of the east frontier, it seems reasonably evident that the protection of the two end zones loomed larger in the eyes of the Byzantine central authorities than that of the rugged middle sector in Persarmenia to which a lower priority seems to have been assigned for a long time[9].

---

ibid., p. 84. Concentration on Mesopotamia occurs even in A. D. LEE's excellent, *Information and Frontiers: Roman Foreign Relations in Late Antiquity*, Cambridge 1993 [= *Information*], p. 52 *et passim*, although he notes the problem, p. 49; cf. BROCKLEY, *Eastern Policy*, p. 29; and in most other studies.

[8] See N. GARSOÏAN, B. MARTIN-HISARD, *Unité et diversité de la Caucasie médiévale (IVᵉ-XIᵉ s.)*, *Il Caucaso cerniera fra culture dal Mediterraneo alla Persia. XLIII Settimana di studio del Centro Italiano di studi sull'alto medioevo*, Spoleto 1996, pp. 275-347. The subject was pursued at a round table on the theme: *Les chrétientés orientales non-grecques avant l'Islam* organized by us at the XX Congrès International des études byzantines (Paris, August 24, 2001). See also E. K. FOWDEN, *The Barbarian Plain*, Berkeley-Los Angeles-London 1999. For a chronological account of Byzantine-Persian relations, see *inter alios*, E. STEIN, *Histoire du Bas-Empire*, J. R. Palanque tr., 2 vols., Paris-Bruxelles 1949-1959, and more recently for the period 299-518, BROCKLEY, *Eastern Policy*, pp. 1-96.

[9] N. HODGSON, *East*, p. 177 *et passim*; LEE, *Information*, p. 54. On the general problem of the *limes*, see the opposing views of E. N. LUTTWACK, *The Great Strategy of the Roman Empire from the First Century A.D. to the Third*, Baltimore-London 1976; B. ISAAC, *The Meaning of the Terms* Limes *and* Limitanei, «JRS» LXXVIII (1988), pp. 125-147; ID., *The Limits of Empire: The Roman Army in the East*, 2 ed., Oxford 1992; E. L. WHEELER, *Methodological Limits and the Mirage of Roman Strategy*, «Journal of Military History» 57 (1993), pp. 7-41, 215-240 and ID., *Rethinking the Upper Euphrates Frontier. Where was the Western Border of Armenia?*, in V. A. WAINFIELD, M. J. DOBSON (eds.), *Roman Frontier Stud-*

Here, as late as the mid VIth century, Procopius admitted that the two frontiers were indistinct from ancient times and the population traded together and even intermarried, that no stronghold existed on either side so that "it was possible... for the Persian King to proceed by this route with comparative ease and convenience in passing through into Roman territory", a potentionally dangerous situation noted some two generations earlier by the Armenian historian, Łazar P'arpec'i [10]. Moreover, in addition to Theodosiopolis, Procopius attributed to "Greater Armenia" only one fortress, Bizana, where his geographical knowledge betrays him, since the location of Bizana is to be sought not in the border region, but much further west near Tzanica in the new Justinianic province of Armenia I created in 536, as he himself admitted [11]. Much has been made of the refortification of the *limes* in the first half of the VIth century which moved the newly created *magister militum per Armeniam, Pontum Polemoniacum et gentes* forward to Theodosiopolis, and particularly of the new fortress of Kitharizon in the satrapal region of Asthianene, the residence of one of the three dukes under his command. The importance of the foundation of Kitharizon as the key element in the strengthening of the central portion of the frontier with the pivotal rôle in the new forward defenses has recently been stressed [12]. But it was not part of a continuous system of border fortifications, its garrison seems to have been intended to guard the *kleisurai* of the Taurus leading to Mesopotamia, as much as the central portion of the border, and its presence did not impede Persian raids from by-passing it to reach as far as Theodosiopolis [13].

---

ies 1989, Exeter 1991, pp. 505-511; J.-M. CARRIÉ, *L'ouverture des frontières romaines?*, in A. ROUSSILLION (ed.), *Frontières terrestres, frontières célestes dans l'antiquité*, Perpignan 1995, pp. 31-531 and C. ZUCKERMAN, *Sur le dispositif frontalier en Arménie, le limes et son évolution sous le bas-Empire*, «Historia» 47 (1998), pp. 106-128 According to BLOCKLY, *Eastern Policy*, p. 110, the Persians rarely made use of static defenses except in the Caucasian passes. The main frontier remained in Mesopotamia, *ibid.*, pp. 117, 140; the the control of the Lazic Black Sea coast was needed to protect Trebizond and imperial Anatolia.

[10] Procopius, *De Aedificiis* [= *Aed.*], III, iii, 7-4; cf. ADONTZ, *Armenia*, pp. 14-15; *The History of Łazar P'arpec'i* [= ŁP'], R. W. Thomson tr., Atlanta 1991, pp. 52-53.

[11] *Aed.* III, v, 13-15; cf. ADONTZ, *Armenia*, pp. 116-117.

[12] *Corpus iuris civilis. Codex Justinianus*, I, xxix, 5. See ADONTZ, *Armenia*, pp. 106-109, who notes that the date for the creation of the new office is not definite, an opinion shared by J. HOWARD-JOHNSON, *Procopius, Roman defenses north of the Taurus and the new fortress of Citharizon* [= *Citharizon*], in FRENCH-LIGHTFOOT, *Eastern Frontier*, pp. 213-215, 220; cf. GARSOÏAN, Ἀρμενία, pp. 248-249 and notes.

[13] On the defense of the *kleisurai*, see ADONTZ, *Armenia*, pp. 13-14. HOWARD-JOHNSON, *Citharizon*, p. 221, admits that the Persians slipped by the fortress in 578 because its garrison had been decoyed away by a false report of an attack on Mesopotamia. Hence the protection of this region must have been held more important than that of the Armenian sector.

Because of its relative discontinuity, this imprecise line of demarcation, crossed by raids and counterraids, could not possibly have been hermetic and was as much a bridge as a barrier. It was in fact normally open except in wartime and some roads crossing from the Empire into Persian territory are recorded on the contemporary *Tabula Peutingeriana*[14]. In relative peace time, ambassadors formally announcing the accession of a new monarch or negotiating truces or treaties, hostages, students, merchants, doctors, Christian clerics and pilgrims, as well as deserters and spies, all moved with little hinderance from one empire to the other[15]. In Transcaucasia likewise, the journeys of Saint Maštocʻ, the creator of the Armenian alphabet, took him with no difficulty at the beginning of the Vth century from Persarmenia to the imperial cities of Mesopotamia, Edessa, Amida and Samosata, and subsequently westward to Melitene, the metropolis of Roman Armenia II, and to the imperial court itself. In all of these cities he was received with honour, and indeed authorized to travel to Constantinople by means of the imperial postal service[16]. His disciples followed in his footsteps and brough back in 435 the *Acts* of the First Council of Ephesus to the Armenian patriarch Saint Sahak I[17]. Semi official missions carried letters back and forth from Sahak to the metropolitan Acacius of Melitene and to the patriarch Proklos of Constantinople[18]. At the turn of the VIth to the VIIth century, the controversial katholikos of Kartli, Kiwrion, Iberian by birth, went as a student to the imperial city of Nikopolis before returning first to Duin in Persarmenia and subsequently to his native land[19].

---

[14] LEE, *Information*, p. 5. On occasion, Christians such as Malchus or Egeria complained of being unable to cross the border, *ibid.*, p. 55; ISAAC, *Terms*, p. 136 and N. C. LIEU, *Captives, Refugees and Exiles: A Study of Cross-Frontier Civilian Movements and Contacts between Rome and Persia from Valerian to Jovian* [= *Captives*], in FREEMAN-KENNEDY, *Defense*, pp. 493-494, but the evidence lies the other way, see Joh. Eph. *de beatis*, 24. Difficulties may have been greater in more highly fortified Mesopotamia. B. ISAAC, *Luttwak's 'Grand Strategy' and the Eastern Frontier of the Roman Empire*, in FRENCH-LIGHTFOOT, *Eastern Frontier*, I, p. 283; cf. HEWSEN, *Atlas*, Map 58, pp. 68-69, and LEE, *op. cit.*, p. 90.

[15] LEE, *Information*, pp. 56-66, ID., *The role of Hostages in Roman Diplomacy with Sasanian Persia*, «Historia» XL/3 (1991), pp. 366-373; ID., *Embassies as Evidence for the Movement of Military Intelligence between the Roman and Sasanian Empires*, in FREEMAN-KENNEDY, *Defense*, pp. 455-461; LIEU, *Captives*, *ibid.*, pp. 475-505; J.F. MATHEWS, *Hostages, Philosophers, Pilgrims and the Diffusion of Ideas in the Late Roman Mediterranean and Near East*, in R. M. CLOVER, R. S. HUMPHREYS, *Tradition and Innovation in Late Antiquity*, Madison, WI 1989, pp. 29-49, *et al.*

[16] GARSOÏAN, *Eglise*, pp. 67-74.
[17] *Ibid.*, p. 96.
[18] *Ibid.*, pp. 76-108.
[19] *Ibid.*, pp. 316-318.

The continuously shifting allegiance of the Armenian nobility, the various Persarmenian embassies to Constantinople in 491 or 571 among others, the presence of the young Kartvelian prince, later known as Peter the Iberian, as a hostage in Constantinople in the 420s, the negotiations that must have preceded the volte-face of the Iberian king Vaχt'ang Gorgasal turning to Byzantium from his earlier allegiance to Persia, all underscore the continuity of diplomatic relations from either side of the border[20].

We hear from the Syriac version of the *Acts* of the Second Council of Ephesus that the Armenians, like the Persians, had a school at Roman Edessa in the mid V[th] century[21]. The designation of the Persarmenian city of Artaxata/Artašat as one of the three official crossing points for merchandise alongside Mesopotamian Nisibis and Callinicum, demonstrates that transit trade could not be limited to Northern Mesopotamia, and the numerous itineraries across Persarmenia noted in the *Tabula Peutingeriana* suggest that not all traffic could be restricted to the authorized customs point, though official travel could be strictly controlled at times[22]. Procopius' praise of the Persarmenian capital of Duin in the VIth century attributes much of its prosperity to the trade reaching it "from India and the neighbouring regions of Iberia and from practically all the nations of Persia and some of those under Roman sway"[23]. Finally, travel between Persarmenia and imperial lands was evidently not only possible but relatively swift. At a council probably held in 491 in the Armenian holy city of Vałaršapat on Persian territory, the three Transcaucasian Churches of Iberia, Armenia and Caucasian Albania accepted the imperial *Henotikon*, whose text had obviously reached them, and reaffirmed their adhesion to the imperial doctrine at the First Council of Duin in 505/6[24].

---

[20] Garsoïan, *Eglise*, pp. 165-166; B. Martin-Hisard, *Le christianisme et l'Eglise dans le monde géorgien* [= *Monde géorgien*], in *Histoire du christianisme*, III, Paris 1998, p. 1175 n. 50 on Peter of Iberia and p. 1176, on king Gourgenes in 523. On Vaxt'ang Gorgasal: Ead., *Le roi géorgien Vaxt'ang Gorgasal dans l'histoire et dans la légende*, in *Temps, mémoire, tradition au moyen-âge*, Aix-en-Provence 1983, pp. 207-242; Braud, *Georgia*, pp. 272-273, among many other negotiations.

[21] Garsoïan, *Eglise*, p. 69; on the School of the Persians, A. Vööbus, *A History of the School of Nisibis*, CSCO, 266, Subs. 26, Louvain 1965 [= *Nisibis*].

[22] *C. J.* IV, lxiii, 4 for A.D. 408/409; though the regulations may go farther back. See H. Manandyan, *The Trade and Cities of Armenia in Relation to Ancient World Trade*, N. Garsoïan tr., Lisbon 1965 [= *Trade*], pp. 80-81; Lee, *Information*, pp. 63-64, etc.

[23] Procopius, *De bello persico* [= *Pers.*], II, xxv, 1-3; cf. Manandyan, *Trade*, p. 81, *et al.*

[24] Garsoïan, *Eglise*, pp. 161-166; Ead., Был ли созван собор в Валаршапате в 491 году?, «Xristianskij Vostok» II (2000), pp. 116-120.

Christian communities on either side of the border maintained contacts with each other. The great influx of Monophysite missionaries and propaganda from the empire to Persian Mesopotamia from the mid VIth century is well documented, as is the shift of the School of the Persians from Edessa to Nisibis in 489 and the dominant rôle played by the imperial bishop Marut'a of Martyropolis at Ctesiphon at the organizing council of the Persian State Church of the Orient in 410[25]. Continuous interchanges were similarly present in the northern sector. According to local traditions the apostles of Christianity to Iberia and Greater Armenia, Nino and Gregory the Illuminator had come from imperial lands, though to be sure before the partition of ca. 387[26]. Nor was this contact interrupted by it, as we have just seen in the case of Saints Sahak and Maštocʻ. In the mid Vth century, the bishop of the northern district of Mananali, west of the imperial border, apparently joined his eastern colleagues in their defiance of the Persian court at the Council of Artašat, while king Vaxtʻang Gorgasal sought a katholikos for his new Church of Kartli in Constantinople[27]. As late as 591, the extent of the jurisdiction of the Armenian katholikos residing at Duin on Persian territory was not altogether clear even though the new frontier brought the imperial border nearly to his doorstep. The western Armenian bishops, now within the Empire and presumably subject to its jurisdiction, dutifully obeyed the summons of the emperor Maurice to a council of union with his Church, but on their return home, they seem to have continued to acknowledge to some degree the authority of the dissident Armenian katholikos through their vain appeal to be received by him[28]. The northern sector of the official line of demarcation was clearly as porous as its more familiar Mesopotamian portion.

Even if we are still to grant a certain degree of importance to this official political and military linear frontier despite its fragility, we must

---

[25] GARSOÏAN, *Eglise*, p. 244; VÖÖBUS, *Nisibis*, pp. 24-56 for the transfer of the school from Edessa in 489 and its recreation at Nisibis. *Synodicon Orientale*, J. B. Chabot tr., Paris 1902) [= *SO*], pp. 253-275 for Marut'a and the council of 410.

[26] On the tradition of Saint Gregory, GARSOÏAN, *Eglise*, pp. 2-5. For the education of Saint Nino in Jerusalem, MARTIN-HISARD, *Monde géorgien*, pp. 1183-1184.

[27] N. GARSOÏAN, *Some Preliminary Precisions on the Separation of the Armenian and Imperial Churches. I: The Presence of 'Armenian' Bishops at the First Five Œcumenical Councils*, in ΚΑΘΗΓΗΤΡΙΑ. *Essays Presented to Joan Hussey on her 80th Birthday*, Porphyrogenius 1988 [= *Precisions* I], pp. 283-284 and n. 143; repr. in EAD. *Church*, iii; MARTIN-HISARD, *Monde géorgien*, pp. 1199-1200. The first two bishops of Mcxeta are also said to have been sent from Constantinople, *ibid.*, pp. 1187-1190; BRAUD, *Georgia*, p. 284.

[28] *La narratio de rebus Armeniae*, G. Garitte ed., *CSCO*, 132, Subs. 4, Louvain 1952, §106, p. 40; GARSOÏAN, *Eglise*, pp. 268, 275, 362-363, 514-515.

now turn from it, since it is impossible to justify it as a watershed in ethnic, cultural or religious terms. Beyond its northern terminus, various south Caucasian peoples: Kartvelians, Lazes, Abasgians or Suans occupied the territories on either side of the Surami range separating the spheres of Persian and Roman domination, and even along the Black Sea coast and in Lazica, the isolated Roman garrisons were often a resented exception[29]. The demographic composition of the various Armenias does not seem to have varied significantly. The remarkably homogeneous Armenian population of Persarmenia spilled over into the territories of the Satrapies both Roman and Persian. In the two Roman Armenian provinces west of the Euphrates, Greek may have been used as an administrative language in the larger cities, but the bishops of these western districts answering the *Encyclical Letter* of the emperor Leo I in 458 apologized for their linguistic inadequacies attributing them to their life among "barbarians"[30]. Far from the official border, Armenian was spoken in Melitene as it was in Duin. Syriac, whether at Edessa or Nisibis, served as a *lingua franca* uniting the heterogeneous population of Mesopotamia as well as much of the Near East and substituting itself for Pehlevi as the official language of the Church of the Orient[31]. In consequence, the Syriac speaking bishops of imperial Osrhoene understood Persian bishops across the border far better than their Greek colleagues at whose councils they needed the assistance of interpreters[32]. The persistent identification of the imperial territories west of the Euphrates as "Armenian", whether as the early Armenia Minor or the Theodosian Armenias I and II, or again as the Four Armenias of the Justinianic reform, although they included a portion of Pontic lands, and eventually as the Byzantine theme of Armeniakon, reveals the dominant element of their population and their character even in the eyes of the imperial administration[33].

The same powerful aristocratic society, based on family control of the land and of hereditary offices and titles, as well as a hereditary

---

[29] LEE, *Information*, p. 50; BRAUD, *Georgia*, pp. 253, 287, 300, 313.

[30] *Acta Consiliorum Œcumenicorum*, E. Schartz ed., II, v, pp. 71-75; cf. N. GARSOÏAN, *Nersēs le Grand, Basile de Césarée et Eustathe de Sébaste* [= *Nersēs*], «Revue des études arméniennes» [= «REArm»] n.s. XVII (1983), pp. 152-153; repr. in EAD., *Armenia*, vii.

[31] LEE, *Information*, p. 50.

[32] A. H. A. JONES, *Cities of the Eastern Roman Empire*, 2nd ed., Oxford 1971 [= *Cities*], p. 223.

[33] N. GARSOÏAN, *The Problem of Armenian Integration into the Byzantine Empire*, in *Studies in the Internal Diaspora of the Byzantine Empire*, H. Ahrweiler and A. Laiou eds., Washington 1998 [= *Integration*], pp. 53-56; repr. in EAD., *Church*, xiii.

monarch, who was but *primus inter pares*, prevailed in the Iberian lands and in the various Armenias including the southern Satrapies, though not in long urbanized Mesopotamia, irrespective of any political and administrative overlay. In this decentralized pattern, real power ultimately lay with the great nobles, characterized by Toumanoff as "hereditary oligarchs", be they the Armenian *naχarar*s or the Iberian *erist'avi* or "dukes", or yet again the southern hereditary "satraps". As such, its antecedents clearly led back to Iranian rather than Græco-Roman roots and it was patently incompatible with the urban pattern characteristic of the Classical Mediterranean world with its concept of the ruler, *de jure*, if not always *de facto*, as an elected magistrate, whose administration rested from the IInd century A.D. on an increasingly specialized and appointed bureaucracy[34]. Consequently, from an ethno- linguistic, social and cultural point of view, a more coherent line of division between the classical and oriental worlds might well be drawn much farther west, southward along the coast of the Black Sea, along the eastern border of Cappadocia, and at least on ethnic and linguistic grounds, in north-western Mesopotamia.

To go one step further. If demographic and cultural criteria have clearly carried us well west of the official line of demarcation, any consideration of religious factors must do the same in the opposite direction. To be sure, Zoroastrianism remained the official religion of the Sasanian state until its disappearance. Periodic persecution of the Christian population flared up, especially in time of war, when the trustworthiness of his Christian subjects seemed doubtful to the king of kings who suspected them of siding with Caesar their coreligionist[35]. Even so, Christianity had been recognized as a *religio licita* in Persia and given its formal hierarchy by the Sasanian state at the council of Seleucia-Ctesiphon of 410[36].

Christianization in Transcaucasia and Mesopotamia, could be uneven or slow as Zoroastrian, Jewish and Manichæan communities continued

---

[34] C. TOUMANOFF, *Studies in Christian Caucasian History*, Georgetown 1963 [= *Studies*], pp. 132, 153; N. GARSOÏAN, *Prolegomena to a Study of the Iranian Elements in Arsacid Armenia*, «Handes Amsorya» XC (1970), pp. 207-215; repr. in EAD., *Armenia*, x, pp. 19-27. LEE, *Information*, p. 51-52, noted the complicated cultural mosaic over which Roman or Persian governmental presences were imposed.

[35] GARSOÏAN, *Eglise*, p. 20 and n. 79; and EAD., *Armenia in the Fourth Century – An Attempt to Redefine the Concepts 'Armenia' and 'Loyalty'*, «REArm» n.s., VIII (1971), pp. 346-352; repr. in EAD., *Armenia*, iii; cf. S. P. BROCK, *Christians in the Sasanian Empire. A Case of Divided Loyalties*, «Studies in Church History» XVIII (1982), pp. 1-29; T. D. BARNES, *Constantine and the Christians of Persia*, «JRS» LXXV (1985), pp. 126-136.

[36] *SO*, pp. 271-273, Canon xxi, for the hierarchy of the Persian Church; cf. GARSOÏAN, *Eglise*, pp. 49-51, *et al.*

to be found[37]. On occasion, the Persian court sought to force its Zoroastrian faith onto Christianized regions, but these attempts provoked violent reactions and were short lived[38]. Armenia traced its line of hereditary patriarchs from Saint Gregory the Illuminator early in the IVth century[39]. The creation of a bishopric in the Iberian capital of Mcχeta is less secure but probably also dates from the IVth century, as does the Christianization of the intervening Ibero-Armenian March of Gugark'[40]. By the second half of the Vth century, Christianity was firmly entrenched and organized throughout Transcaucasia, Mesopotamia and the adjoining Satrapies, and North-eastern Mesopotamian bishops, usually accompanied by their colleagues from the eastern Satrapies, normally followed their metropolitans to the Persian councils[41]. Before the end of the century, the Church of Kartli had received a katholikos, who came in 491 attended by an imposing train of bishops to meet with his counterpart in Armenia to which the Sasanians had conceded religious autonomy in 485[42]. Christians composed the majority of the population in Transcaucasia and the Persian Satrapies, such as Adiabene, described by Sozomenos as a "totally christianized land", and perhaps even further east in Xužastan at the head of the Persian gulf to which large numbers of Roman prisoners had been deported after the campaigns of the IIIrd and IVth centuries and which maintained steady relations with Persarmenia thereafter[43]. On a religious basis, therefore, yet another dividing line running much further east from the Caspian to the Persian gulf might well be defensible.

If we now consider the much wider if less precise frontier zone I have proposed, the question of its rule by the two empires that claimed

---

[37] See e.g. MARTIN-HISARD, *Monde géorgien*, pp. 1179, 1188-1189; BRAUD, *Georgia*, pp. 253, 258. The presence of sizable Jewish communities in the Armenian cities at the time of the Persian invasion of 363 and their deportation to Persia is attested in *The Epic Histories attributed to P'awstos Buzand [Buzandaran Patmut 'iwnk']*, N. G. Garsoïan tr. and comm., Cambridge, MA, 1989 [= *BP*], IV, lv, pp. 175-176.

[38] For the reaction against the return of Zoroastrianism in Armenia under Meružan Arcruni and the Persian domination, see *BP*, V, lix and V, xliii, pp. 179-180, 224-228. For the great Armenian revolt of 449-451, see ŁP' and Ełishē, *History of Vardan and the Armenian War*, R. W. Thomson tr. and comm., Cambridge, MA, 1982. On the Iberian revolt of 522-523, MARTIN-HISARD, *Monde géorgien*, pp. 1176-1177.

[39] *BP*, III, ii-iii, v, xii-xiii, xv; IV, iii, pp. 67-68, 70, 82, 85-86, 91, 108-109.

[40] MARTIN-HISARD, *Monde géorgien*, pp. 1175, 1187-1190.

[41] N. GARSOÏAN, *Quelques précisions préliminaires sur le schisme entre les Eglises byzantine et arménienne au sujet du concile de Chalcédoine III: Les évêchés méridionaux limitrophes de la Mésopotamie*, «REArm» 23 (1992), pp. 39-80; repr. in EAD., *Church*, v.

[42] MARTIN-HISARD, *Monde géorgien*, pp. 1199-1209. For the council of 491 *v. supra*, n. 24; and GARSOÏAN, *Eglise*, p. 130, for the concession of autonomy to Armenia.

[43] GARSOÏAN, *Eglise*, pp. 22, 32, 222-227.

it must necessarily arise. Before entering into any administrative detail, however, a major aspect of this rule should be noted. Apparently eschewing an expansionist policy, both powers repeatedly by-passed opportunities for total annexation in favour of an indirect control [44]. Except for Justinian's division of all his Armenian territories together with some Pontic lands into four Armenias in 536 [45] and the failure of Yazdgird I's brief attempt to rule Persarmenia directly though his son [46], neither empire pursued a systematic or aggressive centralizing policy leading to the incorporation of its border districts into the normal administrative pattern of the state, preferring to hold them through the maintenance of the native powers.

Thus, at the moment of the abolition of the hereditary Iberian monarchy at the end of the VIth century, the Empire resolved the crisis by substituting for the earlier king a candidate more acceptable to the aristocratic power base of the land [47]. After the murder of the Lazic king Gobazes II in 555 by the local Roman commanders suspecting him of treason, Justinian recognized as king his younger brother Tzathes, sent him splendid regalia from Constantinople and had the murderers incarcerated after an official investigation [48]. Similarly, the Sasanians did not, or perhaps could not, make the most of their anihilation of the Armenian nobility in 451. One generation later in 485, they further conceded to the Armenians a political and religious autonomy tantamount to independence [49]. Most curious is the case of Theodoros satrap of Martyropolis or Sophanene recounted by Procopius. Upon his surrender of Martyropolis to the Persians in 502, the king of kings Kavād did not alter the government of the district, but reappointed Theodorus as satrap, "entrusting to him...the tokens of office, with the intention that he watch

---

[44] For the Roman abandonment of an expansionist policy, and the Persian preference of stable and defensive settlements to territorial aggrandisement, see BROCKLEY, *Eastern Policy*; also LEE, *Information*, p. 22, but cf. pp. 25-31. On the potential for war EADIE, *Transformation*, p. 75, and Winter, *Eastern Frontier*, pp. 555, 561, note that Diocletian made no attempt to occupy the *regiones transtigritanes* acquired by Rome at the Peace of Nisibis.

[45] *CJC, Novella* xxxi. A division in itself atypical.

[46] ŁP', I, xii, pp. 52-53; *Moses Khorenats'i. History of the Armenians*, R. W. Thomson tr. and comm., Cambridge, MA, 1978 [= *MX*], III, lv-lvi, pp. 323-326.

[47] TOUMANOFF, *Studies*, pp. 386-387. According to Juansher, the *eristav*s then became masters of the country, see B. MARTIN-HISARD, Les 'Treize saints pères'. Formation et évolution d'une tradition hagiographique géorgienne (VIe-XIIe siècles), «Revue des études géorgiennes et caucasiennes» I (1985) [= *Saints pères*], pp. 77 n. 6, 80.

[48] BRAUD, *Georgia*, pp. 275-283. The regalia sent on this occasion was presumably the same as the one sent by Justin I in 522 according to Malalas, *ibid.*, p. 277. Note also the restoration of the idiosyncratic Abasgian dual monarchy, *ibid.*, p. 301.

[49] ŁP', III, xcviii-xcix, pp. 239-241; GARSOÏAN, *Eglise*, p. 130.

over the land for the Persians... And the emperor Anastasius... not only shewed no resentment against Theodorus and the people of Sophanene, but actually expressed deep gratitude"[50].

The central governments do not seem to have been informed with sufficient accuracy concerning the situation in their respective borderlands. Consequently, these borderlands all too often failed to conform to administrative norms. Atypical variations were tolerated, and the military, civilian and ecclesiastical definitions and subdivisions did not always coincide[51]. The very term "Armenia" remained ambiguous in contemporary historical and administrative Byzantine documents. In Greek narrative sources of the IVth and V[th] centuries "Armenia" unqualified normally referred to the cis-Euphratine, Theodosian provinces of that name, as against Greater or subsequently Persarmenia[52]. Beyond the river, even the official nomenclature of the Justinianic legislation hesitated between *"certasque provincias id est magnam Armeniam quae interior dicebatur"*[53]. The very documents marking the restructuring of the region, give the number of Roman Satrapies as either five or six and erroneously identify the capital of the new Armenia I, honoured with the name of the emperor, with Leontopolis/Bizana instead of Tzumina/Cimin[54]. The doubtful accuracy of the imperial authority's information concerning its trans-Euphratine territories was commonly shared by the historians and geographers of the period. Before the partition of Greater Armenia, Ammianus Marcellinus was uncertain whether the Satrapy of Corduena belonged in Persia or in the Empire, although he had visited the region[55]. Some two centuries later, Procopius defined both the southern Satrapies and the northern imperial lands in the region of Theodosiopolis, Colonia and Satala as "the other Armenia", and went on to place the latter improbably not far from Osrhoene[56]. Inaccuracies and contradictions are to be found in both the *Synekdemos* of Hierokles and the *Descriptio orbis Romani* of George of Cyprus who adds an "Other Fourth Armenia" to the four decreed by Justinian[57]. From the IVth

---

[50] *Aed.*, III, ii, 5-9. The one serious exception is the incorporation of Lazica into the imperial system in 535 by Justinian's *Novella*, xxviii.

[51] Garsoïan, Ἀρμενία, p. 241.

[52] *Ibid.*, pp. 252-253; Ead., *Nersēs*, pp. 151-152.

[53] *C. J.*, I, xxix, 5; cf. Garsoïan, Ἀρμενία, pp. 240-241.

[54] *Novella* xxxi; Adontz, *Armenia*, pp. 116-117; Garsoïan, Ἀρμενία, pp. 243-244.

[55] Garsoïan, Ἀρμενία, pp. 249-250; and J. F. Mitchell, *Jovinianus satrap of Corduene*, in French-Lightfoot, *Eastern Frontier*, II, p. 600.

[56] Garsoïan, Ἀρμενία, p. 243 and nn. 15-17.

[57] *Ibid.*, pp. 248 and n. 41, 253-254.

century on, authors refer imprecisely to the whole of Mesopotamia as Sophanene [58].

If the state was ill informed and at times confused as to the status of its Trans-Euphratine territories, the Church did no better. At the synod that condemned Severus of Antioch in 536, the bishop of Sebastopolis/Karana, a suffragan of Sebaste far west of the border, is listed inexplicably as a bishop of Persarmenia, while at the same council, Kiriakos is given alternately as bishop of Sophene or Sophanene and his see attributed to Armenia I which included neither Satrapy. The list of the Quinisext council shifts the sees of Colonia, Nicopolis and Satala to Greater Armenia, although the episcopal *Notitiæ* continue to give them correctly as suffragans of Sebaste now in post 536 Armenia II. They too, however, err in giving Euchaïta as the metropolis of Armenia I instead of Helenopontus. The bishop of Kitharizon in Asthianene is listed in Armenia I, although Justinian had explicitly attributed that Satrapy with Kitharizon to his new Armenia IV. The bishop of Dadimon is missing from the VIIth century *Notitia* of Epiphanius, although his presence is attested at the Council of the Three Chapters, where his see was raised to metropolitan status. The see of the great stronghold of Theodosiopolis, improbably given in later *Notitiæ* as a suffragan of distant Caesarea of Cappadocia, disappears from Byzantine conciliar lists after Chalcedon, though Armenian sources inform us of the presence of its titular under Maurice and of the holding of a council in the city by Heraclius in 633. Finally, ecclesiastical and secular administrations occasionally failed to coincide. Thus, Martyropolis, the capital of Justinian's Armenia IV and the seat of one of his military dukes guarding the frontier, is given as a mere suffragan of Amida, listed by all the conciliar *Lists* and *Notitiæ* as the metropolitan see of Mesopotamia. The bishops of the western Satrapies are listed as belonging to the ἐπαρχία Μεσοποταμίας [59]. In short, it seems that neither the imperial nor the church authorities were sufficiently interested in the conditions that actually prevailed in the far eastern regions claimed by them to have obtained accurate information or to have taken effective steps for bringing them into conformity with those existing in the rest of the Empire.

This ultimate lack of attention and consequently of direct interest in the trans-Euphratine borderlands acquired at the partition of ca. 387 resulted for a century and a half in the absence of any overt or decisive attempt to incorporate them into the imperial administrative system as

---

[58] HONIGMANN, *Ostgrenze*, pp. 8-9.
[59] GARSOÏAN, Ἀρμενία, pp. 244-248, 261-262; EAD., *Precisions*, I, pp. 272-276.

normal provinces such as the contemporary cis-Euphratine Armenias I and II. Until 536, "Greater" or "Interior" Armenia kept an ambiguous and abnormal status, probably that of a tax paying *civitas stipendiaria*, under a *comes Armeniæ*, whose appointment, jurisdiction, functions and relation to the local military authorities are never specified until his office was abolished by the Justinianic reform. Princely enclaves with special privileges seem to have been allowed to survive simultaneously in the region [60]. The status of the imperial Satrapies may have begun to erode from the autonomous level of *civitates liberae et immunes*, even before Zeno curtailed their hereditary privileges in 488 [61]. Nevertheless, they too remained outside the usual provincial system until 536, keeping a considerable degree of local authority and institutions, as well as the responsibility for the military defense of their districts with their own troops, until Justinian's creation of a *magister militum* for the entire area [62].

A similar unsystematic pattern seems to have characterized the frontier districts of the Persian empire, insofar as we can judge from the scarce Iranian documentation [63]. The most that can be surmized from our present, largely sigillographic information, suggests that the Sasanian hold on their far western provinces, except for Mesopotamia, was at times as imprecise as that of their rivals. Just as we have seen Justinian hesitate on the number of Satrapies in the Roman sphere and even whether the imperial territories beyond the Euphrates were to be styled: "Greater" or: "Interior" Armenia, so, at the beginning of the Sasanian dynasty, Šāhpūr I could list Armenia and Iberia as parts of Ērānšahr on his victory inscription on the Ka'ba-i Zardušt [ŠKZ], while the great contemporary *mohbed* Kirdīr on his inscription [KKZ], included both in Anērān [64]. Even the

---

[60] The problem of the *comes armeniae* remains unsolved despite extensive discussions, see GARSOÏAN, Ἀρμενία, pp. 252-256 and n. 74. There is no evidence for BROCKLEY's claim, *Eastern Policy*, p. 44 that the Romans "appointed one of the nakharars as 'presiding prince' with the Roman title of *comes Armeniae*" at the death of the last Arsacid king Aršak in the western portion of Armenia ca. 390. Nor does the institution of Armenian "presiding princes" appear until a much later date; cf. TOUMANOFF, *Studies*, pp. 193-194 and n. 209 on the princely enclaves.

[61] GARSOÏAN, Ἀρμενία, pp. 249-250, 259-261; EAD., *Eglise*, pp. 10-15, and the next note.

[62] The satraps commanded their own but not Roman troops, *Aed.*, III, i, 27-28, until the military defense of the area was given to the Justinianic dukes; cf. HOWARD-JOHNSON, *Citharizon*, p. 214 and the preceding note.

[63] V. LUKONIN, *Administrative Institutions*, in *Cambridge History of Iran*, III/2, Cambridge 1983, p. 732; Ph. GIGNOUX, *L'organisation administrative sassanide* [= *Administration*], «Jerusalem Studies in Arabic and Islam» 4 (1988), pp. 1-29.

[64] For the royal incription (ŠKZ), see M. SPRENGLING, *Third Century Iran*, Chicago 1953, pp. 7-9, 10-12. For that of Kirdir (KKZ), *ibid.*, pp. 47, 51-52; and Ph. GIGNOUX (ed.), *Les quatre inscriptions du mage Kirdir*, «Studia Iranica» cahier 9, Paris 1991, pp. 46-47; cf.

exact localization of the term "Armin" on Sasanian seals and coins cannot be determined with precision [65].

In spite of the extensive additional material now published by Rika Gyselen, direct evidence for Transcaucasia remains scanty [66]. Two seals postdating the reform of Xusrō I attest the existence on the Side of the North of two military *Ērān-spāhbed*s, Sēd-hōš and Gōr-gōn, belonging the great house of the Mihrān [67]. In addition to a military bulla from Duin and one of an *āmārgar* recorded earlier [68], a few new seals of financial officials: *āmārgar*s and *zarrbed*s "masters of gold [mines]" bearing the joint names of several circumscriptions leave the locus of their actual jurisdiction uncertain [69]. Only one *ostāndār* in Wirozān/Iberia and an otherwise unattested "commander of the army of the lords-of-the-house" in Armin, to which I shall return, are specifically localized [70]. The remainder of our information is derived primarily from non Iranian narrative sources which record occasional additional Sasanian officials: a VIth century governor with the title of "Great Parthian and Pahlaw *aspet*", a *hamarakar* of Vaspurakan [71] and *nixoragan*s, whose functions apparently varied [72]. The most that can be deduced from this haphaz-

---

N. GARSOÏAN, *The Locus of the Death of Kings – Armenia the Inverted Image*, in R. HOVA-NISSIAN (ed.), *The Armenian Image in History and Literature*, Malibu, CA 1981, pp. 29-35. For the development of the concept of Ērānšahr, see G. GNOLI, *The Idea of Iran*, Rome 1989 [= *Iran*], esp. pp. 129-174.

[65] R. GYSELEN, *Le* kadag-xwadāy *sassanide* [= *KX*], «Studia Iranica» 31/1 (2002), pp. 67-68; EAD., *Nouvaux matériaux pour la géographie historique de l'Empire sassanide* [= *NMGS*], «Studia Iranica» cahiers 24, Paris 2002, pp. 29-30, 132, 134, 185. I should like to express my gratitude to Mme Gyselen for allowing me to see advance proofs of this valuable material.

[66] *Ibid.*, subsuming earlier work. The author considers these seals as evidence of Sasanian control, pp. 28-29, 125, 185, but there are only few examples from Transcaucasia.

[67] R. GYSELEN, *The Four Generals of the Sasanian Empire: Some Sigillographic Evidence* [= *Generals*], pp. 5-6, 16-17, 26, 32, 44-45, figs. 4a-b. The presence in Armenia of several members of the great house of Mihrān is attested by the native sources: ŁP', III, lx, lxiv, pp. 159, 166 (Aštat); lxxiii, lxxiv-lxxv, lxxvi, pp. 189-190, 193-194, 196-198 (Mihran); lxxix-lxxxviii, pp. 205-211, 213-216, 218-219 (Šapuh). Of particular interest is Golon Mihran, also known as Mihrewandak, *The Armenian History attributed to Sebēos*, R. W. Thomson tr., J. Howard-Johnson comm., 2 vols., Liverpool 1999 [= *Ps. Seb.*], viii-ix, pp. 7, 10-11, who might be the same as the one identified as Gōrgōn on the seal, *supra*, fig. 4b.

[68] R. GYSELEN, *La géographie administrative de l'Empire sassanide* [= *GAES*], in *Res orientales*, I, Paris 1989, pp. 35-37, 66, 80 and n. 25.

[69] *NMGS*, pp. 110-111, 120-121, 131-132.

[70] *Ibid.*, pp. 31, 116, 132, 176-177, and another seal with the inscription *kadag-xwadāy* but no toponym, *KX, et infra*, p. 347.

[71] *Ps. Seb.*, ix-x, pp. 11-12, 14; cf. GYSELEN, *Generals*, pp. 23-26, *aspbed-ī parsīg, aspbed-ī pāhlaw*. See *Ps. Seb.*, xvi, pp. 32-33 on the "auditor of Vaspurakan".

[72] E.g. a) Qardag Nakhoragan with plenipotentiary powers, "Second Letter of Barsauma, metropolitan of Nisibis", *SO*, pp. 532-534. b) Nihorakan as *marzpan*, "Oath of Union of

ard collection is that Ctesiphon sent primarily military and financial officials to the border region. Some of their titles are still unattested elsewhere; their function occasionally combined with that of the governing *marzpan*.

The *marzpan*s themselves are the officials concerning whom we have the most literary, though not sigillographic information [73]. The Armenian historian Łazar Parpec'i writing ca. 500, notes the presence of a Sasanian *marzpan* after the disappearance of the native Arsacid dynasty in 428 and the VIIth century *History* attributed to Pseudo-Sebēos gives a considerable list of these officials [74]. Similarly, Georgian hagiographic sources record that a *marzpan* was residing in the new Iberian capital of Tbilisi by 540/3, possibly as early as 517/8 [75], but this information is not as yet confirmed by any Persian material and far from displaying any hint of the centralizing policy of the Sasanian crown, they reveal an unsystematic and confused administrative picture similar to the one found on the imperial side.

In Transcaucasia, neither the degree of the authority of the Persian governor, nor the extent of the jurisdiction he usually shared with native rulers show any uniformity [76]. A hierarchy of sort may have existed at times, so that the *marzpan* of Armenia during the rebellion of Vahan Mamikonean could require troops from Atrpatakan and from the *marzpan* of Koprik' [77]. A cumulation of offices, such as *marzban* and *aspet*, "commander of the cavalry" and *marzpan*, or *sparapet*, "commander-in-chief" and *marzpan* is attested, at least in Persarmenia [78]. The precedence and relations of the *marzpan* vis-à-vis the native rulers, the princes of Iberia, the Armenian hereditary *sparapet*, or other Persian commanders, evidently varied according to circumstances. Thus, *marzpan*s are attested

---

the Council of Duin", GARSOÏAN, *Eglise*, p. 476, where the title is mistaken for a proper name. c) Vndatakan Nikhorakan, *marzpan*, Ps. Seb., xxx, p. 56. d) a military title unconnected with the *marzpan*ate, *Agathiae Myrinaei Libri Quinqui*, R. Krydell ed., Berlin 1967, pp. 85 l. 6, 90 l. 10, 108 l. 20, 22, l. 9 l. 16, 26, 112 l. 18 sqq., 120 l. 11, 121 l. 18, 122 l. 6, 151 l. 28, 162 l. 27, etc.; cf. BRAUD, *Georgia*, p. 306.

[73] The only attested one comes from Asorestan, J. A. LERNER, P. O. SKJAERVØ, *Some uses of Clay Bullae in Sasanian Iran*, in *Sceaux d'Orient et leur emploi*, «Res Orientales» X (1997), p. 72.

[74] ŁP', I, xv, p. 60; *Ps. Seb.*, ix, xxx, pp. 10-12, 56.

[75] MARTIN-HISARD, *Monde géorgien*, p. 1216; TOUMANOFF, *Studies*, pp. 370-371 and notes; A. CHRISTENSEN, *L'Iran sous les Sassanides* [= *Iran*], 2 ed., Copenhagen 1944, p. 3.

[76] To be sure, variations can also be found elsewhere, cf. GIGNOUX, *Administration*.

[77] ŁP', III, lxvii, p. 175.

[78] *Ibid.*, III, lxviii, pp. 175-176, Sahak Bagratuni, *aspet* and *marzpan, ibid.*, xcviii, pp. 239-240, Vahan Mamikonean, *sparapet* and *marzpan*.

in Iberia after the death of Gorgasal, but they resided in the new city of Tbilisi, while the native nobles chose for themselves a leader with the title of *mamasaχlisi* of Iberia, possibly a military commander, who simultaneously held the ancient capital of Mcχeta [79]. In our earliest case in Persarmenia late on the IVth century, the Sūrēn-*marzpan* shared his power with the dowager queen, her two royal sons, as well as the great *sparapet* Manuel Mamikonean, and was soon forced to flee for his life. Later, the *aspet* Sahak Bagratuni held the office of *marzpan* while Vahan Mamikonean held the supreme military command as hereditary *sparapet*, until he reunited the two functions. Even among the Persians, the general Zarmir Hazaravuχt seems to have dominated over the *marzpan*, Šapuh, whom he left behind as he set out for Iberia [80].

Most important of all, though the *marzpan* as viceroy was the local representative of the king of kings, who presumably named him and delegated his authority to him, a number of Persarmenian *marzpan*s were local princes and locally appointed, despite the existence of a legitimate Persian encumbent. Thus, Sahak Bagratuni was appointed *marzpan* in 481-482 by the *sparapet* Vahan Mamikonean, the leader of the rebellion against Persia, upon the flight of the presumably legitimate Persian *marzpan*, Atrvšnasp Yozmandean [81]. After 485, Vahan Mamikonean, holding jointly his native position as *sparapet* of Armenia and that of *marzpan*, was granted autonomy and all but freed *de facto* from the distant suzerainty of the Sasanians. His brother Vard Patrik apparently inherited the same office automatically [82]. Most flagrant of all was the case of the Armenian prince, Smbat Bagratuni, the favourite of Xusrō II, honoured with the title of *Xosrov Šum* "The Joy of Xosrov". Although Smbat's official jurisdiction as *marzpan* was over the province of Vrkan or Hyrkania, south of the Caspian, his authority was paramount at Duin, where he oversaw the election of a new katholikos and overrode, with his sovereign's approval, the orders of the resident Persian *marzpan* and of the Persian military commander. Given extensive military power and granted a number aulic honours and additional titles, he was further "raised over all the *marzpan*s of the kingdom" and the king "bade him

---

[79] TOUMANOFF, *Studies*, p. 371, 386-387.

[80] *BP*, V, xxxviii, pp. 221-223; ŁP', III, lxviii, pp. 175-176 and 179 for the subsequent murder of the Persian *marzpan*. III, lxvi, lxxix, lxxxi, pp. 171-172, 205, 207, for the relationship of Zarmihr Hazaravuχt and the *marzpan*; TOUMANOFF, *Studies*, p. 365 n. 31; cf. GIGNOUX, *Administration*, p. 25 on *hazaravuχt* as a title mistaken for a name.

[81] ŁP', III, lxviii, pp. 175-176.

[82] *V. supra*, n. 49. For Vard Patrik, see GARSOÏAN, *Eglise*, pp. 161, 168, 194-195, 380, 440, 446-447.

make *marzpan* whomever he might wish". Finally his son, Varaztirocʻ, not only succeed to his hereditary title of *aspet*, but also to his office of *marzpan*, with the honorific title of *Yavitean Xosrov*, "eternal Xosrov". He in turn is said to have "brought complete prosperity to all the lands of Armenia" and specifically "did not submit or pay allegiance to the great prince of Atrpatakan...nor likewise after him to his son"[83]. Hence, the existing evidence, far from pointing to any systematic policy, suggests that the definition of the *marzpan*'s office in the Persian north-western borderlands varied considerably according to favour or circumstances.

In the south, the eastern Satrapies subordinate to Persia, seemingly enjoyed a degree of autonomy, similar to that of their Roman counterparts. Their links with the Sasanian administration were scant and the separation of Arzanene, Zabdicene and Corduene from Greater Armenia in the *Acts of the Persian Martyrs* suggests that they were considered to have an identity and status of their own. The same local autonomy seems implied by the unexpected reference in the *Acts of the martyrs of Arzanene* to the "king of that country", even if this title should probably not be taken at face value[84].

Far more crucial for the survival of the intervening border zone's individual character than any haphazardly superimposed administration, was the unwillingness or inability of the two sovereign powers to tamper with, let alone obliterate, its social and cultural identity which was allowed to develop and entrench itself throughout.

At the most basic level, neither the massive early deportations to Persia under Šāhpūr I and II, nor the transfer of Armenians to Thrace under Maurice, nor yet the use of the elite Armenian cavalry by the Sasanians in their Kushan wars[85] could have been sufficient to alter or

---

[83] Smbat Bagratuni, *Ps. Seb.*, xxiv, xxvii-xxix, pp. 43, 47-54; Varaztirocʻ, *ibid.*, xl-xli, pp. 92-93; cf. GARSOÏAN, *Eglise*, pp. 357-359, 361, 382-383 and now EAD., *Le guerrier des seigneurs*, «Studia Iranica» 33/2 (2003).

[84] *Ibid.*, pp. 16-17. One seal of an *āmārgar* mentions the satrapy of *Arzōn*/Aljnikʻ together with two other districts, *NMGS*, pp. 86-87.

[85] For the deportations to Persia, see recently, LIEU, *Captives*. These were unquestionably sizable and proved beneficial for the Sasanian public works and cities, as well as for the development of Persian and Armenian Christianity, see GARSOÏAN, *Eglise*, pp. 29-34. The sources tend to exaggerate the depopulation. E.g. the figures in the account of the destruction of Armenian cities in *BP*, IV, lv, pp. 175-176, are clearly inflated and almost invariably show a larger number of Jews than of natives. The disappearance of the Armenian cities at the end of the IVth century was due not to deportations but to their unsuitability in the para-feudal structure of the country, see my *Armenian City*. On the purported letter of Maurice to Xusrō II, see *Ps. Seb.*, xv, p. 31, cf. xvi, p. 34, on other deportations of Armenians from their homeland, GARSOÏAN, *Integration*, pp. 56-60. On the use of the Armenian

make serious inroads into the ethnic base of the region until the settlement of the Bakr tribes in the southern portions of the Armenian plateau in the early IXth century began a large implantation of Arab communities[86]. Still more importantly, the complicated nexus of noble families, making up the para-feudal structure of Transcaucasian society and forming the real *locus* of power, does not seem to have been destroyed on either side despite Adontz's thesis of the disastrous effect of Justinian's social legislation in imperial Armenia[87]. In 450 prince Vardan Mamikonean appealed for support in his revolt against the Sasanians to the nobility of imperial territories "where he had kinsmen"[88]. Adontz himself noted references in the VIIth century *History* of Pseudo-Sebēos to a number of poweful *naxarar* houses in Armenia Interior: the Mamikoneans, as heirs of the former patriarchal estates in the region, the Bagratuni in Sper, and a number of others[89]. The VIth century rebellions of the descendants of the royal Armenian Arsacids, the complaints of the Armenian nobles to the Persian king in 539 and the revolt of the VIIth century Vahewuni clan "on the Greek side", further attest the survival of the traditional *naxarar* structure on imperial territory several generations after Justinian, even though some of their privileges may have been reduced, as they had been in the southern Satrapies[90]. In Persarmenia, Pseudo-Sebēos, refers to the "lords with contingents and banners" in identically the same terms as the anonymous author of the *Epic Histories* some two centuries earlier. Except for the presence of a *marzpan*, who might be chosen from among them, "the princes remained the sovereign oligarchs of Armenia"[91]. Further north, the great *erist'avi*

---

cavalry against the Kushans, *Ps. Seb.*, xxviii, pp. 49-53. Cf. BRAUD, *Georgia*, pp. 292, 301, 313, and the next note.

[86] A. TER GHEWONDYAN, *The Arab Emirates in Bagratid Armenia*, tr. N. G. Garsoïan, Lisbon 1976, pp. 25-50 *et passim*.

[87] ADONTZ, *Armenia*, pp. 142-156. Adontz overstated the destructive force of the Justinianic legislature. Damage was certainly done to the traditional social fabric of Imperial Armenia, but some clans survived. For the situation at the time of the partition, cf. *MX*, III, xliii, pp. 305-307; TOUMANOFF, *Studies*, pp. 132, 153, 197 *et infra*, n. 88-89.

[88] GARSOÏAN, Ἀρμενία, p. 250.

[89] ADONTZ, *Armenia*, p. 100 and the next note.

[90] *Ibid.*, pp. 99-100, 104, 160-161. On the Vahewuni, *Ps. Seb.*, xvi, p. 32; cf. xv, pp. 31-32.

[91] *Ibid.*, xxi, xxviii, pp. 41, 50; cf. *BP*, IV, iii, p. 108 *et supra* n. 34. The number and importance of the Armenian princes is further attested by the survival of the names of some fifty families from this early period, see N. GARSOÏAN, *Notes préliminaires sur l'anthroponymie arménienne du Moyen-âge*, in *L'anthroponymie document de l'histoire sociale des mondes méditerranéens médiévaux*, M. Bourin *et al.* (eds.), Rome 1996, pp. 229-232; repr. in EAD., *Church*, ix. Cf. GARSOIAN, Ἀρμενία, pp. 25, 254, 257-262.

were still so powerful in 588, that when local rule was recreated by Maurice in Iberia after a few years' interval, Guaram I and his successors, though descendants of the royal dynasty, did not dare assume the title of king [*mep'e*], but contended themselves with the more modest and acceptable one of *erist'avt'-mt'avari*, which Toumanoff rendered as no more than "arch-duke" [92].

The strength and persistence of this social structure and the concomitant precarious hold of Byzantine or Sasanian officials is repeatedly underscored by the continuous rebellions of the great nobles defending their prerogatives in Iberia as in Armenia, usually inaugurated by the flight, or more often the murder, of the Roman *curator*, the Persian *Sūrēn-marzpan*, or even the first governor designated for Justinian's new province of Armenia I, although he was an Armenian by birth, as were several of Justinian's chief administrators in the region and a number of the Sasanian *marzpans* [93]. All the more interesting under the circumstances is the willingness of both courts to accept and deal with the traditional *status quo*, to preserve and pacify native sensibilities and to acknowledge their prerogatives. After the crushing of the Armenian revolt in 451, not only did the Persian court send a *marzpan* of Armenian descent, Atrormizd Aršakan, but his surprising instructions were: "not to disturb the Armenian populace, but to subdue them peacefully and to allow everyone to practice Christianity freely", in a direct reversal of the religious policy that had provoked the rebellion [94]. Local hereditary titles and offices were neither abolished nor disregarded as is evident from the seal of the Sasanian official mentioned above, whose title: *gund-i kadag-xwadāyagān framadār*, "commander of the army of the lords-of-the-house (Arm. *tanutēr*)" occurs exclusively in Armenia [95]. When Xusrō I came to negotiate with the Iberian princes, "he promised them great bounties, by way of blandishment, [and] confirmed their duchies as allods" [96]. Many years ago, Toumanoff rightly

---

[92] TOUMANOFF, *Studies*, p. 371.

[93] For the various rebellions *v. supra*, nn. 38, 82; GARSOÏAN, *Eglise*, pp. 165-166, 243-244, 254-255 etc.; BRAUD, *Georgia*, pp. 260, 266, 269, 273, 276 etc.; MARTIN-HISARD, *Monde géorgien*, p. 1177. Cf. ADONTZ, *Armenia*, pp. 97, 133, 138-140 on the Armenian origin of Justinian's administrators. On the Armenian *marzpans*, see the list in J. DE MORGAN, *Histoire du peuple arménien*, Paris 1919, pp. 359-360 and *supra* nn. 83-84, for Vahan and Vard Mamikonean, Smbat and Varaztiroc' Bagratuni.

[94] ŁP', II, xl, p. 117. Atrormizd's surname Aršakan indicates his descent from the royal Arsacid house.

[95] *V. supra* n. 70 and 83.

[96] TOUMANOFF, *Studies*, pp. 381, citing Juansher, 386-387 and n. 11; cf. the *Letter of Shapuh to the Armenian Princes*, in MX, III, xliii, p. 306, recognizing their rights to govern their possessions; and the next note.

noted that the abolition of the Armenian royalty in 428 and that of Iberia in 580 was not arbitrarily imposed by the two superpowers, but came as an answer to the initiative and request of the native princes [97].

Simultaneously, no attempt was made to extend to Transcaucasia the urban pattern characteristic of the entire Classical world and most particularly of Rome, nor the new "royal cities", used by the Sasanians as instruments of centralization. In this sense the local social fabric was allowed to perpetuate anachronistically the aristocratic, centrifugal and non-urban pattern of the earlier Parthian period instead of attempting to force on it the contemporary centralizing policies of both empires [98]. Far from attempting to restructure local social patterns and thereby to incorporate and assimilate the borderlands into their normal administrative systems, most indices on both sides point to a policy of two level control which maintained traditional rulers and institutions.

The cultural aspect of Transcaucasia likewise retained its idiosyncratic character generally untouched. Despite the undoubted influence of the Hellenizing School on the development of the Armenian language and literature, or its vast reservoir of Iranian loan-words, neither Greek nor Pehlevi made destructive inroads. Armenian and the several South Caucasian languages of the Iberian lands continued to dominate their respective districts, as Syriac maintained itself in Syro-Mesopotamia. As soon as their distinctive alphabets had been created in the Vth century, both the Armenians and the Iberians rapidly transcended the initial stage of translations to develop an extensive literature in their native tongue [99].

---

[97] *Ibid.*, p. 381; cf. ŁP', I, vi, ix, xi-xii, xiv, pp. 41, 45-46, 53-57, 57-58. For earlier requests: BLOCKLEY, *Eastern Policy*, p. 117; and *supra* n. 47 for the appeal of the Iberian *eristavi* to Maurice.

[98] According to *BP*, V, xxxiv, p. 215, Mušeł Mamikonean's plan "to build cities in every district of the land of Armenia ... to strengthen them with strong fortifications and garrisons throughout the land of Armenia" immediately aroused the opposition of the grandees who viewed it as a threat to their autonomy, and led directly to Mušeł's murder, *ibid.*, xxxv, pp. 216-217. Even in urbanized Mesopotamia, all attempts to found cities as military bases remained dead letter. BLOCKLEY, *Eastern Policy*, p. 226, n. 22. JONES, *Cities*, pp. 224-225, also noted that the Greek city-states failed to penetrate the satrapal lands of the upper Tigris. Fortresses like Theodosiopolis and Kitharizon or Petra were founded, but they were military bases. These "artificial cities" were similar to the pattern used in the West rather than in urbanized Mesopotamia, see HODGSON, *East*, pp. 179, 181, and as such were never integrated into the local social pattern. On the Sasanian royal cities, see N. V. PIGULEVSKAYA, *Les villes de l'état iranien*, Paris 1963, and especially GNOLI, *Iran*, p. 157. See also LEE, *Information*, pp. 17-18, 89-90, on the royal cities and the centralizing effect of the Sasanian canal system, as well as on the Roman "urban mentality".

[99] The existence of massive translation from Greek and Syriac attests to their continued knowledge but not to their use for other purpose. On the development of Armenian

The vernacular was adopted and retained even for use in the sensitive area of the liturgy, despite the earlier use of Greek and Syriac in Greater Armenia, the official use of the latter by the Church of the Orient, and the growing Byzantine assertion that liturgical expression should be reserved to the "holy" languages: Hebrew, Latin and Greek[100]. Far from weakening and ultimately disappearing, the native consciousness expressed through language and literature anchored itself securely and flourished unchecked throughout Transcaucasia[101].

Finally, I alluded earlier to Christianity as one of the common factors to be considered in any attempt to define the frontier between the Classical and Oriental worlds, but here too stricter criteria are necessary. There is, obviously, no difficulty in separating the Christian borderlands from the Zoroastrianism of the Sasanian state, nor in observing that any attempt to reintroduce Mazdeism provoked immediate revolts[102]. But this rejection extended as well to the Church of the Orient, that had officially turned its back on the "Western Fathers" in 424 and whose doctrine was explicitly condemned by the Armenian Church at the beginning of the next century[103]. The king of kings seems to have kept his secular jurisdiction over the Armenian patriarchs until the end of the Sasanian dynasty, but his grant of religious autonomy to Persarmenia in 485, was generally respected. We have no evidence that the Armenian Church was in any way subordinate to that of Persia, despite the residence of the Armenian katholikos on Persian soil. Except for the ambiguous presence on occasion of some of the bishops from the eastern Satrapies, neither he nor any Persarmenian bishop is known to have attended a Persian council[104].

---

and Georgian literatures, see Ch. RENOUX, *Langue et littérature arméniennes*, and B. OUTTIER, *Langue et littérature géorgiennes*, in M. ALBERT et al. (eds.), *Christianismes orientaux. Introduction à l'étude des langues et des littératures*, Paris 1993, pp. 109-188, 263-300.

[100] The existence in the Vth century of a liturgy in Armenian is attested by its citation in *BP*, V, xxviii, pp. 208-209, 321 n. 7. For the Iberian liturgy, see MARTIN-HISARD, *Monde géorgien*, pp. 1207, 1218; *ibid.*, p. 1173, for the probable use of Greek in Lazica. On the identification of the "holy" languages, see G. DAGRON, *Formes et fonctions du pluralism linguistique à Byzance (IXe-XIIe siècle)*, «Travaux et Mémoires» 12 (1994), pp. 224-230.

[101] This conclusion in no way negates the bi- or trilingualism of the region, but merely notes the dominance of the native language in oral, written and liturgical use. Already some forty years ago, N. PIGULEVSKAYA, *Villes*, p. 28 noted the superficial effect of Hellenisation on populations that continued to speak and write their native languages. This was also stressed in numerous lectures by my late teacher, Elias Bickerman; see also JONES, *Cities*, pp. 222-223.

[102] *V. supra*, n. 38.

[103] *SO*, pp. 285-298 for the council of 424; GARSOÏAN, *Eglise*, pp. 168-194.

[104] N. GARSOÏAN, *Secular Jurisdiction over the Armenian Church*, in *Okeanos. Essays Presented to Ihor Ševčenko on his Seventieth Birthday = Harvard Ukrainian Studies*, 7,

The rejection of the Zoroastrian and even of the Persian Christian tradition was not, however, tantamount to a fusion with the imperial Church to the west. Both the Armenians and the Iberians asserted insistently that the source and model of their doctrine was the original faith of Jerusalem [105] and total union with the Byzantine State Church did not prove long lived. The steps in the trajectory of the Armenian Church's withdrawal from its early communion can now be traced with reasonable certainty. The patriarchs of Greater Armenia abandoned their former consecration at Caesarea of Cappadocia probably as early as the late IVth century. Thereafter, the Armenian Church considered itself autocephalous and none of its patriarchs or bishops attended any the Œcumenical councils after Nicæa [106]. Although the Armenians had at first accepted the imperial *Henotikon*, in its oriental anti-Chalcedonian interpretation, and proclaimed their union with the "Romans" at the beginning of the VIth century, they gradually drew away from Constantinople's Chalcedonian Orthodoxy until their final, official break with the imperial Church at the beginning of the VIIth century [107].

The situation in Iberia is less clear. There is no doubt that king Vaχt'ang Gorgasal sought a katholikos from Constantinople as he shifted his allegiance from Persia to Byzantium, and the first incumbents came from the imperial capital, though their successors were natives. Moreover, the Iberian Church claimed to be in communion with the Empire as it joined its Transcaucasian neighbours to receive the *Henotikon* at the end of the Vth century and at the time of its break with the Armenians over the acceptance of the Chalcedonian symbol at the beginning of the VIIth [108]. Its earlier development, however, is by no means as certain. We do not know when or whence the first see of Mcχeta, as distinct from the later katholikate of Iberia, originated and Georgian tradition points to a dependence on Antioch rather than Constantinople for its subsequent consecrations, as well as for the foundation of its

---

O. Pritsak and C. Mango (eds.), 1984), pp. 220-250; repr. in EAD., *Armenia*, ix; *et supra* n. 42.

[105] GARSOÏAN, *Eglise*, pp. 315, 322, 335, 550-551, 555, 559, 560-561, 563-564, 569-571; MARTIN-HISARD, *Monde géorgien*, pp. 1185, 1219.

[106] GARSOÏAN, *Eglise*, pp. 2, 4, 38; EAD., *Precisions* I.

[107] GARSOÏAN, *Eglise*, pp. 241-282, 359-363. V. *supra* n. 24 for the reception of the Henotikon.

[108] V. *supra* nn. 24, 42 on the creation of the Iberian katholikate and the reception of the Henotikon. GARSOÏAN, *Eglise*, pp. 320, 323, 333, 338, 520-521, 548, 550-551, 561, 564, 567, 570-571, 572, 574-576, on the acceptance of Chalcedon and the schism with Armenia.

monasticism in the VIth century by the "Syrian Fathers"[109]. As against the representatives of the Lazic coastal fortresses, Iberian bishops, like their Persarmenian colleagues, made no appearance at imperial councils. Hence, despite its dogmatic communion with Constantinople, Iberia kept its identity in both its vernacular liturgy and a considerable degree of jurisdictional autonomy[110]. The Christianities of the East, transmuted before the advent of Islam into National Churches ultimately remained *sui generis*, unassimilated and non-affiliated beyond their borders, their traditions, culture and institutions forming an increasingly hard core which would preserve their identity throught the centuries of Muslim domination[111].

As yet, no final conclusions may obviously be drawn from our still largely inadequate information. The better known military and diplomatic relations between Byzantium and Persia and their respective claims *de jure*, that have hitherto held most of our attention can, self-evidently, neither be underestimated nor disregarded. Nevertheless, the accepted political frontier of 387-591 now appears far less meaningful than has been taken for granted, as it failed to break, or even to alter notably, the ethnic, cultural and religious cohesion linking the communities it was meant to separate and whose presence negated the importance or absolute character of any linear division. The absence of an overt imperialist policy of subordination and assimilation, the failure or unwillingness to uproot fundamental native institutions and cultural identities resulted in the survival in Transcaucasia of a considerable idiosyncratic, intermediary zone, already noted by John Ward-Perkins nearly forty years ago for the earlier Parthian period[112]. A region whose common traits,

---

[109] On the complicated problem of Iberian links with Antioch, see MARTIN-HISARD, *Le christianisme*, pp. 1175, 1191, 1200. On early Iberian monasticism, *ibid.*, pp. 1112-1113; EAD., *Saints pères*, I, 1985, pp. 40-88; II, 1986, pp. 75-111.

[110] On the Lazic bishops and their dependence from Constantinople, see BRAUD, *Georgia*, p. 264 and MARTIN-HISARD, *Monde géorgien*, p. 1173, and pp. 1190-1191 on the absence of Iberian bishop from the Persian councils. The katholikos Kiwrion of Iberia seeking advice on the proper reception of penitent heretics, tellingly sought it from Pope Gregory the Great rather than from the Patriarch of Constantinople, see GARSOÏAN, *Eglise*, pp. 329-331.

[111] On the emergence of national churches, see GARSOÏAN, *Eglise*, pp. 355-398, for Amenia; and MARTIN-HISARD, *Monde géorgien*, p. 1207. Despite its official status, the Syriac speaking Church of the Orient was never fully integrated into the Iranian world, cf. M. FIEY, *Nisibe métropole syriaque orientale et ses suffragants*, CSCO, 38, subs. 54, Louvain 1977, p. 9.

[112] J. WARD-PERKINS, *Frontiere politiche e frontiere culturali*, Atti del convegno sul tema: *La Persia e il mondo greco-romano*, Rome 1966, p. 407 = summary, p. 395; and LEE, *Information*, p. 50, likewise noted that "the fundamental point which emerges [is] that the political

despite an absence of homogeneity, ultimately prevented its adherance to either side, and which contributed to its survival after the disappearance of its more powerful masters. Under such circumstances, a more accurate understanding of the situation prevailing in pre-Islamic Transcaucasia and eastern Anatolia would seem to require a greater awareness of this broad area lying between two profoundly dissimilar worlds and a reconsideration of it, not only as a corridor of transit and transmission or a mere no man's land and theatre for military operations to be seen only from the distant perspective of its ultimate overlords, but on its own terms, as a separate entity.

---

boundary never corresponded to any obvious cultural division"; BLOCKLEY, *Eastern Policy*, p. 116 went on to observe that the Armenians "were far from passive pawns in the hands of the major powers".

IV

L'*HISTOIRE* ATTRIBUÉE À MOVSĒS XORENACʻI: QUE RESTE-T-IL À EN DIRE?

Il y a plus de cinquante ans, Gérard Garitte inaugurait sa magistrale étude sur la première source relative à la christianisation de la Grande Arménie avec le *caveat*: «Il faut de bonnes excuses pour parler de l'"Agathange"[1].» Il m'en faut de bien meilleures encore pour me hasarder – à mes risques et périls – sur le terrain dangereux entre tous dans le domaine arménien médiéval, la *vexata quaestio* de la date de l'*Histoire* attribuée à Movsēs Xorenacʻi, sur laquelle les spécialistes n'ont cessé de polémiquer depuis la fin du XIXe siècle. Je n'ai pas la moindre intention de reprendre ici les problèmes discutés depuis plus d'un siècle déjà. Nous possédons d'excellentes études sur la forme de l'*Histoire*, son style et ses sources, arméniennes, classiques et patristiques[2]. Il a été amplement démontré que, même s'il ne les cite pas, Movsēs s'était clairement servi de sources arméniennes connues du Ve siècle, telles que le soi-disant Agathange, Koriwn, les anonymes *Histoires épiques* (*Buzandaran Patmutʻiwnkʻ*) et l'*Histoire* de Łazar Pʻarpecʻi[3]. Il est même possible qu'une version de l'*Histoire* qui porte le nom de Movsēs remonte, elle aussi, à ce même Ve siècle et en forme le fond. Il n'en est pas moins légitime, cependant, de poser quelques questions, non seulement textuelles et littéraires mais historiques, à la version qui nous est parvenue. Et puisque la tradition arménienne a honoré Movsēs du titre de «père de l'histoire» (*patmahayr*), il me semble permis de l'aborder également

---

[1] GARITTE 1946, p. vii.
[2] Même un résumé de l'énorme littérature qui, depuis plus d'un siècle, entoure l'*Histoire* de Movsēs Xorenacʻi et sa date dépasserait de beaucoup les limites convenables pour un article. Voir d'abord TOUMANOFF 1961, col. 467-476; ID. 1963, p. 330-335; et plus récemment, THOMSON, dans MK, p. 372-386; ID. 1995, p. 156-167; MAHÉ 1993, p. 18-24.
[3] THOMSON, dans MK, p. 40-56; BP-G, p. 4; MAHÉ 1993, p. 44, 73-74.

dans un cadre historique. Deux aspects de l'*Histoire* de Xorenac'i demandent en particulier à être considérés: sa connaissance du IVe et du Ve siècles, qui forment la partie la plus strictement historique de son œuvre, et sa raison d'être[4].

Il n'est pas question de passer au crible tous les détails du récit de Xorenac'i pour en vérifier l'authenticité[5], mais seulement de relever quelques passages qui illustrent le manque de précision de ses informations sur le IVe et le Ve siècle dans certains domaines, surtout dans le livre III dont l'historicité est la plus aisément vérifiable. Il s'agit, entre autres, d'erreurs chronologiques: la présence du patriarche arménien Nersēs le Grand au premier concile de Constantinople en 381, huit ans après sa mort (III. xxxiii)[6], la rencontre entre l'empereur Julien (361-363) et le roi Tiran (338-350?) et leur correspondance (III. xiii, xv)[7], les interventions de Théodose Ier (379-395) dans les affaires du roi Pap (369-374) (III. xxxvi, xxxix) ainsi que la date du partage de la Grande Arménie vers 387, prétendument conclu (III. xlii) entre l'empereur Arcadius (395-408) et le roi des rois Šahpūr II (309-379) ou III (383-388)[8] n'ont guère besoin de commentaires.

La substitution par Xorenac'i de Babik Siwni à Manuēl Mamikonean comme beau-père du roi arménien Aršak (III. xli) ou d'Artawazd Mandakuni à Artawazd Mamikonean comme tuteur (*dayeak*) royal (II. lxxvi, lxxviii, lxxxii, lxxxv; III. vi) et même comme commandant en chef (*sparapet*) de l'armée arménienne, ou enfin celle de Smbat Bagratuni à Mušeł Mamikonean comme *sparapet* combattant l'invasion sassanide (III. xxxvii), alors que ces deux charges étaient héréditaires dans la famille des Mamikonean selon le droit arménien coutumier du IVe

---

[4] Bon nombre des aspects de ce que Xorenac'i connaissait de l'Arménie paléochrétienne ont déjà été relevés par les spécialistes (voir, parmi beaucoup d'autres, TOUMANOFF 1961); mais il semble préférable de souligner les aspects particulièrement historiques plutôt que les anachronismes qui peuvent toujours être imputables à des interpolations, étant donné la date tardive des manuscrits qui nous sont parvenus, MK, p. 369-370.

[5] Comme l'observe MAHÉ 1993, p. 75: «Il serait oiseux de relever ici tous les anachronismes de l'*Histoire d'Arménie.*»

[6] BP-G, p. 40.

[7] MK, p. 266 n. 5, 268 n. 4; MAHÉ 1993, p. 390, III. 11, n. 1 et p. 391, III. 15, n. 2. Même s'il faut lire Aršak pour son père Tiran, la lettre de l'empereur grec qui nous est parvenue est un apocryphe.

[8] MAHÉ 1993, p. 400, III. 26, n. 6-7; 401, III. 39, n. 7, qui note correctement que tant l'intronisation que la mort de Pap se placent durant le règne de Valens; voir aussi p. 402, III. 42, n. 1 et 3; cf. III. 41, n. 12 pour le partage de l'Arménie. L'amitié entre Arcadius et le roi arménien Xosrov est également anachronique: *ibid.*, p. 405, III.50, n. 4, et bien d'autres, par exemple p. 401, III. 40, n. 1, 7; MK, p. 314 n. 1; *infra* n. 12 etc.

siècle[9], résultent probablement de l'hostilité notoire de Xorenac'i envers cette famille rivale des Bagratides, ce qui le conduit régulièrement à occulter son rôle. C'est ce parti pris qui l'amène à ravaler Vardan Mamikonean, le chef de famille (*nahapet*) et frère aîné du *sparapet* Vasak, d'après les *Histoires épiques*, au niveau d'un modeste «porteur d'armes ou écuyer» (*zinakir*) royal (III. xxii)[10].

Mais cette explication ne justifie pas qu'il confonde deux grandes batailles et les amalgame en une seule, qu'il est le seul à appeler Jiraw (III. xxxvii)[11]. De même, le compte rendu passablement neutre de Xorenac'i de la mort du roi Pap qui «se rendit devant Théodose le Grand et fut exécuté d'un coup de hache en punition de sa perfidie» (III. xxxix) est non seulement anachronique, mais il ne coïncide aucunement avec la scène, décrite par les *Histoires épiques* (V. xxxii) et confirmée par Ammien Marcellin, du guet-apens dans lequel le jeune roi fut attiré par ses alliés romains, une trahison qui avait fait frémir l'assistance et aurait même fait gémir les morts[12]. L'exactitude du tableau pris sur le vif que donnent les *Histoires épiques* de Pap festoyant au moment de son assassinat – appuyé sur son coude gauche et tenant une coupe dans la même main tandis que l'autre reposait sur le pommeau de la dague attachée à sa cuisse droite – est également attestée par sa conformité, point par point, avec les monuments funéraires de Palmyre, qui représentent le défunt participant au festin de l'immortalité[13].

---

[9] BP-G, p. 358, s. n. Artawazd Mamikonean I; p. 393, s. n. Mušeł Mamikonean; p. 521, s. n. dayeak; p. 560-561, s. n. sparapet. Voir MK, p. 296 n. 3.

[10] BP-G, p. 44-45, 424-425, s. n. Vardan I. Voir MK, p. 56, 277 n. 4; Mahé 1993, p. 394, III. xxii, n. 5 et p. 33-34 etc pour le caractère tendancieux, anti-mamikonean, de l'exposé de Xorenac'i.

[11] BP-G, p. 308-310, V, iv, n. 1 et v, n. 1.Mahé (1993), p. 400, III. xxxvii, n. 2; De même il rehausse le prestige de Smbat Bagratuni en lui faisant tuer le traître et apostat Meružan Arcruni beaucoup trop tôt durant cette bataille, alors que la mort de ce dernier survint plus tard et de la main du *sparapet* Manuēl Mamikonean, aidé par son compagnon Babik Siwni (BP, V. xliii, p. 255-256 = BP-G, p. 226-227).

[12] AM XXX. i. 19-22: «[Traianus] ad prandium verecundius invitavit [Papam]: qui nihil adversum metuens venit, concessoque honoratiore discubuit loco. 20. Cumque apponerentur exquisitae cuppediae et aedes amplae nervorum et articulato flatilique soniti resultarent, ... ipso convivii domino ... egresso, ... gladium destructo intentans, ... quidam immittitur barbarus asper, ... confossurus iuvenem,....21. Quo viso regulus ... expedito dolone, adsurgens ut vitam omni ratione defenderet, perforato pectore deformis procubuit victima, multiplicatis ictibus foede concisa. 22. Hocque figmento nefarie decepta credulitate, inter epulas quae reverendae sunt vel in Euxino ponto, hospitali numine contuente, peregrinus cruor in ambitiosa lintea conspersus spumante sanie satietati superfuit convivarum, horrore maximo dispersorum. Ingemiscat, siquis vita digressis est dolor, huius arrogantiam facti Fabricius...» La plupart des détails de ce festin fatal, jusqu'à l'accompagnement musical, coïncident avec le tableau des *Histoires épiques*, mais non avec la version de Xorenac'i.

[13] Garsoïan 1997b, p. 19-20 et fig. 11.

Xorenacʻi attribue la construction de la forteresse de Théodosiopolis-Karin à Anatolius, *magister utriusque militiae per Orientem* au Ve siècle (III. lix), bien que, selon toutes les autres sources, après sa première rencontre avec Maštocʻ en Cappadoce durant le voyage du saint à Constantinople – rencontre notée par Koriwn –, la brillante carrière du maître de la milice se soit déroulée bien plus au sud, en Syrie-Mésopotamie et bien que la fondation de Théodosiopolis doive être maintenant, comme on l'a démontré, placée sous Théodose Ier, à la fin du IVe siècle, et non à l'époque de son petit-fils[14].

S'il est de tradition de confirmer un récit à l'aide de lettres factices, rédigées par l'auteur, selon un artifice bien connu de la rhétorique classique, il est sage de faire observer que l'ensemble de la prétendue correspondance entre saint Sahak, l'empereur Théodose II, le patriarche de Constantinople Atticus et le *magister* Anatolius, citée par Xorenacʻi (III. lvii), ne figure pas dans la collection officielle de l'Église arménienne du *Livre des lettres* (*Girkʻ Tʻłtocʻ*), lequel a pourtant préservé soigneusement les lettres échangées officiellement entre le patriarche arménien et ses collègues grecs[15]. Même quand il cite une correspondance authentique, Xorenacʻi se trompe lorsqu'il ajoute le nom de saint Cyrille d'Alexandrie aux lettres de Proclus de Constantinople et d'Acace de Mélitène adressées à saint Sahak le Grand (III. lxi)[16].

Plus généralement, Xorenacʻi ignore largement la prosopographie du IVe siècle, si bien connue au Ve siècle par l'auteur anonyme des *Histoires épiques*, lequel donne scrupuleusement et minutieusement le nom et le rang des nobles qui accompagnent les patriarches grégorides se rendant à Césarée de Cappadoce pour leur consécration épiscopale[17]; Xore-

---

[14] GARSOÏAN 2005.
[15] GARSOÏAN 1999, p. 412-437; voir MAHÉ 1993, p. 37.
[16] GARSOÏAN, *ibid.* Voir MK, p. 335 n. 4 et MAHÉ 1993, p. 412, III. 61 n. 8.
[17] BP, III. xii, p. 40 = BP-G, p. 82: «Alors, selon la coutume, le roi Tiran convoqua les plus grands *naxarar*-s: le grand *hazarapet* Vałarš – de la famille détenant la charge de *hazarapet* en Grande Arménie – qui était prince d'Anjit, et avec lui Zareh, qui était le *nahapet* de Copʻkʻ, et Varaz prince du pays de Copʻkʻ Šahuni, et Gnit', de la maison des Kamsarakan, qui était prince du canton de Hašteankʻ, Vorotʻ prince du canton de Vanand, et Šahēn prince de la maison des Anjewacʻikʻ, et Atom prince de Gołtʻn, et Manawaz prince de Kołb, Gorutʻ prince du pays de Jor, et Manasp prince Xorxoruni de la maison des *malxaz*, et [Tirocʻ] prince du clan des Saharuni, et le prince Aba Gnuni. Il leur ordonna à tous d'accompagner le grand *hazarapet* Vałarš, de placer le bienheureux Yusik dans le carrosse royal et de se rendre dans [la ville] voisine de Césarée, métropole du Gamirkʻ [Cappadoce], pour faire élever le jeune Yusik au trône patriarcal apostolique.» Dans BP, IV. iv, p. 81 = BP-G, p. 111. Le cortège qui accompagne saint Nersēs est également décrit de manière détaillée: «Le grand prince Hayr le *mardpet*, et le grand prince Bagrat l'*asparapet*, et le grand prince Daniēl de Copʻkʻ, et Mehendak Ŗštuni, et Andovk

nac'i, pour sa part, les omet presque totalement[18]. Or les listes des participants aux divers événements décrits ne se retrouvent pas seulement dans le *Buzandaran*; l'œuvre contemporaine de Łazar Parpec'i énumère soigneusement tant les ecclésiastiques et les princes présents au concile d'Artašat que les partisans de Vardan Mamikonean et du traître Vasak Siwni dans la grande révolte contre les Perses de 450-451, ainsi que les prisonniers ecclésiastiques et laïques déportés en Perse[19]. Même au VIIe siècle, l'*Histoire* attribuée à l'évêque Sebēos donne encore la liste des princes révoltés contre la Perse et celle des chefs de la grande noblesse (*gndic' ew drōšuc' teark'*) qui accompagnent le prince Smbat Bagratuni contre les Kušans[20]. Mais ces catalogues, si caractéristiques des premières sources arméniennes, ne se retrouvent pas chez Xorenac'i. Même s'il donne évidemment le nom de la plupart de ses protagonistes, ses renseignements prosopographiques sont plus maigres, moins précis et utiles pour la reconstitution des grandes familles de la puissante aristocratie paléochrétienne en Arménie, dont il fait reposer souvent l'origine sur des étymologies douteuses (II. vi-vii, xlvii)[21].

Ce n'est pas seulement au niveau de l'onomastique que les renseignements de Xorenac'i sont souvent peu fiables en ce qui concerne la société aristocratique qu'il décrit. Il indique une réunification qui n'a

---

prince de Siwnik', et Aršawir prince de Širak et d'Aršarunik', et Noy prince de l'Autre Cop'k', et Pargew prince de la maison des Amatuni...» Les *Histoires épiques* donnent presque toujours le nom et le titre des acteurs des événements, ainsi III. vii, ix, xiv, xvi, xxi; IV. iii, l etc.

[18] On ne retrouve rien des pompeux cortèges décrits par les *Histoires épiques* dans les exposés concis et secs de Xorenac'i (Ici et dans les notes suivantes les citations en français de Xorenac'i sont empruntées à la traduction française de MAHÉ 1993). Ainsi en III. xi (trad., p. 258): «Son fils Yousik lui succède la quatrième année de Tiran et se montre fidèle imitateur des vertus de ses pères.» La consécration patriarcale de saint Nersēs est également notée sans le moindre détail sur ses circonstances en III. xx (trad., p. 264): «La troisième année du règne d'Archak, Nersês le Grand, fils d'At'anaginês, fils de Yousik, fils de Vrt'anês, fils de saint Grigor, fut établi archevêque d'Arménie.» Voir aussi les trois notes suivantes.

[19] ŁP', II. xxiii, xxv, xxx, xxxvi, xxxix, xlii, xlvii, lvii; III. lxviii, xc, p. 44-45, 47, 58, 67, 72, 75, 86, 101, 122, 162 = ŁP'-T, p. 81-82, 85-86, 98, 108, 116, 119-120, 132-133, 151, 176, 222. De même le texte parallèle d'Ełišē (E, ii, p. 27-28, 43; iii, p. 74; iv, p. 92; v, p. 99-100, 116-117, 119-120 = E-T, p. 81-82, 94, 125-126, 144, 151-152, 168, 171-172).

[20] S, xvi, xxiii, p. 87, 101 = S-T, p. 32, 50.

[21] Sur les origines des familles aristocratiques tirées d'une étymologie de leurs nom, voir surtout MX, II. vii-viii, avec maintenant les notes de Thomson dans MK, p. 136-143 *ad loc.*; MAHÉ 1993, p. 344-348, II. 7-8, n. 11-13, 15-19, 27, 30, 34, 46-47; p. 363, II. 47, n. 7-8, avec encore cette observation, p. 56: «Moïse n'est pas conscient de l'origine dynastique de la plupart des familles princières.» Voir *infra*, n. 43, le cas des Bagratuni et de Bagawan.

jamais eu lieu entre l'Arménie byzantine et la Persarménie après leur partage vers 387 (III. xlix)[22]. Il attribue au patriarche saint Sahak le Grand un improbable voyage et une impossible autorité dans une Arménie byzantine (III. lvii-lviii)[23], dont il divise sans aucune preuve le gouvernement entre un préposé impérial et un prince arménien (III. xlvi)[24]. L'administration du secteur perse n'est guère mieux connue. Xorenac'i n'a curieusement rien à dire sur la présence en Persarménie de gouverneurs sassanides ou *marzpan*-s auxquels il ne se réfère qu'une seule fois (III. lxxiv), bien que le Sahak Bagratuni auquel son œuvre pourrait avoir été dédiée ait occupé cette charge brièvement à l'époque de la révolte de Vahan Mamikonean à la fin du Ve siècle[25]. Et il ignore complètement la venue en Arménie du Surēn envoyé comme *marzpan* à l'époque de la régence de Manuēl Mamikonean pour les jeunes fils du roi Pap[26].

À l'intérieur du pays il postule une division de l'armée entre quatre généraux tournés vers les quatre points cardinaux, dont il n'est question dans aucune autre source, arménienne ou grecque (II. xlvii, liii, lxxxv; III. vi), mais qui rappelle le système en vigueur en Iran vers la fin de la

---

[22] Aucune source grecque ou arménienne ne suggère une telle réunification du royaume arsacide, comme le note aussi Mahé 1993, p. 405, III. 49, n. 1-2.

[23] Le supposé voyage de Sahak à la cour byzantine est d'autant moins vraisemblable que Xorenac'i note lui-même que le roi des rois avait expressément mis le patriarche en garde contre un rapprochement avec les Grecs (III. lxv; trad., p. 315): «Je veux que tu jures par ta foi de demeurer fidèle à notre service, de ne point méditer de projets séditieux, de ne pas te laisser abuser à partager la fausse foi des Grecs, de ne point nous donner matière à ruiner le pays d'Arménie et à changer en mal notre bienfaisance.» Mahé 1993, p. 410, III. 57, n. 1, suggère que «Sahak tente de renouer [avec Byzance] à la faveur de la paix de 422», mais nous n'avons aucune preuve de cette tentative et le roi de Perse craignait toujours de se voir trahir par ses sujets chrétiens au profit de leurs coreligionnaires. Voir Garsoïan 1999a, p. 20, 76. L'enseignement de Maštoc' dans le secteur grec semble également peu probable, comme Xorenac'i l'admet lui-même (III, liv).

[24] Nous n'avons aucun témoignage sur un dédoublement de l'administration de l'Arménie byzantine. Des principautés autonomes semblent y avoir survécu après le partage du royaume, mais la date de la création d'un *comes Armeniae* demeure très problématique et elle est probablement tardive; Toumanoff 1963, p. 331, la reporte au VIIe siècle. Voir MK, p. 309 n. 6; Mahé 1993, p. 403-404 n. 7; Garsoïan 1998.

[25] Sur l'hypothèse selon laquelle le commanditaire de l'*Histoire* de Xorenac'i était en fait le Sahak Bagratuni nommé prince d'Aménie par les Abbassides dans la seconde moitié du VIIIe siècle, voir MK, p. 60 et Mahé 1993, p. 40, 88-90. Voir ŁP', I. xv, p. 25 = ŁP'-T, p. 60; III. lxviii, p. 121 = p. 175. Il est vrai que ŁP' ignore aussi la présence d'un *marzpan* perse en Arménie avant la division du royaume arsacide (voir la note suivante), mais, compte-tenu du contexte, le silence de Xorenac'i sur la présence d'administrateurs sassanides en Arménie est difficilement explicable; Mahé 1993, p. 90, observe que Xorenac'i connaît encore assez «bien l'Iran et ne laiss[e] filtrer aucune allusion aux Arabes»; mais sa connaissance de l'Iran est souvent plus livresque que réelle, de même que son hellénophilie est intellectuelle, comme Mahé le note justement.

[26] BP, V. xxxviii, p. 248-249 = BP-G, p. 221-222. AM, XXX. ii. 7-8.

dynastie sassanide[27]. Enfin il est en contradiction avec la répartition rigoureusement héréditaire des grandes charges de l'Arménie paléochrétienne et fait des confusions. Ainsi il transfère la charge de *sparapet*, ou commandant en chef de toutes les troupes arméniennes, qui appartenait de droit à la famille des Mamikonean, à Sahak Bagratuni, *aspet* ou commandant de la cavalerie (III. xliv-xlvi, li). Il accumule encore plusieurs charges sur une seule et même personne. C'est le cas du probablement légendaire Mažan, grand prêtre et général de l'Ouest (II. lv), et surtout de Smbat Bagratuni auquel, selon Xorenac'i (II. xlvii; trad., p. 201), «outre ses dignités héréditaires de couronneur de roi et de maître de la cavalerie, ainsi que le commandement de l'armée de l'Ouest [le roi Artašēs] confie toutes les troupes d'Arménie, la totalité de ses agents dans notre pays et l'ensemble de la maison royale.» Accumulation de pouvoirs inconcevable dans le régime de charges héréditaires réservées à certaines grandes maisons qui était en vigueur dans la société aristocratique de l'Arménie paléochrétienne[28].

Les infidélités de Xorenac'i ne s'arrêtent pas aux limites du monde concret. De son propre aveu, il ne comprend pas l'idéologie mazdéenne

---

[27] Cette division de l'armée arménienne entre quatre généraux est non seulement inconnue, mais elle est en contradiction avec la définition de la charge unique de *sparapet* comme celle de commandant en chef ou connétable de toutes les troupes arméniennes, ainsi que Xorenac'i le dit lui-même à plusieurs reprises (II. lxxxii, lxxxv; III. vi, xlvi-xlix, li) avant et après cette hypothétique division. Voir BP-G, p. 560-561, s. n. sparapet. MAHÉ 1993, p. 366, III. 53, n. 7, voit dans cette division une «réminiscence des quatre vitaxes, gardiens des marches arméniennes», mais ces vitaxes étaient des princes hérréditaires, semi-autonomes et non des généraux. Un rapprochement avec les quatre généraux sassanides, probablement créés sous Xusrō Ier (531-579), dont l'existence a maintenant été démontrée, semble de beaucoup le plus plausible; voir GYSELEN 2001; GARSOÏAN 1996, p. 11.

[28] TOUMANOFF 1963, p. 332: «The work of Pseudo-Moses is an antiquarian's production... His treatment of the Armenian princely nobility... is strikingly anachronistic. It is maked by an obvious archaeologism as well as by an *étatiste* misapprehension of the dynasticist nature of that social group. This suggests that the Armenian Antiquities of Pseudo-Moses could hardly have been written before that group began losing its vigour and, what is more, its actuality, and so could attract antiquarian interest.» MAHÉ 1993, p. 363, II. 47, n. 6, pour qui cet amoncellement de charges est «tout à fait exorbitant» et fait observer, p. 56, que «[Moïse] écrit sans doute à une époque où le dynasticisme était fort menacé ou en pleine décadence. D'autres indices dénoncent une certaine incompréhension du système.» Pour les contemporains, le transfert par le roi de la charge de *sparapet* de la maison légitime des Mamikonean à son tuteur Bat Saharuni ne peut se terminer que par une tragédie (BP, V. xxxv-xxxvii, p. 239, 243, 249 = BP-G, p. 215-216, 218, 220). Xorenac'i est encore en contradiction avec le système paléochrétien arménien des charges héréditaires lorsqu'il fait remonter les prérogatives et les charges de diverses familles à un don royal (par exemple II. iii, parmi bien d'autres), centralisation impossible dans la société centrifuge de l'époque. Sur ce système des charges héréditaires, voir GARSOÏAN 1976, BP-G, p. 47-52.

selon laquelle la protection de la «gloire royale» du souverain s'étend sur tout son royaume, même en son absence ou après sa mort, alors que cette conception est parfaitement décrite et comprise dans les *Histoires épiques*[29]. On comparera ainsi les deux textes suivants:

Histoires épiques, IV. xxiv:

«Et [les Perses] ouvrirent les tombes des anciens rois d'Arménie... et ils emportèrent en captivité les ossements des rois... Mais [les Arméniens] reprirent les ossements de leurs rois que les Perses emportaient en captivité dans le royaume des Perses. Car ils disaient selon leurs croyances païennes: «Voici la raison pour laquelle nous emportons les ossements des rois d'Arménie dans notre propre royaume: afin que la gloire (*p'ark'*) des rois et le destin (*baxt*) et la vaillance (*k'ajut'iwn*) de ce royaume le quittent avec les ossements des rois et entrent dans notre royaume... " Alors les ossements des rois d'Arménie, libérés par Vasak, furent portés et enterrés dans le village inaccessible dénommé Ałjk'.»

Movsēs Xorenac'i, III. xxvii (trad. p. 271):

«Le général perse... emporte en captivité... les ossements des rois. J'ignore s'il voulait outrager [le roi] Archak ou se livrer à quelque sorcellerie païenne. Par la suite... les Perses rendirent ces ossements et on les enterra dans le bourg d'Ałc'k'... En effet comme on ne savait plus distinguer les ossements des rois païens de ceux des croyants, puisque leurs ravisseurrs les avaient mélangés, on ne jugea pas convenable de les enterrer... dans la cité sainte.»

Xorenac'i omet l'allusion des *Histoires épiques* à la présence de la «gloire» du roi arménien absent, qui entraîne ses soldats au combat[30]. Les images dont il se sert pour décrire l'armée victorieuse, «le feuillage d'arbres touffus», «une montagne de diamant s'abaissant vers la mer», «un fleuve impétueux s'élargissant par une de ses rives» (III. xxxvii; trad., p. 281), ont perdu la frappante allusion établie par les *Histoires épiques* comparant le contingent de Mušeł Mamikonean à «une conflagration flamboyante se frayant un passage à travers l'armée tout comme

---

[29] Bien que MAHÉ 1993, p. 396, III. 27, n. 5, suggère que «l'allusion vague de Moïse à de la " sorcellerie païenne " exprime peut-être un vif dédain plutôt que de l'ignorance», il est clair que l'incompréhension dont fait preuve Xorenac'i à l'égard de l'idéologie iranienne, même lorsqu'il la cite, de même que sa non-compréhension dans ce cas d'un certain vocabulaire consacré sur lequel on reviendra un peu plus loin signifient bien que l'auteur ne comprend plus les événements et les croyances qu'il décrit; voir encore les notes suivantes.

[30] Voir BP, V. v, p. 206-207 = BP-G, p. 195-196, 311-312, surtout n. 12, 18.

la flamme à travers les roseaux»[31] avec la naissance fulgurante du dieu Vahagn «donneur de victoire» jaillissant du roseau embrasé, dans le fameux fragment du poème pré-chrétien qu'il cite lui-même (I, xxxi). Éloigné de la mythologie iranienne dont il ne connaît plus les symboles, Xorenac'i substitue des termes neutres (*kinǰ*, *šamb*, et *hur*, c'est-à-dire bœuf, marécage et feu) au vocabulaire consacré (*varaz*, *ełēg*, *boc'*, soit sanglier, roseau, flamme) que les auteurs arméniens du Ve siècle ont conservé[32].

L'histoire des débuts de l'Église arménienne, détaillée par les *Histoires épiques*, n'est que résumée par Xorenac'i. Les grands sermons, prophéties et homélies dont la véhémence passionnée caractérise la première œuvre sont absents de la seconde, non pas, semble-t-il, que la foi de Movsēs soit moins fervente ou orthodoxe, mais la crise de l'arianisme lui paraît déjà trop lointaine et résolue pour qu'il en soit aussi péniblement touché[33].

Ainsi, sans aller plus avant dans le détail, il semble évident que Xorenac'i donne de l'Arménie paléochrétienne un tableau bien moins immédiat, vivant et précis que celui des historiens qui appartiennent incontestablement au Ve siècle, surtout l'auteur des *Histoires épiques*, et qu'il ne partage pas leur point de vue[34].

Venons-en au deuxième aspect.

Que les principales histoires arméniennes du haut Moyen âge aient été composées à la gloire de telle ou telle grande famille de *naxarar*-s et que celle de Xorenac'i en particulier ait été dédiée aux Bagratuni, sont des conclusions acceptées depuis longtemps. Le dévouement de Xorenac'i à la cause des Bagratuni le conduit à occulter, dans toute la mesure du

---

[31] *Ibid.*, n. 16. Voir GARSOÏAN 1996, p. 12.
[32] *Ibid.*
[33] BP-G, p. 43, 46-47. Voir GARSOÏAN 1967. On trouvera dans MX, III. lxxix, les rares lignes calmes, pour ne pas dire indifférentes, que Xorenac'i consacre à Arius, mort comme il le «méritait: dans les latrines!». Les lamentations qui terminent le livre II (II. xcii) et surtout le livre III (III. lxviii) sont plutôt des morceaux de bravoure rhétoriques que l'expression des sentiments de l'époque.
[34] Cette distance de Xorenac'i par rapport à son sujet a été observée aussi bien par Thomson, citant Toumanoff (voir *supra*, n. 28): «This History is indeed the work of an antiquarian» (MK, p. 57), que par MAHÉ 1993, p. 59: «L'ordre sur lequel Moïse prétend s'appuyer pour remonter les siècles passés a déjà disparu de son temps. Ce n'est plus qu'un souvenir, une reconstruction théorique entre la confusion des origines et les derniers soubresauts d'un monde expirant. Du même coup, son évocation de l'Arménie ancienne – si réelle que celle-ci ait pu être – risque de sembler tenir tout autant de la création poétique que de l'exposé historique.»

possible, l'importance de la famille rivale des Mamikonean, on l'a déjà noté plus haut[35]. Ces déformations ne sont pas en elle-mêmes nécessairement révélatrices d'une époque; en revanche l'orientation exclusivement bagratuni de l'*Histoire* de Xorenacʻi est fondamentale comme indication sur la date de la version qui nous est parvenue.

La date du Ve siècle qui lui est traditionnellement attribuée se trouve en contradiction avec le contexte de ce même siècle. Loin d'être dans une position de puissance, la famille des Bagratuni se trouvait alors déshonorée par la trahison aggravée d'apostasie de son chef Tirocʻ: celui-ci avait été le principal soutien du traître par excellence, Vasak Siwni, qui s'était opposé au héros et martyr national Vardan Mamikonean, durant l'inoubliable révolte de la noblesse arménienne contre la tentative des Sassanides de lui réimposer le mazdéisme. C'est ce qu'attestent les deux sources principales sur ces événements, Łazar Pʻarpecʻi et Ełišē, c'est ce que commémore l'Église arménienne dans ce qui est l'une des fêtes majeures de son calendrier[36]. Il est donc difficile de concevoir qu'une œuvre en l'honneur des Bagratuni ait été composée à ce moment. Mais le souvenir de l'apostasie de Tirocʻ et de sa trahison envers le martyr Vardan suggère une autre hypothèse possible.

Nos premières sources en arménien, en l'occurrence les *Histoires épiques*, sont pénétrées de la conception idéologique dominante de l'Arménie: chrétienne par définition et s'identifiant par le sacrifice héroïque de ses martyrs pour la foi. Dès le début les Arméniens sont présentés comme des Maccabées chrétiens:

> «Nos pieux martyrs... sont morts afin que l'iniquité ne pénètre pas dans un tel royaume aimant et adorant Dieu..., ils se sont sacrifiés pour les églises, pour les martyrs, pour le saint pacte de la loi, pour les ordonnances de la foi, pour la congrégation des prêtres, pour les innombrables néophytes, pour les maîtres innés de ce royaume... Donc ne pleurez pas sur eux, mais honorons-les en vérité. Établissons à jamais une loi dans ce royaume: que chacun préserve la mémoire de leur vaillance comme de martyrs pour le Christ... Et le grand prêtre Vrtʻanēs décréta comme une loi pour le royaume que leur mémoire soit commémorée d'année en année...

---

[35] Voir *supra* n. 10.

[36] Sur Vardan, voir ŁPʻ, I. iv, xviii, p. 4, 37 et toute la seconde partie de l'œuvre, surtout II. xxxvi-xxxvii, p. 66-74 = ŁPʻ-T, p. 37, 72, 108-117. L'œuvre entière d'Ełišē est consacrée à *Vardan et la guerre des Arméniens*. Jusqu'à nos jours, l'Église arménienne commémore chaque année les «Vardanankʻ». Sur Tirocʻ Bagratuni, voir ŁPʻ, I. xxxvi, p. 67 = ŁPʻ-T, p. 109: «Et ceux qui se dévoyèrent à la suite de Satan, tout comme le renégat Vasak, étaient ceux-ci: le prince des Bagratuni Tirocʻ...»; de même, E, iv, p. 91-93 = E-T, p. 142-145.

devant le saint autel de Dieu, à l'endroit de la liturgie où les noms des saints sont énumérés et après eux..., car ils sont tombés sur [le champ de] bataille comme Judah et Mattathias Maccabée et comme leurs frères[37].»

Cette conception du martyr comme modèle national n'était pas limitée au domaine religieux, elle le dépassait pour jouer un rôle politique indispensable. Ainsi l'auréole de Vardan, amplifiée par celles de sa fille Šušanik et des autres martyrs de sa famille, rehaussa incontestablement le prestige et le pouvoir des Mamikonean, ses descendants, que célèbre Łazar P'arpec'i:

«... le sang du martyre de saint Vardan Mamikonean et de ses chers compagnons qui ont hérité la vie éternelle, un beau nom sur la terre, et à jamais de génération en génération pour leurs familles...[38]»

Les martyrs figurent comme des héros à travers la période dite de l'interrègne, entre le Ve et le IXe siècle[39]. Au début du Xe siècle, Gagik Arcruni, tout en acceptant au nom de la raison d'État la couronne du Vaspurakan des mains de l'émir musulman d'Azerbaïdjan, ne manqua pas de prendre en même temps la précaution de renforcer la légitimité de son pouvoir en déployant bien visiblement les larges représentations des martyrs de sa maison, Sahak et Hamazasp Arcruni, sur la façade méridionale de sa chapelle palatine d'Ałt'amar[40]. Les Bagratuni ne pouvaient aspirer traditionnellement à la royauté puisque, selon le droit coutumier de l'Arménie paléochrétienne, ils possédaient la charge de «couronneur» (*t'agakap*), mais non celle de «roi» (*t'agawor*)[41]. Leur accès à la royauté allait donc dépendre de l'Église et ainsi ils devaient obligatoirement se libérer de la honteuse mémoire de Tiroc' l'apostat, trop bien enregistrée par les sources et par l'Église arménienne, ce qu'ils firent en donnant la preuve qu'ils avaient eux aussi partagé la gloire des Maccabées.

Une telle apologie s'inscrit parfaitement dans les affirmations apocryphes de Xorenac'i sur l'origine juive de la famille (I.xxii), affirmations reprises ensuite tant par les sources arméniennes et grecques que

---

[37] BP, III. xi, p. 38 = BP-G, p. 80-81, à propos de Vačē Mamikonean et de ses compagnons. Voir THOMSON 1975 sur les Arméniens comme des Maccabées chrétiens dans l'historiographie arménienne. GARSOÏAN 1994, p. 125 et les deux notes qui suivent.

[38] ŁP', II. xxxxlvi, p. 85 = ŁP'-T, p. 132; voir GARSOÏAN 1994, p. 128-129.

[39] *Ibid.*, p. 129-130.

[40] DER NERSESSIAN 1965, p. 14-15, pl. 23-25; THIERRY 1987, p. 172, 380, 475 et fig. 254, 577. Voir ŁEWOND, xl, pour une description détaillée de la mort de Sahak et Hamazasp en 786, mort que l'auteur décrit entièrement comme le «martyre» des deux frères, canonisés par le catholicos Esayi (77(-788). Leurs représentations à Ałt'amar portent de même les inscriptions: «Le seigneur saint Sahak, frère de Hamazasp, martyrs et témoins du Christ», «Le seigneur saint Hamazasp, prince du Vaspurakan».

[41] BP-G, p. 362-363 s. n. Bagratuni et p. 563 s. n. t'agakap.

par les sources géorgiennes qui postuleront une origine davidique pour les Bagratides[42]. Mais ce n'est pas le roi David que Xorenacʻi choisit comme glorieux ancêtre de la famille à laquelle il dédie son œuvre. Son choix (I. xxii) tombe sur le juif vertueux Šmbat, de qui «descend la race des Bagratuni, cela est certain (*hawasti ē*)», affirmation étayée par des étymologies suspectes[43], cependant qu'il attribue anachroniquement à ce Šmbat les charges d'*aspet* et de «couronneur des rois» (*tʻagadir*), héréditaires dans la famille des Bagratuni à l'époque paléochrétienne (II. iii. vii), comme on l'a vu plus haut.

Or, à l'époque encore païenne du roi arménien Vałaršak, Šmbat refusa d'adorer les idoles, préférant rester fidèle à la loi judaïque, affirme Xorenacʻi, qui marque là le point de départ d'un des fils directeurs de son *Histoire*:

> «Comment nos rois s'efforcèrent d'obliger cette famille au culte des idoles, combien et quels furent les Bagratouni qui payèrent de leur vie leur piété envers Dieu, nous le raconterons plus tard en détail[44].»

[42] La première mention de l'origine davidique des Bagratides se trouve en Géorgie: dans la partie de la *Vie des rois* attribuée à Juanšer (début IXe?); elle est reprise dans la *Vie de saint Grigol de Xancta* (achevée en 951) et dans la *Vie et Histoire des Bagratides* (des années 1030, TOUMANOFF 1963, p. 328-329, ainsi que p. 201-202, 295, 330-333; voir aussi MARTIN-HISARD 1984, p. 17, 28-29; RAPP 2004, p. 369-370. La première mention arménienne se trouve au Xe siècle dans l'*Histoire* de Yovhannēs Drasxanakertcʻi, YK, IV, x, p. 33 = YK-M, p. 73, cf. p. 40. La version grecque, légèrement postérieure, est donnée par la DAI, xlv, 7-42, vol. I, p. 204-207, vol. II p. 171-172.

[43] MK, I. xxii, rejette catégoriquement la descendance haïkide des Bagratuni donnée par l'*Histoire primitive* (*ibid.*, p. 362 et n. 34); voir la critique de MARKWART 1930 par TOUMANOFF 1963, p. 306 sq.; voir aussi, *ibid.*, p. 294-297, 318-321, pour sa thèse sur l'origine orontide des Bagratuni. Sur les Bagratuni en général, voir *infra*, n. 46. Xorenacʻi affirme que «le nom de Smbat, que les Bagratouni donnent souvent à leurs fils, correspond exactement dans leur langage primitif, qui est l'hébreu, à Chambatʻ.»; cette fausse étymologie masque l'origine iranienne du nom Smbat, malgré l'hésitation de MAHÉ 1993, p. 337-338, I. 22, n. 9; voir THOMSON dans MK, p. 111 n. 10, qui observe également que Xorenacʻi (II. lxiii) invente une autre série de fausses étymologies pour expliquer les noms «barbares» que les Bagratuni prirent après avoir abandonné les coutumes (*awrenkʻ*) de leurs pères (*ibid.*, p. 207 n. 13 et 208 n. 14). D'une manière générale, même lorsqu'il ne s'agit pas des Bagratuni, Xorenacʻi est mal renseigné sur les dérivés d'origine iranienne. Non seulement il ignore la racine "bag < ir. *baga* «dieu» dans les noms théophores de Bagarat et même de Bagratuni, mais il se trompe également sur celui de Bagawan, qu'il traduit «bourg des autels» (II. xl. lv; III. lxvii), bien qu'Agathange (Aa dcccxvii) explique le nom correctement: voir MK, p. 182 n. 1, 198 n. 3; MAHÉ 1993, p. 361, II. 40, n. 1; BP-G, p. 362, s. n. Bagrat Bagratuni et p. 452, s. n. Bagawan.

[44] MX, I. xxii; MAHÉ 1993, p. 141. Plus loin (II. viii), Xorenacʻi insiste sur la constance religieuse de Chambat: «[Le roi] prie et presse instamment Chambat Bagarat ... d'abandonner le judaïsme et d'adorer les idoles», mais, cette fois, il ne le persécute pas pour son refus. Xorenacʻi vante aussi les prouesses des Bagratuni, entre autres celle de Smbat, le tuteur (*dayeak*) du jeune Artašēs, fils du roi Sanatrouk, qu'il remet sur le trône de son père (II. xxxvii-xxxviii, xliv-xlviii, liii-liv), dans un récit qui rappelle peut-être, comme en écho, l'histoire du petit Trdat, sauvé par ses tuteurs (*dayeakkʻ*) après le meurtre de son père Xosrov par Anak, récit qui fait partie du cycle de l'évangélisation de

D'autant plus significative est la commémoration des deux fils de Šmbat, persécutés par le roi Aršak (II. ix), «qui périrent vaillamment par le glaive pour la loi de leurs pères», assortie de ce commentaire révélateur de Xorenacʻi: «Et je n'hésite pas à dire qu'ils ont suivi l'exemple des compagnons d'Ananie et d'Éléazar», dans lequel on retrouve précisément l'écho biblique de la commémoration posthume, citée plus haut, de Vačē Mamikonean et de ses compagnons (incarnant probablement les Vardanankʻ) par le patriarche Vrtʻanēs[45].

Ainsi, selon Xorenacʻi, les ancêtres des Bagratuni, morts pour leur foi, s'étaient distingués comme martyrs avant même l'ère de la foi chrétienne et bien avant le héros Vardan Mamikonean. Quand il passe au début des temps apostoliques, plusieurs siècles avant la mission de saint Grégoire l'Illuminateur, Xorenacʻi fait venir saint Thaddée, le premier évangélisateur de l'Arménie, à Édesse,

> «dans la maison de Toubia, un prince juif qui était, dit-on, de la famille des Bagratouni: ayant échappé à Archam, il n'avait pas renié le judaïsme avec le reste de ses parents, mais il conserva la même religion jusqu'au moment où il crut au Christ[46].»

l'Arménie par saint Grégoire (Aa, xxxvi), et l'histoire du jeune Pap, ramené en Arménie par Mušeł Mamikonean après la captivité du roi, son père (BP, IV. lv; V. i; p. 177, 191-194 = BP-G, p. 174, 185-187), ou encore celle de Sahak, le beau-père du jeune roi Vałaršak (III. xli, xliv-xlv), voirr BP, V. xxxviii. Mais c'est surtout leur constance religieuse, soulignée par Xorenacʻi, qui nous intéresse ici.

[45] Voir *supra*, n. 37. De même Asoud Bagratouni eut la langue coupée «pour propos injurieux contre les idoles» (II.xiv; MAHÉ 1993, p. 173). Les autres membres de la famille perdirent le commandement de l'armée, mais non leurs charges héréditaires et ils conservèrent le droit de ne pas sacrifier et de ne pas se prosterner devant les idoles, à condition d'accepter de manger de la viande de porc et de renoncer à la circoncision. Enfin le roi «Archam entra en grande fureur contre un certain Énanos [Bagratuni]... [Il] ordonna d'infliger à Énanos toutes sortes de supplices. La fin de tout cela était ou bien de le contraindre à abandonner complètement la religion juive pour adorer le Soleil et servir les idoles du roi ... ou bien qu'il fût pendu au gibet, tandis que sa famille serait exterminée.» (II.xxiv; trad., p. 180-181). Cette fois, après l'exécution d'un de ses parents, craignant pour la vie de ses fils et supplié par les femmes, Énanos se rend à la volonté du roi, mais, malgré ce compromis, les traditions religieuses de la famille sont maintenues jusqu'à la conversion au christianisme (voir la note qui suit). Ainsi Xorenacʻi revient constamment sur le thème de la constance religieuse des Bagratuni sous les supplices et même jusqu'à la mort, surpassant toutes leurs prouesses militaires. Étant donné le public auquel s'adresse l'*Histoire* de Xorenacʻi, il est intéressant d'observer que les concessions rituelles faites par les Bagratuni, qu'il choisit spécialement (II. ix, xiv) font partie des lois strictement hébraïques et n'auraient donc pas joué contre les Bagratuni dans un monde chrétien. Voir MAHÉ 1993, p. 32-33.

[46] MX, II. xxxiii; MAHÉ 1993, p. 187. Xorenacʻi marque donc soigneusement non seulement la constance religieuse des Bagratuni à l'époque vétérotestamentaire, mais aussi sa continuité jusqu'à leur conversion au christianisme. Ces deux aspects ont été également notés par Thomson, dans MK, p. 30-31. MAHÉ 1993, II. 33, n. 3, observe aussi que «le rattachement à la famille des Bagratouni de Toubia... est une interprétation personnelle de Moïse, qui enrichit ainsi la geste prestigieuse de cette lignée...»

L'antériorité des Bagratuni sur leurs rivaux est donc clairement revendiquée.

Le développement de cette généalogie mythique et surtout l'insistance de Xorenac'i sur l'attachement des Bagratuni à leur foi, qui va bien au-delà de leurs exploits militaires et remonte bien avant l'époque chrétienne, sont difficilement concevables à une époque vouée à la louange du sacrifice tout récent de Vardan, mort en 451, que décrivent les Histoires dédiées à la gloire de sa maison, telles les *Histoires épiques* ou l'œuvre de Łazar P'arpec'i. La dernière partie du Ve siècle, sous le *marzpanat* de Vahan, le neveu de Vardan, vit la continuation et l'apogée de la prépondérance séculaire des Mamikonean[47].

L'époque paléochrétienne fut donc peu propice aux aspirations des Bagratuni. D'une manière générale leur politique de soutien aux Sassanides, puis aux Umayyades n'était guère favorable à une propagande ultra-chrétienne, prônant le modèle du martyr. Ainsi, au début du VIIe siècle, nous voyons leur chef, Smbat Bagratuni, jouir de la faveur particulière du dernier grand roi sassanide, Xusrō II, auquel il semble avoir été tout dévoué, une fidélité qui sera partagée par son fils Varaz-Tiroc', selon le Pseudo-Sebēos. Au siècle suivant, Ašot Bagratuni l'«Aveugle» fut nommé par les Arabes prince d'Arménie en 732; il est vrai qu'il paiera finalement de ses yeux la faveur du calife Hisham et son abandon de la révolte des Mamikonean[48].

La situation changea radicalement en Arménie avec l'avènement en 750 de la dynastie des Abbassides, beaucoup plus intolérants que leurs prédécesseurs; leur politique religieuse inaugura un siècle douloureux de révoltes et de répressions sanglantes qui décimèrent la noblesse arménienne[49]. Le contexte était propice à la poursuite et surtout à la légitimation du pouvoir de champions de la foi chrétienne menacée, il pouvait

---

[47] L'*Histoire* de Łazar P'arpeci, en particulier sa troisième partie consacrée à la révolte de Vahan Mamikonean contre la Perse, culmine avec sa nomination comme *marzpan* sassanide en 485 (III. xcix), nomination qui consacrait la reconnaissance de l'autonomie et de la quasi-indépendance de la Persarménie. Ce n'est qu'à la fin du VIIIe siècle que les Bagratuni réussirent à obtenir la charge de *sparapet*, qui était héréditaire dans la maison des Mamikonean. TOUMANOFF 1963, p. 202, 341, Smbat VII; ID. 1990, p. 113, 14.19. Pour les Bagratuni en général, ID. 1963, p. 201-292, 320-321, 323, 337-359; ID. 1990, p. 109-114, 121-124; voir aussi les notes qui suivent.

[48] Sur la carrière mouvementée d'Ašot l'Aveugle, voir GARSOÏAN 1999, p. 357-359, 379-383 et EAD. 1997, p. 128-130. La puissance grandissante des Bagratuni subit un échec au milieu du VIIIe siècle, du fait de leur loyauté à la dynastie déchue des Umayyades, mais elle reprit, non sans interruptions, jusqu'à leur accession au trône à la fin du siècle suivant. Voir la note qui suit.

[49] Sur ces changements, voir *passim* LAURENT/CANARD 1980; MARTIN-HISARD 1982, p. 193-194, 197-199, 207-213; EAD., 2000, p. 269.

être favorable à la montée des Bagratuni, un temps compromise par leur dévouement aux Umayyades. La première bonne occasion pour ce nouveau rôle se présenta avec la mort glorieuse du prince Smbat Bagratuni à la bataille de Bagrewand de 775 qui élimina en même temps la rivalité des Mamikonean dont le chef périt alors[50]. Par la suite l'exemple de Smbat sera renforcé à la seconde génération par celui de son petit-fils, Smbat *Xostovanoł*, «le Confesseur», le seul prince à avoir préféré mourir en captivité à Samarra, au milieu du IXe siècle, plutôt que d'apostasier et, plus encore, par celui du roi martyr Smbat Ier *Nahadak* au début du Xe siècle[51].

Ainsi la bataille de Bagrewand marqua un moment décisif dans l'ascension des Bagratuni vers un pouvoir royal auquel l'ancienne tradition arménienne ne leur donnait pas droit. Avant même d'aspirer au grade suprême, ils s'étaient arrogés la charge de *sparapet* ou connétable, héréditaire dans la famille des Mamikonean, celle-là même qu'exerçait Vardan le martyr au moment de sa mort, comme le répète inlassablement Łazar P'arpec'i[52]. Mais les avantages politiques et économiques détenus par les Bagratuni, qui rassemblaient entre leurs mains les domaines des familles affaiblies ou disparues, exigeaient une base idéologique, obligatoire pour justifier et légitimer leur ultime prétention. La mort de Smbat à Bagrewand, en 775, leur donnait enfin un martyr qui pouvait rivaliser avec Vardan Mamikonean[53]. Elle offrait ainsi la possibilité de créer, au profit des Bagratuni, une tradition qui leur avait fait défaut jusqu'à présent: celle de la constance religieuse et du sacrifice volontaire jusqu'à la mort, une tradition qui remontait plus haut dans le temps que celle qui était associée aux Mamikonean et qui lui était donc supérieure, une tradition sur laquelle viendra se greffer par la suite la revendication d'une origine biblique, davidique, pour leur famille, qui se développera au IXe et au Xe siècle.

---

[50] GARSOÏAN 1997, p. 132. Ni Sahak Bagratuni, mort en 482 après avoir été nommé *marzpan* pour un an en 481-482, à l'époque de l'apogée de Vahan Mamikonean (voir *supra*, n. 47), ni Smbat fils d'Ašot et prince du Vaspurakan, exécuté par les Arabes en 705 (TOUMANOFF 1963, p. 341 et ID. 1990, p. 112, 14.16), ne semblent avoir été assez importants ni avoir vécu à une époque assez propice pour prétendre égaler la gloire des Mamikonean. C'est avec le fils de Smbat [VII] mort à Bagrewand (voir *infra*, n. 53), Ašot Msaker, et l'éclipse des Mamikonean que commence l'ascension des Bagratuni qui culminera avec le couronnement d'Ašot le Grand en 884.

[51] GARSOÏAN 1997, p. 141, 157-158.

[52] ŁP', II. xxiii, xxv, xxvi-xxxii, xxxiii-xxxvii, xxxviii, xli, p. 45, 47, 49-61, 63-69, 71-73 = ŁP'-T, p. 82, 85, 87-102, 104-111, 114-118.

[53] Le vardapet ŁEWOND, xxxix, p. 151, loue incontestablement les généraux tombés à Bagrewand, à commencer par Smbat Bagratuni, non pas comme de simples héros, mais comme «de bienheureux et vaillants martyrs» (*eraneli ew k'aj nahatakk'n*); voir *supra*, n. 37, 44.

Cette mort fournit aussi un *terminus post quem* pour la mise en circulation de cette tradition. C'est dans le demi-siècle qui suit la défaite de Bagrewand et la mort du prince Smbat que l'on peut placer raisonnablement la création ou la révision d'une histoire de l'Arménie favorisant les Bagratuni, c'est-à-dire l'*Histoire* de Movsēs Xorenac'i[54]. Cette histoire a un but politique, mais elle partage en même temps la conception d'une unité arménienne qui se trouve déjà dans la *Géographie* ou *Asχarhac'oyc'* du VIIe siècle, mais qui serait anachronique pour le Ve siècle où l'on distinguait trois Arménies[55]. Elle atteste simultanément l'existence au-delà de la période paléochrétienne d'une tradition historiographique vivante et d'un courant intellectuel remontant à l'Antiquité, qui se retrouve aussi bien dans les citations d'auteurs antiques par Xorenac'i que dans la connaissance des géographes classiques, Ptolémée et Pappus d'Alexandrie, démontrée par l'*Asχarhac'oyc'*[56]. Les dons d'antiquaire et d'archiviste de Xorenac'i lui fournirent l'occasion de réaliser une synthèse de la tradition arménienne et de la faire évoluer dans le temps. C'est grâce à cet enracinement dans une idéologie nationale centrée sur l'image du martyr qu'il trouva, dès que le contexte devint favorable, les arguments indispensables pour soutenir les ambitions de la famille à laquelle son œuvre était consacrée.

---

[54] Il n'est évidemment pas question de réduire l'œuvre touffue de Xorenac'i au niveau d'un simple pamphlet de propagande, comme le remarque très justement Thomson, dans MK, p. 60-61: «Moses Khorenats'i's *History* is more than a nonce publication to satisfy the political needs of the moment. It is an attempt to sum up the Armenian tradition.» Il propose une date au VIIIe siècle pour la composition de l'œuvre. TOUMANOFF 1963, p. 334, suggère également «the latter part of the eighth century».

[55] GARSOÏAN 1999, p. vii-ix, 8-17. On sait que l'*Asχarhac'oyc'* réunit anachroniquement diverses régions de l'Arménie qui n'ont jamais coexisté historiquement: HEWSEN 1992, p. 32-35; MARTIN-HISARD 1982, p. 189-190.

[56] HEWSEN 1992, p. 28-31. Sur les citations d'œuvres classiques, voir MK, p. 14-15, 20-32; sur l'emploi de traductions hellénisantes dans les écoles arméniennes, voir MAHÉ 1993, p. 90 et notes. Sur la conception d'une unique Arménie et la connaissance durant l'Interrègne d'œuvres anciennes, telles celles de Pappus d'Alexandrie ou du Ps. Denys l'Aréopagite, voir ma communication à la conférence de Lecce, octobre 2002 (à paraître).

BIBLIOGRAPHIE

Aa	Agathangelos, *History of the Armenians*, trad . R. W. Thomson, Albany, NY, 1976.
AM	Ammianus Marcellinus, *Histoire*, éd et trad. J. Fontaine, 5 vol., Paris,1968-1996.
BP	[Ps.] P'awstos Buzand, *Patmut'iwn Hayoc'*, 4ᵉ éd., Venise, 1933.
BP-G	*The Epic Histories attributed to P'awstos Buzand (Buzandaran Patmut'iwnk')*, trad., comment. N. G. Garsoïan, Cambridge, MA, 1989.
DAI	*Constantine Porphyrogenitus, De Administrando Imperio*, éd. et trad. Gy. Moravcsik et R. H. Jenkins, 2 vol., Budapest,1949; rééd. Washington, 1962.

DER NERSESSIAN
1965   DER NERSESSIAN S., *Aght'amar. The Church of the Holy Cross*, Cambridge, MA, 1965

E   *Ełišēi vasn Vardanay ew Hayoc' paterazmin*, éd. E. Ter Minasyan, Erevan, 1957.

E-T   Ełishē, *History of Vardan and the Armenian War*, trad., comment. R. W. Thomson, Cambridge MA, 1982.

EREMYAN
1963   EREMYAN S. T., *Hayastanĕ ĕst "Ašxarhac'oyc'-i"* (L'Arménie d'après l'*Ašxarhac'oyc*), Erevan, 1963.

GARITTE
1946   GARITTE G., *Documents pour l'étude du livre d'Agathange*, Cité du Vatican, 1946 (ST 127).

GARSOÏAN
1967   GARSOÏAN N. G., «Politique ou orthodoxie? L'Arménie au IVᵉ siècle», *REArm* 4, 1967, p. 297-320; réimpr. dans GARSOÏAN 1985, n° IV.

GARSOÏAN
1976   GARSOÏAN N. G., «Prolegomena to a Study of the Iranian Elements in Arsacid Armenia», *HA* 90, 1976, col. 177-234; réimpr. dans GARSOÏAN 1985, n° X, p. 1-46.

GARSOÏAN
1985   GARSOÏAN N. G. *Armenia between Byzantium and the Sasanians*, Londres, 1985 (Variorum Reprints).

GARSOÏAN
1994   GARSOÏAN N. G., «Reality and Myth in Armenian History», *Studi orientali dell'Università di Roma 'La Sapienza'* 13, 1994, p. 117-145; réimpr. dans GARSOÏAN 1999b, n° XII.

GARSOÏAN
1996   GARSOÏAN N. G., «The Two Voices of Armenian Mediaeval Historiography: The Iranian Index», *Studia Iranica* 25, 1996, p. 7-43; réimpr. dans GARSOÏAN 1999b (n° XI)

GARSOÏAN
1997a   GARSOÏAN N., «The Arab Invasions and the Rise of the Bagratunis (640-884)», dans HOVANNISIAN R. G. éd., *The Armenian People from Ancient to Modern Times*, New York 1997, vol. I, p. 117-142.

GARSOÏAN
1997b   GARSOÏAN N., «Les éléments iraniens dans l'Arménie paléochrétienne», dans GARSOÏAN N. et MAHÉ J.-P., *Des Parthes au califat. Quatre leçons sur la formation de l'identité arménienne*, Paris, 1997, p. 9-37 (Travaux et Mémoires. Monographies 10).

GARSOÏAN
1998   GARSOÏAN N. G., Ἀρμενία Μεγάλη καὶ ἐπαρχία Μεσοποταμίας, dans *ΕΥΨΥΧΙΑ: Mélanges offerts à Hélène Ahrweiler*, Paris, 1998 (Byzantina Sorbonensia 16), p. 239-264; réimpr. dans GARSOIAN 1999b (n° VI).

GARSOÏAN
1999a   GARSOÏAN N., *L'Église arménienne et le Grand Schisme d'Orient*, Louvain-la-Neuve, 1999 (CSCO 574, Subsidia 100).

GARSOÏAN
1999b   GARSOÏAN N. G., *Church and Culture in Early Medieval Armenia*, Ashgate, 1999 (Variorum Collected Studies Series).

GARSOÏAN
2003   GARSOÏAN N., «Le Guerrier des seigneurs», *Studia Iranica* 32/2, 2003, p. 177-184.

GARSOÏAN
2005   GARSOÏAN N., «La date de la fondation de Théodosiopolis-Karin», *Revue des Études Byzantines* 62, 2005.

GYSELEN
2001   GYSELEN R., «The Four Generals of the Sasanian Empire: Some Sigillographic Evidence», *Conferenze 14*, Rome, Istituto Italiano per l'Africa e l'Oriente, 2001.

HEWSEN
1992   *The Geography of Ananias of Širak (AŠXARHAC'OYC'). The Long and the Short Recensions.* Introd., Transl. and Comment. by R. H. HEWSEN, Wiesbaden, 1992.

LAURENT/CANARD
1980   LAURENT J., *L'Arménie entre Byzance et l'Islam depuis la conquête arabe jusqu'en 886*, édition remise à jour par M. CANARD, Lisbonne, 1980.

ŁEWOND *Patmut'iwn Łewondeay meci vardapeti Hayoc'*, éd. K. Ezeanc', Saint-Pétersbourg, 1887.

ŁP'   *Łazaray P'arpec'woy Patmut'iwn Hayoc' ew T'ułt' ar Vahan Mamikonean*, éd. G. Tēr Mkrtč'ean et S. Malxasean, Tiflis, 1904; réimpr. Delmar, N. Y., 1985.

ŁP'-T *The History of Łazar P'arpec'i*, trad., comment. R.W. Thomson, Atlanta, 1991.

MAHÉ
1993 *Histoire de l'Arménie par Moïse de Khorène*, nouv. trad. A. et J.-P. Mahé, Paris, 1993.

MARKWART
1930 MARKWART J., «Die Genealogie der Bagratiden und das Zeitalter des Mar Abas und Ps. Moses Xorenaci», *Caucasica* (Leipzig) 6/2, 1930, p. 10-77.

MARTIN-HISARD
1982 MARTIN-HISARD B., «Domination arabe et libertés arméniennes», dans G. DÉDÉYAN éd., *Histoire des Arméniens*, 2ᵉ éd., Toulouse, 1986, p. 185-214.

MARTIN-HISARD
1984 MARTIN-HISARD B., «L'aristocratie géorgienne et son passé: tradition épique et références bibliques, VIIᵉ-XIᵉ siècles)», *Bedi Kartlisa* 42, 1984, p. 13-34.

MARTIN-HISARD
2000 MARTIN-HISARD B., «Constantinople et les archontes du monde caucasien dans le *Livre des Cérémonies*, II, 48», *Travaux et Mémoires* 13, 2000, p. 359-530.

MK Moses Khorenats'i, *History of the Armenians*, trad. comment. R.W. Thomson, Cambridge, MA, 1978.

MX *Movsisi Xorenac'woy Patmut'iwn Hayoc'*, éd. M. Abełean et S. Yarut'iwnean, Tiflis, 1913; réimpr. Delmar, N. Y. 1981.

RAPP
2003 RAPP St.H., *Studies in Medieval Georgian Historiography; Early Texts and Eurasian Contexts*, Louvain, 2003 (CSCO 601. Subsidia 113).

S *Sebēosi episkoposi Patmut'iwn*, éd. G. Abgarean, Erevan, 1979.

S-T *The Armenian History attributed to Sebeos*, trad. R W. Thomson, comment. J. Howard-Johnston, 2 vol., Liverpool, 1999.

THIERRY
1987 THIERRY J.-M. et DONABÉDIAN P., *Les arts arméniens*, Paris, 1987.

THOMSON
1975 THOMSON R.W., «The Maccabees in Early Armenian Historiography», *Journal of Theological Studies* 26, 1975, p. 329-341.

THOMSON
1995 THOMSON R.W., *A Bibliography of Classical Armenian Literature to 1500 AD*, Turnhout, 1995.

TOUMANOFF
1961 TOUMANOFF C., «On the Date of Pseudo-Moses of Chorene», *HA* 75, 1969, col. 467-476.

TOUMANOFF 1963	TOUMANOFF C., *Studies on Christian Caucasian History*, Georgetown, 1963.
TOUMANOFF 1990	TOUMANOFF C., *Les dynasties de la Caucasie chrétienne*, 2ᵉ éd., Rome, 1990.
YK	*Patmut'iwn Yovhannu kat'ołikosi*, Jérusalem, 1867.
YK-M	Yovhannēs Drasxanakertc'i, *History of Armenia*, trad., comment. K.H. Maksoudian, Atlanta, 1987.

V

LA DATE DE LA FONDATION DE THÉODOSIOUPOLIS–KARIN*

Le statut de la grande forteresse byzantine de Théodosioupolis (Karin ou Karnoy k'alak' en arménien, Qālīqalā des Arabes, mod. Erzurum) n'a posé aucun problème aux historiens. Refortifiée au 6ᵉ siècle par Justinien au dire de Procope[1], elle allait former pendant des siècles le point d'appui septentrional du *limes* imperial d'Orient et le siège du *magister militum per Armeniam, Pontum Polemoniacum et gentes*, créé par Justinien, dont la juridiction s'étendait des terres pontiques en bordure de la mer Noire jusqu'aux Satrapies ou *gentes* semi-autonomes le long de l'Euphrate-Arsanias (mod. Murad-su) au sud[2]. Son importance stratégique se maintint après sa conquête par les Arabes qui la retournèrent contre ses anciens maîtres tout en préservant son caractère essentiellement militaire plutôt que simplement urbain. À partir de ce moment, Théodosioupolis fut un des principaux enjeux du bras de fer entre l'Empire et le califat. Brièvement reconquise et détruite par Constantin V en 751-752[3], la forteresse fut reconstruite par les musulmans. Reprise par Byzance au 10ᵉ siècle, Théodosioupolis fit de nouveau partie de l'Empire, malgré un état de guerre quasi permanent et son don en viager au prince bagratide ibère David de Tayk'/Tao (v. 976-1000), jusqu'à son sac par les Turcs Seldjoukides en 1048[4]. Toutefois, si les sources contemporaines, suivies par les historiens modernes, sont unanimes au sujet de l'importance militaire de la forteresse, il n'en va pas de même pour la date de sa fondation, soit par Théodose Iᵉʳ le Grand à la fin du 4ᵉ siècle, soit par son petit-fils Théodose II dans la première partie du 5ᵉ, désaccord qui résulte directement des contradictions et du manque de précisions de la plupart des sources.

Autant qu'il est possible d'en juger d'après le peu de renseignements qui nous sont parvenus, la région ou canton de Karin (*gawaṙn Karnoy*) avait atteint le statut de domaine royal sous les derniers Arsacides arméniens avant la fin du 4ᵉ siècle, puisque, environ un siècle plus tard, les *Récits épiques [Buzandaran Patmut'iwnk']*

---

* Une version préliminaire et abrégée de cet article a été présentée en anglais au symposium sur « Théodosioupolis-Karin », dirigé par Richard Hovannisian à Los Angeles en novembre 1999, *Armenian Karin/Erzurum*, Costa Mesa, CA, 2004, p. 63-72. On trouvera à la fin de l'article les sigles et abréviations des sources utilisées.

1. *Aed.*, III.ı.8-13 ; v.1-2.
2. *Corpus Iuris Civilis*, II *Codex Iustinianus*, I.xxix,5 ; Procope le nomme « général des deux Arménies » : *Aed.*, III.v.12.
3. *The Cambridge Medieval History*, éd. J. Hussey, 2ᵉ éd., Cambridge 1966, p. 74, 703.
4. *Ibid.*, p. 204, 598, 715, 718-719.

attribués à P'awstos Buzand notent que la cour s'y rendit pour célébrer en grande pompe le mariage des deux jeunes fils du roi Pap après la mort de leur père :

> Le *sparapet* et commandant-en-chef Manuēl [Mamikonean] avec toute l'armée arménienne se rendit dans la région de Karin avec la reine arsacide et ses deux enfants, Aršak et Vałaršak, la plus haute noblesse et les *naxarar*-s et tous les *tanutēr*-s les accompagnèrent. Le *sparapet* Manuel donna sa fille Vardanduxt en mariage au jeune Aršak Aršakuni et en fit ainsi son gendre. Il arrangea également un mariage pour son frère Vałaršak en lui donnant la fille de l'*aspet* Bagratuni de la région de Sper... Les noces furent célébrées en grande splendeur et tout le pays d'Arménie se réjouit, jubila et fut transporté de joie[5].

Cependant, aucune ville ne semble avoir existé dans la région à cette époque. La première source qui y fasse allusion, les *Récits épiques* généralement bien informés sur la situation en Grande Arménie au 4e siècle, parlent toujours de Karin comme d'un canton [*gawař*] ou d'une plaine [*dašt*], mais jamais comme d'une ville [*k'ałak'*][6]. De même, Łazar P'arpec'i, leur successeur immédiat, se sert de l'expression la « mer » ou « lac » de Karin [*covun Karnoy*] ainsi que d'« un village de Karin » [*giwł mi Karnoy*][7]. Enfin, dans un passage sur les origines de l'évêque Xad de Marag, parallèle à celui des *Récits épiques,* Movsēs Xorenac'i le fait venir des « prés » de Karin [*i margac' Karnoy*][8]. Même l'*Ašxarhac'oyc'* ou *Géographie arménienne* du 7e siècle, qui unit plusieurs périodes dans son image idéalisée de l'Arménie, hésite encore dans sa définition de Karin comme un canton plutôt qu'une ville. Ainsi, après son affirmation initiale :

> La Grande Arménie est entourée de quinze cantons [*gawař*] qui sont : en premier, le pays [*ašxarh*] de Haute Arménie, c'est-à-dire la ville [*k'ałak'*] de Karin...,

l'auteur se souvient d'une situation plus ancienne dans la suite de sa description :

> Ainsi, le premier pays [*ašxarh*] a neuf cantons [*gawař*] : Daranałi, Ałiwn, Mzur, Ekełec', Mananałi, Derjan, Sper, Šałgomk', Karin...

Aucun de ces cantons ne peut être qualifié de ville[9]. Seule parmi les sources arméniennes des premiers siècles, la *Narratio de rebus Armeniae* du 7e siècle, parle de l'existence sur le site de la future Théodosioupolis d'un village que l'apôtre saint Barthélémy qui y construisit soi-disant une église dédiée à la Mère de Dieu nomma Καλὴ Ἀρχή, « Beau Début »[10]. L'association de ce village avec saint Barthélémy et son église est probablement une interpolation d'origine douteuse[11], mais il n'y

---

5. *BP*, V.XLIV, p. 258 = *BP-G*, p. 228.
6. *BP*, IV.XII ; V.XXXVII, p. 114, 245 = *BP-G*, p. 134, 219.
7. *ŁP'*, II.LXXXI, p. 148 = *LP' –T*, p. 207-208.
8. *MX*, III.XX, p. 279 = *MK*, p. 274 et n. 6.
9. *Géographie de Moïse de Corène d'après Ptolémée*, éd. trad. Arsène SOUKRY, Venise 1881, p. 29 et 39-40 ; *The Geography of Ananias of Sirak (Asxarhac'oyc')*, trad. comm. R. H. HEWSEN, Wiesbaden 1992, p. 59-59A, 151, 153. Les minimes différences entre les deux recensions, longue et courte, de la *Géographie* ne concernent pas le statut de Karin en tant que « canton ».
10. *Narratio*, p. 27, § 4 = *Narratio-M*, p. 430.
11. Sur la *Lettre à Sahak Arcruni*, attribuée à Movsēs Xorenac'i, et la tradition de la mission de saint Barthélémy en Arménie, voir *Narratio*, p. 65-67 et M. VAN ESBROECK, La naissance du culte de

a pas lieu de nier l'existence d'un village sur le site, car il est également noté par Procope, qui toutefois ne lui donne pas de nom[12]. Malgré la suggestion sans fondements de Ramsay, suivi par Jones, selon laquelle Théodosioupolis fut construite sur le site de l'ancienne nécropole arsacide d'Ani-Kamax/Kemah[13], l'emplacement de la forteresse, donné par la *Narratio* et confirmé par son allusion aux « eaux agréables » qui se trouvaient près du village[14] que les historiens arméniens plus tardifs associent à leur tour à la ville de Karin, ne présente pas de problèmes[15]. La destruction d'Ani-Kemah par les Perses en 363 avait été si complète que la nécropole royale dut être transférée à Ałc dans l'Aragacotn[16] et son site, largement à l'ouest de Théodosioupolis, contredit le commentaire de Procope pour qui cette forteresse se trouvait exactement à la nouvelle frontière entre l'Empire byzantin et la Perse, créée par la division de la Grande Arménie vers 387 : « en Arménie, tout contre la frontière de la Persarménie »[17].

Jusqu'à la fin du 4ᵉ siècle, le canton de Karin faisait donc sans aucun doute partie des terres du royaume arsacide de Grande Arménie, mais à la division de cet État entre Byzance et la Perse vers 387[18], la région échut à l'Empire et une forteresse nommée Théodosioupolis en l'honneur de son fondateur fut construite sur le site de l'ancien village.

La plupart des spécialistes, en dernier lieu Greatrex, se sont basés pour son origine sur deux témoignages principalement, d'une part un passage du *De aedificiis* dans lequel l'historien Procope semble fixer la date de la fondation de la ville au début du règne de « Théodose fils d'Arcadius [Théodose II, 408-450] qui était encore un jeune garçon »[19], d'autre part un passage de l'historien arménien Movsēs

---

saint Barthélémy en Arménie, *REArm.* 17, 1963, p. 171-195. Toutefois l'existence d'une église dédiée à la Mère de Dieu est attestée dans *Aed.*, III.iv.12, où la construction est attribuée à Justinien, et dans *Narratio*, § 6-7, p. 27 = *Narratio-M*, p. 430. GARITTE, *Narratio*, p. 65-67, suggère la possibilité d'une tradition locale ; voir aussi ci-dessous n. 74.

12. *Pers.*, I.x.18.
13. W. M. RAMSAY, *The Historical Geography of Asia Minor*, Londres 1890, p. 305, 326, 448 ; A. H. M. JONES, *The Cities of the Eastern Roman Provinces*, 2ᵉ éd., Oxford 1971, p. 224-225, 445 n. 15.
14. *Narratio*, § 9, p. 27 = *Narratio-M*, p. 430. *MX*, III.lix, p. 339 = *MK*, p. 332.
15. [Ps.]-SEBEOS, *Patmut'iwn Sebēosi* (Histoire de Sebēos), éd. G. V. ABGAREAN, Erevan 1970, xvii, p. 89 ; trad. angl. : *The Armenian History attributed to Sebeos*, trad. comm. R. W. THOMSON et J. HOWARD-JOHNSTON, Liverpool 1999, vol. I, p. 34 ; ASOŁIK, *Patmut'iwn tiezerakan* (Histoire universelle), éd. St. MALXASEANC', 2ᵉ éd., Saint-Pétersbourg 1885, II.i, p. 71-72 ; trad. franç. : *Histoire universelle par Etienne Açogh'ig de Daron*, Première partie, trad. E. DULAURIER, Paris 1883, p. 105, où Asołik ne fait que répéter Movsēs Xorenac'i, voir la note précédente ; cf. GARITTE, *Narratio*, p. 69-70.
16. *BP*, IV.xxiv, p. 150-151 = *BP-G*, p. 157-158 et 437, 442 pour Ałck' et Ani-Kemah.
17. *Pers.*, I.x.18 ; *Aed.*, III.i.1 et la note suivante.
18. Sur la date du partage du royaume de Grande Arménie et la nouvelle frontière, voir notamment les études récentes de R. C. BROCKLEY, The Division of Armenia between the Romans and the Persians at the End of the Fourth Century, *Historia* 36/1, 1987, p. 222-234 (cité BLOCKLEY, *Division*) ; G. GREATREX, The Background and Aftermath of the Partition of Armenia in A.D. 387, *Ancient History Bulletin* 14/1-2, 2000, p. 35-48 ; N. G. GARSOÏAN, Ἀρμενία μεγάλη καὶ ἐπαρχία Μεσοποταμίας dans *EYΨYXIA. Mélanges offerts à Hélène Ahrweiler, Byzantina Sorbonensia* 16, Paris 1998, p. 239-240, réimp. dans EAD., *Church and Culture in Early Medieval Armenia*, Variorum Collected Studies, Aldershot 1999, n° VI, où l'on trouvera la bibliographie antérieure.
19. *Aed.*, III.i.11.

Xorenac'i décrivant la fondation de la ville, « sur l'ordre du roi », par le maître de la milice d'Orient de Théodose II, Anatolius[20]. Par conséquent, ils ont attribué la fondation de la forteresse à Théodose le Jeune plutôt qu'à son grand-père, Théodose le Grand (381-395), et ont choisi une date aux alentours de 420[21]. Seuls quelques historiens ont opté pour le premier empereur[22]. Néanmoins les données en faveur d'une attribution de la fondation de Théodosioupolis au 5e siècle sous Théodose II ne semblent pas probantes, vu les contradictions de Procope et les problèmes entourant le récit de Xorenac'i ; elles méritent un réexamen portant aussi bien sur certains détails des événements de la guerre byantino-sassanide de 420-422 et sur la carrière du *magister utriusque militiae per Orientem*, Flavius Anatolius, que sur les contradictions de Procope et les doutes qui planent sur l'exposé de Xorenac'i.

La première question considérée par les spécialistes concerne un événement de la guerre de 420-422. Selon l'*Histoire* de Théodoret de Cyr, le roi de Perse Gorobanes [Bahrām V, 421-439] avait assiégé « la ville portant le nom de l'empereur », qui fut sauvée par son saint évêque Eunomius[23]. De longues discussions sur l'identification de cette ville avec Théodosioupolis-Resaïna en Osrhoène ou avec notre Théodosioupolis-Karin d'Arménie semblent maintenant résolues en faveur de la première, malgré les hésitations de Greatrex[24]. Non seulement Michel le Syrien donne à la ville le nom de Resh'ayna, mais un « palais d'Eunomius » se trouvait dans cette ville, comme l'atteste une lettre rapportée par Michel qui y fut signée et que Schrier a pertinemment notée[25]. La guerre s'était donc déroulée normalement en Mésopotamie, théâtre classique des conflits byzantino-perses avant et après la chute de la place forte de Nisibe, et il n'y a aucune preuve d'une campagne sassanide en Persarménie où régnait encore en 421-422 la dynastie locale des Arsacides[26]. Mais

---

20. *MX*, III.LIX, p. 338-339 = *MK*, p. 332.
21. G. GREATREX, The Two Fifth-century Wars between Rome and Persia, *Florilegium* 12, 1993, p. 5-8 (cité GREATREX; *Wars*). Pour la bibliographie antérieure, voir entre autres : N. ADONTZ. *Armenia in the Period of Justinian*, translated with partial revisions N. G. GARSOÏAN, Louvain 1970 (éd. orig. Saint-Pétersbourg, 1908), p. 115 ; H. MANANDIAN, *The Trade and Cities of Armenia in Relation to Ancient World Trade*, transl. N. G. GARSOÏAN, Lisbonne 1965, p. 88 ; dernièrement BLOCKLEY, *Division*, p. 233-234 (cité n. 18) et O. J. SCHRIER, Syriac Evidence for the Roman Persian War of 421-422, *GRBS* 33/1, 1992), p. 79 et n. 18 pour d'autres références (cité SCHRIER, *Evidence*).
22. K. GÜTERBOCK, *Römisch-Armenien und die römischen Satrapien im vierten bis sechsten Jahrhundert. Festgabe der juristischen Fakultät zu Königsberg für ihren Senior Johann Theodor Schirmer*, Königsberg 1900, p. 14 ; V. CHAPOT, *La frontière de l'Euphrate de Pompée à la conquête arabe*, Paris 1907, p. 361 ; GARITTE, *Narratio*, p. 65-70 avec d'autres références ; M. VAN ESBROECK, La postérité littéraire des villes fondées par Théodose, dans J.-P MAHÉ et R. W. THOMSON éd., *From Byzantium to Iran*, Atlanta 1997, p. 361-375, notamment p. 363-364.
23. THÉODORET DE CYR, *Kirchengeschichte*, éd. L. PARMENTIER, rev. F. SCHEIDWEILER, Berlin 1954, V.XXXVII. Pour la date de 421 et non pas de 440, voir GREATREX, *Wars* (cité n. 21), p. 4, qui souligne que Théodoret, tout en parlant de la deuxième guerre entre Byzance et les Sassanides, place clairement l'événement ἐν τῷ προτέρῳ πολέμῳ.
24. *Ibid.*, p. 6-8 ; cf. la note suivante.
25. MICHEL LE SYRIEN, éd. trad. J.-B. CHABOT *Chronique de Michel le Syrien , patriarche jacobite d'Antoche 1166-1199*, Paris 1924, vol. IV, p. 171, 438 ; SCHRIER, *Syriac Evidence* (cité n. 21), p. 79-81.
26. SOCRATES, *Ecclesiastical History*, éd. W. BRIGHT, Oxford 1893, VII, 18, p. 299-300, note que l'armée byzantine ne fit que traverser l'Arménie pour se rendre en Arzanène, qu'il identifie comme une « province perse », où elle rencontra l'armée sassanide. Il ajoute explicitement que le site de la

si la guerre était centrée au sud sur la Mésopotamie, il est difficile de comprendre pourquoi l'ordre aurait été donné à Anatolius de construire en toute hâte une forteresse à l'extrémité opposée de la frontière impériale dans un secteur que rien ne menaçait.

Rien non plus de tout ce que nous savons sur la longue et brillante carrière, relativement bien documentée, d'Anatolius ne confirme l'affirmation de Xorenac'i, selon laquelle il fut le constructeur de la forteresse de Théodosioupolis sur l'ordre de l'empereur. Au début du 5ᵉ siècle, la *Vie de saint Maštoc'*, inventeur de l'alphabet arménien, écrite par son disciple Koriwn et de peu contemporaine, montre le saint accueilli avec honneur par le général Anatolius au cours de son voyage de Persarménie à Constantinople pour rencontrer l'empereur et le patriarche Atticus (405-425), mais cet accueil eut lieu aux alentours de Mélitène ou en Cappadoce[27]. La présence d'Anatolius en Arménie même est plus problématique. Greatrex, à la suite de Xorenac'i, le place sur le chantier de Théodosioupolis vers 420-421, en fait le successeur du maître de la milice Maximianus, assassiné en 420, et partage apparemment les objections de Croke contre les dates de 433-446 données dans la *Prosopography of the Later Roman Empire* pour la magistrature militaire d'Anatolius en Orient[28]. Cependant, la présence d'Anatolius en Arménie dans les années vingt du 5ᵉ siècle n'est pas mentionnée en dehors de l'*Histoire* de Xorenac'i et des historiens arméniens plus tardifs qui en dépendent, tel Étienne de Tarôn dit Asołik[29]. La source arménienne contemporaine, Koriwn, qui parle explicitement du *magister militum,* n'a rien à dire dans son exposé détaillé de la vie de son maître, qui se déroulait parallèlement à celle d'Anatolius, sur l'activité de ce dernier en Arménie, ni *a fortiori* sur sa surveillance de la construction d'une forteresse à Théodosioupolis-Karin[30]. Il est également curieux que Théodoret de Cyr ne fasse aucune allusion à cette œuvre, importante pour la défense de l'Empire, dans son *Histoire*, bien que leur

---

guerre avait été transféré d'Arménie en Mésopotamie. La route d'Arzanène par l'Arménie est parfaitement logique du point de vue géographique, malgré l'objection de GREATREX, *Wars* (cité n. 21) p. 7. Il n'y a pas lieu non plus de supposer, comme il le fait, *ibid.*, p. 5, que la loi de mars 420 (*C.J.*,VIII.x.10), qui permet à tous les seigneurs locaux le long de la frontière orientale, Arménie exceptée, de fortifier leurs propres possessions, signifie que l'Empire se chargeait de la défense de ce secteur à ce moment.

27. KORIWN, xvi, p. 64-66, trad. anglaise B. NOREHAD, *ibid.*, p. 38-39. Théodosioupolis sera la métropole des terres trans-euphratésiennes, ou *Armenia Interior*, nouvellement acquises par l'Empire après le partage du royaume arsacide d'Arménie vers 387, tandis que Mélitène, qui était à la même époque la métropole de la province romaine cis-euphratésienne d'Arménie II, se trouvait considérablement plus au sud-ouest du site de Théodosioupolis.

28. *MX*, III.lxix =*MK*, p. 331-332 et n. 1 ; GREATREX, *Wars* (cité n. 21), p. 5-8, B. CROKE, Dating Theodoret's Church History and Commentary on the Psalms, *Byzantion* 54, 1954, p. 70 n. 45 ; J. MARTINDALE, Fl. Anatolius 10, dans *The Prosopography of the Later Roman Empire*, II, Cambridge 1980, p. 84-86 (cité MARTINDALE, *Prosopography*). L'attribution de la fondation de Théodosioupolis à Anatolius est prise directement au récit de Xorenac'i. Pour Maximianus, voir MARTINDALE, *Prosopography*, II, Maximianus 2, p. 741. Si Anatolius était déjà *magister militum* en 420-421, comme le veut Greatrex, et si Procope fut nommé *magister militum* en 422 (*ibid.*, Procopius 2, p. 920), il est difficile de comprendre comment Anatolius aurait eu le temps d'achever la construction de Théodosioupolis.

29. Voir ci-dessus n. 15.

30. KORIWN, xvi *et passim*.

correspondance démontre que lui aussi connaissait Anatolius[31]. Au contraire, Łazar P'arpec'i et Ełišē, qui le détestent tous deux, accusent Anatolius d'avoir persuadé Théodose II de ne pas aider les Arméniens lors de leur grande révolte contre la Perse en 450, une génération plus tard, et, même ici, Łazar spécifie que le commandant-en-chef [*sparapet*] Anatolius se trouvait alors à Antioche[32]. En fait, la trace d'Anatolius se trouve principalement dans le sud, où il participe aux pourparlers de la paix de 433 entre les patriarches Jean d'Antioche et Cyrille d'Alexandrie et où sa présence est attestée par des constructions et des dons à Héliopolis en Phénicie, à Gerasa, à Édesse et enfin à Antioche, plutôt qu'en Arménie[33]. De même, selon Procope, en 422 :

> Anatolius le général d'Orient [τῆς ἕω στρατηγός] avait ... été envoyé par l'empereur Théodose comme ambassadeur chez les Perses, seul et non accompagné. ... Revenu sur sa propre terre, Ouararanès [Bahrām V] reçut l'ambassadeur avec grande cordialité et acquiesça aux termes de la paix qu'Anatolius désirait de lui.

Théophane le Confesseur place cette ambassade en 428-429[34]. Les dates de la magistrature d'Anatolius en Orient présentent évidemment des difficultés. Sa première attestation officielle date de février 438[35]. Mais, même si la mention d'Anatolius dans la *Vie d'Euthyme*, écrite par Cyrille de Scythopolis, dont Greatrex se sert pour étayer son hypothèse qu'Anatolius était déjà maître de la milice d'Orient à l'époque de la guerre de 421-422, n'est pas un anachronisme puisqu'elle coïncide avec celle du passage de Procope cité ci-dessus[36], elle ne fait que renforcer l'impossibilité pour Anatolius de recevoir bénévolement les réfugiés chrétiens de Perse et d'installer leur chef comme phylarque des Arabes ou de représenter Théodose II en Perse auprès de Bahrām V et, en même temps, de surveiller la construction de Théodosioupolis à des centaines de kilomètres plus au nord.

Si nous examinons maintenant de plus près les deux piliers principaux de la thèse généralement acceptée qui attribue la fondation de Théodosioupolis à Théodose le Jeune au 5ᵉ siècle, leurs témoignages supportent mal l'analyse et fournissent peu de renseignements. Le passage de Procope, donné normalement comme témoignage de la fondation de « la forteresse portant le nom de l'empereur » sous Théodose II, ne traite pas en fait de cet événement auquel il ne fait aucune allusion, mais de la

---

31. THÉODORET DE CYR, *Correspondance*, éd et tr. Y. AZÉMA, vol. II-III, Paris 1964-1965), II § 45, 79, 92 111, 119, 121 139, p. 118/9-120/1, 182/3-188/9, 243/4-244/5 ; III, p. 42/3-46/7, 76/7-82/3, 82/3-84/5, 142/3-146/7 ; cf. N. GARSOÏAN, *L'Église arménienne et le Grand Schisme d'Orient*, Louvain-la-Neuve 1999 (*CSCO* 574 subs. 100), p. 73 (cité GARSOÏAN, *Église*).
32. *ŁP'*, II.xli, p 74 = *ŁP'-T*, p. 118 ; EŁIŠĒ, iii, p. 73 = EŁIŠĒ-T, p. 124. Il est possible qu'Anatolius ait négocié la paix de 440, comme le veut GREATREX, *Wars* (cité n. 21), p. 2, ou qu'il ait fait partie d'une ambassade à Bahrām V, comme le dit Théophane le Confesseur (voir ci-dessous n. 34), mais rien de ceci ne place Anatolius en Arménie dans les années 420.
33. MARTINDALE, *Prosopography* (cité n. 28), II, p. 84-85.
34. *Pers.* I.ii.12-15 ; Theophanes, *Chronographie*, A.M 5921, p. 87 ; cf. GREATREX, *Wars* (cité n. 21), p. 8-9 et n. 28-31.
35. Martindale, *Prosopography* (cité n. 28), II, p. 85.
36. CYRILLE DE SCYTHOPOLIS, *Vie d'Euthyme*, 10, p. 19 ; le titre que Cyrille donne à Anatolius est τῆς Ἀνατολῆς στρατηλάτης qui est bien l'équivalent de *magister militum per Orientem* ; voir ci-dessus n. 34 pour Procope.

division du royaume arsacide de Grande Arménie dont il donne un exposé passablement inexact est incohérent :

> Plus tard, un certain Arsaces, roi des Arméniens, eut deux fils prénommés Tigranes et Arsaces. Lorsque le roi fut sur le point d'atteindre la fin de sa vie, il fit un testament par lequel il fit de se deux fils les successeurs du royaume, n'attribuant pas un poids égal de pouvoir à chacun d'eux, mais laissant une portion quatre fois plus grande à Tigranes. Arsaces père, ayant disposé ainsi du pouvoir royal, quitta le genre humain, mais son fils Arsaces, mécontent et blessé de ce que sa part était inférieure, présenta l'affaire à l'empereur des Romains, espérant détruire par tous les moyens le royaume de son frère et rendre nulle l'intention injuste de son père. À cette époque, Théodose, le fils d'Arcadius, bien qu'encore tout jeune garçon, régnait sur les Romains. Tigranes craignant l'empereur, se rendit aux Perses et leur abandonna son royaume, estimant qu'il valait mieux être un simple particulier parmi les Perses que faire un bon accord avec son frère et régner ensemble sur les Arméniens avec équité et justice. Et Arsaces, craignant toujours l'hostilité des Perses et de son frère, rendit son propre royaume à l'empereur Théodose contre certaines conditions que j'ai exposées dans mon récit sur les guerres. Et pendant un certain temps les Romains et les Perses se disputèrent le territoire des Arméniens ; puis, enfin, ils arrivèrent à l'accord selon lequel les Perses auraient la part de Tigranes et les Romains celle d'Arsaces[37].

Entre autres erreurs, Procope se trompe sur la date du partage de la Grande Arménie qui eut lieu sans aucun doute sous Théodose Ier, à la fin du 4e siècle, et en aucun cas au 5e, et sur les noms du roi et des princes arméniens auxquels il donne les noms passe-partout d'Arsaces et de Tigranes. Il est donc également possible que Procope confonde ici anachroniquement deux empereurs homonymes, mais, quoi qu'il en soit, ce passage ne peut être admis comme un témoignage sur la date de la fondation de Théodosioupolis dont il ne s'occupe pas. Dans les autres cas où il fait allusion à la construction de la forteresse qu'il associe à la division du royaume arsacide, Procope n'indique pas le Théodose dont il s'agit[38].

Il est curieux de constater la confiance avec laquelle la plupart des spécialistes ont accepté, avec remarquablement peu de scepticisme, la première description en arménien de la construction de Théodosioupolis par le général Anatolius sur l'ordre de l'empereur[39]. Il n'est évidemment pas question de soulever ici la *vexata quaestio* de la date de l'*Histoire d'Arménie* de Movsēs Xorenacʻi qui agite les savants depuis plus d'un siècle ; néanmoins il est évidemment impossible de prendre sa version des événements comme un témoignage contemporain, même dans le cas de Théodose II, époque à laquelle la littérature arménienne n'existait pas encore[40]. En outre, son récit comporte des éléments qui auraient dû éveiller quelques soupçons. Xorenacʻi insiste sur le fait que la première tour de la ville ainsi que la ville elle-même furent

---

37. *Aed.*, III.i.8-14 ; cf. *Pers.*, II,iii, 35.
38. *Aed.*, III.v.1-5. *Pers.*, I.x.18. L'erreur de Procope sur la date du partage de l'Arménie a été également notée par GARITTE, *Narratio*, p. 68-69.
39. Voir ci-dessus n. 20.
40. La *Vie de Maštocʻ* par Koriwn, considérée comme la première œuvre originale de la littérature arménienne, est normalement datée de 443-450.

nommées « T'ēodos en l'honneur de Théodose [*i patiw Tēodosi*] afin que le nom [de l'empereur] soit rendu immortel par le nom de la ville »[41], mais il ne précise pas, lui non plus, le Théodose auquel il se réfère. Il est vrai que l'intervention d'Anatolius soulignée par Xorenac'i et le contexte du chapitre sur la fondation de la ville, qui traite du voyage de Maštoc' à Constantinople pour rencontrer l'empereur et le patriarche Atticus, devraient effectivement permettre de placer cet épisode à l'époque de Théodose II. Néanmoins, comme nous venons de le voir, la carrière d'Anatolius au cours du règne de Théodose II ne s'accorde pas avec sa participation à la construction de Théodosioupolis, activité qu'aucune autre source grecque ou arménienne ne mentionne. Par ailleurs, Xorenac'i est mal renseigné sur la division de la Grande Arménie et sa version du voyage à Constantinople de Maštoc' ne correspond pas exactement au récit de ce voyage dans la *Vie* incontestablement contemporaine de Koriwn[42]. Le contexte du chapitre de Movsēs contient des variantes par rapport au récit de Koriwn ainsi que des éléments hautement suspects.

Selon Movsēs Xorenac'i, le patriarche arménien, saint Sahak le Grand, dernier descendant direct de saint Grégoire l'Illuminateur, « s'en alla dans les régions occidentales de notre pays, dans la portion des Grecs, mais ne fut pas reçu selon ses mérites »[43] ; ce voyage, nullement attesté ailleurs, aurait causé de gros ennuis au patriarche surveillé de près par le roi des rois Bahrām V qui lui fera jurer « de rester fidèlement à notre service et de ne pas tramer de révolte, te fourvoyant dans la fausse croyance des Grecs » et qui n'hésitera pas à le destituer de la plupart de ses fonctions, comme Movsēs Xorenac'i le dit lui-même[44]. En outre, Movsēs accompagne le récit de ce voyage par la citation d'une correspondance également douteuse et probablement apocryphe entre Sahak, Théodose II, Anatolius et le patriarche Atticus (Sahak y parle de son espoir en la miséricorde de Théodose et d'être venu « me réfugier à tes pieds »)[45] ; il n'y a pas trace de cette correspondance dans le *Livre des lettres*, contenant la correspondance officielle de l'Église arménienne, qui préserve pourtant scrupuleusement les versions arméniennes de l'échange de lettres entre Sahak, le métropolite Acace de Mélitène et le patriarche Proclus de Constantinople[46]. L'affirmation de Xorenac'i, au chapitre 58 du livre III, selon laquelle Sahak « laissa Mesrop [Maštoc'] chargé de l'instruction religieuse [*vardapetut'iwn*] du côté occidental [de l'Arménie] », en compagnie de ses propres petits-fils, n'est guère plus authentique, car Koriwn n'y fait pas la moindre allusion dans le récit

---

41. *MX*, III.lxix, p. 339 = *MK*, p. 332.
42. Voir ci-dessus n. 27, pour Koriwn. Tout comme Procope, Movsēs Xorenac'i, *MX*, III.li, p. 310-311 = *MK*, p. 304, se trompe lorsqu'il place la division de la Grande Arménie sous Arcadius au lieu de Théodose Ier (voir ci-dessus n. 18), ainsi que dans son affirmation que Xosrov devint roi de « toute l'Arménie », c'est-à-dire du secteur occidental qui faisait partie de l'Empire byzantin ainsi que du secteur oriental. Voir *MX*, III.xlvi, xlix, p. 315-316, 319-320 = *MK*, p. 308-309, 313-314 ; et THOMSON, *MK*, p. 304 n. 1 et 313 n. 1.
43. *MX*, III.lvii, p. 333 = *MK*, p. 326-327 ; cf. THOMSON, *MK*, p. 327 n. 1.
44. *MX*, III.lxiv, lxvi, p. 349, 353-354 = *MK*, p. 341, 345-346 ; cf. GARSOÏAN, *Église* (cité n. 31), p. 59, 63-64 etc.
45. *MX*, III.lvii, p. 333-336 = *MK*, p. 327-339.
46. *Livre des lettres*, p. 30-40, 41-48, 49-51, 52-55, 56-59 ; trad. franç. GARSOÏAN, *Église* (cité n. 31), p. 412-437 ; voir *ibid.* p. 77-90, 116-122.

méticuleusement détaillé des activités de son maître. Il en va de même pour les allégations de Movsēs pour qui le petit-fils de Sahak, Vardan Mamikonean, le héros et futur martyr, avait accompagné Maštoc' à Constantinople et y fut nommé général par l'empereur, ce que Koriwn ignore aussi[47], et pour son assertion du circuit d'Anatolius en Arménie :

> Le général Anatoleay ayant reçu l'ordre royal, étant venu dans notre pays et traversé beaucoup de nos régions, trouva bon de construire une ville dans le canton de Karin comme [étant] central, productif, riche en eau et fertile[48].

Si le contexte du récit de Xorenac'i laisse à désirer et si l'activité d'Anatolius est inconnue ailleurs, sa description de la ville soi-disant construite sous les ordres de ce dernier n'est guère plus satisfaisante. Selon Movsēs, cette première cité était déjà une puissante forteresse :

> Au pied d'une montagne bien assise, [Anatolius] trouva de nombreuses petites sources limpides jaillissantes, et là il établit la ville, l'entourant d'un fossé profond. Il jeta les fondations des murs à une grande profondeur et sur eux il construisit des tours très hautes et effrayantes dont il nomma la première T'ēodos en l'honneur de T'ēodos [Théodose]. Et au-delà il construisit aussi des tours en saillie comme des proues de navire et des passages creusés qui faisaient face aux montagnes. Et de même au nord, face à la plaine. Mais face à l'est et à l'ouest, il éleva des tours rondes. Au centre de la ville, sur une éminence, il construisit de nombreux entrepôts et nomma [ce lieu] l'Augusteum en honneur d'Auguste. Il amena de l'eau supplémentaire à maints endroits par des conduits cachés. Il remplit la ville d'armes et de contingents de garnison et l'appela T'ēodupōlis afin que le nom [de l'empereur] soit immortalisé par le souvenir de la ville. Et au-dessus des sources d'eau chaude, il construisit des édifices en pierres de taille[49].

Or la formidable place d'armes que Xorenaci détaille avec complaisance ne ressemble guère à la chétive nouvelle fondation, mal protégée, même après l'addition d'un mur insuffisamment haut à l'époque d'Anastase, dont Procope décrit les premières étapes :

> ... en Grande Arménie. Lorsque Théodose, empereur des Romains, eut acquis le royaume d'Arsaces, comme je viens de le conter, il construisit sur une des collines un fortin [φρούριον] facile à prendre par des assaillants et il le nomma Théodosioupolis. Kavād, qui était alors roi de Perse (488-531), s'en empara en passant lorsqu'il marchait sur Amida (502). Peu après, l'empereur des Romains Anastase y construisit une ville en entourant d'un mur la colline sur laquelle était placé le fort de Théodose. Et il donna

---

47. *MX*, III.lvii-lvii, p. 333-337 = *MK*, p. 326-331. Le passage de la soi-disant *Lettre de Théodose à Sahak* dans lequel l'empereur dit avoir « nommé Vardan le fils de ton gendre *stratèlate* » est particulièrement curieux (*MX*, III,lvii, p. 335 = *MK*, p. 329), puisque, selon le droit traditionnel courant en Grande Arménie à cette époque, Vardan Mamikonean était automatiquement *sparapet* ou commandant-en-chef de l'armée arménienne, charge héréditaire de sa maison, et ne dépendait nullement d'une nomination de l'empereur, voir *BP-G*, p. 560-561, s.v. *sparapet*.
48. *MX*, III.lxix, p. 338 = *MK*, p. 331-332. L'affirmation de Movsēs selon laquelle le site de Théodosioupolis-Karin était juste au centre du pays contredit le passage de Procope, *Pers.*, I.x.18-19, qui place la forteresse exactement à la frontière entre l'Arménie impériale et la Persarménie.
49. *MX*, III. lxix, p. 338-339 = *MK*, p. 331-332.

son nom à la ville. Mais il ne réussit pas à effacer celui de Théodose le premier fondateur... L'enceinte de Théodosioupolis était de dimension suffisante, mais elle ne s'élevait pas à une hauteur conforme à son épaisseur. En fait, sa hauteur atteignait seulement une trentaine de pieds et, pour cette raison, les ennemis pouvaient facilement la prendre d'assaut, surtout les Perses. [La ville] était également vulnérable à d'autres points de vue, car elle n'était protégée ni par des défenses extérieures, ni par un fossé. Et même en fait il y avait une éminence très proche de la ville qui surplombait le mur d'enceinte[50].

Loin de correspondre au premier fort isolé de la fondation théodosienne ou à la modeste cité insuffisamment défendue d'Anastase, la Théodosioupolis de Xorenac'i se rapproche plutôt de la description donnée par Procope du grand programme de travaux défensifs enfin entrepris par Justinien au milieu du 6e siècle :

L'empereur Justinien prit ces mesures pour remédier à [la situation]. D'abord il creusa un fossé très profond tout autour, comme un torrent contenu entre des montagnes escarpées. Ensuite, ayant coupé le sommet de l'éminence, il la transforma en défilés rocheux infranchissables et sans issue. Afin que le mur d'enceinte soit très haut et absolument imprenable en cas d'assaut, il y inclut tout ce qui [avait été fait] dans la ville de Daras. Ainsi, il rendit les embrasures particulièrement étroites, à peine assez larges pour que les défenseurs puissent tirer de là. Et ajoutant des rangées supplémentaires de pierres, il construisit par dessus un étage pareil à une galerie tout autour. Puis il ajouta astucieusement d'autres embrasures au-dessus, et entourant le mur de défenses extérieures, il le rendit pareil à l'enceinte de Daras, ayant fait de chaque tour une puissante forteresse. Il y stationna toutes les troupes du général des Arménies [ἐν Ἀρμενίαις στρατηγός] et, par la suite, rendit les Arméniens trop puissants pour craindre les assauts des Perses[51].

Nous retrouvons ici le fossé, les tours, les galeries et la garnison de Xorenac'i. Il n'est donc pas impossible que la version de celui-ci ait été contaminée par la description de la Théodosioupolis justinienne de Procope dans le passage qui vient d'être cité, bien que Xorenac'i ajoute de son propre cru un Augusteum, dont l'historien byzantin n'a jamais entendu parler[52]. Il est même concevable que la décision de Justinien de faire de Théodosiopolis le quartier général de son nouveau *magister militum per Armeniam, Pontum Polemoniacum et Gentes*[53] soit à la base de la participation supposée d'Anatolius à la construction de la ville, selon Xorenac'i : Anatolius avait atteint la dignité de *magister utriusque militiae per Orientem* sous le système administratif précédent en vigueur sous Théodose II[54].

Une autre source arménienne sur la construction de Théodosioupolis n'a été notée à ma connaissance que par Adontz[55]. Il s'agit d'un récit légendaire et évidemment

---

50. *Aed.*, III.v.1-8.
51. *Ibid.*, 9-12 ; cf. II.vi.14-27 et *Pers.*, II.xiii.17 pour les fortifications justiniennes de Dara. Les fortifications décrites par Movsēs (voir ci-dessus n. 49) sont du type des ouvrages défensifs du 6e siècle tels qu'ils sont décrits à Dara.
52. Voir ci-dessus p. 189 et n. 49.
53. Voir ci-dessus n. 2.
54. Voir ci-dessus n. 33.
55. ADONTZ, *Armenia* (cité n. 21), p. 119-120, 421 n. 37.

tardif[56], qui attribue lui aussi la fondation de la ville à Théodose le Jeune, mais ignore complètement Anatolius. Dans cette version, l'empereur charge de la construction de la forteresse deux moines arméniens, Movsēs et Davit', envoyés à Constantinople pour traduire les Saintes Écritures :

> Ils construisirent une tour « xosrovienne » inébranlable devant les engins de siège et élevèrent trois murs sur une seule fondation. Il fut ordonné de creuser et d'emporter assez de terre pour l'espace de trois murailles et de creuser jusqu'au centre [nombril] de la ville. Un fossé profond fut rempli d'énormes roches non taillées et de chaux [mortier ?] et trois murs furent élevés sur une seule fondation. À l'intérieur de la ville deux cents marches descendantes furent appuyées contre le mur afin qu'il ne puisse être ébranlé par un tunnel souterrain. De la même façon, deux cents marches, l'une au-dessous de l'autre, furent placées à l'extérieur du mur comme protection contre les tunnels des ennemis. D'autres moyens furent inventés, au cas où l'ennemi attaquerait ou assiégerait ou couperait toutes les routes menant à la ville. Ils établirent des voies souterraines vers la ville et réussirent à creuser la terre profondément et à mener un tunnel vers la plaine jusqu'à un endroit, à une demi-journée de la ville, rempli d'eaux stagnantes, qui formaient un *šamb* [c'est-à-dire] un marécage plein de roseaux. Ainsi, en cas de siège, la ville pourrait obtenir du fourrage pour ses bêtes et des roseaux comme combustible, et l'ennemi n'en saurait rien. De l'autre côté de la ville, ils construisirent également un tunnel entouré de très gros rochers jusqu'à la montagne nommée Aycuptkunk', c'est-à-dire « mamelles de chèvre ». Au cas où on aurait besoin de cavalerie, il était [donc] possible de faire entrer dans la ville des chevaux et des cavaliers sans que les ennemis le sachent. Quant à l'eau, tout était très bien organisé, exactement comme cela devait l'être. Il n'y a personne dans la ville, riche ou pauvre, qui ne puisse se servir de l'eau des conduits souterrains. Les palais et les tours sont magnifiques et construits en pierres de taille. Les rues et les places, les abattoirs et marchés sont d'une propreté incroyable. Les églises émerveillent ceux qui les contemplent. Les portes de la ville sont hautes et larges, les murs sont bien entretenus et les tours sont toutes « xosroviennes »[57].

Cette description fantaisiste et passablement incohérente d'une grande ville fortifiée, qui permet certains rapprochements avec la description de Xorenac'i tout en la dépassant largement, fait curieusement partie du récit d'une controverse probablement apocryphe entre les Améniens et les dyophysites qui eut lieu sous Théodose II et eut aussi pour but l'association de Movsēs Xorenac'i et de Davit' l'Invincible [*Anyałt*], ainsi que de « Mambrē » et d'« Abraham le Rhéteur » avec les disciples de Maštoc' envoyés à Constantinople pour traduire les Pères grecs[58].

---

56. *Movsēs et Davit'*, p. 152-157. L'éditeur lui-même, Conybeare, p. 152, considère ce récit comme inauthentique [*anvawerakan*]. Pour la date, voir ci-dessous n. 58.

57. *Movsēs et Davit'*, p. 153.

58. CONYBEARE, *ibid.*, p. 155-157, suggère la possibilité de faire remonter ce document à une œuvre de Movsēs Xorenac'i et à la fin du 6e siècle, p. 155-157, mais R.W. THOMSON, dans son introduction à *MK,* p. 3-6, 15, 79, établit plutôt une date tardive indiquée par l'emploi du nom Mesrop au lieu de Maštoc' pour l'inventeur de l'alphabet arménien et du titre de *K'ert'ołahayr* donné à Moïse, ainsi que par l'association fictive de Moïse avec David l'Invincible, Mambrē, Abraham et les disciples de Maštoc', laquelle se trouve également dans les œuvres des historiens T'ovma Arcruni au 10e siècle et Vardan Arewelc'i au 13e. Voir aussi les deux notes précédente et ci-dessous, n. 60.

La seule raison de citer ici ce texte est de démontrer que les sources arméniennes, en dehors de Xorenac'i, ne connaissent pas Anatolius, qu'elles décrivent aussi une étape tardive, post-justinienne, du développement de Théodosioupolis, qu'elles se contredisent et qu'elles n'ont pas la moindre idée de la forme véritable de la modeste et vulnérable forteresse théodosienne rappelée dans le passage de Procope cité plus haut.

Quel bilan pouvons-nous maintenant tirer de tout ceci ? Malgré leur proximité géographique, sinon chronologique, les sources arméniennes sur la fondation de Théodosioupolis sont peu fiables. La confiance trop peu critique que les savants ont accordée jusqu'ici à Xorenac'i résiste mal à une analyse plus serrée. Nous avons vu que le contexte inexact de sa description des événements ne coïncide pas avec le récit contemporain de Koriwn qui ne mentionne aucune construction à Théodosioupolis, bien qu'il souligne les rapports entre Anatolius et son propre maître Maštoc'. La correspondance citée par Movsēs à l'appui de son récit n'est pas confirmée par les documents de l'époque[59]. La Théodosioupolis qu'il présente ne peut être que le résultat des travaux entrepris sous Justinien, car ses fortifications sont du type décrit par Procope pour Dara aussi bien que pour la forteresse arménienne. Seul Xorenac'i attribue la construction au *magister militum* Anatolius, confirmant de ce fait la fondation sous Théodose II, mais les autres sources arméniennes, Łazar Parpec'i et Ełišē, associent le rôle du maître de la milice en Arménie à la guerre byzantino-perse de 440 et non à celle de 421-422 pendant laquelle le témoignage de la *Vie d'Euthyme* nous porte à croire qu'Anatolius se trouvait loin de Théodosioupolis, en Arabie ou en Mésopotamie, régions où se passa la majeure partie de sa carrière. Il n'est guère nécessaire de s'attarder sur l'authenticité des inepties du récit concernant les moines Movsēs et Davit', car Koriwn qui nomme avec précision les disciples de Maštoc', ses propres collègues envoyés comme traducteurs à Constantinople, ne les connaît pas[60].

De son côté, Procope se trompe sur la date du partage de la Grande Arménie entre Byzance et les Sassanides, bien qu'il nous fournisse le renseignement précieux selon lequel la fondation de Théodosiopolis était associée à cette division et que la forteresse se trouvait de se fait « en Arménie [impériale] tout contre la frontière de la Persarménie »[61]. Lui-aussi accroît par ses silences et ses contradictions les hésitations sur le fondateur de la ville, Théodose Ier ou Théodose II.

---

59. Voir ci-dessus, p. 188.

60. Koriwn, xvi, xix, p. 66,74, 76 = trad., p. 38, 42-43, et ci-dessus n. 58. Les erreurs de ce récit, qui invente une invitation du pape Célestin et de saint Cyrille d'Alexandrie au patriarche arménien saint Sahak à se rendre au concile d'Éphèse, reportent de ce fait la construction de Théodosioupolis-Karin par les deux moines arméniens envoyé par lui à une date post-conciliaire, plus tardive d'une dizaine d'années au moins que celle de 420-421 env. généralement postulée. ADONTZ, *Armenia* (cité n. 21), p. 122, estime que l'auteur de ce récit, « unquestionably had a good source at his disposal », mais il est lui aussi forcé de rejeter la description saugrenue des énormes escaliers extérieur et intérieur sur le mur d'enceinte dont l'unique fonction aurait été de faciliter l'entrée de tout assaillant dans la forteresse.

61. Voir ci-dessus n. 17.

Bref, la conclusion qui fait de Théodose II le fondateur de Théodosioupolis reste des plus douteuses. Le seul passage de Procope qui le nomme directement parle du partage de la Grande Arménie et non de la fondation de la forteresse. Le seul lien dans Xorenacʻi qui rattache cette fondation à Théodose II est la participation d'Anatolius à cette œuvre, ce qui n'est confirmé par aucune source grecque ou arménienne, pas même par le récit légendaire, tardif et fantaisiste qui ne connaît que les saints vardapets Movsēs et Davitʻ. Le silence de Koriwn et de Procope est particulièrement curieux dans ce cas puisque tous deux mentionnent dans d'autres circonstances le *magister militum* dont la carrière par ailleurs ne s'accorde pas avec une présence en Arménie vers 420-421.

Mais si rien jusqu'à présent n'a réussi à résoudre le problème du fondateur de Théodosioupolis, une dernière source en contient peut-être la solution. Bien qu'elle n'ait survécu que dans une traduction grecque datée par Garitte des environs de 700, la *Narratio de rebus Armeniae* est un document arménien chalcédonien, rédigé probablement fort peu de temps avant sa traduction[62]. Elle ne dépend pas de Xorenacʻi, dont elle n'accuse aucune connaissance, et sa version de la fondation de Théodosioupolis, qui contredit la sienne, est aussi simple que directe :

3. Alors les rois d'Arménie furent Xosrov Tiran, Aršak, Varazdat, Pap, Aršak[63].
4. Au temps de celui-ci, l'Arménie fut partagée. C'est alors qu'on construisit Théodosioupolis
5. qui était auparavant un village appelé Kalè Arkhè.
6. En effet, quand le grand apôtre Barthélémy se rendit en Parthie, il baptisa dans l'Euphrate le neveu du roi de Perse et trois mille personnes avec lui.
7. Puis il fonda sur place l'église nommée d'après la très sainte Mère de Dieu
8. et il nomma Kalè Arkhè, « Beau Début » le village qui était en ce lieu.
9. Théodose le Grand, ayant considéré l'endroit et l'eau qui s'y trouvait, les jugea agréables et fonda une cité illustre dont il changea le nom en Théodosiopolis.
10. Aršak, roi de Grande Arménie se soumit à lui
11. tandis que Xosrov, roi d'Arménie, régnait sur le territoire arménien soumis à Sapor, roi de Perse.
12. Quatre ans plus tard, Sapor le déposa de son trône[64].

La *Narratio* donne ici le récit le plus concis et le plus clair du partage de la Grande Arménie entre Byzance et la Perse[65]. Il s'accorde partiellement avec celui beaucoup moins exact de Procope et Garitte suggère la possibilité d'une source commune. Tous deux notent un village antérieur sur le site de la ville et rattachent incontestablement la fondation de Théodosioupolis à la division du royaume arsacide. Mais, comme Garitte l'a bien observé, la *Narratio* ne contient pas l'erreur chronologique de Procope et place correctement le partage de la Grande Arménie à la fin du 4e siècle, c'est-à-dire sous Théodose Ier et non sous son petit-fils qui ne

---

62. Voir GARITTE, *Narratio* (cité n. 11), p. 382-400 pour la date présumée de ce document.
63. *Ibid.*, p. 62-63, pour la déformation des noms de la liste royale dans le manuscrit.
64. *Narratio*, § 3-12, p. 27-28 = *Narratio-M*, p. 430.
65. GARITTE, *Narratio* (cité n. 11), p. 65-73. Voir ci-dessus n. 11 sur le passage concernant saint Barthélémy.

V

fut jamais honoré du titre de « Grand »[66]. Du côté arménien, la *Narratio* ne connaît ni Anatolius ni *a fortiori* le couple fictif de Movsēs et Davit' et elle note, sans l'erreur de Xorenac'i, qu'après la division du royaume arsacide, Xosrov régna uniquement sur la partie perse sans avoir jamais reçu le pouvoir sur « toute l'Arménie », comme le prétend Movsēs[67]. Autrement dit, exception faite de l'intervention de saint Barthélémy[68], la *Narratio* donne l'exposé le plus cohérent et le plus historique de la division de la Grande Arménie et de la fondation de Théodosioupolis qu'elle place sans hésitations ni détours sous Théodose Ier le Grand.

La solution proposée par la *Narratio* pour le partage de la Grande Arménie et la fondation de Théodosioupolis vers 387 ne contredit en rien ce que nous savons par ailleurs du contexte historique avec lequel elle s'accorde mieux que la date de 420 environ, postulée d'habitude pour ces événements. Elle ne complique pas outre mesure la carrière déjà chargée du *magister militum* Anatolius en l'obligeant à évoluer simultanément au nord et au sud de la frontière byzantino-sassanide. Elle nous évite de transposer sans raison en Arménie le théâtre des opérations militaires de 420-422 en Mésopotamie, où le siège de Théodosioupolis-Resaïna en Osrhoène par Bahrām V rend peu compréhensible la création de son homonyme arménien, alors loin du conflit[69]. En outre, si la construction de Théodosioupolis-Karin paraît inutile au moment de la première guerre du 5e siècle entre Byzance et la Perse, une telle entreprise, plus tard dans le règne de Théodose II ainsi que dans la carrière d'Anatolius, aurait été une violation flagrante de la clause stipulant que « ni l'un ni l'autre [des deux belligérants] ne construirait de nouvelles fortifications sur son propre territoire », que le roi des rois Bahrām V introduisit dans le traité négocié personnellement par le *magister militum*[70]. Une violation que Kavād Ier invoquera environ un siècle plus tard contre la fortification de Dara par l'empereur Anastase, notant que la nouvelle place forte était placée « tout près de la frontière perse »[71]. Ce qui était exactement le cas de Théodosioupolis-Karin. Au contraire, l'établissement d'une forteresse par Théodose Ier immédiatement après le partage de 387 environ afin de surveiller la nouvelle frontière, même si les défenses principales de l'Empire demeuraient encore en-deçà de l'Euphrate[72], semble une action parfaitement logique, qui fait pendant au passage à peu près simultané de l'autre Théodosioupolis-Resaïna du statut de colonie à celui de cité surveillant la Mésopotamie après la perte définitive de Nisibe en 363. Celle-ci

---

66. *Ibid.*, p. 67-69.
67. Voir ci-dessus n. 42.
68. Voir ci-dessus n. 11 et ci-dessous n. 74.
69. Voir ci-dessus n. 26.
70. *Pers.*, I.x.18. Voir ci-dessus p. 186 et n. 34 pour la date du traité.
71. *Pers.*, I.x.16.
72. Selon *Notitia dign.*, p. 83-84 # 10, 13-14, les points principaux de la défense byzantine contre la Perse dans le secteur anatolique étaient Satala et Mélitène dans les provinces d'Arménie romaine I et II où stationnaient respectivement les légions XV *Apollinaris* et XII *Fulminata* sous les ordres du *Dux Armeniae*. De larges garnisons n'étaient pas déployées sur les points avancés. Voir la note suivante pour le cas de Théodosioupolis-Resaïna. GARITTE, *Narratio* (cité n. 11), p. 69, tout comme C. TOUMANOFF, Christian Caucasia between Byzantium and Iran: New Light from Old Sources, *Traditio* 10, 1954, p. 109-189, notamment p. 130-131, observe la logique qu'il y avait à fortifier la nouvelle frontière impériale au moment de sa création par la division du royaume de Grande Arménie.

aussi était dotée de fortifications modestes et d'une maigre garnison, comme le note Chapot, et avait reçu elle aussi le nom de l'empereur[73]. La consolidation ultérieure de la frontière sous Anastase puis Justinien avec les fortifications plus imposantes de Dara et de Théodosioupolis-Karin reflète toujours le parallélisme d'un programme qui avait pour but le renforcement des deux extrémités du *limes* impérial d'Orient, « car toutes les deux sont des places fortes [situées] aux confins qui menacent le territoire [des Perses] »[74].

Sigles et abréviations des sources utilisées dans les notes

Aed. = PROCOPE, *De aedificiis*, éd. J. HAURY, *Procopii Caesariensis opera omnia*, vol. 4 : *De aedificiis libri VI*, Leipzig 1913, réimp. éd. G. WIRTH,1964 (Teubner).

BP = [Ps.]-P'AWSTOS BIWZANDAC'I, *Patmut'iwn Hayoc'* (Histoire des Arméniens), 4ᵉ éd., Venise 1933.

BP-G = *The Epic Histories attributed to P'awstos Buzand (Buzandaran Patmut'iwnk')*, trad. comm. N. G. GARSOÏAN, Cambridge Mass. 1989.

CYRILLE DE SCYTHOPOLIS, *Vie d'Euthyme* = KYRILLOS VON SKYTHOPOLIS, *Vita Euthymii*, éd. E. Schwartz, Leipzig 1939.

EŁIŠĒ = *Ełišēi vasn Vardanay ew Hayoc' paterazmin* (Sur la guerre de Vardan et des Arméniens d'Ełišē), éd. E. TER MINASYAN, Erevan 1957.

EŁIŠĒ-T = *Ełishē, History of Vardan and the Armenian War*, trad. comm. R. W. THOMSON, Cambridge Mass. 1982.

KORIWN, *Vark' Maštoc'i*, éd. M. ABEŁEAN, Erevan 1941, rééd. Delmar 1985, avec traduction anglaise de Norehad.

Livre des lettres = *Girk' T'łt'oc'*, 2ᵉ éd., Jérusalem 1994.

ŁP' = ŁAZAR P'ARPEC'I, *Patmut'iwn Hayoc'* (Histoire d'Arménie), éd. M. G. TER-MKRTC'EAN et St. MALXASEAN, Tiflis 1904.

ŁP'-T = *The History of Łazar P'arpec'i*, trad. comm. R. W. THOMSON, Atlanta 1991.

MK = *Moses Khorenats'i's History of the Armenians*, trad. comm. R. W. THOMSON, Cambridge Mass. 1978.

MX = MOVSĒS XORENAC'I, *Patmut'iwn Hayoc'* (Histoire d'Arménie), éd. M. ABELEAN et S. YARUT'IWNEAN, Tiflis 1913, réimp. Erevan, 1991.

---

73. CHAPOT, *Frontières* (cité n. 22), p. 362 ; cf. *Not. dign.*, p. 78 # 18, 20, « Sub dispositione viri spectabilis ducis Mesopotamiae : ... 20 Equites promoti Illyriciani - Resain-Theodosiopoli ».

74. *Pers.*, I.x.19. Il est curieux d'observer, comme le note VAN ESBROECK, *Postérité* (cité n. 22), p. 363, que, selon Théodore le Lecteur, saint Barthélémy apparut aussi à l'empereur Anastase au moment de la fortification de Dara ; cf.-ci dessus p. 182 # 6-7 et n. 11.

Movsēs et Davit' = *Srboc' vardapetac'n Hayoc' Movsēr ew Dawit' harcmunk' ĕnd erkbanak č'arap'aran* (Examen des misérables dyophysites par les saint vardapets arméniens Movsēs et Davit'), dans F. C. CONYBEARE, M. Xorenac'woy patmut'ean žamanaki masin (Sur la date de l'histoire de M. Xorenac'i), *Handes Amsorya* 17, 1903.

Narratio = *La Narratio de Rebus Armeniae*, éd. comm. G. GARITTE, Louvain 1952 (CSCO 132. Subsidia 4).

Narratio-M = J.-P. MAHÉ, La Narratio de Rebus Armeniae, *REArm*. 25, 1994-1995, p. 429-438.

Not. dign. = *Notitia dignitatum*, éd O. Seeck, 1886, réimp. Francfort-sur-le-Main 1962.

Pers. = PROCOPE, *De bello persico,* éd. J. HAURY, *Procopii Cæsariensis opra omnia*, vol. 1, Leipzig 1905, réimp. éd. G. WIRTH, 1963 (Teubner).

THEOPHANES, *Chronographie* = THEOPHANES CONFESSOR, *Chronographia* , éd. C. DE BOOR, Leipzig 1883.

VI

JANUS

THE FORMATION OF THE ARMENIAN CHURCH FROM THE IVth TO THE VIIth CENTURY

It is not the intention of this paper to set out new materials or hypotheses regarding the early Armenian Church, nor, especially in this setting, to indulge in a dogmatic discussion well beyond my competence as a historian. What I should like to attempt here is a brief introductory sketch of the external historical setting and factors guiding the evolution of the Church of Greater Armenia in the Pre-Islamic period. Much has already been done by other scholars and I have addressed certain aspects of this subject in greater depth elsewhere,[1] numerous problems still remain unsolved and perhaps insoluble given the available sources, nevertheless, I believe that the time has come when a tentative mise au point may be possible: rectifying what has often been an over simplistic view of its dogmatic formation. To be sure, the identifying self-image of the Armenians, as the Christian Macchabees whose rôle model was the martyr for the faith,[2] had been set in the earliest layer of the native sources in the generation following almost immediately the desperate last stand of the Armenian nobility at the battle of Avarayr in the mid Vth century against the Persian attempt to re-impose Zoroastrianism on their already Christian realm.[3] It is explicitly stated in the anonymous *Epic Histories (Buzandaran Patmut'iwnk')*, mistakenly attributed to a certain P'aw-

---

[1] As indicated, this paper is merely an epitome of my far more extensive and detailed study of the formation of the pre-Islamic Armenian Church: *L'Église arménienne et le Grand Schisme d'Orient*, CSCO, 574, subs. 100 (Leuven, 1999) [Hereafter, *Église arménienne*], which contains citations of the supporting sources (mostly omitted here to limit undue length as well as unavoidable redundancy) and to which references will be made throughout.

[2] R. W. Thomson, "The Maccabees in Early Armenian Historiography", *Journal of Theological Studies* 26 (1975), pp. 329-341. N. G. Garsoïan, "Reality and Myth in Armenian History", *The East and the Meaning of History. International Conference 23-27 November, 1992)* = *Studi Orientali dell'Università di Roma 'La Sapienza'* 13 (Rome, 1994); repr. in Ead. *Church and Culture in Early Medieval Armenia* [Hereafter *Church*], xii, pp. 128-130.

[3] Ibid., pp. 124-126; *Église arménienne*, pp. xi-xii.

stos Buzand, whose primary reliance on oral rather than written sources made them the keeper of the folk memory.[4] Nor does this basic ideology seem to have altered appreciably over the centuries. Such is not the case, however, for the historical evolution of the Armenian Church and the eventual formulation of its own doctrine, which proved both slower and more complicated than has been believed heretofore and was tributary or reacted to a considerable degree in this early period to the parallel development of the powerful State Churches of Byzantium and Persia on either side.

Before going further, it is necessary to define the contemporary content of the term "Armenia", which has been used too often with insufficient precision.[5] Despite the existence of an unquestionable linguistic and cultural unity, the term "Armenia" in the early Christian period did not refer to a single political or administrative unit. West of the Euphrates, Armenia Minor had been totally incorporated into the Roman imperial system long before its division into Armenias I and II under Theodosius the Great at the end of the IVth century. These two districts were in no way differentiated from ordinary Roman provinces and their bishops, under the authority of their respective metropolitans of Sebaste and Melitene, faithfully attended the œcumenical councils. As such, they remained outside the jurisdiction of the Armenian Church and have little to do with our present concern except insofar as their constant attendance at these councils seriously undercuts the thesis of Armenia's total isolation in the Vth century.[6] This is especially the case for the crucial council of Chalcedon which was particularly well attended by "Armenian" bishops, among them the bishop of Theodosioupolis/Karin, modern Erzurum, who not only attended the council but underscored, alone among his

---

[4] [Ps.] P'awstos Buzand, *Patmut'iwn Hayoc'*, 4th ed. (Venice, 1933) [Hereafter BP], III, xi, pp. 37-38 = N. G. Garsoïan, ed and tr. *The Epic Histories attributed to P'awstos Buzand (Buzandaran Patmut'iwnk')* (Cambridge, Mass) [Hereafter BP-G], pp. 80-81; and *supra*, n. 2.

[5] N. G. Garsoïan, "Armenia in the Fourth Century — An Attempt to Redefine the Concepts 'Armenia' and 'Loyalty'", REArm n.s. 8 (1971) [Hereafter "Fourth Century"], pp. 341-346; repr. in Ead. *Armenia between Byzantium and the Sasanians* (London, 1985), iii [Hereafter *Armenia*]; Ead. "Some Preliminary Precisions on the Separation of the Armenian and Imperial Churches: I. The Presence of "Armenian" Bishops at the First Five Œcumenical Councils", *ΚΑΘΗΓΗΤΡΙΑ: Essays Presented to Joan Hussey on her 80th Birthday* (Porphyrogenitus, 1988) [Hereafter "Preliminary Precisions I"]; repr. in *Church*, iii, pp. 253-257; *Église arménienne*, pp. viii-ix, 5-20.

[6] "Preliminary Precisions I", pp. 259-271; *Église arménienne*, pp. 9-10.

colleagues, that he was signing "with my own hand"[7] and whose seat lay only some thirty kilometers north-west of the one of Basean, whose titular had been present at the Armenian council of Artašat the previous year.[8]

In the south, stretching from west to east along the Euphrates-Arsanias (Murad su), lay the autonomous Satrapies known to classical sources as *gentes* or ἔθνη, whose precise political relationship to the kingdom of Greater Armenia remains unclear. They passed into the Roman sphere of influence in 299, as a result of the Peace of Nisibis, though the eastern ones were retroceded to Persia by Jovian in 363.[9] Their ecclesiastical allegiance was divided following their political status. The bishops of the western Satrapies: Sophene (Arm. Cop'k' Šahuni), Sophanene (Mec Cop'k'), Ingilene (Angeł tun) and Anzitene (Hanjit), duly presented themselves at Chalcedon following their metropolitan, Symeon of Amida, and obediently signed the required answers to the *Encyclical* of the emperor Leo I in 458. Their unquestionably Armenian origin and character were obscured in the relevant documents by their identification as belonging to the ἐπαρχία Μεσοποταμίας, but they too were part of the hierarchy of the Imperial Church.[10] The allegiance to Greater Armenia of the bishops representing the eastern Satrapies: Ałjnik' (Syr. Bēṭ Arzōn), Korduk' (Bēṭ Qardū), Cawdek (Bēṭ Zabdaï), Mokk' (Bēṭ Moksāyē) and Bēṭ Rahimaï, the Armenian form of whose name is not known, was as ambiguous as that of their secular princes.[11] Their sees are named, together with those of two other southern Armenian districts: Dasn (Bēṭ Dasn) and Mahk'ertun (Bēṭ Mahqart), in the hierarchical list drawn up at the organizing Council of the Church of the East or of Persia,

---

[7] "Preliminary Precisions I", pp. 266, 272; *Acta conciliorum œcumenicorum*, II.iii (2), pp. 100 [359] §45, "Μανασσῆς ἐπίσκοπος Θεοδοσιουπόλεως τῆς μεγάλης Ἀρμενίας ὁρίας ὑπέγραψα χειρὶ ἐμῆι"; *Église arménienne*, pp. 127-128.

[8] Łazar Parpec'i, *Patmut'iwn Hayoc'*, G. Tēr Mkrtč'ean and St. Malxasean edd. (Tiflis, 1904) [Hereafter ŁP'], II.xxiii, p. 44 = R. W. Thomson tr. *The History of Łazar P'arpec'i* (Atlanta, 1991) [Hereaftr ŁP'-T], pp. 81-82, "lord T'at'ik, bishop of Basean". Ełišē, *Vasn Vardanay ew Hayoc' Paterazmin*, E. Tēr Minasean ed. (Erevan, 1957) [Hereafter E], p. 28 = R. W. Thomson tr., Eghishe, *History of Vardan and the Armenian War* (Cambridge, Mass., 1982) [Herafter E-T], p. 81; *Église arménienne*, pp. 128-129.

[9] "Fourth Century", pp. 344-346; "Preliminary Precisions I", pp. 255-256; *Église arménienne*, pp. 10-20; and the next note.

[10] "Preliminary Precisions I", pp. 262-263, 267, 272-282; N. G. Garsoïan, "'Ἀρμενία μεγάλη καὶ ἐπαρχία Μεσοποταμίας", *Byzantina Sorbonensia* 16 = *EYΨYXIA: Mélanges offerts à Hélène Ahrweiler* (Paris, 1998), repr. in *Church*, vi, pp. 251, 257-262; also the preceding note and *infra* n. 12.

[11] *Vide supra*, n. 9, *Église arménienne*, pp. 16, 49-50, 127-129.

VI

held at Seleucia/Ctesiphon in 410, as suffragans of the metropolitan eparchies of Nisibis and Arbela. Subsequent conciliar lists, however, attest the presence of bishops from Ałjnik', Korduk and Mokk' alternately at Persian and Armenian councils and this region served as a link and conduit between Greater Armenia and the Syriac Christianity of Antioch.[12]

Consequently, the Armenian Church *strictu sensu* was the one which developed in the trans-Euphratine kingdom of Greater Armenia, whose major portion passed to the overlordship of Persia after the division ca. 387 and the subsequent disappearance of this kingdom in 428, and which soon came to be known as Persarmenia. Its patriarchs, beginning with Saint Gregory the Illuminator had at first often been consecrated by the Greek bishop of Cæsarea of Cappadocia, but their residence beyond the imperial frontier after new lines of demarcation were set between Byzantium and Persia by the agreements of ca. 387 and even 591 necessarily made of them subjects of the Sasanian king of king.[13] This double allegiance in a world whose rulers, as heads of their respective Churches, did not distinguish doctrinal dissent from political treason, could lead only to ambiguities fraught with coercion and danger.[14] It is within this narrower definition that the complicated formation of the Armenian Church may be understood.

Internally, scholars have long noted and reiterated from the beginning of the XXth century that two currents had brought Christianity to the realm of Greater Armenia. The earlier affected its southern portion, probably reaching it through the Satrapies, from the Syriac world of Antioch by way of Edessa and was traditionally associated with the evangelizing work of the apostle Addai or Thaddeus. The second, early in the IVth century, came from the Hellenized world of Cappadocia, through the missionary activity of Saint Gregory the Illuminator.[15] Nevertheless, the conclusions that still emerge far too often depict a monolithic country and Church turned from the first westward toward Constantinople, unalterably Monophysite from the

---

[12] N. G. Garsoïan, "Quelques précisions préliminaires sur le schisme entre les Églises byzantine et arménienne au sujet du concile de Chalcédoine: III. Les évêchés méridionaux limitrophes de la Mésopotamie", REArm 23 (1992) [Hereafter "Précisions III"]; repr. in Ead. *Church*, iv, pp. 40-69.

[13] *Église arménienne*, pp. 35-36, 38, 41-42, 48-49.

[14] "Fourth Century", pp. 346-352; N. G. Garsoïan, "Le rôle de la hiérarchie chrétienne dans les rapports diplomatiques entre Byzance et les Sassanides", REArm n.s. 10 (1973); repr. in *Armenia*, viii, pp. 129-138; *Église arménienne*, pp. 37-38.

[15] Ibid., pp. 2-27.

beginning — that is recognizing but one divine nature in the incarnate Logos — despite the constant denial of the Armenians, and coming to a final break with the Imperial Church in the VIth century over the Christological definition of the Council of Chalcedon — which it considered as maintaining two natures in Christ after the Incarnation. This schism resulted from Armenia's involuntary isolation brought about by the Sasanian invasion of the country in 450-451 and its consequent ignorance of the dogmatic evolution within the Church. It is this simplistic and unilateral interpretation that I should now like to address.

The dichotomy in the Christianization of Armenia manifests itself from the earliest native sources in the second half of the Vth century. The "received tradition" of the mission of Saint Gregory coming from Cappadocia rests on the well-known multiple versions of the composite Armenian *Cycle* identified by the Greek pseudonym of Agathangelos, which purports to describe the conversion of all of Greater Armenia and sets its religious center at Vałaršapat/Ējmiacin in the valley of the Araxes. Despite its all inclusive claim, however, a close anaysis of the overwhelming majority of its toponyms reveals that it relates exclusivly to the northern portion of the Arsacid realm.[16] Simultaneously, our best source for the first century of the Armenian Church, the anonymous *Epic Histories* characterize the patriarchal dignity as being that of Saint Gregory *and* Saint Thaddeus and insist that Aštišat in the south-western district of Tarawn was:

> the greatest and first church ... the mother of all the churches in all Armenia. That is the first and foremost place of honor, for [it was]there [that] the holy church was built for the first time and an altar raised in the name of the Lord.[17]

Both accounts are flawed by hagiographic *topoi* and anachronisms, but both contain unquestionable kernels of historical accuracy as they identify the two original foci of Armenian Christianity and reflect the initial north-south cultural dissimilarity paralleling the geographical division of the Arsacid kingdom of Greater Armenia.

---

[16] Ibid., pp. 2-7.

[17] BP III.xiv, p. 47, "ժողովեցան ի մեծն և նախ զառաջին եկեղեցին ի մայր եկեղեցացն ամենայն Հայաստանեայց: Այս ինքն նախ և զառաջին և զգլխաւոր տեղի պատուականն. զի յառաջ նախ անդ շինել էր սուրբ եկեղեցին, և ուղղեալ սեղան յանուն տեառն" = BP-G, p. 86; *Église arménienne*, pp. 26-27.

This profound duality also reveals itself in the bilingual use of Greek and Syriac for the liturgy and in the royal chancellery before the official adoption of Armenian in the Vth century A.D. and in the double series of translations through which the Armenians sought the teaching of the Cappadocian fathers, Saint Basil and the two Gregories as well as of Saint John Chrysostom, to name but a few, side by side with the Eastern wisdom of Aphraates and Ephraem the Syrian.[18] Father Renoux has shown that the so-called anaphora of Saint Gregory is in fact Basilian while Professor Winkler has traced the Syrian aspects of the Armenian baptismal rites and shown the links between the Armenian Creed and that of Antioch.[19]

Despite its assertion of autocephaly, the Armenian Church maintained its communion with Constantinople at least during the IVth and Vth centuries, through the consecration of several of Saint Gregory's descendants and successors at Caesarea of Cappadocia, its recognition of the first three Œcumenical Councils, its acceptance of the imperial *Edict of Union*, the *Henotikon*, and its reiterated insistance in the *Acts* of the First Council of Duin in 505/506:

> This is the faith that the Romans and we the Armenians and the Iberians and the Ałuank' [Caucasian Albanians] profess.[20]

Nevertheless, as was noted earlier, the residence of the Armenian patriarch on Sasanian territory made him automatically the subject of the king of kings to whom the council of 410 had conceded the same rights as those that the Council of Nicæa had recognized in the

---

[18] *Église arménienne*, p. 23-26, 131-133.

[19] Ch. Renoux, "L'anaphore arménienne de saint Grégoire l'Illuminateur". *Eucharisties d'Orient et d'Occident*. Lex Orandi 47 (Paris, 1970), pp. 83-108; G. Winkler, "The History of the Syriac Prebaptismal Anointing in the Light of the Earliest Armenian Sources", *Symposium Syriacum 1976*, OCA 205 (Rome, 1978), pp. 317-324; Ead., *Das armenische Initiationrituale. Entwiklungesgeschichte und liturgievergleichende Untersuchung der Quellen des 3. bis 19. Jahrhunderts*, OCA 217 (Rome, 1982); Ead., "Die Tauf-Hymnen der Armenier. Ihre Affinität mit syrischen Gedankengut", *Liturgie und Dichtung*, H. Becker and R. Kaczinski edd. (St. Ottilien, 1983), pp. 381-419; Ead., *Über die Entwicklungsgechichte des armenischen Symbolums*, OCA 262 (Rome, 2000), etc.

[20] *Girk' T'łt'oc'* [*The Book of Letters*] (Jerusalem, 1994) [Hereafter GT'], pp. 153, cf. 150, 155, "Զայս հաւատ Հոռոմք և Իբր Հայք և Վիրք և Աղուանք միաբանք"; N. G. Garsoïan, "Quelques précisions préliminaires sur le schisme entre les Églises byzantine et arménienne au sujet du concile de Chalcédcine: II. La date et les circonstances de la rupture", *L'Arménie et Byzance. Histoire et Culture* = Byzantina Sorbonensia 12 (Paris, 1996) [Hereafter "Précisions II"], repr. in *Church*, iv, pp. 104-105; *Église arménienne*, pp. 153-167, 444.

case of the Christian emperor, namely that of convoking and presiding ecclesiastical councils, of promulgating their decisions as imperial edicts and that of confirming or revoking episcopal appointments.[21] Beginning with the first Armenian council for which we possess *Acts*, that of Šahapivan in 444, until the end of the Sasanian dynasty in the VIIth century, Armenian conciliar *Acts* were invariably dated by the regnal year of the Persian king of kings thereby acknowledging his sovereignty.[22] Moreover, even though the contemporary Armenian sources may often deplore his decision, they never question his right to confirm, exile or replace their patriarch, even in the case of Saint Sahak the Great, the last direct descendant of the Illuminator, in whose family this dignity was hereditary according to Armenian customary law.[23] More than a century after the grant of autonomy to the Armnenian Church in 485, the Sasanian ruler Xusrō II would ensure the election of the Armenian kat'oḷikos Abraham I in 607 through his representative, prince Smbat Bagratuni viceroy of Hyrkania.[24]

One final aspect of Greater Armenia's relations with the East has not been given sufficient recognition. Beginning with the deportations of captive peoples to Persia following the campaigns of Šāhpūr II in the IVth century and perhaps even of his predecessor Šāhpūr I a century earlier, a link was established between Arsacid Armenia and the district of Susiana or Xužastān on the Persian gulf and its metropolis Gundešāhpūr or in Syriac Bēṭ Lāpāt. Thereafter, most Armenian sources, the early *Epic Histories*, the historians of the great Armenian rebellion against Persia in the mid V[th] century, Łazar P'arpec'i and Eḷišē, the *Acts* of both Councils of Duin in the VIth century, the acrimonious correspondence between the Armenian and Iberian Churches at the beginning of the VIIth, even the later X[th] century historian T'ovma Arcruni, never fail to note the persistant relations between Greater Armenia and Xužastān, which remained throughout this period the center of a dyophysite doctrine too extreme at times even for the Church of Persia. These contacts were usually, though not exclusively, brought about through the coming of Persian merchants and heretical missionaries, and had a major, if

---

[21] "Fourth Century", p. 350-351; *Église arménienne*, pp. 54-55.

[22] Ibid., pp. 55-57.

[23] N. G. Garsoïan, "Secular Jurisdiction over the Armenian Cburch (Fourth-Seventh Centuries)", *Okeanos. Essays Presented to Ihor Ševčenko on his Sixtieth Birthday* = Harvard Ukrainian Studies 7 (Cambridge, Mass., 1984) [Hereafter "Secular Jurisdiction"], repr. in *Armenia* ix, pp. 235-250; *Église arménienne*, pp. 58-64.

[24] Ibid, pp. 359-362, 506-515.

mostly negative, significance in the formulation of Armenian doctrine.[25]

In the light of this duality, a unilateral Hellenocentric approach to the character and evolution of the Armenian Church no longer seems warranted and these can be understood only through an appreciation of the twofold influences upon it. This is all the more so that a closer look at the contemporary evidence points to the early predominance of the Syriac tradition, at least in the south, despite the Hellenizing tendencies of the Gregorid house and of its supporters, the Mamikonean leaders of the pro-Byzantine party in Greater Armenia during the IVth to VIth centuries. The northern historian Łazar P'arpec'i, educated in the Mamikonean household, may have asserted that the Syriac liturgy was no longer comprehensible in his time, but his older contemporary Koriwn observed that the southern born creator of the Armenian alphabet, Saint Maštoc', had been compelled to learn Greek in order to enter into the bilingual royal chancellery and Łazar himself was forced to admit that Maštoc''s knowledge of Greek was not sufficient to permit his translation of the texts brought from Constantinople to Armenia by his disciples in 435.[26] They themselves, sent to Edessa to translate the works of the Syrian fathers immediately set to work, but on moving subsequently to Constantinople, they were first constrained to study before doing the same for the Greek ones.[27]

This early cultural dominance of the Syriac tradition apparently carried theological implications as well. The consecration of the Armenian patriarch at Cæsarea seems to have been abandoned after the murder of the Illuminator's great great grandson, Saint Nersēs in 373 and in any case was not performed for his son Saint Sahak, the last representative of the Gregorid house.[28] Still more significant are the early V[th] century journeys of his collaborator, Saint Maštoc', who far from seeking the assistance of the Greeks, first turned to the Mesopotamian cities of Edessa, Amida and Samosata in his search for an alphabet suitable for the Armenian language. Nearly a century ago, Father Paul Peeters pointed out that the friendly reception Maštoc' received in all three cities necessarily implied that he shared the dyo-

---

[25] Ibid., pp. 29-35, 203, 222-227, 232-233, 323-331, 475, 476-477.

[26] ŁP', I.x p. 13, 16 = ŁP'-T pp. 47-48; Koriun, *Vark' Maštoc'i*, M. Abelyan ed. (Erevan, 1941 repr. Cairo, 1954, Albany, N.Y, 1985) [Hereafter K], iii, p. 36 = B. Norehad tr., *The Life of Mashtots* (New York, 1964; repr Atlanta, 1985) [Hereafter K-N], p. 27; *Église arménienne*, pp. 23-25.

[27] K, xix, p. 74 = K-N, p. 43; *Église arménienne*, p. 25.

[28] *Vide supra* n. 13.

physite christology of the School of Antioch, as set out by bishop Theodore of Mopsuetia, espoused at that time by their respective bishops, but which was soon to be condemned as "Nestorian" and dividing the two natures of the incarnate Christ at the first Council of Ephesus.[29] This conclusion as to his doctrinal orientation is reinforced by Maštoc''s second journey now to Constantinople which was facilitated and sponsored by the future *magister utriusque militiae per Orientem* Anatolius, a friend of the great dyophysite theologian Theodoret of Cyr and the future president of the Council of Chalcedon, held to be "Nestorian" by the Monophysites. Under these circumstances, there seems to be little reason to doubt that during the immediately pre-Ephesian period Maštoc', as well as his patron and colleague, the patriarch Saint Sahak and the Armenian Church in general, had shared the dyophysite tendencies of their neighbouring Churches in the East, whose bishops presented themselves at the first Council of Ephesus in support of their patriarch, John of Antioch, the opponent of Saint Cyril of Alexamdria.[30]

This first dogmatic position was to be reversed soon after the Council. The Churches of the East, with minimal exceptions, as well as John of Antioch himself reconciled themselves with Cyril of Alexandria and the patriarch Proklos of Constantinople by 433. One of the most ardent supporters of the dyophysite interpretation of Theodore of Mopsuestia, Rabbula of Edessa, the host of Maštoc' during his earlier visit, totally reversed his position and ordered Theodore's works to be publicly burned.[31]

Eastern bishops within the boundaries of the Byzantine empire such as Rabbula of Edessa or his patriarch John of Antioch could count on the support of the imperial authorities, but the situation in Persarmenia was far more difficult. Exercising his acknowledged secular jurisdiction over the Armenian Church, the Persian king of kings sent the legitimate patriarch Saint Sahak, who had ascended his dignity without the sanction of the Persian court, into exile in his own domain, took away most of his prerogatives and appointed in his

---

[29] N. G. Garsoïan, "Acace de Mélitène et la présence de dyophysites en Arménie au début du Ve siècle", *Res Orientales* 7 = *Au carrefour des religions: Mélanges offerts à Philippe Gignoux* (Paris, 1995) [Hereafter "Acace"], repr. in *Church* ii, pp. 76-77. P. Peeters, "Pour l'histoire des origines de l'alphabt arménien", REArm [première série] 9 (1929), pp. 203-237; repr. in Id. *Recherches d'histoire et de philologie orientales* I (Bruxelles, 1951), pp. 171-207; *Église arménienne*, pp. 67-70.

[30] K, xvi, pp. 64, 66 = K-N, p. 38; "Acace", p. 70-77; *Église arménienne*, pp. 70-76, 121-123.

[31] Ibid, pp. 68, 72; "Acace", p. 76.

stead successive Armenian and especially Syrian anti-patriarchs, whose doctrinal views must have been those of the dyophysite Church of Persia whence they came.[32] The spread of translations of the works of Theodore of Mopsuestia probably by means of their entourage was noted by both Koriwn and other contemporary sources.[33] Alarmed by this propaganda, shaken by the news of the Ephesian decision brought to Armenia by Maštoc''s disciples, counselled and urged by Rabbula of Edessa, his colleague Akakios of Melitene metropolitan of Imperial Armenia II and the patriarch Proklos of Constantinople, to whom he had turned for advice, understandably embittered by his exile and the loss of the hereditary patriarchal rights and prerogatives of his family, Saint Sahak seems to have made the same 180 degree volte-face as his neighbours. However, given his precarious position and the powerlessness which he bewails in the *Letters* to his Greek colleagues, threatened by the overwhelming might of the Persian king who favoured his rivals, Sahak was in no position to act openly or to extend his own conversion outside the immediate, limited circle of his faithful supporters. The surviving sources, drawn from their milieu, present all of Armenia as sharing the views of its last Gregorid patriarch and his successors in the latter part of the Vth century sought to maintain his new doctrinal views, but the opposing Christological position supported by Persian appointees perpetuated divisive elements within the country after his death.[34]

The catastrophic events attending the great Armenian rebellion against the Persian attempt to reimpose Zoroastrianism on the country in the mid-Vth century, which annihilated the leaders of both its nobility and its Church, bar the possibility of deriving a clear picture of Armenia's ecclesiastical situation until the Persian concession of its political and religious autonomy in 485. The most that can be said is that the intensification of hostility toward Persia probably helped to draw the Armenian Church together under northern patriarchs turned toward Byzanium. As we have already seen, the imperial *Henotikon* may well have been accepted by it together with its Transcaucasian neighbours at a council held in 491, and it was adhered to by all the the participants of the First Council of Duin in 505/506. Thus, with the beginning of the VIth century we find the Armenian

---

[32] *Vide supra*, n. 23.
[33] K, xxiii, p. 86 = K-N, p. 47; *Église arménienne*, pp. 97-98, 107-110.
[34] Ibid., pp. 106-108, 113-134.

Church still in communion with Constantinople[35] and increasingly alienated from the Church of Persia, which had rejected the authority of the "Western Fathers" as early as 424 and had formally adopted the dyophysite christology of Theodore of Mopsuestia at its own councils held at Gundešāpūr/Bēṭ Lāpāt and Seleucia/Ctesiphon in 484, 486 and 496.[36] It is this antagonism to the Church of Persia, and not to Chalcedon which is the guiding factor clarifying the often misunderstood position of the Armenian Church in the VIth century.

The traditional interpretation of the purpose of the two great councils held at Duin: the first in 505/506 under the kat'olikos Babgēn I and the second on Palm Sunday, 21 March 555 under the kat'olikos Nersēs II, was the condemnation of the christological definition of the Council of Chalcedon at one or the other, and the consequent schism between the Armenian and Imperial Churches.[37] In the light of the contemporary evidence of the *Conciliar Act* of the first council and the *Pact of Union* of the second — both preserved in the official correspondence of the Armenian Church, known as the *Book of Letters (Girk' T'łt'oc')* — two major objections stand in the way of these conclusions. We have just seen that in 505/506 all the Churches of Transcaucasia were still in communion with Constantinople, as the *Acts* of the first council unequivocally reiterate.[38] No break between them *de jure* or even *de facto* could occur until the abrogation of the *Henotikon* by the emperor Justin I in 518. More crucially, the word "Chalcedon" does not occur anywhere in the *Acts* of either council. Furthermore, no amount of willful distortion of the doctrine condemned as "Nestorian" at the First Council:

> There are two sons, one the Divine Logos, the equal of the Father, who came down fom heaven, and the other one Jesus, a mortal man similar to ourselves, who was born of Mary. And because he was more virtuous than all men, he was honoured with the name of Son of God through grace only. But he was not the Son of God, but a created mortal man like ourselves ... who came to be worthy of becoming the temple of

---

[35] Ibid., pp. 126, 135-136, and *supra* n. 20. On the great revolt of the Armenians against the Sasanians, see ŁP', II.xx-III.lxi, pp. 39-110 = ŁP'-T, pp. 75-182 and E = E-T.

[36] *Église arménienne*, pp. 168-177.

[37] "Précisions II", p. 100.

[38] *Vide supra* n. 20. Moreover, the council cannot have been convoked to receive a mission from Persia (*vide infra*, n. 42), since its *Acts* explicitly state that the council was already sitting when the Persian envoys arrived, see GT', p. 149; "Précisions II", p. 104; *Église arménienne*, p. 441.

the Divine Logos ... and the Divine Logos descended from heaven and dwelt in him, that is in Jesus.

can identify this doctrine with the symbol of Chalcedon, whose fathers would have been as horrified by it as those of Ephesus twenty years earlier.[39] Hence, the hypothesis of Garitte that the term "Nestorian" in this context is to be taken as a synonym for "Chalcedonian", becomes clearly untenable, whatever would eventually become the case in X[th] century polemics.[40]

In opposition to the silence of the Armenian conciliar documents regarding recent developments in the Imperial Church, the *Acts* of the first council in particular display a minute and unfailingly accurate familiarity with the protagonists, the dates and places of the late V[th] century councils which set the doctrine of the Church of Persia and which they identify without the slightest error.[41] The attention of the Armenian bishops was unmistakably focused not on the West but rather on the East, whence a Persian mission alarmed by what it considered to be a heretical manifestation in its own country, had come to seek their advice.[42] The misgivings of the Armenians at the doctrinal news they were receiving form Persia were fully supported and intensified by a more tangible danger. Both Syriac and Armenian sources agree that the leader of the extreme dyophysite party in Persia, Barṣauma metropolitan bishop of Nisibis, the convener of the first synod in 484 at Gundešāpūr/Bēṭ Lāpāṭ in Xužastān, was forcibly proselytizing not only in his own border see of Nisibis, which included the territories of several of the former Armenian Satrapies, but possibly in the southern portion of Greater Armenia itself.[43] Surviving documents, such as the *Letter concerning the Faith sent to the Blessed one of Arzōn in Persia* by the monophysite Jacob of Sarug, show that his opponents in the region of the Satrapies were well

---

[39] GT', pp. 153-155; "Précisions II", p. 103-109; *Église arménienne*, pp. 176-179, 444-445.

[40] G. Garitte, *La narratio de rebus Armeniae*, CSCO 132, subs. 4 (Louvain, 1952) [Hereafter *Narratio*], pp. 151-162; "Précisions II", pp. 107-108; *Église arménienne*, pp. 218-220.

[41] *Église arménienne*, pp. 186-188, 453-454 and the next note.

[42] GT', pp. 148-150; "Précisions II", p. 104; "Précisions III", pp. 65-66 and the preceding note.

[43] "Précisions III", pp. 63-69; *Église arménienne*, pp. 183-186, 190-192 and the next note.

aware of the dyophysite danger, which the Persian mission had reported to the kat'ołikos Babgēn and his colleagues.[44]

Fifty years later the *Pact* of the second council of 555 still remembered with precision all the stages of Barṣauma's career, from his original flight from Edessa in his youth, to his election to the see of Nisibis and his calling of the synod of 484 in Xužastān, although it mistakenly identifies him with the eponymous father of the dyophysite heresy, Nestorius of Constantinople.[45] The threat presented by Barṣauma's activity to the recently achieved, and perhaps precarious, unity of the Armenian Church could not be overlooked. The vacillating bishops of the southern regions of Persarmenia, which had once looked southward to Antioch rather than westward to Cappadocia, and where the influence of the Theodoran Christology supported by the Syrian anti-patriarchs of the early V[th] century possibly still lingered, might therefore dissociate themselves from their northern colleagues. The circumstances which clearly attended the calling of the council of 555 demonstrate that such fears were not imaginary.

All the contemporary evidence we possess shows that far from attenuating, the situation in 555 was even more critical than it had been at the time of the earlier council. The threatening *Letter of Blame* of the kat'ołikos Nersēs II, significantly addressed exclusively to the bishops of southern Armenia, who had failed to obey his earlier summons to a council directed against heretical missionaries from Xužastān, indicates that they had indeed been affected by the proselytism from Persia.[46] Most of them stayed away from the Council of 555, which once again condemned "Nestorians" come from Xužastān on the Persian Gulf and thus categorically turned its back on the Constantinopolitan suburb of Chalcedon. Some of them would not reappear until the beginning of the VIIth century.[47] A subsequent *Letter* of the kat'ołikos to two southern bishops obedient to his orders, urging them to remain vigilant and carry out the conciliar decision, attests that the disaffection of the South was not a passing phase but

---

[44] Jacques de Saroug, "Lettre sur la foi aux bienheureux d'Arzoun", M. Albert tr. *L'Orient syrien*, XII/4 (1967), pp. 496-503; *Église arménienne*, pp. 178-183.

[45] GT', pp. 199-200, "*անիծեալ զՆեստոր իղբերն ի բաց ընկեցին, արարեալ զնա Հայածական յառաջ աշխարհէ ի կողմանս Մծբնացւոց, զոր երթեալ խմորեաց շարագիւտ արուեստիւ իւրով զոգիս նոցա, արարեալ զնոսա վիշաբրս և խաւարանակս, յոր ըմբռնեցան և կողմանքն Խուժաստանի*"; *Église arménienne*, pp. 189-190, 476.

[46] GT', pp. 196-197; "Précisions III", pp. 69-72; *Église arménienne*, pp. 197-200, 231-235, 474-476 and the next note.

[47] "Précisions III", pp. 73-74; *Église arménienne*, pp. 235-237 and the next note.

continued to linger.[48] The old, seemingly healed, north-south split within Armenian Christianity had apparently broken out once more along the same line of division. Even more seriously, contemporary sources, both Armenian and Syriac, record the presence of a dyophysite community in Duin itself, at the very heart of the Armenian Church.[49] The threat of spreading dyophysitism in Greater Armenia during much of the VIth century was so evident that two major councils had to be called to meet it.

At least until the third quarter of the VIth century, all indices, both internal and external, continue to point to a negative reaction of the Armenian Church to the dyophysite proselytism, which it viewed as "Nestorian", reaching it from Persia and more particularly from the region of Xužastān, rather than to a focus on the doctrinal developments at Chalcedon and in the Imperial Church in general. The abrogation of the *Henotikon* in 518 unquestionably created a breach *de facto* but it seems to have remained subliminal and not beyond remedy. Anti-Chalcedonian sentiments may have grown in Greater Armenia, but no further steps were undertaken to make it official. Had an overt schism actually occurred, Justin II's support of the Armenian rebellion against Persia in 571-572 under prince Vardan II Mamikonean would become incomprehensible. As *isapostolos* and therefore defender of the faith, the Orthodox emperor, could not have undertaken the protection of heretics. Similarly on the Armenian side, Vardan would not have sought asylum in Constantinople after the failure of his rebellion, nor accepted service in the Imperial army for which an Orthodox confession was a *sine qua non*. The communion of the refugee Armenian kat'olikos Yovhannēs II Gabełean with the Imperial patriarch during his stay in the Byzantine capital, reluctantly admitted by Monophysite sources and condemned by the more obdurate Armenian episcopate which had remained at home, would likewise have been impossible. Consequently, some form of compromise could still be reached, even at this late date.[50]

The persistant propaganda stemming primarily from the Monophysite communities that had fled eastward to seek refuge in Mesopotamia after the death in 548 of their protectress, the empress Theodora, undoubtedly influenced the Armenians, gradually turning their attention from East to West and intensified the tension between

---

[48] GT', pp. 204-205; "Précisions III", pp. 72-73; *Église arménienne*, pp. 235, 479-481 and the preceding note.

[49] GT', pp. 200-201; 476-477; *Église arménienne*, pp. 227-231, 237, 476-477.

[50] "Secular Jurisdiction", p. 224; *Église arménienne*, pp. 196-197, 241-263.

the two Churches. The translation into Armenian of such violently anti-Chalcedonian works as the *Treatises* of the Monophysite patriarch of Alexandria, Timothy Ælurus and those of bishop Philoxenus of Mabbug likewise led the Armenian Church to detect in the Chalcedonian symbol unacceptable similarities with the Persian "Nestorian" dyophysitism it had repeatedly condemned.[51] However, this shift was slow and took the better part of half a century. The heavy-handed policy of the emperor Maurice intransigeantly asserting his authority as defender of the faith and the dramatically altered political situation in the East at the turn of the VIIth century would be necessary before the Armenian Church would officially reject the doctrine of Constantinople as it had earlier condemned that of Seleucia/Ctesiphon.

Three principal factors helped push the growing hostility of the Armenians toward the Imperial Church beyond the point of no return. The Peace of 591 between the emperor Maurice and the young Persian king of kings Xusrō II, who ceded to Byzantium the western border regions of his empire, moved their common frontier sharply eastward for the first time in more than two centuries, reversing thereby the situation that had prevailed since the end of the IVth century. The greater part of Persarmenia was now conceded by the Sasanian ruler to Constantinople. As a direct consequence of this geographical shift, the jurisdiction of the Armenian kat'oɫikos was severely curtailed by the loss of all his western sees, which passed to the Imperial Church.[52] Immediately asserting his authority, Maurice summoned the entire Armenian episcopate to a council of union similar to the synod that had seemingly taken place in 572. The residence of the kat'oɫikos Movsēs II on Persian territory beyond Maurice's reach gave him the possibility of scorning the imperial orders and of returning to the summons his famous defiant reply:

> I will not cross the Azat river, which is the Persian border to eat oven baked leavened bread or drink hot water.

He could not, however, prevent the attendance of the newly imperial Armenian bishops at the council of union and the establishment by Maurice of an anti-patriarch who inaugurated a twenty year inter-

---

[51] Ibid., pp, 144, 197-198, 238, 243. The date of the translation into Armenian of Timothy Ælurus' *Refutation of the council of Chalcedon* remains disputed, but the middle of the VIth century seems most likely. See Ibid., p. 238 n. 312.

[52] Ibid., pp. 263-267 and the next note.

nal schism within the Armenian Church.[53] This diminished jurisdiction of the Armenian kat'olikos necessarily reduced his authority and prestige, not only within the remaining territories of Persarmenia, but vis-à-vis the other Churches of Transcaucasia: Siwnik', Caucasian Albania and Eastern Iberia or Kart'li. At the beginning of the VIIth century, the further schism with the latter, now in communion with Constantinople, added the threat of territorial encirclement as it extended the pro-Chalcedonian world along Armenia's northern border. The danger, now from Byzantium rather than Persia, was unmistakable and precluded any possiblity of a dogmatic compromise which might lead to the domination and even absorption of the entire Armenian Church by the empire. Once more, the situation was critical.[54]

The dramatic political reversal that followed the murder of Maurice in 602 radically transformed the external balance of power. Even earlier, Persian protection had assured the safety of Movsēs II. Now, reasserting the full secular jurisdiction of the king of kings over the Armenian Church, which he does not seem to have renounced despite the grant of autonomy at the end of the Vth century, Xusrō II intervened, directly, if benevolently, into its affairs. A sequence of councils held in 607 under the supervision of the representative of the Sasanian court, prince Smbat Bagratuni, freed Armenia from the threat of Byzantine interference. Continuity was insured by the election of a new kat'olikos, Abraham I, after the three years' vacancy that had followed the death of Movsēs II. The Chalcedonian doctrine was now explicitly and officially condemned by the assembled Armenian bishops, sealing the breach with Constantinople *de jure*.[55] As the Sasanian armies reconquered the territories ceded to the empire in 591, the internal Armenian schism came to an end with the deportation and death in Persia of the anti-patriarch instituted by Maurice. The western Armenian bishops returned to their former allegiance and sought their re-integration into the Armenian Church. Siwnik' and subsequently Aluank', though not Iberia, acknowledged once more the overlordship of the Armenian kat'olikos. The shattered Transcaucasian union was at least partially restored in the wake of

---

[53] *Narratio* §102, p. 40, "Ὁ δὲ καθολικὸς Μωσῆς οὐ προσέσχε τοῖς προσταχθεῖσι, λέγων· «Οὐ μὴ παρέλθω τὸν ποταμὸν Ἀζὰτ οὐδ' οὐ μὴ φάγω φουρνιτάριν οὐδ' οὐ μὴ πίω θερμόν»; *Église arménienne*, pp. 267-282.

[54] Ibid., pp. 283-353, 516-583.

[55] Ibid., pp. 357-363, 379-382, 506-513 and *supra* nn. 21, 23.

the Persian interference.⁵⁶ The pendulum had swung once more to the East.

We have, of course, no way of knowing what might have been the further consequences of the renewed preponderant rôle of Persia. Byzantium under the Heraklian dynasty did not reconcile itself with its loss of control and repeatedly sought to reestablish it during the VIIth century, though without permanent results. The favour shown by Xusrō II to the Monophysite communities within his realm probably had a more serious purpose than the romantic causes usually attributed to it. It may have been intended as a means of strengthening anti-Byzantine centers along his western border in Armenia and Mesopotamia, but it ran counter to the normal policy of the Persian rulers and to the Theodoran doctrine of their State Church. Whatever the case, the Arab invasions of the mid-VIIth century destroyed the Sasanian realm and distracted the emperors by forcibly shifting the theatre of operations with Byzantium westward away from Armenian territories. The interval before the establishment of the Arab dominion over eastern Anatolia and Transcaucasia in the VIIIth century finally freed the Armenian Church from the pressure of both sides that had attended its earlier development. It gave it the breathing space needed to complete the formulation of its own institutions and canon finally achieved at the beginning of the VIIIth century under the able supervision and guidance of the kat'ołikos Yovhannēs Awjnec'i.⁵⁷

Of necessity, this brief survey has been over simplified and numerous problems still remain, unresolved or still open to debate. Even so, the evidence we already possess suggests that it is no longer possible to view the Pre-Islamic development of the Armenian Church as a simple unilateral trajectory. The contemporary indices point rather to a complicated and subtle political and dogmatic oscillation over several centuries in response to alternating pressures coming from Persia and Byzantium. It is only through a further tracing of the interplay of these multiple factors that the ultimate arduous achievement by the Armenian Church of its own doctrinal position and identity can become understandable and historically congruent.

---

[56] Ibid., pp. 355-356, 363-374, 514-515.
[57] Ibid., pp. 374-398.

VII

Taron
as an Early Christian Armenian Center

The Armenian "received tradition" on the Christianization of the country has enshrined the apostolic mission of Saint Gregory the Illuminator as recorded in the Cycle attributed to an unknown author bearing the Greek name of *"Agatangeghos"* (Agatʿangełos), that is, the "bearer of good news." The Cycle is preserved in a number of variants and versions of which the earliest known to us probably dates from the sixties of the sixth century.[1] According to this tradition, the saint had come from Cappadocia to evangelize Armenia, had at first been tortured by the still-pagan king, Trdat (Tiridates) the Great, had been miraculously saved from the pit into which he had been cast to die, had converted the king with his household and destroyed the pagan shrines in the country, had been consecrated by Leontius, bishop of Caesarea in Cappadocia during a council of bishops, and had returned to Armenia to baptize the whole country and lay the foundation of the hierarchy of the Armenian Church.[2] As the original version of the story was unquestionably in Armenian, the author's claim to have been an eyewitness of Saint Gregory's mission and of the conversion of the entire country early in the fourth century cannot

---

[1] Agathangelos, *History of the Armenians*, trans. and comm. Robert W. Thomson (Albany, NY: State University of New York Press, 1976), pp. xxi-xxiii, lxxviii-lxxix, xc, cited hereafter as Aa. Many of the aspects of this synthesis are treated in greater depth in my study, *L'Église arménienne et le Grand Schisme d'Orient*, in the series *Corpus Scriptorum Christianorum Orientalium*, vol. 574. Subsidia 100 (Louvain: Peeters, 1999).

[2] Aa §24-34, 48-124, 214-25, 778-819, 829-45, 856, pp. 42/43-50/51, 60/61-136/37, 218/19-26/27, 316/17-56/57, 364/65-80/81, 390/91.

conceivably be true, since the Armenian alphabet was created by Saint Mashtots a full century later.[3] Moreover, the number of 400 bishops purportedly established in Armenia by Saint Gregory is utterly fantastic for the period.[4] Numerous other details in the account of "Agatangeghos" about the conversion of the king and of his kingdom are unmistakably legendary, but still others are corroborated from independent sources. The presence of Bishop Leontius at Caesarea in Cappadocia and the holding of a church council there in 314 are both duly attested and provide an authentic setting for the "Agatangeghos" account of Saint Gregory's consecration.[5]

Our closest and best source for the earliest period of the Armenian Church, the anonymous compilation known as *The Epic Histories (Buzandaran Patmut'iwnk')*, mistakenly attributed to a Pʻawstos (Pavstos) Buzand, insists that the patriarchal dignity from generation to generation could belong by right only to a descendant of Saint Gregory, as long as one could be found:

> Then they [the Armenian magnates] took counsel as to whom they might find as their spiritual-leader [*arajnord*], and the unanimous common agreement was that they should find someone from the princely house of Grigor who might occupy the throne of his fathers.[6]

If this proved impossible, other candidates might reluctantly be chosen:

> Then, at that time, the council-of-the-realm deliberated as to who should hold the patriarchal *katʻoɫikate*. Then, since there was no one worthy of this dignity from the house of Grigor [as his great-

---

[3] Aa, §14, pp. 24/25.

[4] Aa, §856. See Nicolas Adontz, *Armenia in the Period of Justinian*, trans. and comm. Nina G. Garsoïan (Lisbon: Calouste Gulbenkian Foundation, 1970), pp. 254-56.

[5] Joseph Lebon, "Sur un concile de Césarée," *Le Muséon* 51 (1938): 89-132.

[6] Pʻawstos Buzand, *Patmutʻiwn Hayots*, 4th ed. (Venice: Mekhitarist Press, 1933), III.xv, p. 54, cited hereafter as BP = trans. and comm. Nina G. Garsoïan, *The Epic Histories Attributed to P'awstos Buzand (Buzandaran Patmut'iwnk')* (Cambridge, MA: Harvard University Press, 1989), p. 91, hereafter BP-G.

grand sons had refused], they designated a certain Sahak. . . .⁷

But the welfare of the realm was tied to the continuation of the patriarchal dignity in the Gregorid house to which it was returned, as soon as possible:

> Then, this counsel prevailed over all those present: that they should find a spiritual-leader among the remaining descendants of the house of Grigor. "For," they all said to the king, "since God has renewed your kingdom, so must the spiritual-leadership also be renewed through one of his descendants. For," they said, "with the renewal of this throne the moral luster of this realm of Armenia shall likewise be renewed."⁸

Consequently, there is no reason to reject the "received tradition" in its entirety, but its information is partial and must be complemented.

Specifically, one of the significant aspects of the account of "Agatangeghos" has not been sufficiently noted. Despite the fact that the author always presents the mission of Saint Gregory as having been addressed to the entire realm of Armenia, it is in fact directed to the Arsacid (Arshakuni) kingdom of Greater Armenia, which lay beyond the Euphrates River marking the eastern border of the Roman Empire, rather than to the Roman provinces of Lesser Armenia, west of the river, or to the semi-autonomous principalities or Satrapies of the south. It is moreover restricted to the northern portion of the realm in Greater Armenia. Even though the author asserts that Saint Gregory's activities took him to the four corners of the Armenian kingdom,⁹ the only southern site the author mentions specifically in his description of the saint's destruction of the shrines of the Zoroastrian divinities is that of Vahagn, the Golden Mother Anahit, and Astghik, at Ashtishat in the southwestern district of Taron.¹⁰ All the other heathen temples whose destruction is mentioned are located in the districts of Ayrarat, Daranaghik, Ekegheats, and Derjan, all

---

⁷ BP, III.xvii, p. 56 = BP-G, p. 92.
⁸ BP, IV.iii, pp. 77-78 = BP-G, pp. 108-09.
⁹ Aa, §842, p. 376/77.
¹⁰ Aa, §809-813, pp. 346/47-352/53.

found in the northern and northwestern portions of the kingdom.[11] Similarly, some of the variant versions of the mission of Saint Gregory locate the overwhelming majority of the bishoprics founded by him in the north.[12] In the earliest, Armenian version of his *History* to have reached us, "Agatangeghos" explicitly states that Gregory's divine vision identified the first site of Armenian Christianity north of the Araxes River and consequently, once again, in the northern part of the realm:

> 741. ... For the holy martyrs who were martyred here have made a road for these Northern regions, since they have gone up and made paths for others.[13]
>
> 742. Behold this light which filled the land is the preaching of the gospel, which also fills the Northern region. And the host of light greatly desired to descend. ...[14]
>
> 841. He [Gregory] then arrived in ... the capital of the province of Ayrarat, in the city of Vałaršapat where a beginning of the divine commandments had first been made; where he had first observed (the vision) and set up the indicated sign of the holy cross, ... and he had built the indicated place for the house of God, which had been shown him in the vision ... and where he had erected the church of Christ.[15]

Thus, despite the assertions of the "received tradition" which was to become dominant in Armenia concerning the unique character of Saint Gregory's mission and the preeminence of the city of Vagharshapat, another Christian center had existed in Greater

---

[11] Aa, §778, 784-86, 789-90, pp. 316/17, 322/23-28/29. See Heinrich Hübschmann, *Die altarmenische Ortsnamen* (Strassbourg: K.J. Trubner, 1904; repr. Amsterdam: Oriental Press,1969), pp. 244, 248-64, 286-87, 361-71; Robert H. Hewsen, trans. and comm., *The Geography of Ananias of Širak (Ašxarhacʻoycʻ): The Long and the Short Recensions* (Wiesbaden: Reichert, 1992), pp. 59-59A, 65, 70-74, 150-52, 210-20, maps. pp. 60A, 61, 68A.

[12] Gérard Garitte, *Documents pour l'étude du livre d'Agathange*, in the series *Studi e Testi* 127 (Vatican City: Biblioteca Apostolica Vaticana, 1946), pp. 102-04; Garsoïan, *L'Église*, pp. 7-8.

[13] Aa, §741-42, p. 282/83.

[14] Ibid.

[15] Aa, §641, pp. 374/75-76/77.

TARON AS AN EARLY CHRISTIAN ARMENIAN CENTER

Armenia.

In the early twentieth century, the great historian Nicolas Adontz had already noted the presence as early as the mid-third century of an Armenian bishop named Meruzanes in Greek and observed that this name, Meruzhan in Armenian, was specifically identified with the family of the Artsruni dynasts of Sophene (Armenian: Tsopk, Cop'k') in the southern region of the Satrapies.[16] The persistent tradition on which the Armenian Church based its claim of being an apostolic foundation traced its origin back to the apostle Thaddeus or Addai who had come to Armenia from the Mesopotamian city of Edessa.[17] Although this tradition also contained problematic legendary elements, it points clearly to the presence in southern Greater Armenia of an early Christian current preceding the mission of Saint Gregory and derived from the southern Syrian world based ultimately on the city of Antioch rather than on Greek Cappadocia.

Whatever the accuracy of this early tradition, the author of the *Epic Histories*, who, as was already said, is our best and most detailed source for fourth-century Armenian Christianity, places it not in the north of Greater Armenia as claimed by the "received tradition" detailed by "Agatangeghos" but unequivocally in the southern district of Taron and furthermore ties it unmistakably to the Syrian world:

> At that time, . . . the holy elder the *chorepiskopos* Daniēl, an admirable man, was still alive. He had been a pupil of the great Grigor and the supervisor and head of the churches in the province of Tarōn the appanage of Grigor. He had the authority of the office of supreme justice in this region, and he held this authority alone. Moreover, he was the overseer, law-giver, supervisor and guardian of all the churches of Greater Armenia, in every locality. . . .
>
> He was of Syrian race [*azg*] and held the dignity of the chief throne of Tarōn, of the great and first church of the mother-of-the-churches in all Armenia. That is to say of the first and foremost place of honor, for [it was] there [that] the holy church was

---

[16] Adontz, *Armenia*, pp. 270-71.
[17] Michel van Esbroeck, "Le roi Sanatrouk et l'apôtre Thaddée," *Revue des études arméniennes*, n.s., 9 (1972): 241-83.

built for the first time and an altar raised in the name of the Lord. . . . [I]t was the wish of the realm to honor these places of their father bishops from ancient times . . . and likewise above all, the first church . . . at the place called Aštišat [Ashtishat]. . . .[18]

In the face of this categoric statement, there does not seem to be any possibility of doubting that the holy site of Ashtishat of Taron, where three Zoroastrian gods had formerly had their temples, was a major and perhaps the main center of Armenian Christianity in the mid-fourth century as against the claim of Vagharshapat, which was to become dominant in the later tradition. Despite the attempt of the author of the *Epic Histories* to subordinate the Syrian Daniel to Saint Gregory, his own admission that Daniel was the supervisor of "all the churches in Greater Armenia" and that the "the holy church was built for the first time" at Ashtishat of Taron establish beyond question both his preeminence and that of his see of Taron.

The importance of Ashtishat in the eyes of the House of Saint Gregory as well is likewise noted by the author of the *Epic Histories*. Stressing again that here was "the first and motherchurch of Armenia, which was in the land of Tarōn," he places there the miraculous victory of Saint Gregory's second successor, his son Saint Vrtanes, over the plot of the evil pagan priests.[19] Three generations later, Ashtishat, together with the whole of Taron, was still identified as the first church of Armenia and as part of the Gregorid "original hereditary appanage," where they possessed an episcopal palace which the patriarch Saint Nerses the Great defended successfully against the crown's attempts at encroachment.[20]

The author of the *Epic Histories*, who was probably himself a native of Taron, as his compilation was in large part composed in praise of the Mamikonian lords of the district at the time, was clearly as thoroughly acquainted with the Syrian tradition as he

---

[18] BP, III.xiv, pp. 46-47 = BP-G, pp. 86-87.
[19] BP, III.iii, p. 19 = BP-G, pp. 68-69.
[20] BP, IV.xiv, pp. 122-24 = BP-G, pp. 139-40.

was with that of Cappadocia.[21] The Armenian in which his work was composed displays a number of Syriacisms.[22] He is familiar with the legend of Saint James, bishop of Nisibis in Mesopotamia, of whom he makes an Armenian saint, and he places the tale of the saint's finding of the wood of Noah's Ark on Mount Sararad, the modern Mount Giudi near Nisibis, in accordance with the Syrian and generally Oriental tradition, rather than on the northern Mount Masis/Ararat, to which it was transported by later Armenian sources.[23]

Both the cultural importance of Taron and its links with the Syrian world are likewise still visible in the subsequent fifth century. The creator of the Armenian alphabet—crucial for the safeguarding of the Armenian identity from the danger of being absorbed by its overlord at the time, the powerful Iranian culture[24]—was a native of the village of Hacʻekacʻ (Hatsekats) in Taron, according to his biographer Koriwn (Koriun).[25] According to the same source, he learned Greek to supplement his second language, Syriac, in order to enter the bilingual (Greek and Syriac) royal Armenian chancellery, though, a nearly contemporary historian Łazar Pʻarpecʻi (Ghazar Parpetsi), states that he did not achieve a complete mastery of this language:

> When the letters had been invented, the blessed Maštocʻ set to work; the holy Armenian patriarch Sahak . . . gave him as assistants other learned and intelligent men from among the priests of Armenia, who were also somewhat familiar with Greek spelling like the blessed Maštocʻ. . . . However, the blessed Maštocʻ and

---

[21] BP-G, pp. 3, 16, 44-45. On the Mamikonians as Lords of Taron, see Levon Avdoyan, "Feudal Histories: Paying Court to the Mamikonians and Bagratunis of Taron," in this volume.

[22] BP-G, p. 8, esp. n30.

[23] BP, III.x, pp. 33-34 = BP-G, pp. 77-78, 252-53n3, 489, s.v. "Sararad."

[24] Paul Peeters, "Pour l'histoire des origines de l'alphabet arménien," *Revue des études arméniennes* 9 (1929): 203-37; repr. idem, *Recherches d'histoire et de philologie orientales,* vol. 1 (Brussels: Société des Bollandistes, 1951), pp. 171-207.

[25] Koriwn, *Vark Mashtotsi* [Life of Mashtots], ed. Manuk Abeghyan (Erevan: Haypethrat, 1941; repr. in *Classical Armenian Texts and Reprint Series*, gen. ed. J.A.C. Greppin (Delmar, NY: Caravan Books, 1985), iii, p. 36 = trans. Bedros Norehad: Koriun, *The Life of Mashtots* (New York: A.G.B.U. of America, 1964), p. 27. BP-G, p. 467, s.v. "Hacʻekacʻ" (Hatsekats).

the honourable priests with him were unable to undertake such a difficult and important task—the translation of the bible from Greek into Armenian—because they were not sufficiently skilled in the study of Greek.[26]

It should also be noted that in his search for an alphabet suited to the Armenian language, Mashtots first followed the pattern characteristic for his home district of Taron and turned for help and advice to the Mesopotamian cities of Edessa, Amida, and Samosata and to a Syrian bishop also named Daniel, rather than to the Greek-speaking world to the west.[27] Even one generation later the southern cultural tradition apparently continued to predominate in the learned Armenian milieu, since the pupils sent by Saint Mashtots to Edessa in order to translate the works of the Syrian fathers set immediately to their task, but on their subsequent transfer to Constantinople they first needed to perfect their insufficient skills before undertaking to do the same for the Greek texts:

> And it so happened that they dispatched two brothers from among their pupils to the city of Edessa in the region of the Syrians . . . for the purpose of translating and writing down the traditions of the church fathers from Syriac to Armenian.
> The translators, therefore, upon arriving at their destination, carried out their orders and sent [the translations] to the excellent fathers. Then they went to the region of the Greeks where they studied and became proficient translators from the Greek language.[28]

The importance of Taron as an ecclesiastical center continued into the seventh century, as the Armenian Church affirmed its dogmatic position in opposition to the so-called "Nestorian" doctrine separating the divine and human natures of Christ, thereby

---

[26] Ghazar Parpetsi, *Parpetsvoy Patmutiun Hayots ev tught ar Vahan Mamikonian* [Parpetsi's History and Letter to Vahan Mamikonian], ed. Galust Ter Mkrtchian and Stepan Malkhasian (Tiflis: Or. N. Aghanian, 1904), I.x, pp. 15-16 = trans. and comm. Robert W. Thomson, *The History of Łazar P'arpec'i* (Atlanta: Scholars Press, 1991), pp. 49-50.

[27] Koriwn, vi-viii, pp. 42-50 = trans., pp. 29-31; Garsoïan, *L'Église,* pp. 68-69.

[28] Koriwn, xix, p. 71 = trans., p. 43.

defying the doctrine prevalent in the Church of Persia, even though the residence of the Armenian patriarch at Duin (Dvin) beyond the Byzantine frontier made him the subject of the Persian king. At two councils held at Duin half a century apart, the first in 506 under Catholicos Babgen I of Otmus and the second on Palm Sunday, March 21, 555, under Catholicos Nerses II of Ashtarak, the Armenian Church categorically rejected and anathematized the "Nestorian" doctrine of two sons which distinguished the divine Son of God from the human son of Mary who, on account of his virtue, had received the honor of becoming the abode and temple of the first.[29] Although both councils were held in this northern city, a major role was played by Mershapuh, bishop of Taron and of the Mamikonian house, whose unusually long tenure of this see spanned the entire first half of the sixth century. In the conciliar acts that have come down to us the names of the bishops present and signing conciliar decisions are normally given in no discernible order, but that of the bishop of Taron invariably appears in first place immediately after that of the Catholicos,[30] and this distinction was to be maintained not only for Mershapuh but for his successor Abraham as well.[31] This special distinction does not seem to have been due merely to the preeminent position of the great Mamikonian family of which Mershapuh and Abraham were the ecclesiastical representatives. Bishop Mershapuh is not only recorded as co-signing a number of the letters of the Catholicos and of being addressed jointly with the patriarch in the letters sent by the Syrians to the Armenians, but he seems to have been in fact the co-president, together with the Catholicos, over the second council of Duin.[32]

More important, if we are to believe the normally hostile Armenian pro-Chalcedonian document *Narratio de rebus Armeniae*, of which only a Greek translation has survived, the Armenian Church was alerted of the doctrinal danger threatening it from

---

[29] *Girk Tghtots* [Book of Letters], 2d ed. (Jerusalem: St. James Press, 1994), pp. 154-55 = trans. in Garsoïan, *L'Église,* pp. 444-45.

[30] Ibid., pp. 148, 157, 196, 199, 201, 204 = trans., pp. 439, 446, 474, 476-77, 479-80. See also note 33 below.

[31] Ibid., pp. 206, 210 = trans., pp. 484, 487.

[32] Ibid., pp. 172, 176, 184 = trans., pp. 457, 460, 466.

Persia in the middle of the seventh century. This was a result of the relations that the bishop of Taron maintained with Syrian ecclesiastics from Mesopotamia:

> They [the Syrians] bound themselves in friendship with Nersapo [Meršapuh] bishop of Tarōn who had received the episcopate in the 1st year of Kavat [Khavād, 488-496, 498/9-531] and who had spent many years with his companion Aptiso [Abdišo] of the monastery of Sarepa near Sasun. They said to him: all have gone astray following Nestorius. . . .
> When bishop Nersapo heard this, he made it known to the katʿołikos Nersēs who was from Astarax [Aštarak] as well as to the other bishops and *azat*s [nobles] and they decreed that a great council should take place in the city of Tibin [Duin].[33]

This information, which concords with that in the letters between the Syrians, Nerses II and Mershapuh, preserved in the collected correspondence of the medieval Armenian Church known as the *Book of Letters*, reiterates yet again the significant role of Taron both as the link between Armenian and Syrian Christianity and as the preserver of the purity of the Armenian doctrine.[34]

Even from this brief survey, then, it appears that despite the later dominance of the northern church based on Echmiadzin, Taron can under no circumstance be treated as an unimportant peripheral region. To be sure, by 591 the new partition of the Armenian Plateau between Persia and Byzantium shifted Taron to the sphere of influence of Byzantium, and although the Persians reconquered the territory within a few years, the Arab advance of the mid-seventh century altered the political and administrative configuration of the region for centuries to come. The power of the Mamikonian house declined and vanished. By this time, the focus of the Armenian Church had come to rest in the north, even though Bishop Sahak of the Mamikonians, the presumable representative of Taron, is still recorded as being present at the council

---

[33] Gerard Garitte, ed., *La Narratio de rebus Armeniae*, in the series *Corpus Scriptorum Christianorum Orientalium*, vol. 132. Subsidia 4 (Louvain: L. Durbecq, 1952), §61-62, 68, pp. 34-35 = trans. Jean-Pierre Mahé, "La Narratio de Rebus Armeniae," *Revue des études arméniennes*, n.s., 25 (1994-95): 433.

[34] See notes 29-31 above.

of union with the Syrians held in 725/26 at Manazkert in the south rather than at Duin as before.[35] What remains crucial, however, is that for at least the three initial formative centuries of Armenian Christianity, Taron was a major religious and cultural center. Its holy site of Ashtishat, whose importance went back to pre-Christian times, may have been the first ecclesiastical center of Armenia, as the *Epic Histories* repeatedly asserts, and it rivaled the prestige of Echmiadzin. The persistent links of Taron with Mesopotamia in the south made of it the transmission point for the second current of Syrian Christianity, both directly and through the multiple early translations of Syriac patristic works. These were to have as profound an effect on the enrichment of Armenian classical culture as the Western tradition brought from the Greek-speaking world. The links were to play a significant part in the molding of Armenian identity both through Mashtots' initial creation of Armenian literature and through the evolution of the doctrinal position of the Armenian Church.

---

[35] Adontz, *Armenia*, pp. 261-64.

VIII

LE TÉMOIGNAGE D'ANASTAS *VARDAPET* SUR LES MONASTÈRES ARMÉNIENS DE JÉRUSALEM À LA FIN DU VIᵉ SIÈCLE

Summary : The development of early Armenian cenobitic institutions is clarified by the information supplied by a certain Anastas *vardapet* in his *List of Armenian Monasteries in Seventh Century Jerusalem*. Long considered anachronistic or an outright forgery, this *List* is now supported by a *Letter* of the patriarch John IV of Jerusalem. Consequently, it may serve as an indication that cenobitic institutions reached Armenia from Palestine in the VI/VII centuries, rather than from IV century Cappadocia as had been believed heretofore.

Comme Gilbert Dagron l'a magistralement démontré il y a une trentaine d'années dans le cas de la capitale byzantine[1], le caractère des institutions monastiques paléochrétiennes en Grande Arménie s'avère beaucoup moins simple qu'il n'a été présenté jusqu'ici. En effet, il est maintenant évident qu'une des questions particulièrement épineuses et obscures, parmi les nombreux problèmes qui s'accumulent encore autour des débuts de l'Église arménienne, est celle de l'apparition et de l'origine des fondations de type cénobitique en Grande Arménie. Les sources indigènes, qui n'apparaissent que dans la seconde moitié du Vᵉ siècle, sont maigres, éparpillées et demandent une interprétation plus rigoureuse qu'elles n'ont reçue jusqu'ici. Elles ne confirment ni les parallèles postulés entre les fondations bien connues qui couvrent l'Arménie à partir de la fin du IXᵉ siècle et le caractère des institutions paléochrétiennes, ni, comme j'ai déjà eu l'occasion de le soutenir, l'origine cappadocienne et surtout basilienne de ces institutions[2]. Malgré l'affirmation d'Amadouni :

---

1. G. DAGRON, « Les moines et la ville. Le monachisme urbain à Constantinople jusqu'au concile de Chalcédoine », *TM* 4, 1970, p. 229-276.
2. G. AMADUNI, *Monachismo: Studio storico-canonico e fonti canoniche. Fonti, serie II, fascicolo XII* : *Disciplina armena II*, Venise 1940, p. XVII-XVIII : « La grande fioritura del monachismo in Cappadocia, ove tre insigni S. Padri, Basilio, Gregorio Nisseno (…) e Nazianzeno (…) vi diedero impulso. S. Basilio (…) fu l'organizzatore e il legislatore della vita monastica cui diede l'impronta *cenobitica*, (…) e si conviene che fu grande l'influsso di S. Basilio sull'Armenia sotto S. Nersete il Grande (…) il carattere

Il faut conclure que le monachisme avait déjà pénétré en Arménie au IVème siècle et qu'il était établi, sous sa forme cénobitique sur d'assez solides bases[3],

la présence de véritables fondations cénobitiques en Grande Arménie dans la période préislamique reste encore à démontrer[4].

L'état insuffisant de nos connaissances sur les institutions monastiques paléochrétiennes en Grande Arménie même nous amène à étendre le champ de nos recherches plus particulièrement vers la Palestine, où une présence arménienne est attestée surtout par Cyrille de Scythopolis (†ca. 559) dans l'entourage de saint Sabas, ainsi qu'à Jérusalem[5]. À première vue, nos renseignements ici aussi ne semblent guère encourageants. Malgré la présence incontestable de moines arméniens en Palestine aux Ve et VIe siècles, la prudence et une analyse rigoureuse s'imposent, car nous n'avons pas de preuves que tous les personnages identifiés comme «Arméniens» étaient originaires de Grande- ou Persarménie. Selon Cyrille, qui l'avait connu personnellement, le plus éminent d'entre eux, Jean l'Hésychaste, était né à Nicopolis dans la province romaine cis-euphratésienne d'Arménie Ière, et ses parents portaient les noms grecs d'Enkratios et d'Euphémie. Par la suite, il fut consacré évêque de Colonie par le métropolite de Sébaste dans la même province et ses rapports avec Cyrille et Sabas démontrent qu'il était hellénophone[6]. Une partie des religieux arméniens en Palestine était donc probablement originaire des provinces impériales[7]. Or, ni les doctrines, ni les institutions et coutumes des Églises des

---

prevalentamente cenobitico (...) caratteristici distintivi del monachismo basiliano, e di quello cappadoce (...) è proprio anche del monachismo armeno ». Pour une réfutation de cette conclusion, voir N. GARSOÏAN, « Nersēs le Grand, Basile de Césarée et Eustathe de Sébaste », *REArm.* n.s. XVII, 1983, p. 145-160 ; réimpr. dans EAD, *Armenia between Byzantium and the Sasanians*, Londres 1985 [= *Armenia*], n° VII, et la note suivante.

3. G. AMADUNI, « Le rôle historique des Hiéromoines arméniens », *Il Monachesimo Orientale* = OCA153, Roma 1958, p. 285.

4. Mon intention est de présenter sous peu une étude plus approfondie sur le monachisme préislamique en Grande Arménie.

5. La présence d'Arméniens est notée par Cyrille de Scythopolis, aussi bien dans sa Vie de saint Sabas, éd. E. SCHWARTZ, *Kyrillos von Skythopolis*, Leipzig 1939 [= *Kyrillos*], p. 105[3-12], 117[19]-118[5] = R. M. PRICE tr., *Cyril of Scythopolis : The Lives of the Monks of Palestine*, Kalamazoo 1991 [= *Cyril*], p. 114, p. 126-127, que dans celle de Théodose, *Kyrillos*, p. 240[1-16] = *Cyril*, p. 266-267, et de Jean l'Hésychaste, *Kyrillos*, p. 201[3]-221 = *Cyril*, p. 220-242 ; aussi dans la Vie de saint Théodosios par Théodore de Pétra, où les moines sont arménophones, p. 45[5-18] ; trad. A.-J. FESTUGIÈRE, *Les moines d'Orient* III/3, *Les moines de Palestine*, Paris 1983, p. 127. De même, THÉODORET DE CYR, *Histoire des moines de Syrie*, éd. trad. P. Canivet et A. Leroy-Molinghen, vol. I, SC 234, Paris 1977, V. 7, p. 336-337 ; et JEAN MOSCHUS, *Le pré spirituel* [= *Pré*], trad. M.-J. Rouët de Journel, Paris 1946, 91, 149, p. 142, 201. Pour l'œuvre de Cyrille de Scythopolis et son importance, voir B. FLUSIN, *Miracle et histoire dans l'œuvre de Cyrille de Scythopolis*, Paris 1983 [= *Cyrille*].

6. *Kyrillos*, p. 201[3]-202[22] = *Cyril*, p. 220-221. C'est aussi le cas pour le successeur de Théodosios, Sophronios, identifié comme « Arménien » dans le texte et né près de Sébaste, la métropole de l'Arménie I, *Kyrillos* p. 240[1-4] = *Cyril*, p. 266 ; comme pour le Patrikios de Moschos, *Pré*, 91, p. 142 ; et probablement de Jérémie, *Kyrillos*, p. 105[5] = *Cyril*, p. 114.

7. Le terme « Armenia » sans qualificatif dans les sources grecques de l'époque se rapporte normalement à l'*Armenia minor* romaine et non à l'*Armenia maior* trans-euphratésienne, voir GARSOÏAN, *Nersēs le Grand*, p. 151-152. Voir ci-dessous p. 267 pour les Arméniens probablement originaires de Persarménie et non des Arménies romaines.

provinces d'Arménie I et II sous la juridiction de Constantinople et soumises à l'Église impériale ne peuvent être prises comme modèles pour l'Église autocéphale de Grande Arménie au-delà de la frontière byzantine, dont l'évolution dogmatique dans la seconde moitié du VIe siècle l'éloignait petit à petit de la doctrine chalcédonienne prônée dans l'Empire[8].

Le cas de la ville même de Jérusalem est particulièrement intéressant du fait que les liens entre la Ville Sainte et la jeune Église arménienne remontent selon la tradition nationale jusqu'à l'époque de saint Grégoire l'Illuminateur en personne[9]. Cependant, ici aussi, les témoignages ne semblent pas toujours aussi solides que nous pourrions le désirer. La présence de mosaïques portant des inscriptions arméniennes qui y ont été retrouvées[10], les graffiti de pèlerins[11], la traduction du Lectionnaire hiérosolymitain adoptée par l'Église arménienne probablement au Ve siècle[12], tout intéressants qu'ils soient, attestent une présence arménienne dans la Ville Sainte mais, sans données complémentaires plus précises, ils ne suffisent pas à y démontrer l'existence de fondations monastiques arméniennes permanentes. Ce n'est donc pas sur eux que peut reposer principalement la preuve de cette présence vers la fin du VIe siècle, mais plutôt sur une *Liste des monastères Arméniens de Jérusalem au septième siècle* attribuée à un certain Anastas *vardapet,* ou « docteur », anti-chalcédonien, qui dit l'avoir composée pour le prince Hamazasp Kamsarakan Pahlawuni qui envisageait un pèlerinage en Terre Sainte. C'est sur elle que s'arrêtera principalement notre attention[13].

Cette *Liste,* qui énumère soixante-dix monastères appartenant aux Arméniens et aux Albaniens du Caucase, est préservée dans deux groupes de trois manuscrits, chaque groupe portant un titre différent. Tous remontent à une copie unique,

---

8. N. GARSOÏAN, *L'Église arménienne et le Grand Schisme d'Orient*, CSCO 574, subs. 100, Louvain 1999 [= *Église*], p. 9-10, 241.
9. Bien qu'évidemment apocryphe, la conviction de l'origine hiérosolymitaine de la doctrine de saint Grégoire l'Illuminateur était déjà ancrée dans la tradition arménienne au début du VIIe siècle. Voir *e.g.* la correspondance officielle entre le catholicos arménien Abraham Ier et celui d'Ibérie datant de 607, préservée dans le *Livre des lettres* [*Girk' T'łt'oc'*] de l'Église arménienne ; *Girk' T'łt'oc'*, Jérusalem 1994, 2e éd., p. 326, 333-334, 337, 344, 347 ; trad. Garsoïan, *Église*, Appendices, p. 555, 560-561, 563-564, 569-570, 571-572.
10. S. DER NERSESSIAN, *L'art arménien*, Paris 1977, p. 68-71, pl. 44-45 ; dernièrement, H. EVANS, « Nonclassical Sources for the Armenian Mosaic near the Damascus Gate in Jerusalem », dans *East of Byzantium : Syria and Armenia in the Formative Period*, N. Garsoïan *et alii* éd., Washington 1982, p. 217-221, pl. 1-3. Une nouvelle mosaïque encore inédite a été découverte récemment à Jérusalem. Ni par leurs sujets ni par leurs inscriptions ces mosaïques ne peuvent être rattachées avec certitude à des fondations monastiques.
11. Sur les inscriptions de pèlerins en Palestine comme au Sinaï, normalement de simples graffiti de passage, voir les nombreuses publications de M. STONE. Comme dans le cas des mosaïques, aucune n'indique une fondation permanente. Le passage de pèlerins arméniens en Palestine au Ve siècle est également attesté par Cyrille de Scythopolis dans sa Vie de saint Euthyme, *Kyrillos*, p. 27$^{9\text{-}11}$ = *Cyril*, p. 22 ; P. MARAVAL, *Lieux saints et pèlerinages d'Orient*, Paris 1985, p. 112 ; et ci-dessous, n. 46.
12. C. RENOUX, « Langue et littérature arméniennes », dans *Christianismes orientaux. Introduction à l'étude des langues et des littératures*, M. Albert éd., Paris 1993, p. 132.
13. Matenadaran MS #1770 (1589) ; éd. trad. A. SANJIAN, « Anastas Vardapet's List of Armenian Monasteries in Seventh-Century Jerusalem: A Critical Examination », *Le Muséon* 82, 1969 [= *Liste*], p. 265-292, plus particulièrement, p. 266-267 ; 283-284.

maintenant perdue, faite à Ankara selon le colophon, qui ne donne ni la provenance ni la date de l'original. Comme ce n'est que trop souvent le cas pour les sources arméniennes, le plus ancien manuscrit de ce document ne date que de la fin du XVIe siècle[14]. Par conséquent, la réputation de la *Liste* n'a pas été, jusqu'à présent, des meilleures. L'éditeur et traducteur Avedis Sanjian estime que :

> the document attributed to Anastas Vardapet, at least in the form in which it is preserved, is of doubtful authenticity[15].

Il est vrai qu'il admet que l'œuvre qui nous est parvenue sous le nom d'Anastas *vardapet* contient probablement «a core of truth going back to an earlier document». Mais il ajoute néanmoins que :

> in the form in which the work has been preserved there are many elements which clearly indicate that it is not reliable... Both internal and external evidence indicate that, in its present form, this document cannot be authentic[16].

Robert Thomson est du même avis et juge que : «The document (at least in its present form) is very much later»[17]. Pour Sirarpie Der Nersessian, il s'agit tout bonnement d'un faux[18].

Les éléments douteux de la *Liste* sont faciles à repérer et la plupart ont déjà été notés par Sanjian et ses prédécesseurs. Son auteur Anastas *vardapet* est inconnu en dehors de ce document[19]. Le titre du premier groupe de manuscrits, selon lequel la *Liste* aurait fait partie « de l'Histoire d'Agathange le protonotaire de saint Grégoire l'Illuminateur », et l'attribution des fondations arméniennes de Jérusalem à l'époque de l'Illuminateur et de son contemporain le roi Tiridate, tout comme à celle de l'empereur Constantin et enfin de saint Nersēs le Grand dans la seconde moitié du IVe siècle, sont évidemment apocryphes[20]. En dépit des hypothèses d'Inčičean et de Sargisean, nous n'avons aucune raison de rattacher cette *Liste* à la soi-disant *Histoire* connue sous le pseudonyme grec d'« Agathange », qui présente en elle-

---

14. *Ibid.*, p. 266, 283.
15. *Ibid.*, p. 285-286.
16. *Ibid.*, p. 266, 279.
17. R.W. THOMSON, *A Bibliography of Classical Armenian Literature to 1500 AD*, Turnhout 1995, p. 100, s.n.
18. DER NERSESSIAN, *Art*, p. 251, n. 54.
19. La mention d'Abraham *vardapet* et l'attribution de la *Liste* à une lettre qu'il aurait écrite à Vahram Mamikonean et non à une commande de Hamazasp Kamsarakan se trouve dans le titre du chapitre II. 52, mais pas dans le texte de l'*Histoire* de Movsēs Kałankatuac'i. Voir ci-dessous, n. 27.
20. *Liste*, p. 268, 272 = trad. p. 275-276, 278 ; p. 284-285. La tradition arménienne reporte habituellement ces fondations monastiques à saint Grégoire sinon à la période apostolique, bien que les plus anciennes données archéologiques ne remontent pas au delà du VIIe siècle au plus tôt ; voir J.-M. THIERRY et P. DONABÉDIAN, *Les arts arméniens*, Paris 1989, p. 474, Ałjoc' vank', p. 542-543, Kapułkoł, Kaposivank', p. 571, Sepuh, p. 591, Yovhannavank' etc. Sur le monastère de Saint Jean le Précurseur [Surb Karapet] de Muš, voir l'étude des sources écrites de L. AVDOYAN, *Pseudo-Yovhannēs Mamikonean. The History of Tarōn*, Atlanta 1991.

même de nombreux problèmes[21]. Le chiffre donné par la *Liste* de 70 monastères, presque tous à l'intérieur de la ville, est probablement fantaisiste. La *Lettre* du patriarche Modestos au catholicos arménien Komitas l'informant de la reconstruction des églises de Jérusalem après le sac perse de 614 ne souffle mot au sujet de monastères, malgré son souci ailleurs à leur sujet[22]. Les mentions de la mainmise ou de la destruction par les « Tačik » ou Arabes de certains monastères arméniens, du poids écrasant des taxes imposées à l'Arménie et éventuellement du *modus vivendi* obtenu par les Arméniens de Jérusalem sous la domination musulmane repoussent la date de notre document au moins jusqu'au milieu du VIIe siècle[23].

Cependant, en dépit de ces défauts, la *Liste* ne peut être rejetée comme totalement dépourvue de valeur historique. Malgré les doutes de Sanjian sur l'existence du prince Hamazasp Kamsarakan-Pahlawuni, donné par Anastas comme le commanditaire de l'œuvre, ce prénom se retrouve dans la famille des Kamsarakan et l'addition du nom des Pahlawuni indique que l'auteur était correctement renseigné sur les prétentions des Kamsarakan à descendre de la royauté parthe[24]. Les noms des grandes familles données dans la *Liste* comme fondatrices des divers monastères hiérosolymitains correspondent parfaitement à la prosopographie de l'Arménie paléochrétienne telle que nous la trouvons dans les sources de l'époque et il est peu probable qu'un auteur beaucoup plus tardif que le VIIe siècle ait pu la reconstituer dans toute son ampleur avec un minimum d'erreurs[25]. De même, tout en leur donnant le titre de tétrarques [*č'orrordapet*] plutôt que celui plus courant de *bdeašx*, Anastas se souvient encore

---

21. *Liste*, p. 286-287. Sur les problèmes de l'« Agathange », voir *inter alios* G. GARITTE, *Documents pour l'étude du livre d'Agathange,* Vatican 1946 ; R. W. THOMSON, *Agathangelos. History of the Armenians,* Albany 1976 ; N. G. GARSOÏAN, « The Iranian Substratum of the 'Agat'angełos Cycle' », *East of Byzantium,* p. 151-189 ; réimpr. dans EAD, *Armenia,* n°XII ; EAD, *Église,* p. 2-8.

22. *Liste,* p. 266, p. 286-287. Ce chiffre dépasse les possibilités pour l'Arménie entière, comme nous espérons le démontrer par ailleurs. Pour la *Lettre* de Modestos, voir Ps. SEBĒOS, *The Armenian History attributed to Sebeos,* éd. comm. R. W. Thomson et J. Howard Johnston, Liverpool 1999, LXXXV, p. 70-72 ; et B. FLUSIN, *Saint Anastase le Perse,* Paris 1992 [= *Anastase*], II, p. 177-180.

23. *Liste,* p. 269 #3, #6, #14, 271 #55, 272 #60, 273, 275 = trad. p. 276-279. La mention des taxes arabes repousse la date de notre version du document à une date encore plus récente.

24. *Liste,* p. 273 = trad. p. 278, p. 283-284. Voir *e.g.* H. AČARYAN, *Hayoc' anjnanunneri bararan* [Dictionnaire des noms propres arméniens], Beyrouth 1972, III, p. 15-21. Ce prénom est plus commun dans la maison des Mamikonean, mais il se retrouve aussi dans d'autres familles, celle des Kamsarakan incluse, *e.g.*, p. 16 #2 ; C. TOUMANOFF, *Les dynasties de la Caucasie chrétienne de l'antiquité jusqu'au* XIXe *siècle. Tables généalogiques et chronologiques,* Rome 1990, p. 274 #18. ID., *Studies in Christian Caucasian History,* Georgetown 1963, p. 206.

25. Malgré les hésitations de Sanjian, les noms cités dans la *Liste* correspondent presque exactement à ceux des grandes familles arméniennes de l'époque arsacide, voir *ibid.*, p. 216-228, surtout les tables, p. 223-228. Les seules exceptions sont : a) quelques toponymes connus à l'époque, p. 270-277, #31 Karin, p. 271 = 277 #37 Kotayk', #40 Tayk', p. 272-277 #59 Arc'ax ; b) p. 269 = 276 #8 et p. 271 = 277 #44 où les princes sont identifiés par leurs titres héréditaires de tétrarque et *małxaz* au lieu de leurs noms de famille, et enfin, c) trois noms déformés : p. 270-277 #35 Palakuni = ? Paluni, p. 271 = 277 #47 Santuni = ? Siwni, #57 Kałanduac'i = ? Kałankatuac'i ; cf. N. GARSOÏAN, « Notes préliminaires sur l'anthroponymie arménienne du Moyen Age », *L'anthroponymie document de l'histoire sociale des mondes méditerranéens médiévaux,* J.-M. Martin et F. Menant éd., Rome 1996, p. 229-232, réimp. dans EAD., *Church and Culture in Early Medieval Armenia,* Londres 1999, n° IX. Par ailleurs, la pratique du patronage noble des fondations hiérosolymitaines est amplement attestée, voir FLUSIN, *Anastase,* II, p. 29-30, p. 40-41.

de l'existence des quatre grands seigneurs ou margraves, gardiens des marches du royaume arsacide de Grande Arménie, bien que seul un d'entre eux ait survécu à la disparition de ce royaume au début du ve siècle[26]. La citation d'un fragment de la *Liste* dans l'*Histoire* de Movsēs Kałankatuac'i démontre que ce document était connu au Moyen-âge, bien avant le premier manuscrit qui nous soit parvenu[27]. Ces détails ne sont peut-être pas suffisants en eux-mêmes pour garantir l'authenticité et la date du fonds sur lequel repose la *Liste* certainement remaniée dont nous disposons maintenant, mais le témoignage d'un document relativement contemporain et peu connu qui, à ma connaissance, n'en a jamais été rapproché, apporte une confirmation inattendue au long commentaire historique dont Anastas clôt sa liste des monastères[28].

Immédiatement après son excursion apocryphe sur la fondation des monastères arméniens par Constantin, Tiridate et saint Grégoire qui suit son énumération, Anastas présente sans aucune interruption le récit des péripéties de leur sort sous la domination byzantine puis arabe, à une époque évidemment plus récente :

> Mais ensuite, les patriarches du lieu [qui étaient chalcédoniens] furent poussés par l'envie et pervertirent tous les ordres de nos monastères. A cause de cela, les princes arméniens donnèrent soixante-dix quintals, c'est à dire soixante-dix mille dahekans, au roi Yustinianos et délivrèrent tous les monastères arméniens du pouvoir des patriarches [grecs], aussi bien les monastères d'hommes que les couvents de femmes, ou les cellules des ermites, et reprirent aussitôt leur juridiction sur eux.
>
> Mais ensuite, les princes et les catholicos arméniens devinrent négligents, (...) à cause de cela de nombreux monastères [à Jérusalem] ayant des résidents paresseux et fainéants furent abattus et détruits, tandis que ceux qui étaient diligents et utiles et agréables à Dieu gardèrent les règles de leur foi et leur monastères demeurèrent solidement établis. Mais lorsque les supérieurs de beaucoup de nos monastères moururent, personne ne prit sur lui la charge d'installer un autre supérieur arménien [et à cause de cela les Grecs saisirent et occupèrent les monastères restés sans supérieurs]. Et encore, des moines arméniens abandonnèrent leurs monastères et s'en allèrent de leur propre volonté à cause du poids des taxes arabes (...) et les moines [arméniens] quittèrent la ville et habitèrent dans d'autres monastères. Et ayant changé les noms de cantons [*gawar̄*], de nobles [*azat*] et de grandes maisons [*azg*], ils donnèrent d'autres noms à leurs monastères, peut-être afin d'obtenir d'eux assistance et protection[29].
>
> (..)
>
> Il [Hamazasp Kamsarakan] désirait aller à la Sainte Jérusalem et il y alla (...) et il délivra du patriarche de la Sainte Jérusalem tous les monastères arméniens [saisis de

---

26. Voir la note précédente : b) ; et aussi TOUMANOFF, *Studies*, p. 154-192, *s.n. vitaxa* ; et *The Epic Histories attributed to P'awstos Buzand*, éd. trad. N. G. Garsoïan, Cambridge Mass. 1989, p. 516-517, *s.n. bdeašx̣*.
27. MOVSĒS KAŁANKATUAC'I, *Patmut'iwn ałuanic' ašxarhi* [Histoire du pays d'Albanie], éd. V. Arak'elyan, Erevan 1983, II.52, p. 286 = trad. C. J. W. DOWSETT, *The History of the Caucasian Albanians by Movsēs Dasxuranci*, Londres 1961, p. 185.
28. SANJIAN, *Liste*, p. 287, avait déjà noté que la partie historique de la *Liste* d'Anastas semblait plus authentique que la liste elle-même, bien qu'il n'apporte aucun autre document à l'appui.
29. *Liste*, p. 272-273 = p. 278. Les passages entre crochets indiquent les variantes dans certains mss.

force par les Grecs] qui voulaient altérer leurs règles et leurs canons et les convertir à ce que prêchait Juvénal[30].

[Mais quelques temps et années après, les patriarches grecs dyophysites commencèrent à opprimer et à tourmenter les pères arméniens parce qu'ils n'acceptaient pas le concile de Chalcédoine][31]. Alors tous les pères et supérieurs [des monastères et les solitaires en cellules] se réunirent ensemble, environ cinq cents personnes, et ils écrivirent au bienheureux catholicos Yovhan[32] et aux autres chefs de l'Église afin de savoir ce qu'il fallait faire, leur céder et conserver leurs divers lieux d'habitation, ou les abandonner et partir ? Car les ordres du roi des [Grecs s'appesantissaient de jour en jour] sur la Sainte ville de Jérusalem et sur nos patriarches afin que pas un des religieux arméniens, jacobites syriens ou égyptiens n'y habitent, mais que seuls y habitent ceux qui acceptent la confession du roi et les canons de Juvénal.

Le catholicos arménien leur répondit : « Ne vous soumettez pas à eux au sujet de la foi, mais abandonnez la ville et quittez-la ». Par conséquent, beaucoup abandonnèrent leurs monastères et leurs possessions et s'en allèrent. Certains s'en furent en Égypte, d'autres allèrent habiter à Césarée. Mais beaucoup ne se déplacèrent pas et ne s'en allèrent pas ailleurs, mais ils restèrent à leurs places, endurant bien des oppressions, des pillages, des coups et des tourments jusqu'à ce que les Arabes se rendent maîtres du pays de Palestine et de Jérusalem[33].

Sanjian ne s'attarde guère sur cette longue jérémiade dans laquelle il voit un reflet général des difficultés des Arméniens sous les empereurs chalcédoniens à partir de Justin Ier et de leurs négociations avec les Arabes installés en Palestine, sans préciser davantage l'époque et les événements auxquels elle pourrait se rapporter[34]. Pourtant, plusieurs passages du récit d'Anastas semblent bien retrouver leurs parallèles dans une lettre de la fin du VIe siècle, dont la version arménienne est parvenue jusqu'à nous. Il s'agit de la *Lettre* du patriarche Jean IV de Jérusalem (574/5-593), adressée au catholicos Abas d'Albanie caucasienne, écrite probablement immédiatement après l'intronisation de Jean IV et après l'exil et la mort du catholicos arménien Yovhannēs II Gabełean, en 572-574[35]. Du côté arménien, Abas avait déjà reçu de Yovhannēs II une *Lettre* le conjurant de maintenir sa communion avec lui et de

---

30. La perversion de la vraie foi par le patriarche Juvénal de Jérusalem, qui avait accepté le concile de Chalcédoine, est une accusation qui se retrouve constamment dans les sources monophysites, et particulièrement en Arménie. Voir *e.g.* GARSOÏAN, *Église*, p. 315 n. 80, p. 335, p. 561.
31. Les mss. B, D, E donnent la lecture : « Mais ensuite les pères et moines arméniens durent endurer bien des oppressions et des tourments de la part des patriarches des Romains et d'autres qui étaient à leurs côtés, parce qu'ils n'acceptaient pas le quatrième concile de Chalcédoine et la confession des deux natures » à la place de celle donnée entre crochets dans le texte.
32. SANJIAN, *Liste*, p. 279, identifie correctement le catholicos Yovhannēs II Gabełean (557-574), mais il n'en tire aucune conclusion.
33. *Ibid.*, p. 273-274 = p. 278-279.
34. *Ibid.*, p. 279-283.
35. Éd. K. TER MKRTČ'EAN, « Ays t'ułt' Yovhannu Erusałemi episkoposi ē aŕ Abas Ałuanic' kat'awłikosi [Ceci est la lettre de Jean évêque de Jérusalem à Abas catholicos des Albaniens] », *Ararat* XXIX, mai 1896 [= *Lettre*], Appendice, p. 252-256 ; trad. latine de A. VARDANIAN, « Des Johannes von Jerusalem Brief an den albanischen Katholikos Abas », *OC* n.s. 2, 1912, p. 66-77 ; cf. GARSOÏAN, *Église*, p. 247-248, 260-261, 284-285, 294-296, 490-501.

condamner les dyophysites[36]. Au contraire, le patriarche de Jérusalem s'efforce dans la sienne de persuader Abas de se détacher des Arméniens, tombés selon lui dans l'hérésie monophysite.

Se détournant d'abord de la situation en Transcaucasie, son sujet principal, Jean IV attire l'attention de son correspondant sur les événements survenus dans sa propre ville, en particulier sur ses démêlés avec les fondations monastiques arméniennes de Jérusalem et avec les princes qui les patronnaient :

> Ici je les ai anathématisés et chassés, et dans notre ville un monastère arménien a été incendié, jusqu'à ce que ceux-là harcelés [ainsi] se rendent jusqu'au roi lui disant : « Le patriarche de Jérusalem nous persécute ». Mais Sa Piété [nous a écrit] : « Tu as bien agi en poursuivant cette affaire selon les canons, car si on laissait ceux-là faire quoi que ce soit selon leur impiété, d'autres proies se trouveraient ici, et il serait difficile de le rectifier, particulièrement parmi les nations du dehors qui sont incapables de comprendre l'esprit des Écritures et selon leur ancienne habitude considèrent leur hétérodoxie comme de la piété. Or cette hérésie arménienne est sans chef et unie à de nombreuses hérésies. Et comme les princes arméniens ne pouvaient rien citer des Écritures, ils nous ont envoyé cette requête : "Nos premiers rois nous octroyèrent comme don ce monastère ensemble avec son enseignement". À ceci nous avons répondu que des rois hérétiques ne pouvaient faire de dons. Et ensuite comme ils ne trouvaient rien d'autre, ils se turent. Mais sur mon ordre, chasse les hérétiques et donne le monastère aux orthodoxes. Et à ceux qui sont venus et qui veulent faire part de l'Église et qui ont anathématisé l'hérésie par écrit, ne faites pas d'obstacle, mais au contraire recevez-les avec amour car ils sont ignorants. J'ai donc reçu une lettre de leur patriarche disant : "Nos pieux rois nous ont dit [...]" "[...]"[37] Pourquoi nous importunez-vous au sujet des affaires de l'Église ? Notre souci est [celui] des affaires étrangères et des guerres, celles de l'Église et de la vraie foi regardent les évêques. Examinez-les et conservez-les fermes pour moi et pour notre pays" ».
>
> J'ai donc convoqué les princes arméniens et je leur ai beaucoup parlé. Et ils ont avancé le prétexte de Césarée et moi je leur ai répondu : « Si Césarée vous plaît, allez à Césarée et restez-y[38], mais nous ne permettrons pas à des hérétiques manifestes d'habiter dans ces deux villes royales, dans la Jérusalem du Roi des cieux et dans la nôtre qui est terrestre. Car chacun des autres évêques œcuméniques fut condamné, s'ils étaient négligents ». Et ensuite les Arméniens communièrent, et si un d'eux reste [ici], il communie[39].

---

36. « T'ult' zor Tēr Yovhannēs Hayoc' kat'ułikos ew ayl episkoposunk', aṙ Ałuanic' episkoposuns ararin [Lettre composée par le Seigneur Jean catholicos des Arméniens et les autres évêques : aux évêques des Albaniens] », *Livre des lettres*, p. 210-214 ; trad. GARSOÏAN, *Église*, p. 486-490 et 486 n. 11.

37. La fin de la lettre du patriarche et le début de celle de l'empereur manquent.

38. Ce commentaire énigmatique est peut-être à rapprocher du renseignement donné par Anastas selon lequel une partie des moines arméniens chassés de Jérusalem se réfugia à Césarée de Palestine où ils devaient donc être les bienvenus, et non aux rapports de l'Église arménienne avec Césarée de Cappadoce, comme je l'avais cru auparavant.

39. *Lettre*, p. 252-253 = VARDANIAN, *Brief*, p. 67-68 = GARSOÏAN, *Église*, p. 492.

Tous les éléments du récit d'Anastas se retrouvent dans la *Lettre* de Jean de Jérusalem, mais dans une optique plus immédiate et plus précise. L'opposition croissante entre les monastères arméniens considérés comme monophysites et le patriarche chalcédonien de la ville, provoquant la destruction d'au moins un d'entre eux et le transfert d'autres aux Grecs considérés orthodoxes, l'intercession vaine des princes arméniens, l'appel sans résultat à l'empereur dont la position doctrinale se durcissait, l'intervention du patriarche arménien, y trouvent tous leur place. Mais au lieu du discours diffus d'Anastas, la conjonction de l'avènement de Jean IV à Jérusalem et du zèle dont il se vante contre les monophysites, de la fin du catholicossat de Yovhannēs II d'Arménie, du règne contemporain de Justin II (565-578)[40] et enfin des *Lettres* des deux prélats à Abas d'Albanie nous ramènent tous à un moment historique défini au début du dernier quart du VIe siècle, peut-être même à l'année 575 suivant immédiatement l'intronisation de Jean IV à Jérusalem et la mort en exil de Yovhannēs II d'Arménie, dont la *Lettre* à Abas, comme nous venons de le dire, doit précéder de peu celle du patriarche de Jérusalem, puisque ce dernier y fait allusion[41]. Une véritable crise, qui avait intensifié à ce moment l'opposition du milieu monastique arménien de Jérusalem soutenu par ses princes et son catholicos au nouveau patriarche farouchement chalcédonien de la ville, se trouve confirmée par les documents contemporains. En outre, les renseignements d'Anastas sur l'existence de monastères arméniens à Jérusalem et sur leur abolition coïncident avec la période de l'influence monophysite dans le milieu monastique du désert palestinien et même dans la Ville Sainte, au Ve siècle, grâce au patronage de l'impératrice Eudoxie puis aux interventions de l'empereur Anastase, et avec la prépondérance éventuelle du parti chalcédonien au VI[e42]. Les renseignements de la *Liste* ne peuvent donc pas être rejetés comme simplement tardifs ou faux, malgré certains anachronismes et additions postérieures. L'œuvre d'Anastas, quelle que soit la forme sous laquelle elle nous est parvenue, semble bien reposer sur un document authentique de la fin du VIe ou tout au plus du début du VIIe siècle. Par conséquent, son témoignage doit être pris en considération dans tout effort de reconstituer la présence et le caractère des monastères arméniens de Jérusalem à cette époque.

Il est vrai que le commentaire d'Anastas contient peu de détails précis, néanmoins il semble décrire un modèle mixte dans les fondations dont il parle. La plupart des communautés auxquelles il fait allusion cohabitaient dans des bâtiments séparés qui leur appartenaient, c'est-à-dire qu'elles étaient de type cénobitique, une description

---

40. Il n'est pas impossible que ce soit à Justinien Ier que se rapporte l'allusion d'Anastas au payement de soixante-dix mille dahekans par les princes arméniens. Mais les textes arméniens confondent constamment « Yustinos », « Yustianos » et « Yustinianos. » Tous les autres éléments de cet épisode favorisent plutôt le règne de Justin II. En tout cas, cet effort pour acheter la bienveillance de l'empereur ne change guère notre conclusion sur la date des événements.

41. *Lettre,* p. 252 = Vardanian, *Brief,* p. 66 = Garsoïan, *Église,* p. 490-491. Les préoccupations des deux prélats au sujet de la situation en Albanie expliquent la citation de la *Lettre* de Jean IV par Movsēs Kałankatuac'i, voir ci-dessus, n. 27.

42. Sur l'influence monophysite en Palestine et à Jérusalem, voir pour Eudoxie, *Kyrillos,* p. 41-42, 47[5-10], 53[5-15], 204[8], 241[15] = *Cyril,* p. 38, 43-44, 49-50, 223, 269 ; pour Anastase, *Kyrillos,* p. 115[10], 139[25] = *Cyril,* p. 124, 149 ; pour l'opposition aux monophysites, *Kyrillos* p. 147[13], 148-155[7], 241[15-20] = *Cyril,* p. 157, 158-167, 269 ; Flusin, *Anastase,* II, p. 57-59.

corroborée par l'allusion dans la *Lettre* de Jean de Jérusalem à l'incendie d'un de ces monastères [*vank'*]. Cependant, Anastas note simultanément la présence d'ermites logés dans des cellules individuelles [*xrčt'awor miaynakeac'k'n*]. Malgré l'absence de toute référence à une organisation intérieure des communautés cénobitiques, ou à une règle qu'elles auraient observée, l'existence de supérieurs [*arajnord*] suggère nécessairement la présence d'une hiérarchie monastique. Rien de ceci n'est contredit par le tableau de la vie monastique en Palestine aux Ve-VIe siècles donné par les chalcédoniens, Cyrille de Scythopolis ou Jean Moschos, qui confirment au contraire l'aperçu d'Anastas. L'existence simultanée d'ermites solitaires, de laures et de cœnobia s'y rencontre constamment avec l'alternance entre la vie solitaire et celle dans une communauté, ainsi que l'évolution de la laure en cœnobion[43]. Tout comme chez Anastas *vardapet*, les communautés palestiniennes décrites par Cyrille et Moschos sont dirigées par des supérieurs désignés ou élus à la mort de leur prédécesseur[44]. Ces parallèles soutenus, malgré un point de vue doctrinal opposé, par les témoignages de Cyrille de Scythopolis sur les rapports constants des moines palestiniens sous Sabas avec Jérusalem et l'attestation des fondations de Sabas dans la Ville Sainte[45], reflètent le même niveau de développement et un milieu dans lequel les Arméniens pouvaient frayer avec d'autres moines palestiniens et observer leurs institutions[46]. Ils justifient donc encore une fois une date, vers la fin du VIe siècle ou au début du VIIe, pour le fonds sur lequel repose l'œuvre d'Anastas et son authenticité.

Le tableau de la vie monastique que nous pouvons glaner dans l'original de la *Liste* d'Anastas *vardapet*, sa date probable et sa coïncidence avec la situation en Palestine décrite par Cyrille de Scythopolis et le *Pré spirituel* est important pour lui-même, mais il nous fournit également la possibilité de faire un pas de plus et d'étoffer les maigres renseignements notés plus haut sur la Grande Arménie. Même si nous les avons jugés insuffisants en eux-mêmes pour étayer l'existence de fondations

---

43. Cyrille de Scythopolis *passim*. Voir par exemple l'agglomération d'une laure autour de la grotte isolée où saint Euthyme s'était réfugié, *Kyrillos*, p. 23^{22}-24^{10}, 25^{14}-26^{17} = *Cyril*, p. 19, 21-22 ; la résidence de saint Sabas tantôt dans une grotte solitaire, tantôt dans la Grande Laure créée pour ses disciples, *Kyrillos*, p. 97^3-98^{20}, 101^{20}-102^{25} = *Cyril*, p. 106-107, 110-112, puis sa construction du cénobion de Castellion, *Kyrillos*, p. 110-112^{25} = *Cyril*, p. 119-121 ; aussi *Kyrillos*, p. 158^{12}-159 = *Cyril*, p. 167-168 et *Kyrillos*, p. 206$^{1-10}$ = *Cyril*, p. 225 pour l'existence simultanée d'une laure et d'un cénobion et la supériorité spirituelle de la première, et enfin, *Kyrillos*, p. 58^{29}-59, p. 62^3-66^{19} = *Cyril*, p. 55, 59-63, pour la transformation d'une laure en cénobion, etc. Le même tableau se retrouve une génération plus tard dans le *Pré spirituel, passim*. Voir FLUSIN, *Cyrille*, p. 30, 137-145, etc. ; ID., *Anastase*, II, p. 16-26, 31-34 ; M. JOLY, « Les fondations d'Euthyme et de Sabas. Texte et archéologie », dans *Les saints et leurs sanctuaires à Byzance*, C. Jolivet-Lévy, M. Kaplan, J.-P. Sodini éd., Paris 1993, p. 49-64 ; et la note suivante.

44. Voir par exemple la succession de Théoctiste par Maris puis Longinus, de saint Euthyme par Domitien, puis Élie ; de saint Sabas par Mélitas puis Gélase ; de Théodose par Sophrone, *Kyrillos*, p. 55$^{13-19}$, 58$^{20-26}$, 189$^{10-15}$, 240$^{1-2}$ = *Cyril*, p. 52, 55, 198, 266, etc. ; de même dans le *Pré spirituel, passim*. Voir FLUSIN, *Cyrille*, p. 137-140.

45. D'après Cyrille de Scythopolis, saint Euthyme évitait les rapports avec Jérusalem, mais ce n'est pas le cas pour saint Sabas ni pour les autres moines ; voir aussi *Pré*, p. 149, 201. Pour les fondations de Sabas dans la Ville Sainte, *Kyrillos*, p. 115^{25}-116^{20} = *Cyril*, p. 125. Deux de ces fondations étaient pour les «étrangers». Pour une description parallèle du même milieu palestinien malgré son point de vue monophysite, voir JEAN RUFUS, *Plérophories*, PO VIII/1, 1982.

46. Anastas, *Liste*, p. 273-278, dit avoir visité au moins onze autres monastères arméniens, nécessairement anti-chalcédoniens comme lui-même, en Égypte et en Palestine.

arméniennes dans la Ville Sainte, ils gagnent maintenant à être rapprochés de ceux de la Liste. L'importance des visites arméniennes en Terre Sainte est attestée par le chiffre de quatre cents pour un seul groupe de pèlerins donné par Cyrille de Scythopolis, laissant supposer que certains d'entre eux, tout comme les moines arméniens de Jérusalem, venaient d'au-delà de l'Euphrate et n'étaient pas chalcédoniens[47]. C'est sûrement le cas des Arméniens arménophones de la Grande Laure de saint Sabas, qui cherchèrent à y introduire la formule monophysite : « qui fut crucifié pour nous » dans le Trisagion, et furent rapidement rappelés à l'ordre et forcés de le chanter en grec afin de démontrer leur adhésion à la doctrine orthodoxe, tout en conservant leur propre langue pour le reste de l'office[48]. Certains de ces pèlerins s'établirent évidemment en Palestine, voire à Jérusalem, où ils créèrent une solide présence arménienne, mais la plus grande partie rentra sûrement dans leur patrie où l'intérêt direct de leurs princes est attesté des deux côtés, aussi bien par Anastas que par le patriarche Jean de Jérusalem[49]. Il semble raisonnable de supposer qu'à leur retour chez eux, certains de ces pèlerins transmirent et tirèrent parti des connaissances sur l'évolution des institutions monastiques et surtout cénobitiques qu'ils avaient observées en Palestine. Il est particulièrement intéressant de noter ici que, aussi bien dans le cas du Lectionnaire hiérosolymitain, traduit en arménien à Jérusalem puis apporté en Arménie et adopté par son Église autocéphale, que dans celui des modèles artistiques des mosaïques retrouvées[50], le courant culturel rayonnait à partir de Jérusalem vers l'Arménie, et non l'inverse[51]. Si l'influence des institutions religieuses avait suivi le même chemin, cela nous amènerait peut-être à l'hypothèse que c'est dans les monastères palestiniens et hiérosolymitains de la seconde moitié du Vᵉ et du début du VIᵉ siècle, à l'époque où leur prestige atteignait justement son apogée[52], et non dans la Cappadoce basilienne du IVᵉ, que nous devrions chercher les modèles des fondations cénobitiques dont les premiers indices en Grande Arménie ne peuvent être décelés, au plus tôt, avant la fin du VIᵉ siècle.

47. Voir ci-dessus, n. 11. MARAVAL, *Lieux saints*, p. 75 et n. 58, cite une interdiction de faire le pèlerinage de Jérusalem par le concile arménien de Duin (de 555 et non 536), mais la source invoquée est du XVIIᵉ siècle ; voir GARSOÏAN, *Église*, p. 474-481 ; cf. FLUSIN, *Anastase*, p. 177-180 et n. 124-125, et la note suivante.
48. *Kyrillos*, p. 105, 117¹⁹-118⁵ = *Cyril*, p. 113, 126-127 ; voir ci-dessus n. 5 pour Théodore de Pétra, et n. 45.
49. Voir ci-dessus p. 262 et 264 pour les princes arméniens.
50. Voir ci-dessus p. 259, et n. 10 et 12.
51. Voir ci-dessus n. 12 et, malgré son attitude négative envers l'œuvre d'Anastas (voir ci-dessus n. 18), et son hypothèse de l'existence de monastères arméniens à Jérusalem dès le Vᵉ siècle, DER NERSESSIAN, *Art*, p. 71, « Les mosaïques de Jérusalem sont importantes non pas comme exemples d'art arménien, mais en tant que témoins d'établissements religieux, et probablement aussi de la présence d'artistes arméniens dans cette ville. C'est dans ces monastères que fut traduit, au Vᵉ siècle, le Lectionnaire arménien qui reflète les anciens usages liturgiques hiérosolymitains. C'est par leur intermédiaire que furent probablement transmis en Arménie les modèles artistiques palestiniens dont nous avons déjà constaté l'influence dans un des chapiteaux de Dvin, et dont les peintures des églises et des manuscrits offrent d'autres exemples. »
52. Sur l'importance du monachisme palestinien au Vᵉ et début du VIᵉ siècle et l'étendue de son influence, ainsi que ses liens cappadociens, voir *Cyril*, p. X-XI ; FLUSIN, *Cyrille*, p. 111, 116-118 et ID., *Anastase*, p. 15-46, surtout p. 34-39.

IX

INTRODUCTION TO THE PROBLEM OF EARLY ARMENIAN MONASTICISM

Armenian monasticism in the later Middle Ages presents relatively few problems. From the foundation of the monasteries on Lake Sewan by Mariam Bagratuni princess of Siwnik' in 874, the great monastic centers of Armenia are well known and readily identifiable. These include the royal foundations of the medieval ruling houses, the Bagratuni, the Arcruni and the rulers of Siwnik': Hałbat, Sanahin, Varag, Tat'ew, Tanahat, Ganjasar, Dadivank', Orotnavank', C'ałac'k'ar among others, as well as such famous centers as the ones at Surb Karapet at Muš, Yovhannavank', Sałmosavank', Mak'enoc', Goš, Glajor, Keč'aris, Hałarjin, Gndevank', Ayrivank', Marmašēn, Amału/Noravank', Haṙiča-vank', and innumerable others beyond listing here[1], as well as transferred communities such as the one at Narek, where Armenian monks fleeing from persecution in Byzantine Cappadocia established themselves in 935, and perhaps also the one at Hoṙomos in the same period[2].

The type of these foundations is also familiar. Wherever they are still standing, we find that these communities occupied large complexes usually comprising more than one church, to the facades of which imposing exonarthexes (*gawit*s or *žamatun*s) were added from the XIth century on.

---

[1] Asołik, II.vii, p. 173-176 = A-M, p. 29-33. See the numerous articles of H. Oskean in *Handes Amsorya*; cf *Buzand/Buzandaran* BP-G, p. 653; Thierry (1980);Id. (1989); Id. (1991); Id. (1993); Id. (2005); Id. (s.d.), p. 91, 133-134, 143-155, 157-160, 174-176, 196-222, 225-256, 275-281, 299-312; Mathews and Wieck, eds., (1994), p. 11, 14, 31, 91; Mahé (2000), p. 8-13, etc. and next notes.

[2] Thierry (1980), p. 1-2, 103 and fig.1; Id. (1989), p. 82; (Thierry and Donabedian (1989), p. 173, 176, 537; Garsoïan (1997) vol. I, p. 174. Cf. Ełišēivank', Thierry (1993), p. 103 for another refugee community. A parallel development occurs in this period in the neighbouring world of Iberia and Tao-K'larjeti, see Martin-Hisard (1993), p. 565-572.

In addition to them, we normally find a number of secular buildings such as refectories, cells for the monks, libraries and bell towers. In the later medieval period these complexes became large agglomerations which normally followed the rule of Saint Basil[3]. We are told by the historian Stepʿannos Ōrbelean that the community of Tatʿew in the days of the katholikos Yovhannēs

> Was outstanding among all the others not only because of its buildings, but was also resplendent through its religious and clerical ranks up to five hundred brothers; it was full of cantors of harmonious songs, bringing close to the sea (of divine mysteries); it was also enriched with a school with scholarly training as well as skilled painters and incomparable scribes[4].

In AE 379/AD 930, his successor

> Yakob brought draftsmen and *zawrackʿ* that is portrait painters from the distant land of the Franks and at great expense he had the brilliant roof of the God-dwelling temple entirely painted from top to bottom[5].

As such, these were not merely religious communities, but cultural centers and learned academies where renowned scholars and theologians, such as Stepʿanos Siwnecʿi, Anania and Grigor Narekacʿi, or still later Grigor Tatʿewacʿi, among many others, elucidated the faith, translated major works into Armenian and taught numerous disciples. Their scriptoria copied and illuminated texts that might otherwise never have reached us, as is the case for the famous School of Baleš/Bitlis in the XVIIth century, without whose laborious devotion, most early Armenian texts might have been lost altogether[6].

Much has already been done, though by no means everything, in the study of these relatively well known communities. Such, however, is not my purpose here. What I should like to consider is the far thornier problem of Armenian monasticism in the pre-Islamic period, which has not yet been addressed directly as distinct from the forms characterizing the familiar later foundations.

Such work as has hitherto turned to the earlier period of Armenian monasticism, be it that of Gelzer, Thopdschian or Amaduni has proved

---

[3] Thierry (s.d.), p. 94-95. See below, n. 22 for the Basilian rule.

[4] SŌ, xli, vol. I, p. 271, "երևելի էր ի մէջ ամենայնի ոչ միայն շինուածովք. այլ և պայծառանայր քահանայական և կրօնաւորական դասուք ի չափ 500 եղբարց. լի էր և ձայնասացութ փիլիսոփայիւք երաժշտական երգոց, ճոխ էր և վարժարանն վարդապետական կրթութեամբն. սա և արհեստաւորբ նկարչացն և գրողաց անհամեմատր:" = SŌ-B, p. 135.

[5] Ibid., xlix, p. 302, "Այս Յակոբ եւն ածէլ նկարիչս և զաւրածս որ է պատկերագործր ի Հեռաւոր աշխարհէ Ֆռանգ ազգաւ. և զլուսածէմ յարկս աստուածաբնակ տաճարիս բազում և անհուն ծախիւք եւն նկարել գրովանդակն ի վերուստ մինչև ի վայր". = Ibid., p. 150.

[6] Akinean (1952); Thomson (2001).

unsatisfactory on several major counts[7]. In the first place because they have projected the pattern clearly found in the later period into the earlier one, without verifying whether this anachronism was historically warranted or supported by the contemporary sources. Secondly they, and most other scholars, have also transferred these anachronisms to the relevant technical vocabulary without a sufficient analysis of its semantic content in the period we are considering. Finally, they have accepted the pervasive tradition which attributes the foundation of a number of major communities to saint Gregory the Illuminator himself, or sets them even further back to apostolic times. Consequently they trace them back to the fourth century if not earlier. For them, cœnobial monasticism penetrated into Armenia from Cappadocia in the second half of the IVth century. Such is the categorical position of Amaduni:

> La grande fioritura del monachismo in Cappadocia, ove tre insigni S. Padri, Basilio, Grigorio Nisseno (…) e Nazianzeno (…) vi diedero inpulso. S. Basilio (…) fu l'organizzatore e il legislatore della vita monastica cui diede l'impronta *cenobitica*, (…) e si conviene che fu grande l'influsso di S. Basilio sull'Armenia sotto S. Nersete il Grande (…) il carattere prevalentamente cenobitico (…) caratteristici distintivi del monachismo basiliano, e di quello cappadoce (…) è proprio anche del monachismo armeno.
>
> Il faut conclure que le monachisme avait déjà pénétré en Arménie au IVème siècle et qu'il était établi, sous sa forme cénobitique sur d'assez solides bases[8].

These hypotheses attributing the appearance of *cœnobia* in Greater Armenia to a relationship between Saint Basil of Cæsarea and the Armenian patriarch Saint Nersēs the Great rest primarily on the interpolated material in the otherwise valuable late fifth century anonymous *Epic Histories /Buzandaran Patmut'iwnk'* long attributed to an otherwise unknown P'awstos Buzand or Faustus of Byzantium[9]. However, this relationship and its influence on the foundations of Saint Nersēs cannot be sustained on the grounds of either chronology or typology. As I have had the occasion to show elsewhere, the repeated intrusions of Basilian material, which contaminate the *Epic Histories*' accounts of the life of Saint Nersēs and play havoc with the chronology of the narrative, are interpolations from hagiographic *Lives* of Saint Basil and from the general Basilian fund which was part of the pious stock-in-trade of contemporary accounts. They have no valid connexion with the setting into which they have

---

[7] Gelzer (1895); Thopdschian (1904); Amaduni (1940); Id. (1958).
[8] Amaduni (1940), p. xvii-xviii; Id. (1958), p. 285.
[9] BP = BP-G, Introduction.

been thrust[10]. Most damaging for our purpose here, is the anachronistic account of Saint Basil's purported presence at Cæsarea during the consecration of Saint Nersēs which suggests that they were exact contemporaries:

> And a great miracle occurred. For as they were entering the church, a white dove came down upon the altar ... And when the great chief–archbishop Ewsebios entered together with ...a holy archpriest named Barsilios, the dove left the altar and came to rest over him and remained there a long time. But when the time was come at which they intended to consecrate Nersēs, the dove rose from St Barseł and settled down on the head of Nersēs[11].

Aside from the unmistakably hagiographic character of this episode, it is rendered altogether impossible by the fact that at the time of Saint Nersēs' consecration in Cappadocia, as the *Epic Histories* would have us believe, the still un-ordained young Basil was studying in Athens and could under no circumstance have been present as an "archpriest" at the ceremony[12]. On the Greek side, a survey of the cities visited by Saint Basil in his ordering of "Armenian" ecclesiastical affairs clearly demonstrates that all references to these activities in his *Letters* refer to Roman *Armenia Minor* west of the Euphrates and that the bishop of Cæsarea never crossed the river into Greater Armenia[13].

The most serious distortion deriving from this anachronism is the common assumption that Saint Basil's great foundation at Cæsarea of Cappadocia, the hospice served by monks known as the Basiliada, had been the model for Nersēs' charitable foundations in Greater Armenia. In fact, the two institutions were quite different in type. The Basiliada founded at the very gates of Cæsarea, was a single, vast, all purpose urban foundation whose services were carried out by monks under the direction of Saint Basil himself. As such it was an urban and monastic as well as a charitable institution, a city in itself.

---

[10] Garsoïan (1983), p. 145-149; BP-G, p. 28-29, 274 n. 5-7.

[11] BP, IV.iv, p. 82, "Եւ եղեւ մեծ արուեստիք. զի մինչ դեռ այն ինչ մտեալ էին յեկեղեցին, էջ աղաւնի սպիտակ ի վերայ սեղանոյն ...: Եւ իբրեւ եմուտ Եւսեբիոս արքեպիսկոպոսեանն ... և երիցապետ մի սուրբ՝ որում անուն Բարսիղիոս կոչէր, թողաւ աղաւնին ի սեղանոյն և հանգեաւ ի վերայ նորա, և յամեաց բազում ժամս: իսկ իբրեւ եհաս ժամ՝ յորժամ կամէցան զՆերսէս ձեռնադրել, վերացաւ աղաւնին ի սրբոյն Բարսեղէ և նստաւ ի վերայ գլխոյն Ներսէսի:" = BP-G, p. 111-112.

[12] Garsoïan (1983), p. 148 and n. 15.

[13] Ibid., p. 149-158. Deferrari 1962), p. xvii-xix, Saint Basil went to Athens in 351 and left in 355 or early 356. He dates Basil's stay at Anesi in Pontus from 358 to 365, Ibid., p. xxi

a house of prayer built in magnificent fashion, and grouped about it, a residence, one portion being a generous home reserved for the bishop, and the rest subordinate quarters for the servants of God's worship arranged in order — access to all of which is likewise free to you magistrates yourselves and to your retinue. And whom do we wrong when we build hospices for strangers, for those who visit us while on a journey, for those who require some care because of sickness, and when we extend to the latter the necessary comforts, such as nurses, physicians, beasts for traveling and attendants? There must also be occupations to go with these men, both those that are necessary for gaining a livelihood, and also such as have been discovered for a decorous manner of living. And, again, they need still other buildings equipped for their pursuits, all of which are an ornament to the locality and a source of pride to our governor[14].

Such is not the case for Saint Nersēs' small and far flung foundations which he did not supervise personally. As the *Epic Histories* insistently repeat:

He ordered the same thing to be done throughout the realm — in every district and every region, on every side and in every corner within the confines of Armenia: to indicate the most suitable places to be set aside for the building of almshouses for the poor and to collect the sick, the lepers, the paralytics and all those who suffered; leper-houses were designated for them, assistance and maintenance as well as shelters for the poor. For this was the order of the great chief-bishop Nersēs ... that these people should remain exclusively in their own lodgings and should not go out as miserable beggars; indeed they should not set foot outside their door, but everyone should owe them protection......
asylums — for-widows and for-orphans... in the various districts...
And the same Nersēs had built hospitals in very town and every region, establishing maintenance and care for them. And he left trusted men as overseers for the sick and poor. He also entrusted them to such men as were God-fearing and who await the eternal Judgement and the coming of Christ[15].

---

[14] Basil, *Ep.* II, xciv, p. 150-151, "...οἶκον εὐκτήριον μεγαλοπρεπῶς κατεσκευασμένον ἀναστῆσαι τῷ Θεῷ ἡμῶν, καὶ περὶ αὐτὸν οἴκησιν, τὴν μὲν ἐλευθέριον ἐξῃρημένην τῷ κορυφαίῳ, τὰς δὲ ὑποβεβηκυίας τοῖς θεραπευταῖς τοῦ θείου διανενεμημένας ἐν τάξει, ὧν ἡ χρῆσις κοινὴ πρός τε ὑμᾶς τοὺς ἄρχοντας καὶ τοὺς παρεπομένους ὑμῖν, τίνα δὲ ἀδικοῦμεν, καταγώγια τοῖς ξένοις οἰκοδομοῦντες, τοῖς τε κατὰ πάροδον ἐπιφοιτῶσι καὶ τοῖς θεραπείας τινὸς διὰ τὴν ἀσθένειαν δεομένοις, καὶ τὴν ἀναγκαίαν τούτοις παραμυθίαν ἐγκαθιστῶντες, τοὺς νοσοκομοῦντας, τοὺς ἰατρεύοντας, τὰ νωτοφόρα, τοὺς παραπέμποντας; τούτοις ἀνάγκη καὶ τέχνας ἕπεσθαι, τάς τε πρὸς τὸ ζῆν ἀναγκαίας, καὶ ὅσαι πρὸς εὐσχήμονα βίου διαγωγὴν ἐφευρέθησαν· οἴκους πάλιν ἑτέρους ταῖς ἐργασίαις ἐπιτηδείους, ἅπερ πάντα τῷ μὲν τόπῳ κόσμος, τῷ δὲ ἄρχοντι ἡμῶν σεμνολόγημα ... "; cf. Garsoïan (1983) p. 159-160 and n. 72

[15] BP, IV.iv, p. 85, "Հրամայէր յամենայն աշխարհէ և ի գաւառ գաւառս և ի կողմանս կողմանս, ի կոյս կոյս, ի խորշս խորշս սահմանացն Հայոց. յայն արարեալ զպատեհ

Not only did the size of these numerous foundations and their scattering throughout Armenia differentiate them from the single urban Basiliada, but each of them seems to have served a particular purpose rather than be all-inclusive; nor do we find the slightest indication that their "trusted", "God fearing" overseers were monks. Specifically, Xad of Marag, Nersēs' pupil and deacon, whom the patriarch left as his vicar and set as supervisor over all his charitable foundations during his own long exile, is never identified as a monk but rather as a married man with grown children, as was Nersēs himself[16].

We have no contemporary indication that Saint Nersēs had sought models for his foundations in the West. The very *Epic Histories* that insist on the anachronistic linking of the two saints, never suggest a Basilian or western model for the Armenian foundations. On the contrary, the very passage describing the Armenian institutions notes that Saint Nersēs as patriarch had assumed the title of "defender of the dispossessed", the exact title of the great contemporary Persian *magupats*[17].

But of all the factors distinguishing the two institutions, the most categorical is once again that of chronology. We know from the established sequence of Saint Basil's *Letters* that his charitable foundations do not seem to have antedated the great famine of 368 and the first mentions of hospices appear in 372-373[18], whereas the foundations of Saint Nersēs went back to the very beginning of his pontificate in the fifties of the fourth century[19]. Furthermore, the Basiliada, built on land granted by the emperor Valens at the time of his passage through Cæsarea in

---

պատե՛հ տեղիս՛ն զատուցանել. չինել աղքատանոցս, և ի ժողովել զախտաժէտս և զկոյունս և զմարմնահարս և զամենայն գաւառս. և նոցուն կարգեցին օրկանոցս և զարձանոց և ռոճիկ և պատանս աղքատաց։ Զի այսպէս էառ Հրաման մեծ եպիսկոպոսապետն Ներսէս ... զի այսնքիսքն միայն ստեկալ լիցին լիրաբանչիր կայանս, և մի՛ ելանել ի մուրռյս տառապանան մի՛ բնաւ ելանել բառ իւրաբանշիր զուրս, այլ զի ամենայն որ պարտապան էր նոցա:" = BP-G, p. 113; BP. V,xxxi, p. 232, "զայբենցոսն և զորրականցոսն ... ի զաւարս, ... Եւ յամենայն աւանս էր չինեալ նորին Ներսիսի և Հիւանդանոցս, յամենայն կողմանց և ոռիկն և զարձանան կարգեաս, և արա Հաատապիտու թողեալ տեսումս Հիւանդացս և աղքատացս. նոյնպէս և այնոցիկ յանձն արարեալ որք երկիւդածըն էին յԱստուծոյ՝ որք զատաստանացն յաիտենականացն զայետեանն Քրիստոսի սպասէին:" = BP-G, p. 211.

[16] BP, IV.xii,115-116,118, ": Եւ էին նորա երկու դստերք" = BP-G, p. 134, 136.. For Nersēs, see ibid., p. 109, 395 s.n.

[17] BP, IV.iii, p. 78, "...և շատագով ամենայն զրկելոց լինէր նա:" = BP-G, p. 109; cf. Garsoïan (1981). Given his insistent linking of Saint Basil and Saint Nersēs, it seems inconceivable that the compiler of the *Epic Histories* should have missed the opportunity of mentioning an actual case demonstrating the influence of the first on the latter.

[18] Garsoïan (1983), p. 162-163.

[19] BP, V.i p. 191, "[Ներսէս] չինէր աղքատաց Հանգիստ, որպէս և ինքն ի բնէ իսկ սովոր էր:" Cf. Garsoïan (1983), p. 162.

January 372, was apparently completed in 373, the most probable year for the murder of Saint Nersēs[20]. Consequently it could hardly have served as a model for the earlier Armenian foundations.

It should finally be noted that the translation of Saint Basil's rule into Armenian does not go back to the earliest "Golden age" but is dated, largely on stylistic grounds, from the end of the Vth to the beginning of the VIth century[21]. The earliest references to communities living under this rule do not occur before the end of the IXth century for the monastery of Sewan headed by the future katholikos Maštoc'(†895) and they become widespread in the Xth century[22]. Hence, we have no secure evidence for any early presence of Saint Basil's rule in Greater Armenia. Nersēs' own foundations were destroyed by the king after the patriarch's murder[23] and there is no evidence that they were re-built by his son Saint Sahak. They do not, therefore, seem to have served as the original stage for the later foundations.

Under these circumstances, the entire problem of the forms taken by early Armenian monasticism needs to be reviewed altogether, even though the present state of our sources, especially in the critical area of archæology does not as yet permit us to reach final conclusions. In consequence, this survey must remain tentative and necessarily more negative than I might have wished. It cannot at present aspire to be more than a working paper. Nevertheless, it seems imperative at this point to clear the ground of gratuitous and insufficiently investigated, mostly anachronistic, assumptions that have stood in the way of a more accurate view of what little we can glean of the earlier period of the Armenian Church, which I will try to address directly. To achieve this will require, insofar as possible, an analysis of the archaeological material, of the reliability of the sources and of the precise implications of their seemingly familiar vocabulary.

[20] Idem, p. 162-163.
[21] Uluhogian(1993), vol. I, p. ix, "La convergenza di tutti questi dati, esterni ed interni, all'opera, sembra circoscrivere tra la fine del V sec. e l'inizio del VI l'epoca probabile della sua traduzione in armeno". Cf. Mahé (2000)), p. 22-23, who agrees with this dating.
[22] YK, xxx,xxxvi, p. 186, 229 = YK-M, p. 132, 150. A, III.iii,vii-viii, p. 160, 173-176, 181 "... այրն Աստուծոյ Մաշտոց: Սա էր... ի սանկութենէ խոտաբուտ կենօք կեցեալ անապատաւոր ճգնութեամբ. որ և ի ծովուն Գեղամայ զկղզին Սևանայ բնակութիւն իւր արարեալ՝ չինէ զեկեղեցին ի նմա, որ Առաքելայ անուանի: Զոր ձրագեալ ժողովելցան եղբարց բազմութեամբ, կանոնադրութեան սահմանաւ սրբոյն Բարսղի մակրոնս ի տան Աստուծոյ եղեալ, ... " = A-M, p. 29-33, 40
[23] BP, V.xxxi, p. 232-233 = BP-G, p. 211.

184

Even before turning to this task, we need a clarification of the word "Armenia" in the period under consideration. While linguistic and cultural similarity or indeed uniformity can unquestionably be demonstrated at the time of the Arsacid kingdom of Greater Armenia and in the subsequent interregnum, this is not the case for the political and administrative status in both the secular and ecclesiastical realms. Lesser Armenia [*Armenia minor*] west of the Euphrates had long been incorporated into the Roman Empire before its division into Armenia I and II by Theodosius the Great at the end of the IVth century. These two districts were ordinary Roman provinces included in the diocese of Pontus in no way distinguished administratively from the rest of the imperial territories and totally separated from the kingdom on the other side of the river, the greater part of which would pass to Persia by the end of the IVth century[24]. More importantly here, all the lists of those present at the first œcumenical councils show that the bishops from these two imperial provinces duly attended them in the wake of their respective metropolitans, the one of Sebaste for Armenia I and of Melitene for Armenia II. This was also the case for the bishop of Theodosiopolis in the new *Armenia Interior* acquired by Byzantium east of the Euphrates after the partition of ca. 387[25]. As such they formed part of the Imperial Church, whose authority and usages they fully acknowledged, so that their doctrinal position and ecclesiastical practices and institutions may not be used legitimately as characteristic for Greater or Persarmenia to the East or for its autocephalous Church.

Two points of reference for early Armenian monasticism must therefore be questioned from the start. Whoever were the "brothers" (*ełbark'*) from Sebaste whom Saint Gregory the Illuminator brought back with him after his episcopal consecration in A.D. 314 at Cæsarea of Cappadocia according to Agat'angełos — and the term *ełbark'* is far too imprecise to serve as a basis for any conclusion — they unquestionably came from the metropolis of imperial Armenia I. The development of a cœnobial type of monasticism in Cappadocia in the beginning of the IVth century is highly doubtful, and it is noteworthy that Agat'angełos, far from saying that Saint Gregory intended them to be the founders of

---

[24] Garsoïan (1998), p. 240.
[25] Ead.(1988), p. 259-260, 262-272. Ead. (1998), p. 241-242 and nn. 11-13. The subsequent alterations in the imperial toponymy do not concern us here. The bishops of the semi-autonomous southern Armenian Satrapies likewise belong to the Imperial Church under the general rubric of Ἐπαρχία Μεσοποταμίας, see Garsoïan (1988), p. 262-263, 267, and especially, 272-281; and Ead. (1998), p. 261.

monastic communities, states explicitly that he intended to "elevate them to the priesthood (*k'ahanayut'iwn*) in his own country"[26].

Far to the south-east "Armenian" monks were undoubtedly to be found subsequently in the entourage of Saint Sabas in Palestine as well as in Jerusalem according to the VIth century account Cyril of Skythopolis. Some, but not all of them may have come from Persarmenia. The most renowned of them, however, the "Armenian" John the Hesychast, was born in Nikopolis in Armenia I, his parents were named Enkratios and Euphemia, he would ultimately be consecrated bishop of Koloneia in his native province. His relations with Cyril of Skythopolis further demonstrate that he was a Greek speaker[27]. Less certain is the origin of the Armenians present in Saint Sabas' Great Laura. Among them, a certain number were obviously Armenian speakers, since we are told that they were allowed to perform the liturgy in their own language, but they were required to sing the Trisagion in Greek to make sure that they did not add to it the monophysite "Who wast crucified for us" as was the custom in Persarmenia[28]. Since they apparently complied and were allowed to remain some though not all must have been Chalcedonians. Consequently, these belonged to an atypical group and are not necessarily a safe index for the presence of a monastic presence in Greater Armenia to which the contemporary sources carefully refer as Persarmenia, reserving the unqualified toponym "Armenia" *tout court* for the Imperial territories of that name, so that conclusions derived from the presence of "Armenians" in Palestine should be used with prudence[29].

Proof of the existence of monastic complexes in Pre-Islamic Persarmenia will ultimately have to be furnished by accurately dateable archæological material. Unfortunately, this is not yet available and the fragmentary and insecure nature of the evidence does not permit categorical conclusions despite Oskean's numerous studies and Thierry's

---

[26] Aa §806, p. 344/5, "Մեծաւ պատուով ... զսուրբն Գրիգորիոս անսուստ յուղարկեցին իշխանօրէն հանդերձ: ... զային Հասանէին ի քաղաքն Սեբաստացւոց ... եւ անդ զտանէր բազմութիւն եղբարց, զորս Հաւանեցուցանէր ընդ իւր գալ, զի վիճակեցուցէ զնոսա ի քահանայութիւն յիւրում աշխարհին, եւ բազում զունդս զունդս յաճախեալ առնոյր ընդ իւր,". For Gregory's consecration at Caesarea, see Ananean (1961)..

[27] Garsoïan (2002), p. 258 and nn. 5-6.

[28] CS, 105:3-15, 117:19-118:5 = CS-P, p. 114, 126-127. Cf. Garsoïan (2002), p. 267 and n. 48. The contemporary official use at this time of the addition to the Trisagion by the Armenian Church is attested in the *Answer to the Syrians* of the katholikos Nersēs II, GT', p. 177, "և այսպէս փառաբանեմք, Սուրբ Աստուած, սուրբ և Հզաւր, սուրբ և անմահ, որ խաչեցար վասն մեր," = Garsoïan (1999), p. 461.

[29] Garsoïan (1983), p. 149-158. However, see below p. 220 and n. 190.

subsequent Herculean labour of identification, description and cataloguing[30]. Thierry has noted[31] that a number of the monastic foundations were traditionally attributed to Saint Thaddeus or his disciples[32] and Saint Bartholomew[33], or to Saint Gregory the Illuminator and on occasion his grandson Grigoris[34], to the virgin martyrs Hṙipʻsimē and her companions during their journey through Vaspurakan and on Mount Sepuh[35], to Saint James of Nisibis[36], and on one occasion to one of the three magi[37]. However, as he also showed repeatedly, these legendary identifications going in a number of cases all the way back to apostolic times, and consequently raising the prestige of the foundations to which they were attributed, are not borne out by the physical remains which have come down to us or by historical evidence[38].

To mention but a few. Sepuh, associated with Saint Gregory and Manē, a companion of Saint Hṙipʻsimē is not attested before the pilgrimage of the katholikos John the Historian who found a community of hermits grouped around the cave where the Illuminator had dwelt and built a church there in 921[39]. The fame of the foundation of the Holy Cross of Varag rested on a fragment of this relic presumably brought by Saint Hṙipʻsimē in the IVth century, according to the anonymous *History of the Hṙipʻsimean Saints* itself dating from the end of the eighth century, only to vanish upon the saint's departure and to reappear miraculously in 664[40].

---

[30] See above, n. 1.

[31] Thierry (1989), p. 81-84. *et passim*. The cases are too numerous to list here, but see the next notes.

[32] Ibid., p. 82, 150, 154, 195, 215, 336; with St. Bartholomew, 343, 353, 385, 450-451; together with St. Bartholomew, 482; Id. (1991). 65, 89; etc.

[33] Thierry (1989), p. 452, 471.Similar associations with the legendary apostle of Caucasian Albania, the discple of St. Thaddeus, Ełišē, are to be found in Karabagh, where his monastery founded in the Vth century according to tradition, is actually attributed to monks fleeing from Makʻenocʻ ca, 730, SŌ, I.xxxiii, p. 203 = SŌ-B, p. 97, Thierry (1991), p. 103-111, 202.

[34] Ibid., 83, 149-150, 163, 178, 225, 244, 381, 413, 425; Id. (1991), p. 190; Id. (2005) p. 45, 53, 60, 66, 67, 102, 112, 123, 138.

[35] MX.Ps., Thierry.(1989), p. 82, 85, 133, 149-150, 154, 338, 403, 413-416, 419, 446; Id. (1991). p. 156; Id. (2005), p. 42, 112.

[36] Id. (1989), p. 316-324.

[37] Ibid., p. 409.

[38] Ibid., p. 82, "Le seul intérêt de ces récits légendaires est d'affirmer l'ancieneté de telles fondations, ce qui ne veut pas dire que les monuments qu'on a maintenant sous les yeux datent de l'origine du christianisme".

[39] YK, lv, p. 357-359 = YK-M, p. 199; cf. also Ps.YM, p. 145 = Ps.YM-A, p. 104, who dates from approximnately the same period, as we shall see below p. 189 and n. 50; Thierry (1889); Id. (2005), p. 112-113; Thierry-Donabedian (1989), p. 571

[40] MX,Ps., p. 297-303; YC, p. 353; Outtier-Thierry (1990), p. 695-732; Thierry (1989), p. 133. Toumanoff (1961), p. 467.

Hogeac' vank', presumably founded by Saint Bartholomew and the repository of another fragment of the Holy Cross brought there by Saint Hṙip'simē, is attested in 868, though its mention in the Hṙip'simean *History* must place it before 800. The same approximate date is given by the appearance of the legend of Saint Bartholomew's coming to Armenia[41]. Dadivank' in Karabagh commemorated a legendary disciple of Saint Thaddeus, but it is first attested in connexion with the murder there of the last presiding prince of Caucasian Albania, Varaz Trdat II ca. 825[42]. The convent of Saint James of Kaputkoł or Blue Mountain in Vaspurakan was dedicated to Saint James of Nisibis upon a transfer of his relics presumably in the IVth century. It is however said to have flourished under the Arcruni kings in the Xth century and the legend is probably connected with the return of the saint's relics by the emperor John Tsimiskes on his capture of Nisibis in 974, a date consistent with the saint's panegyric by Gregory of Narek[43]. At Amału/Noravank' nothing remains before the XIIth century to attest a hypothetical hermitage of Saint John the Baptist[44]. Of the monasteries of which the date of foundation can be approximated, Mak'enoc', from which part of the monks had come to Karabagh ca 730, can probably be traced back to ca. 700, since the katholikos Solomon who had been a monk there after the division of the community died in extreme old age in 791/792[45].

Without wearyingly prolonging this list, it should already be evident that we have little direct material or epigraphic evidence predating the Bagratid period when we finally reach solid ground. In fact, with a few doubtful exceptions, monastic foundations as against isolated or palatine churches cannot be traced with assurance at present back of the seventh

---

[41] Thierry (1989), p. 452; cf MX. Ps; van Esbroeck (1973); Russell (1986), p. 255-260. The same association with the Hṙip'simean saints and Saint Gregory is found among others at Ałoc'vank' whose surviving architecture is Zak'arid and consequently dating from the XIIth-XIIIth centuries, Thierry-Donabédian (1989), p. 474-475. Similarly Kapusivank', associated with St. James of Nisibis, is first first attested in 1222, Ibid., p. 542;. etc.

[42] MK-D, III.xxiii, p. 340 "Զայս Վարազ Տրդատ և զորդի իւր Ստեփաննոս Ներսեհ ի Փիլիպեան՝ ազգակիցն իւրեանց սպան ի միում ճաշու ի խորանդրն, որ կոչի Դաղոյի վանք:" = MD, p. 226; Thierry (1991), p. 65 is of the opinion that "le véritable développement du couvent n'intervint qu'à la fin du XIIe s." Similarly, Xat'ravank' associated with another disciple of Saint Thaddeus is dated by the foundation inscription of 1204 (or 1234), although an earlier building may have existed, Thierry (1991), p. 89-91.

[43] GN; Thierry (1989), p. 316-323; Id. (s.d.), p. 145; Thierry-Donabédian, (1989) p. 543.

[44] Thierry (s.d.), p. 235-237.

[45] YK, xxiv, p. 141 = YK-M, p. 115, cf. p. 261-262.

century or even later[46]. To be sure, the surviving edifices may in a number of cases be reconstructions of earlier buildings, but until this is demonstrated by excavations *in situ*, which have too often proved impossible until now, their early date cannot be assumed, all the more so that early Armenian sources do not give us a single description of a "monastic" building such as are given in Cyril of Skythopolis' *Life of Saint Euphemios* and that of *Saint Sabas*[47]. Furthermore, none of the early Armenian sources contain any references to the destruction of any monastic establishment in their descriptions of the devastations wrought by war, nor do they mention the foundation of such establishments as against individual churches until the VIIIth century [48]. Hence, in spite of its lacunae and fragmentary character, the weight of such material evidence as we possess seems to set the early seventh century as the *terminus post quem* for the appearance of stable monastic communities in Greater Armenia.

Before we leave for the moment the purely archaeological evidence hitherto adduced, we must consider the much earlier date long accepted for the presence of a cœnobial type of monasticism in Armenia. This hypothesis derived from the account, purporting to describe the early foundation of the famous monastery of Saint John the Precursor /Surb

---

[46] Thierry (1989), on Vaspurakan, p. 82, correcting his earlier hypothesis concerning a possible early date for the monastery of Glakavank' (H.A., 1983, p. 390) concludes, "on compte peu de monuments qu'on peut fermement dater de cette époque [pré-arabe] ... C'est le développement du monachisme qui suscita la plupart des fondations, mais le mouvement ne prit une grande ampleur qu'à la fin du IXᵉ s.", p. 141, 150, 205, 231, 239, 266, 338, 359, 421, 444, 448, 451, 457, 459, 460, 469, 476. Id. (1993), *passim*, and fig.1, etc. Cf.. Ps.YM note p. 235. It should also be noted that in a number of cases the VIIth century date is given for a particular church rather than a complex. Cf. e.g. Ps.YM, p. 157, 176, 217 = Ps.YM-A, 111, 119, 135, where the church seems clearly distinguished from the whole of the monastery. The earlier foundation may have been no more than a hermitage turned into a monastery at a later date. E.g. at Hoṙomos founded in the thirties of the Xth century,"il est possible qu'il se soit agi d'abord d'un petit ermitage ... limité à une ou deux églises" Thierry (1980), p. 113-117; cf. Id. (1989), p. 133 for Varag, 426 for Aparank'; Id. (2005), p. 142, etc. See also below, n. 48.

[47] CS, p. 63,24-27, 64,15-21; 100,7-14; 111,18-24; 123,5-8, 24-28; 130,15-19 = CS-P, p. 60-61, 109,120,132-133,139.

[48] So, for example even in the VIIth century, the Mamikonean and Kamsarakan near their palaces at Aruč and T'alin, see below p. 226 and n. 218. According to Ełišē, in the days of Šapuh [II] "... in every city ...they built churches which surpassed in splendour the royal palace. They also built what are called martyria ... and in every uninhabited spot they constructed hermitages [յանենայն տեղիս անապատս ճգնաւորաց չիսիին]", this even in Persia, but he mentions no "monastic" establishments, E, iii, p. 60 = E-T, p. 110. Even in the VIIth century, the Ps Sebēos speaks of the building of churches in Armenia but refers to a presumed "monastery" only in the case of a foundation by the Sasanian Christian Queen Širin near the royal residence, S, xiii, p. 29 = S-T, p. 85; cf S, viii, xxvii, xxxiii, xxxvii, xlv, p. 4-5, 47-48, 64, 77, 112 = S-T, p. 66-67, 99-100, 112, 121, 147.

Karapet or Glakavankʻ at Muš by Saint Gregory the Illuminator. This presumably authenticating text had long been held to be a twofold *History of Tarōn*, of which a Syrian, Zenob Glag, was believed to have composed the first part in the fourth century in his own language, whence it was translated into Armenian. This first section was then thought to have been continued in the seventh century by Yovhannēs Mamikonean. The information contained in this work was considered particularly valuable since it attributed the foundation of the monastery to a *Letter* of detailed advice sent to Saint Gregory, who had brought the relics of the Precursor back to his own country, by bishop Leontius of Cæsarea, who had previously consecrated the Illuminator as bishop of Armenia[49]. This enduring hypothesis was acceptable as long as Zenob's portion of the work could be taken as a Syriac original of the IVth century. Unfortunately, as the result of a recent demonstration that the two parts of the *History* were in fact a single Xth century forgery, we no longer have any proof of the authenticity of the correspondence between Leontius of Cæsarea and Saint Gregory or of the monastery's early date. Its foundation must consequently be pushed forward to the IX-Xth century when it is first mentioned by the historian Uxtanēs Uṙhayecʻi[50].

In opposition to the unacceptable testimony of Pseudo-Yovhannēs, the official contemporary VIIth century correspondence that has survived gives us the one reasonably certain date for a monastic community coincident with the archaeological evidence and brings us once more to the beginning of the same century. During the quarrel between the Churches of Armenia and eastern Iberia or Kartʻli, which led to the schism between them before the end of the first decade of the century, bishop Movsēs of the border diocese of Cʻurtaw fell afoul of his superior, the katholikos Kiwrion of Kartʻli and was compelled to take refuge in Armenia[51]. In the *Letter*, preserved in the collected correspondence of the Armenian Church known as the *Book of Letters* [*Girkʻ Tʻłtʻocʻ*], which informs the *locum tenens* of the vacant Armenian katholikate Vrtʻanēs Kʻertoł of his troubles, the bishop of Cʻurtaw specifies:

> And because of the hardships of winter and of the storm, I was constrained to remained in the monastery of Saint John the Baptist which is in Aragacotn

---

[49] ZG, p. 39-46 = Ps.YM, p. 58-61.

[50] Ps.YM, p. 32-33, 42-48. On the complex itself, which was almost totally destroyed in 1916, see Thierry (1983), cols. 380-406. This article was published before the critical analysis of Ps. YM, whose VIIth century date it consequently still accepts.

[51] Garsoïan (1999), p. 338-345.

and I was welcomed by the elder of the community [*vanic' erēc'*], the blessed lord Babiwlas[52].

This same Babwilas is included, once more as *vanic' erēc'*, in the list of the Armenian ecclesiastics making their peace with the new katholikos Abraham I in 607[53].

As in the case of the material evidence, the ecclesiastical *Canons* purporting to contain material on early monasticism, which should be of primary relevance for this period, likewise remain as yet regrettably unsatisfactory. Akinean has shown that the presumably earliest *Canons* surviving, those purportedly composed by the katholikos Saint Sahak the Great belong to the VIIth century rather than the beginning of the Vth, as would have been the case had they been authentic, and Mardirossian attributes them directly to the controversial ecclesiastical figure of the VIIth century, Yovhannēs Mayragomec'i[54]. This later date is supported by the assertion in the XIth century Iberian treatise attributed to Arsēn Sap'areli that a number of works had been composed under the name of Saint Sahak by the "heretic" Yovhannēs Mayragomec'i[55]. Their evidence must consequently be considered in the context of the VIIth and not of the earlier pre-Islamic period. Similarly, the *Canons* attributed to the late Vth century king of neighbouring Caucasian Albania, Vač'agan cited in the *History of the Albanians* by Movsēs Kałankatuac'i

---

[52] GT', p. 245, "Եւ թէ որպէս վասն խստութեան ձեռայնւոյս և փքայոյզ լինելոյ, արգելեալ եղէ ի սրբոյ Մկրտչի Ցովհաննու ի վանս որ յԱրագածու ոտին. և բնկեալ ես ի ձեռն երանելւոյ տեառն Բաբիլասայ վանից երիցու'" = Garsoïan (1999), p. 523.

[53] GT', p. 299; Garsoïan (1999), p. 279-280, 514. On the title *vanic'erēc'*, see below p. 201-203.

[54] KH, I, p. 363-421 Akinean (1950).The late date of these canons seems now to be generaly accepted. Mahé (2000) considers them "pseudépigraphes" and reflecting a VIIth century context, albeit containing earlier material, p. 21 n. 70, 24. Mardirossian (2004), p. 315, "Les *Canons de Sahak le Parthe*, rédigés par Yovhannēs Mayragomec'i"; cf.further, Id.(2006), p. 375-376, "Yovhannēs Mayragomec'i représente l'un des plus grand faussaires que l' Église arménienne médiévale ait connu." Moreover, "Parmi les œuvres qu'il a composées et qui sont placées sous le nom de 'saint Sahak', c'est-à-dire le patriarche saint Sahak le Parthe (387-438), figure un texte intitulé *L'Écrit sur la Tradition de saint Sahak catholicos des Arméniens. Ce document ... ne fut intégré dans le Livre des canons armeniens (Kanonagirk' Hayoc')* que postérieurement à l'élaboration en 719 de la version canonique officielle de l'Église arménienne ...La date précise de cette intégration reste inconnue, mais différents indices laissent à penser que *L'Écrit sur la Tradition* fut incorporé dans le KH dans la seconde moitié du Xe siècle". Conybeare,C, p. 828, 842, writing half a century earlier, also noted that the reference in the canons to the feast of the Mother of God necessarily implied a VIIth century date, although he attributed this to a later interpolation. Se below p. 200-201 and nn. 104-107.

[55] For the most recent discussion and bibliography, see Mardirossian (2004), p. 258-259, 282-288 and Id. (2006).

EARLY ARMENIAN MONASTICISM 191

or Dasxuranc'i[56], reflect a later period. In spite of the continuing arguments concerning the precise date of Movsēs' *History*, the majority of this compilation dates most probably from the Xth century resting in part on a VIIth century "core"[57].

The *Canons* attributed to the katholikos Nersēs II and bishop Meršapuh or Neršapuh of Tarōn his co-president at the Second Council of Duin in 555, if authentic, cannot of necessity pre-date the middle of the VIth century. Moreover, as we shall see, their terminology pertaining to "solitaries" and "monasteries" is open to interpretation and Hakobyan notes in his critical edition that canons xxx to xxxvii, which are the ones containing the "monastic" regulations, are not to be found in a number of manuscripts[58]. Hence, no firm conclusion on early "monastic" institutions may safely be drawn from them as well[59].

Because of its date, the most promising evidence should reasonably seem to come from the Council of Šahapivan held on June 24, 444, whose xvth and xvith canons apparently provide information pertaining to the problem of the early period of Armenian monasticism. According to canon xv:

> If anyone [*ok'*] be [stand] in the faith and wishes to become [one of] the solitaries [*miaynakeac'*] keep virginity and holiness and attain eternal life, let him be with his true companions and with *miabanakeac's* and they will benefit each other through the love of Christ, for "a brother helped by a brother is a firmly fortified wall"[Pr. 18,19?] and that "God settles *miakrawns* in a house/family" [Ps 67 (68),7], and "Where two or three are gathered in my name, I am among them" [Matt. 18,20] ...
> Let there not be the custom to be alone for then how can they know the order and condition of the faith, or keep their transgressions in mind, or show obedience and love to their companions?[60]

---

[56] MK-D, I.xxvi, p. 89-94 = MD, p. 50-54.
[57] Dowsett in MD, p. xix-xx; cf. Aŕak'elyan, MK-D, p. 5; Howard-Johnson (2002), p. 49-52.
[58] Hakobyan, KH, I, p. 475-490, 639; Mardirossian (2004), p. 623-625. In spite of the objections of Mahé (2000), p. 23 n. 79 and Mardirossian, cited by the latter *loc cit.*, there is little reason to think that a separate council was held in 552 in the light of the *Letter of Blame* addressed by the katholikos to the southern Armenian bishops who had not obeyed his summons, Garsoïan (1999), p. 233-236, 474-476. Moreover, the consecration of Abdišoy as bishop would hardly provide a likely setting for the promulgation of new canons. See below p. 197-200 and n. 89 for the problematic meaning of the term *vank'* as well as p. 194-195 for the terminology of the VIth and VIIth century canons.
[59] Mahé (2000), p. 23-24, sees in these canons "une situation complexe, où se côtoient différents types de vie religieuse."See below n. 68.
[60] KH I, p. 450-451, "Եթէ ոք ի հաւատս կացցէ կամ միայնակեաց կամ ի լինել, զկուսութիւն և զսրբութիւն պահէլ և կենացն յաւիտենից հասանել՝ ընդ ընկերս կացցէ ընդ ճշմարիտս և ընդ միաբանակեացս և ի միմեանց շահեսցին սիրովն Քրիստոսի, զի "Եղբայր

Whereas canon xvi deals more specifically with ecclesiastical regulations:

> Whoever wishes to be a bishop, a spiritual leader [*aṙaǰnord*] and a shepherd, or built a *vanakan* or a hermitage [*anapat*] or desires the leadership of a district or villages or hermitages, let him listen to what is said "If greatness/wealth comes through pillage, do not seek it" [cf. Ps.61(62),11] ...
> But whoever is the head bishop of the realm, let no one become a bishop without his will. And let no one dare become a *vanic' erēc'* or a hermit [*anapatawor*] without [the permission] of the bishop of the district ...[61]

In spite of the seeming clarity of these injunctions, however, the form in which these canons have come down to us presents a number of problems. As in the case of the *Canons* attributed to Nersēs II and Meršapuh, Hakobyan noted that the canons under consideration are missing from several of the manuscripts or are given a different reading[62]. Akinean further observed that far from being a cogent and well organized treatment of a particular point, canon xv, with its catalogue of virtues and injunctions against vices, such as keeping watch over one's words, the avoidance of usury ... impudence, fornication, avarice, greed, lies, slander ... ostentation, arrogance and so forth, before joining the brotherhood, is rather a diffuse homily replete with ecclesiastical *topoi* and biblical citations. Hence, he was of the opinion that both canons showed signs of later interpolations[63]. Going one step further, Mardirossian has recently argued that the canons were heavily reworked and interpolated in the VIIth century by the controversial theologian Yovhannēs Mayragomec'i whose writings were similarly characterized by a large admixture of scriptural quotations.[64]. Indeed, an analysis of the canons of Šahapivan, in the form in which they have come down to us, do not provide us with an

---

* յեզբաւրէ աւզնեալ' իբրեւ զպարիսպ ամուր". և եթէ Աստուած բնակեցուցանէ զմիակրաւնս ման" և "Ուր երկու և երեք ժողովեալ են յանուն իմ, ես ի մէջ նոցա եմ"... Մի՛ լիցի սովորութիւն միայն լինել. ապա զհաւոդ կարէն զինել զկարգ և զպայման Հաւատոց, և կամ զյանցնւած իւր ի մին առնուլ, կամ զՀաւզանորդութիւն և կվէր առ ընկերս գուցանել:"* See below n. 87 for the alternate reading of ms 659.

[61] Idem, p. 455, *"Որ Եպիսկոպոս կամի լինել առաջնորդ և Հովիւ կամ վանական կամ անապատ չինել, և սղարութեան զանկանայցէ կամ զաւառի կամ զիւղից կամ անապատաւորց. լուիցէ զինչ ասեն. "Մեծութիւն թէ առի գայցէ մի՛ յաւժարեսցիս"...:*
Բայց որ գլխաւոր Եպիսկոպոսն աշխարհին' առանց նորա կամաց Եպիսկոպոս ոք մի՛ լիցի: Եւ վանաց երէց կամ անապատաւոր' առանց զաւառին Եպիսկոպոսի չիշխէ լինել:
See below n. 67 for the alternate reading of ms. 659. The term *vanic' erēc'* seems to be a *hapax* in the Vth century, see below p. 201-203.'

[62] Idem, p. 633-634.

[63] Akinean (1949), p. 128-131.

[64] Mardirossian (2004), p. 501,, "les vingt dispositions du synode ...ont été lourdement interpolées par Yovhannēs Mayragomec'i, 508; also Id. (2006), p. 378 and n. 17, "Sur le plan juridique, Mayragomec'i a composé une volumineuse compilation dans laquelle il a intégré en premier lieu le *Corpus de Šahapivan* lourdement interpolé".

unequivocal witness of the type of monasticism characterizing mid -Vth century Armenia, they rather reveal a confused mixture or deliberate reworking and distortion of the original text at a subsequent date.

The main consideration supporting such a conclusion is provided by the significant divergences in readings found in the Matenadaran ms. #659 dating from 1368, but which Hakobean considers to have preserved an earlier tradition than the one given in his edition[65]. These divergences confirm at several points the conclusion that in canons xv and xvi we are dealing with two layers of evidence relating to different periods only the older one of which relates to the actual period of the council, whereas the second belongs to the period of Mayragomec'i in the VIIth century. The superiority of ms. 659, which preserves some of the earlier tradition, manifests itself from its Introduction giving the far more plausible number of twenty bishops attending the council, rather than the forty, which aroused Akinean's suspicion as an impossibly large number at a time when the crucial council of Artašat called some five years later to defy the Sasanian authorities could muster only eighteen[66]. Similarly, canon xvi in ms 659 begins: "Whoever desires to be a bishop or a *vanac' erēc'* or a desert lover [*anapatasēr*] or [to have] the leadership over a district or villages ..." a more coherent reading, which omits the incomprehensible "build a *vanakan*" (a term referring to an individual and not a structure) of the printed text[67]. Still more importantly, the technical terminology found in the canons, to which I shall soon return, likewise cannot be reconciled with the attribution of the existing text to single period.[68]

It is only with the Council of Duin of 644 /5 of which canon x addresses rather mildly:

> any of the *azat* who takes power over a *vank'*, seizes and drives out the *vanakan* at will, which is neither proper nor lawful; and anyone who settles in a *vank'* with his household in contempt of the church of God with disrespectful shamelessness. If then [however], having heard this command, they grant to the *aṙajnord* the supervision of the church so as to order and

---

[65] Hakobyan, KH, I, p. lxxv-lxxvi.

[66] KH, I, p. 626, cf. Akinean (1949,) p. 97 ff; 102-103 and Mardirossian (2004), p. 504-506; cf. ŁP',I.xxiv, p. 44-45. The same number of bishops is given by E, p. 27-28, though in a different order.

[67] KH, I,xvi, p. 633, "[Ո]ր եպիսկոպոս կամ վանաց երէց կամ անապատասէր կա՛մ ս սադարութեան գանկանայ կա՛մ ս գաւառի կա՛մ ս գիւղից...". See above n. 61 for the reading in the printed version and below p. 197-201 and n. 89, for the term *vank'* and its derivative *vanakan*.

[68] Mahé (2000), p. 17, sees these canons as a mixture "en pleine évolution," but further analysis suggests rather a stratum preserving traces of the original Vth century text and a subsequent VIIth century reworking.

IX

194

> establish it according to God's pleasure, let there be remission of the transgressions of their former deeds and let them be blessed by our unanimous council ... [69];

whereas canon xii condemns:

> any of the *azat* of the non-noble [*ṙamik*] *horsemen* who coming somewhere to a village, and leaving the village take lodging in a *vank'* and under holy roofs and befoul with singers and dancing girls places dedicated to God, [a thing] which is appalling for Christians to hear, let alone do...[70]

that we may perhaps find some evidence for seemingly stable monastic institutions[71]. A testimony supported by the far more elaborate regulations of the *Canons* attributed to Saint Sahak, which bring us once again to the VIIth century.

Surprisingly, another crucial source of information, namely the technical terminology used in both the canons and, as we shall see, in the contemporary narrative sources has commonly been overlooked or interpreted without sufficient precision or consideration of its context. Therein lies one of the main causes of misunderstanding and error.

Some of the purportedly "monastic" terms found in the relevant early Armenian texts are purely descriptive and require little further elucidation. Such are the *anapatawor* or *anapatakan* "dweller in the desert" or again the *leṙnakan* "dweller on mountains"[72] Unfortunately the same cannot be said of the rest of their deceptively familiar vocabulary which does not support the hypothesis of early cœnobial foundations in Armenia though it has been interpreted too readily as relating to a developed form of monasticism such as characterized the late mediæval period.

---

[69] Duin 644/5, KH,II.x, p. 210-211, "Որանք յազատաց ի վերայ վանաց իշխանութիւն առեն և վանական՝ զոր կամին Հանեն և արկանեն, զոր չէ արժան և արքէն. և ոմանք ընտանեաւք ի վանքն ստիյն՝ արհամարհեալ զեկեղեցւաւն Աստուծոյ՝ անպատկառելի անամաւթութեամբ: Արդ՝ եթէ լուեալ մերոյ Հրամանիս՝ դարձին և թողցեն յառաջնորդս զեկեղութիւն եկեղեցւոյն կարգել և յարինել բառ Հաճոյից Աստուծոյ. այնպիսեացն յառաջագոյն գործելեաց յանցանացն թողութիւն լիցի և ի մեր միաբան ժողովոյս աւրՀնեալ եղիցին ... "

[70] Ibid.,xii, p. 211-212, "Որանք յազատաց և ռամիկ Հեծելոց Հասանելով ի գեաւղս ուրեք՝ թողեալ զգեաւղն ի վանն առեն գիշավանան և ի յարկս սրբոցն, և զուսանաւք և վարձակաւք պղծեն զսուրբբեաւ տեղիսն Աստուծոյ, զոր սոսկալի է քրիստոնէից լսել՝ թող թէ առնել:... "

[71] Even here, as in the earlier canons attributed to Nersēs and Meršapuh, the precise type of establishment referred to as a *vank,'* is not clear from the context. See below p. 200.

[72] NBHL I, p. 110, 883; BP-G, p. 506-507, s.n. *anapatawor*... See also below n. 77-78 for Syriac parallels..

As was noted earlier in the case of the companions brought by Saint Gregory from Sebaste, the term "brother [*ełbayr*]" is far too vague to be used exclusively, if at all, in the sense of "monk"[73]. The numerous problems and extensive recent discussions over the developing semantic content of the various Greek terms, μονάζων and μοναχός (in both their adjectival and nominal forms)[74] which are the equivalents of the numerous Armenian nouns, *mianjn, miaban, menak, miazon,* etc[75]. and the similar imprecisions in contemporary Syriac institutions noted by Canivet[76], do not authorize us *a priori* to render these terms invariably as "monks" rather than solitaries — hermits or anchorites. Nor should the numerous Syriac equivalents or even borrowings in the Armenian terminology be overlooked. Some of these parallels were already noted by Ter Minassiantz a century ago,[77] but were not given sufficient attention until the more extensive recent study of E. Mathews[78]. Not only is the Armenian *abełay* a direct adoption of the Syriac *abīlā ("mourner)*[79], but the just mentioned Armenian *anapatawor* and *leṙnakan,* as well as the various forms of "solitary", *menak, mianjn,* etc. are direct translations and equivalents of the Syriac, *madabārāyā, turāyā* and *īhīdāyā*[80]. This is all the more significant that the opening injunction of the xv canon of the Council of Šahapivan requires those who would seek eternal life to take on "virginity/chastity" (*kusutʻiwn*) and "holiness" (*srbutʻiwn*), the very virtues "virginity/ chastity/celibacy" (*betulā*) and "holiness" (*qaddīšūtā*) which characterize the Syriac *īhīdāyā,* who are celibate and/or solitary, occasionally grouped together, but without the necessary connotation of a stable, enclosed and regulated community[81]. Moreover, the quotation

---

[73] See above p. 184-185.
[74] *Inter alios,* Harl (1960);Baker (1968), p. 353; Morard (1973); Ead. (1980); Guillaumont (1979), p. 111-123.
[75] NBHL, II, p. BP-G, p. 547.
[76] Canivet (1977), p. 49-51. "La terminologie est fluctuante ... les mêmes mots malgré leur apparence 'technique' peuvent recouvrire des réalités différentes". The religious schools referred to in Greek sources are, "des confréries d'ascètes plutôt que des monastères".
[77] Ter Minassiantz (1904), p. 11-13.
[78] Mathews (2005), p. 148 -150.
[79] Ibid., who also notes p. 148 and n. 20 that the Syriac title *riš abîlê* "head of mourners" finds its exact counterpart in the *głux abełayicʻ* in the *Epic Histories,* VI.xvi.
[80] Mathews (2005), p.148.
[81] Vööbus (1958), I, p. 99-108 and 108 n. 194, quoting Ms.Vat.syr. 501 f.23b "and at time when the order gained strength and grew large they were called... in Greek μοναχοί and their dwelling places μοναστήρια which are interpreted in Syriac as the caves (or cells) of the *īhīdayē*". Cf. Baker (1968), p. 348,-349; Murray (1975), p. 12-16; Canivet (1977), p. 49-59; Nedungatt (1973), p. 205-206; Guillaumont (1979), p. 113/218-

from Matth. 18,20 in the same canon, on two or three being gathered in the name of the Lord used by the canon in support of its injunction carries no obligatory suggestion of a building or enclosure. The repeated association of *mianjn* with *anapatawor* and *leaṙnakan* in the *Epic Histories* suggest that this term had the sense of "isolated hermit" rather than to that of "members of a sedentary community" which it would acquire in the future[82]. In addition to these Syrian parallels, Agatʻangełos' detailing of the qualities and functions of the term *aṙajnord* found in canon xvi, as it applied to Saint Gregory,

> Overseer and teacher and leader in God's path and shepherd and doctor, according to the providential tradition and divine grace of Christ[83],

Indicate that this title had not progressed from the level of "spiritual leader" or "guide" to the more mundane and practical one of superior of a monastery.

Another term crucial for this investigation of the type of ascetic institutions found in early Christian Armenia, *uxt*, has a number of meanings from the merely secular "oath", as it appears occasionally in the *Epic Histories* interchangeably with *erdumn,* to the more evolved and specific meanings of "pact or covenant" and finally to its use as a synonym for the "clergy".[84] Its more common use in earlier sources, however, is that of the "covenant of the faith", and as such it is the equivalent of the Syriac *qyāmā*[85]. Similarly, the early Armenian formula, "the children/

115/219, "Le *monachos* est donc bien, primitivement, celui qui vit seul, qui est 'solitaire' si l'on veut, mais non pas parce qu'il vit dans la solitude du désert, loin des hommes, mais simplement parce qu'il n'a pas de femme. Le célibat est donc lié à l'essence préliminaire du monachisme. Le moine est d'abord l'ascète célibataire; [le] syriaque *ihidāyā* son équivalent exact ... vivent au sein de la communauté des fidèles, ils se distinguent des autres fidèles par le fait qu'ils ont abandonné toute possession terrestre pour mener une vie errante,,, et aussi par le fait qu'ils ont renoncé au mariage pour garder la virginité" See also above p. 191 and n. 60, for, canon xv.

[82] E.g. BP, V,xxviii; VI.vi,xvi p. 226, 268-269, 274-276 = BP-G, p. 205, 207, 235, 239-240.

[83] Aa, dccci, p. 340-341, "*գԳրիգորդ տեսուչ և վարդապետ առաջնորդութեան աստուածպաշտաց ճանապարհացն, և Հովիւ և բժիշկ կացուցիր*"; cf. BP-G, p. 507-508, s.n.

[84] NBHL II, p. 541-542, "foedus, votum, pactum, clerus" BP occasionally uses the term in the sense of a secular oath and in conjunction with *erdumn*, III.xxi, p. 65 "*զուխտն յիշեալ զղաշանցն կռելոց զերդմանցն Հաստատութեան*" = BP-G, p. 98, .IV,xv,xvi,xviii, xxiii, "*ուխտ երդմամբ*", liii, "*երդումն ուխտի*" V, xxxii, p. 126, 134, 136, 147, 170, 235 = BP-G, p. 141, 147, 148, 156, 170, 213. Its most common use there, however,is as the "covenant of the faith,"*զուխտ Հաւատոյ*"III.v., p. 24 or the"holy covenant "*սուրբ ուխտն*", III,xi, p. 37, III,xiv,IV,ix,xiii,xxiv,li,V,xx,xliii,liv, p. 47, 99, 118, 150, 169, 217, 255, 259-260 = BP-G, p. 58, 72, 80, 87, 123, 136, 158, 169, 202, 226, 228-229. See also next notes.

[85] The *uxt hastatun* entered into by the bishops and princes at the Second Council of Duin in 555, which they signed with their hearts as well as their seals and withdrawal

sons of the covenant" (*uxti mankanc'*) corresponds to the *bnay/bnāt qyāmā*, with the same meaning, who are likewise known to early Syriac sources[86]. Significantly, this formula, which appears repeatedly in the early Armenian narrative texts, is also the one used in the earlier layer of the fifteenth canon of the council of Šahapivan as given in in ms. 659: "If anyone of the servants or of the children of the covenant (*uxtē mankanc'*) [wishes] ... to keep virginity and holiness and attain eternal life...". However, it was no longer meaningful to the later, reworked version found in the critical edition where it has has been replaced by the more general and imprecise *ok'* "anyone"[87]. In its earlier and specialized sense this formula is of the utmost importance for the present investigation both on account of its patent Syriac link and through its implication that the means of binding a community together was the covenant into which its members had entered rather than any physical enclosure.

Most troublesome in this connexion are the crucial terms *vank'*, together with the noun derived from it *vanakan*, which are almost invariably rendered as "monastery" and "monk". There is no doubt that by the later Middle Ages *vank'* had indeed acquired the meaning of "monastery" and the dwellers therein or *vanakan* were "monks", but such an assumption is altogether unwarranted for the IVth, Vth and probably most if not all of the VIth centuries. The original meaning of the Armenian term *vank'* (derived from a lost Iranian form **vahana* OP *avahana* Sansk. *vasana*)

from which carried anathemata, was unquestionably an "unshakeable pact or covenant", GT' p. 202 (= Garsoïan, 1999, p. 479), and Łazar P'arpec'i undoubtedly uses it in this sense when he speaks of "the gospel of he covenant [*Awetarann uxtin*]", or of the supporters of Vardan Mamikonean as "those faithful to the covenant [*uxtapahk'n*]". ŁP', II.xxx,xxxvii, p. 58, 68 = ŁP'-T, p. 98, 110; cf. E, p. 3,54 = E-T, p. 57, 105, and Ibid., p. 9-11, and 57 n. 4. The old sense of "oath", did not disappear altogether since it is still clearly intended in the case of the penitent bishops making their peace with the katholikos Abraham I in 607, who were required to "swear with an oath [*erdmamb uxtesc'en*] publicly that they renounced their former heresy", GT', p. 294 (= Garsoïan, 1999, p. 508. However, it also appears with the sense of "the clergy"; see e.g., the *Canons* attributed to St. Sahak, KH, xxxviii, p. 394 = C, p. 841, and also the next note.

[86] Vööbus (1958), I, p. 99-100; Brock (1973), p. 7-8; Murray (1975). Like *uxt*, this formula or the related *surb uxt* and *amenayn uxt ekełec'woy* came increasingly to be taken as a designation for the clergy in general. See e.g. the *Second Letter of Babgēn katholikos*, ca. A.D. 508, GT', p. 157 (= Garsoïan, 1999, p. 446), or the *Canons* attrributed to Saint Sahak, KH,I, xxxviii, p. 394 (= C, p. 841). For a recent study of the children of the covenant which posits that this formula is "clearly connected with the Syriac *bbnay Q'yāmā*" (p. 261), but considers different aspects of the question, see Shirinian (2001-2002).

[87] KH, I, p. 633, "Զի եթէ ոք ի պաշտաւնէից և յուխտէ մանկանց (italics added) ի հասատու կայցէ, կամ մէնակեաց կամ զինչ և է կամ զարբութիւն կամ զկուսութիւն պահէլ և կենացն յաւիտենից հասէլ ...". See above n. 60 for the text of the critical edition.

IX

was merely a "dwelling, residence lodging", without any religious implications[88]. The great Venetian Dictonary, the *Nor Bargirkʻ Haykazean Lezui*, prudently gives as its first meaning for the term, "*diversorium, hospitium, mansio, tabernaculum*" and only as a second meaning, "*monasterium*, λαῦρα"[89]. Similarly, its Syriac counterpart *dayrā* took on the specific meaning of a monastery only later. In early texts, it is still used in its general meaning of any dwelling — whether a man-made construct or not[90].

In the *Epic Histories* the "lodging" of the Roman sophist as well as those of the imperial officials in the city; the "residence" to which the poisoned patriarch Nersēs retired to die surrounded by the entire Armenian nobility which had followed him there; finally, the "house of the wardrobe" to which the eunuch Glak was taken for execution are all called *vankʻ*, but they can hardly have been "monasteries"[91]. Whatever doubt there might be concerning the type of individual lodgings to which the Armenian nobles returned after taking a joint oath to defend the Christian faith, according to Łazar Pʻarpecʻi,[92] there can be none concerning the various *vankʻ*s to which the Armenian nobles returned on two occasions after a "merry banquet"[93]. In a still more revealing episode,

---

[88] BP-G, p. 566-567.

[89] NBHL, II, p. 783. The Armenian equivalents given in explanation for the first meaning are likewise entirely secular: "*օթեւան, իջևան, բնակարան, կայան, դադարք, վրան, հիւրանոց, փարախ, տաղաւար*".

[90] Vööbus (1958),, p. 222, notes that *dayrā* is used by Aphraat in its primitive meaning of "sheepfold", habitation and not in that of "monastery". Nedungatt (1973), p. 204; Mathews (2005), p. 150 and n. 38.

[91] BP, IV,x, p. 110. "*...արտաքոյ քաղաքին վկայանց մի սուրբ տիկնոջն Թեկղի: ...էջ սփիստէս և իւր վանս ունէր ի ներքս ի վկայանցի անդ. բայց մազիստրիանոսքն ունէին վանս իւրեանց ի քաղաքին*" = BP-G p. 131. The sophist chose to "lodge" in a martyrion, but the "lodging" of his companions in the city must have been secular, yet the same term is used in both cases; V.xxiv, p. 221"*... և յարուցեալ գնաց ի վանս իւր: Եւ զՀեռ գնացին նորա ի տաճարէն արքունի ամենայն մեծամեծքն նախարարքն Հայոց, ... Եւ ... եմուտ ի վանս իւր ...*" = BP-G, p. 204; BP, V.vi, p. 209-210, "*... և տանէին զևա (Գլակ) մինչև ի դուրս տաճարին արքունի: իսկ ... Թագաւորն ... ասէ. Մի՛ այսր, մի՛ այսր այլ ծածկյն զևա ի տուն պատմուճանակացն: ... և անդէն ի վանսն պատմուճանակացն փողոտեցին զևա, և Հատու զլուխ նորա, և Հանին Հարին ի նիզակի, և կանխեցին ի Հրապարակին արքունի:*" = BP-G, p. 197.

[92] ŁPʻ, III.lxvi, p. 120, "*Եւ այսպէս երդուեալք ի խշերին և Հաստատեալք ի Հաւատն Քրիստոսի և Հրաժարեալք ի մեռաօնց յիւրաքանչիւր վանս գնացին Հանգչել:*" = ŁPʻ-T, p. 174. And it should be noted that among those returning to their own *vankʻ*s were included the former apostates, as is explicitly noted by the historian, "*քրիստոնեայքն և ուրացեալքն*", Idem.

[93] ŁPʻ, III,xc, p. 162, "*... և տեսեալ Նիխորոյ զշայերն, որ շորան առ նա ... ամենայօժար սրտիւ խնդութեամբ ուրախացաւ: Եւ Հրաման տուեալ ընթրեացն՝ ընկալաւ զնոսա բազում գոհութեամբ և յոյժ սիրով, յիշելով Հանապազ ըստ ամենայն բաժակի զբաշ*"

Ełišē depicts the Persian king ordering his chief-executioner to guard the captive Armenian nobles in "each one's lodging [*vank'*]"[94]. He, moreover, systematically uses *vank'* in a purely secular sense, for the locale to which the Persian magi flee to escape the infuriated Armenians, as well as for the lodgings of the commander-in chief, both of which Thomson has reasonably translated respectively as "camp" and "quarters"[95]. The alternation of the terms *vank'* and *mianjanoc'* in the *Epic Histories* without any suggestion that they were not synonymous points in the case of the first to a sense of "hermitage" rather than of "monastery"[96].

Łazar P'arpec'i refers to the religious life desired by Maštoc' as a *karg vanakanut'ean*, which he achieves by entering a large *vank'* with many brothers [*ełbark'*][97]. However, Maštoc''s disciple Koriwn says that his master had entered *"i miaynakec'akan karg."*, that is to say the ranks of ascetics or hermits[98]. Again, the holy man from Tełk' who was supposed to have shielded the Armenian magnates is said by Łazar P'arpec'i to have lived alternately in a *vank'* or a "hermitage/desert" [*anapat*], together with two young companions, presumably grooms, responsible for provisions and horses, and he is identified as both a *vanakan* and a priest [*k'ahanay*][99]. Under such circumstances, just as in

---

Մամիկոնենան վահան. և կատարեալ զուրախայից ընթրիսն՝ գնային յիւրաքանչիւր վանս:" = ŁP'-T, p. 222; III,xciii, p. 169, "եւ ուրախացեալք այն օր բատ օրինի ի ճեմայքս ընթրեաց, և Հրաճարեալք ի Նիխորոյ՝ գնացին Հանգչել ի վանս իւրաքանչիւր:" = ŁP'-T, p. 230.

[94] E, p. 48, "եւ վաղվաղակի Հրամայէք զպատուական նախարարան Հանէլ ծեծաւ անարգանօք յերեսաց իւրոց. և զզուշութեամբ Հրաման տուեալ դաՀճապետին՝ արանց կապանաց յիւրաքանչիւր վանս պաշել," = E-T, p. 99. The suggestion that the Sasanians had "monasteries" in their realm for the detention of the captive Armenian nobles is particularly ludicrous.

[95] E, p. 58, "Բանգի վիրգս ի ձեռն առեալ՝ զկատաղուսն մոգացն և մոգպետուն Շարդեցին. փախստական յիւրաքանչիւր վանս անկանէին," = E-T, p. 110; E, p. 65, "... սուրբ եպիսկոպոսունքն ... Հասին և անկան ... ի վանս սպարապետին ...... Իսկ որ էին ներքս ի վանս սպարապետին՝ յումն կացին ..." = E-T, p. 116 and Thomson, ŁP'-T, p. 270-271.

[96] For instance, he speaks of the holy man Epip'an returning to his own *vank'*, V.xxvii, p. 226, "և դառնայր ինքն ի յիւր վանսն"= BP-G, p. 207, and follows immediately with a reference to Epipan's own *mianjnanoc'*, BP, V.xxviii, p. 227, "գնայր սուրբ եպիփան ի գաւառն Ծոփաց յիւրմէ մանձնանոցէն" = BP-G, p. 207.

[97] ŁP', I.x, p. 13, "... տենչացեալ կարգի վանականութեան՝ երթայ ի վանս բազմութեան եղբարց, և ընկալեալ զկերպարանս վանականութեան'..." ŁP-T, p. 47.

[98] K, vi, p. 38, "ի միայնակեցական կարգ մտանէր". See below, p. 212 and nn. 159-160, for the identical practices described by both authors.

[99] ŁP',III.lxxvii, p. 141-142, "կացեալ ի վերայ մեր ... առն մինչ քաՀանայի Հոգևորի ի Տեղանց անապատէ, ... երթեալ այնուՀետև ի վանկունս իւր՝ բերէր մեզ կերակուր ինչ դուսնակեալ և ջուր, սնեալ ընդ իւր և ճանուլ մի մինս ... թողեալ առ մեզ գսանին, գնայր ի մէնջ ի վանկունսն իւր: Եւ ի միասում ես գիշերին սնեալ զրատ, մինս ևս այլ մանկամբ"

the case of *mianjn*, the use of either *vank'* or *vanakan* in an early text cannot be taken safely as an index of the contemporary presence of monastic foundations and must be constantly controlled and re-defined according to the context in which they appear.

The evolution of the term in the direction of a religious connotation is not clear and remains ambiguous at least to the VIIth century. In the second half of the VIth century, the *vank'*s, into which no woman (be she a baker, milkmaid or butter churner) might be admitted, and the ones where solitaries must obligatorily seek shelter according to the *Canons of Nersēs and Meršapuh*,[100] must have housed some sort of religious communities, but this does not imply automatically that they were establishments of conœbial type. Both the Syrian *ihīdāyā* and, as we shall see, early Armenian "consecrated virgins" lived together within ordinary larger settlements without forming isolated "monastic" communities[101]. As such these canons do not provide us with any secure evidence that the meaning of *vank'* had evolved beyond that of a dwelling for the communal life of consecrated inmates to a more elaborate and organized complex.

By the middle of the VIIth century, the *vank'*s into which the noble *azats* settled with their households, having driven out the legitimate inhabitants (*vanakan*), or into which they even more shamelessly introduced singers and dancing girls, "befoul[ing] places dedicated to God," according to the *canons* of the Council of 644/5, are unquestionably religious dwellings, but even here, we are not given any indication as to their form nor is the title of their superior, *aṙajnord* a sign of anything more precise than spiritual leadership[102]. The ambiguous *Canons* erroneously attributed to Saint Sahak and presumably of the same later period[103] are far more elaborate but by no means clearer for our purpose[104]. According

---

... տանէին յանապատ, ուր ինքեանք բնակեալ էին ...։ Եւ սուրբ վանականսն բնդ բազում անապատ տեղիս և բնդ բազում խորաձորս քարանձաւաց շրջեցուցանէ զմեզ ի ծածուկ ...։" = ŁP-T, p. 199-200.

[100] KH I, xxxiii, p. 489 (= M, 32, p. 276), " Եւ ոք աետնեին ... Հագարար և կողկիթ կաձ խնոցահար ի վանան տանել կին մարդ, զի թէ ուր չէր նմա Հար մտանել՝ կորձանեաց զմարդն, ապա զիւրոսն զինչ իսկ տանէ:" Idem,I, xxxiv, p. 490 (= M, 34, p. 276), "...իսկ ծնսագունք և վանաց մանկունք վասն որ՝ որք իշխեցեն ուրեք ունել բայց ի վանս, ապա էթէ վանք չկաս՝ յաւագ երիցուն տան երթիցեն. զի չէ իշխանութիւն յայլ տան աւթել." This is corroborated by the *Canons of Saint Sahak*, KH, I,xl, p. 398-399 (= C.p. 842).

[101] See above p. 196-197 and n. 84; below p. 209 and n. 144.

[102] See above nn. 69-70 for the text of the canons of 644/5 and n. 83 for the title *aṙajnord*.

[103] See above nn. 54-55, for then date and authenticity of these *Canons*.

[104] The canons are curiously composite, alternating between specific elaborate directions as to the duties of bishops or chorepiscopi or the benefits due to *vank'*s, and lengthy

to them, the *vank*'s were also unquestionably religious buildings of unspecified type possessing notable estates in return for their spiritual services and hospitality. Their inmates were clearly distinguished from married priests and their rights to specific benefits spelled out[105]. They were said to be similar to those erected by the Greeks, the Romans and the Syrians, but their introduction was attributed, beyond any possibility of verisimilitude, to Gregory the Illuminator[106]. Furthermore, they seem to have been located in villages rather than in the isolated sites characteristic of almost all later monasteries[107]. Insofar as their authenticity can be trusted, then, the terminology and information of the VIIth century canons, may perhaps foreshadow a new stage in Armenian monasticism, but they cannot be identified with its later, fully developed form.

Of particular interest in this context is the term *vanic'/vanac' erēc'* ("priest/elder" of a *vank'*), which appeared as a *hapax* in the sixteenth canon of the Council of Šahapivan where it may well reflect the reworking of the text in the VIIth century rather than the original stratum, and which gradually appears thereafter in the Armenian sources[108]. To my knowledge the term does not occur elsewhere in the Vth century. Nor does it appear at the beginning of the next century, with reference to

---

disquisitions, such as canon xxxvi, KH. I, p. 386-391 (= partial, C IV.v, p. 841),whose concern seems to be the definition of the true "church" as the community of the believers rather than as an actual structure, although reverence was also due to the actual church building.

[105] KH,I, xxxviii, p. 394-395 (= C IV.iv, p. 841), "Եւ որք ամուսնութեանն են պարապեալ քահանայք՝ բազում անգամ պատադհին ի ծչակութիւն, և կանանց իւրեանց ճամբին լինէլ ճաճոյ ... իսկ ի վանեարն բնակեալք՝ կռատութեամբ են պարքէշտասցեալք մշտու ... զիստապրութեան խնդրելով ամենայն աչխարհի, և զգէջն չինութիւն .... Վասն այսորիկ ապատ յամենայն Հարկապահանջ իչխանաց՝ սաճմանս բնկայաւ և անդա ..."

[106] Ibid., p. 393-394 (= C, IV.iv, p. 840-841), "...որպէս կամ լինչ պատճառս չինեցան վանք, քանզի այսմ ոչ եթէ Հայոց միայն ազգս կայաւ փոյթ յանձին, այլ և Յոյնք և Հոռոմք և Ասորիք, և այլ ամենայն ազգք ի Քրիստոս Հաւատացելոց՝ զոր և երիցս երանեալն քաչ նաՀատակն Քրիստոսի Գրիգորիոս՝ կատարեալ շնորՀելով նմա ի Հոգւոյն սրբոյ զազգուտ ցատակարարութեանն: Քանզի բազմապատիկ ատրիթ է տորիթ և սիւն Հաստատութեան ճչմարտութեան ուխտի մանկանց., ..." See also preceding note *in fine*.

[107] Idem, p. 394 (= C,IV,iv, p. 841), "Վասն այսորիկ իսկ և զիպոդպազոյս եղաւ անուն վանք, զի անսրտում որոց պիտոյ ինչ՝ տացեն. և ոչ միայն ատ աւտարս է աւգուտ նոցա յաճախել, այլ տառաել կա զեաւղջն յորում չինեցաւ, քանզի ուրէն է նոցա սիրել զՀանդու և մխիթարել զազաւրս:". These establishments located within settlements, to whose welfare they were dedicated, seem more reminiscent of Saint Nersēs' earlier scattered philanthropic foundations (see above p. 181-182 and n. 15) than of the intellectual pursuits and isolation of the later great monasteries. With the exception of the religioujs cemter of Ējmiacin, later Armenian monasteries are not to be found in urban centers, but rather in the "desert [*anapat*]".

[108] See above p. 192-193 and n. 61-68.

IX

Armenian participants at the first Council of Duin of 505/506, which mentions exclusively "solitaries" *vanakank'* and *miaynaceal monazeanc'*[109]. It is used there only in the case of one Syrian members of the mission from Persia, including Symeon the future bishop of Bet Aršam, who is designated as a *vanac' erēc'*[110]. Only the katholikos, prince Vard Mamikonean and other nameless princes and *naxarar*s sign the official letter sent by the Armenians to Persia[111]. Similarly, the second *Letter* of the katholikos to the *vanakanc'* of Persia mentions only bishops and the "entire *uxt* of our holy church" on the Armenian side[112]. Even in the middle of the century, the term is primarily used in connexion with Syrians. Thus the first *Letter of the orthodox Syrians to the Armenians* is sent in the name of a series of *vanic' erēc'*s none of whom are Armenians, though one of them, the Julianist Abdišoy, would be consecrated "bishop of the orthodox Syrians" in Armenia and participate in the Council of 555[113]. Indeed, the actual positions of the writers and members of this mission from Mesopotamia is not clear, since one of them is identified as a stylite, another as the "priest of the *vank'*" and still others as the "priest of solitaries [*k'ahanay miaynnakeac'*]", the "deacon of a *vank'* [*sarkawag i vanic'*]", and in general as the "servants/ministers [*spasawork'* or *paštoneayk'*] of a *vank'*"[114]. Approximately the same, though slightly abbreviated, list of Syrians is given in the salutation of the *Answer* of Nersēs II, who mentions only bishops, priests, *vanakank'* and the *uxt* of the holy church among those present on the Armenian side at the ordination of Abdišoy[115]. Abdišoy uses similar general terms in his first *Letter* as bishop, still underscoring the fact that greetings were

---

[109] GT', p. 148, "... բերելով զողջոյն, յաստուածապաշտ և ուղղափառ ճգնաւորաց եկեղեցւոյ, երիցանց և վանականաց և միայնացելալ մոնազանց, ... " cf. 149 = Garsoïan (1999), p. 439-441 and 438 n. 11.

[110] GT', p. 149, "Սամուէլ Սահարձոյ վանաց երէց ի Կարմիկան նահանգէ," = Garsoïan (1999), p. 441, cf. Ibid., p. 153 = 444.

[111] Ibid., p. 155-156 = Garsoïan (1999), p. 446.

[112] GT', p. 157 = Garsoïan (1999), p. 446.

[113] GT', p. 176, 181, 184, 201 = Garsoïan (1999), p. 460, 465, 478.

[114] GT', p. 172, "Դանիէլ վանից երէց և Սիւնական Սարեբայի, Գաբրիէլ վանից երէց Ովկիսի, և Եղիա սիւնական և վանից երէց Սուսանի and ten more զի այլ երիցունք և սարկաւագունք գատարես եկեղեցեաց, և վանից սպասաւորք, ..." = Garsoïan (1999), p. 457. GT', p. 174, "Ահարոն վանից երէց Մարհալայի, Դաւիթ վանից երէց Խախայի, Յակոբ քահանայ ի վանաց Սարեբայի, Նոյ վանից երէց Կենայի, Բրիխիշոյ քահանայ միայնակեաց, Սէթ պաշտաւնեալ Տաճոռա, Դաւիթ վանից երէց Փարթնայի, և Եղիա, և Յովսէփ ի նմին վանաց Սարեբայի, և Դաւիթ սարկաւագ ի վանաց Բղնայի, և Սերգիս երէց գեղջ Մարտի:" = Garsoian (1999), p. 459.

[115] GT', p. 176, 180 "ամենայն եպիսկոպոսաւք աշխարհիս, Հանդերձ քահանայիւք և վանականաւք և ուխտիւս սրբոյ եկեղեցւոյ," = Garsoïan (1999), p. 460, 463.

being sent from Mesopotamia to Armenia by "the holy churches, the *vanic' eric'unk'* and all the believers of this realm"[116].

Only in Abdišoy's next *Letter* do we find for the first time his greeting to the Armenians detailing explicitly all the bishops, priests, *vanic' eric'anc'*, and all the *uxt*s of the holy church in your country[117]. These do not, however, seem to have participated in the covenant of the second Council of Duin in 555, where *vanakan*s are present but only the bishops and princes sign the binding *uxt*. It is only with the second half of the VIth century, in Nersēs II's post conciliar *Letter* to the bishops of Mardpetakan and Arcrunik', and in his successor, Yovhannēs II's, *Letter* to Siwnik' that we find unquestionable mentions of *vanic' eric'unk'* in Armenia[118]. These, however, are neither named nor localized, as is the case for the Syrians. The title seems to have become established only with the opening of the VIIth century where we find in the documents pertaining to the election of Abraham I in 607 a list of *vanac' erēc'k'* each with the name of the foundation which he headed, an indication which, as we have seen, is confirmed by the contemporary *Letter* of the bishop of C'urtaw[119]. It occurs likewise in the VIIth century *History* attributed to Sebēos[120] and in the earlier portion of the *History of the Albanians* referring to the same period[121].

The one piece of external evidence which might seem to allude to stable monastic structures as early as the first half of the Vth century comes from the famous *Tome to the Armenians* sent by the patriarch of Constantinople Proclus to Saint Sahak the Great, but it too will not

---

[116] GT', p. 181, 183, "*ողջոյն տան ձեզ սուրբ եկեղեցիքս և վանաց երիցունք, և ամենայն Հաւատացեալք աշխարհիս*" (emphasis added) = Garsoïan (1999), p. 464-465.

[117] GT', p. 184, "*այլ եպիսկոպոսաց աշխարհիդ, վանաց երիցանց, կաՀանայից և ամենայն ուխտից սրբոյ եկեղեցւոյ...*" (emphasis added) = Garsoian (1999), p. 466

[118] GT', p. 201-202 = Garsoïan (1999), p. 477-479. GT', p. 205, "*Դուք, տեարք, վանից երիցանց քաՀանայից և Համաւրէն ժողովրդականաց ... որք ստերձաւորք և որք Հեռագոյնք են ի ձէնջ, Հրաման դուք ...*", 207 = Garsoïan (1999), p. 480, 485

[119] GT', p. 298-299, "... *Ներսէս Վանանդայ եպիսկոպոս, Հանդերձ վանից երիցամբքս այսոքիւք, Աբրահամ սրբոյ կաթողիկէի վանից երէց, Սամուէլ սրբոյ Հռիփսիմէի, Բարիլեան սրբոյ Բողհաննու վանաց երէց, Խոսրով Աշտականու, Բալիտեան եղիարդայ, Դալիթ երեւանայ, և իսմայէլ Գառնոյ, Բունանէս Աւանի, իսրայէլ Պաղատանից, Զոշիկ Արածունիից, Բողհանիկ Արտաւազդայ ապարանից, Աբաս և Որդեակ և Աբրահամ Փարպոյ, Միքայէլ Աղցից, Գրիգորիա Արծոյ, Կողմաս Ուրդայ և Մայէն ծիւ Արծոյ, Բողհանիկ Արծափաց, Սիմոն Դարունից, Սամոտ Բագարանի, և այլ վանից երիցամբ Հանդերձ, եկեալ յանդիման մեր ...*" = Garsoïan (1999), p. 514. See above p. 189-190 and n. 52, for the *Letter* of Movsēs of C'urtaw and 53 for the council of 607..

[120] S, xxxvii, p. 77 = S-T, I, p. 121.

[121] MK-D, xx, p. 65, "*գվանաց երէց գեղջն*" = M-D, p. 37, where it is translated "the abbot [sic] of the village". See above p. 190-191, n. 57, for the problem of dating this compilation.

withstand closer scrutiny. Its salutation: "To the venerable and pious bishops, priests and archimandrites in all Armenia"[122], occurs only in the Greek version and in none of the others. The unquestionably monastic title "archimandrite" which it contains is found exclusively in the title and not in the body of the text, and it implies a highly developed monastic hierarchy of which we find no trace in early Vth century Armenia. Furthermore, the geographical definition "in all Armenia" is far too broad and cannot be reconciled with the contemporary historical setting in which, not only was Imperial Armenia separated from the Persarmenian territories in which the Armenian patriarch had his residence, but Saint Sahak, exiled to his own domain of Bagrewand by the king of kings Bahram V and replaced by a series of anti-patriarchs, was in no position to exercise his authority even over the full extent of his legitimate jurisdiction[123] in Greater Armenia. Without going into further details, therefore, the evidence that can be drawn from ecclesiastical terminology shows a significant early correspondence with a Syriac, rather than a Greek milieu, and once again does not support a date before the VIIth century for the presence of monasticism in any strict sense..

If we now turn to the sources on which studies of early Armenian monasticism have been based, the so-called *History of Tarōn* is probably the most egregious example, but if we omit obviously later sources describing a situation different from the one concerning us here, some of the presumably contemporary material available also requires further reexamination. The *Yačaxapatum čaṙk'* or *Occasional Homilies*, of which the twenty-third and last deals extensively with monasticism, has been traditionally attributed to saint Gregory the Illuminator, but not only has the authenticity of this last homily been challenged, but its citation of one of the canons of the Council of Chalcedon dates it considerably later. J.-P. Mahé further noted that its citation of the Armenian version of the Hermes Trismegistos cannot antedate the VIth century[124]. Equally

---

[122] ACO IV.ii, p. 187, "Τοῖς θεοφιλεστάτοις καὶ θεοσεβεστάτοις ἐπισκόποις καὶ πρεσβυτέροις καὶ ἀρχιμανδρίταις τοῖς οὖσι κατὰ πᾶσαν τὴν Ἀρμενίαν τῆς ὀρθοδόξου ἁγίας ἐκκλησίας Πρόκλος ἐν κυρίῳ χαίρειν" Cf. Garsoïan (1999), p. 87-88.

[123] Ibid., p. 58-60, 62-65, 119-121. See above p. 184, for the contemporary subdivisions of Armenia.

[124] Y; Hac'uni (1930); Maksoudian (1982), p. 508-509; who estimates that the work could not have been written before the early part of the Vth century. see also R. Young's unpublished paper which she had the kindness to make available to me; and in which she opts for a probable late Vth early VIth century date, p. 10. The presumed Gregorian authorship is readily dismissed by Thomson (2001), p. 16 n. 29, who rightly observes that "The attribution of these homilies to Gregory is fanciful since they were composed in Armenian"; Mahé (2000), p. 22 and n. 76, identifies this work as "un pseudépigraphe du

doubtful is the treatise, *Yałags mianjanc'* attributed to Ełišē, which may be a version of Philo's *De vita contemplativa* concerning the Therapeutae, and may again date from the VIIth century[125] In the case of the disputed dates of some of the narrative sources, the most notorious of which is unquestionably the *History of Armenia* of Movsēs Xorenac'i, their information concerning the early period must necessarily remain unreliable until the *vexata quaestio* of their chronological position can finally be resolved, as has been done for Ps. Yovhannēs Mamikonean[126].

The early Armenian narrative sources whose dating, and consequently contemporary testimony, seem to be reasonably relevant and trustworthy for the period of the IVth to the VIIth centuries, are well known. For the earliest period: Koriwn's mid Vth century *Life of Maštoc'*, the Agat'angełos *Cycle* in its many versions, though it may have been reworked in the VIth century[127], the late Vth century *Epic Histories*; the *History of Armenia* and the *Letter to Vahan Mamikonean* of Łazar P'arpec'i at the very end of the same century, and Ełišē's *History of Vardan and the Armenian war*. For the VIIth century, we have the *History* of the Pseudo-Sebēos and with considerable precautions, the

VIᵉ siècle" on the basis of its citation of the Armenian version of Hermes Trismegistos which cannot be dated earlier. The elaborate monastic hierarchy comprising both a "spiritual leader" [*aṙajnord*] and a separate "superior" or "overseer" [*verakac'u*], whose duties "require that he manage the brotherhood and mediate between the monks and their leader" and "directly under the superior in the *vank''s* chain of command is the "manager" [*tntesn*] 'who is reckoned ... steward [*matakarar*]', etc." Young (s.d.), p. 11-17, is characteristic of a developed monasticism of whch we can find no trace in Armenia before VIIth century at the earliest Furthermore, he insistance on stability and the severe punishment mandated for a brother who breaks the injunction of the Chalcedonian canon that, "a brother will not be able to go out where he wishes, without the will of the superior and the brotherhood" Ibid., p. 13-14, 15-16, run directly counter to all the evidence we have of the peripatetic nature of Early Amenian asceticism, and to the canons specifying the times when hermits might leave and return to their dwellings, or seek shelter outside. See below. p. 210-214 and n. 166.

[125] E?-M. For the attribution of this work to various authors of the same name, see Mahé (2000), p. 103-104 and n. 388; Mardirossian (2004), p. 15, n. 31. Outtier, E?-M trans. (1997), p. 97, dates it on stylistic grounds in the second half of the Vth century, that is as belonging to a period preceding the so-called Hellenophile school, whose own date, however, remains disputed. However, Idem p. 101, he further notes that M.E. Lucchesi called his attention to the parallels with the *De vita contemplativa*, and adds, "Ces rapprochements sont incontestables pour la première partie de l'Exhortation. On peut alors concevoir celle-ci comme une réaction chrétienne à la publication de la version arménienne d'un traité de Philon" and admits that the work's date remains uncertain.

[126] The majority of western scholars place Xorenac'i's *History* in the latter part of the VIIIth century. See, most recently, Garsoïan (2003-2004), as such, his information is neither contemporary nor altogether reliable for the earlier period and I have deliberately omitted references to it. See above p. 189 and n. 50 for the dating of Ps. Yovhannēs.

[127] Adontz (1970), p. 254-258.

History of the Albanians[128]. To these should be added the *List of Armenian Monasteries in Jerusalem* attributed to Anastas *vartabed* and some episcopal *Letters,* all but one preserved in the *Book of Letters (Girk' Tłt'oc')*[129].

Even here, care must be taken to analyse correctly the semantic content of the technical vocabulary used by the authors to describe "monastic" institutions and its context, since some passages have been taken as evidence for the early appearance of a developed, sedentary stage of monasticism, though such interpretations seem questionable on further examination. For example, both Koriwn and Łazar P'arpec'i speak of foundations over the tombs of Saints Sahak and Maštoc', respectively at Aštišat and Ōšakan[130]. Koriwn merely says that Maštoc''s disciples Yovsēp' and T'adik, whom he calls a "prudent and pious man", together with "brothers" were appointed to the "service" of the saint, while in the case of Sahak, nothing was set up a the tomb, but that all came there once a year in his memory[131]. Writing approximately half a century later, Łazar P'arpec'i is considerably more prolix in the case of Saint Sahak:

> Taking the saint's precious relics, with a host of priests [*k'ahanayic'*] and notables [*azatac'*] they brought them to then province of Tarawn, to his on native village called Aštišat. There they constructed the saint's tomb ... They founded at the spot a monastery [*vank'*] for a large number of ministers [*paštōnēic'*], providing liberally for the comfort of the increased brotherhood [*ełbayrut'eann*]. They established at that place annual gatherings with a great crowd of people, when at the appropriate time in vast throngs the nobility and priesthood ... would enthusiastically assemble to celebrate the appointed [feast] day. They gained many cures, ... and with joyful heart would return each to his own dwelling[132].

---

[128] Aa, BP, ŁP, E, S,K-MD. See above n. 57, for the compilatory nature of this last work and it probable date.
[129] Anastas, *vardapet,* GT'.as indicated *ad loc.*
[130] K, xxiv.xxvi, p 96, ŁP', I.xviii, p. 37-38 = ŁP'-T, p. 73.
[131] K. xxvi, p. 94, 96, "...և ամենայն սրբովք ի միասին գումարելովք զմարմին ... երանելւոյն Մաշթոցի ի Հանգստ խորանին փոխէր: Եւ զնորին աշակերտս Թադիկ անուն, զայր զգաստ և բարեպաշտօն Հանդերձ եղբարք, ... սպասաւոր սրբոյն ի փառս Աստուծոյ կարգէին"; xxiv, p. 88, "ձեռնասուն աստուածաւէր պաշտօնէիցն իւրոց, որոց զխստորին երեսիա անուն ճանաչէր, այր սուրբ և բարեպաշտօն, ... ի Տարօն Հասուցանէին ... և գործաւոր լիշատակն ի վերայ կատարեալ, այնուհետև իւրաքանչիւրն դառնային: Որոց և նոյնպէս ամի ամի գումարելովք նոյն անսեան գնոյն լիշատակն տօնախմբէն:"
[132] ŁP', I.xviii, p. 37-38, "Որոց առեալ զտենչալի նշխարս սրբոյն, բազմութեամբ քահանայից և ազատաց, տարան ի գաւառն Տարօնոյ, ի բնիկ գիւղն իւր սեպհական, յանուանեալն Աշտիշատ. և անդ կազմեալ զՀանգստարանն սրբոյն' ...: ... Հիմնացուցեալ կանգնեցին ի տեղւոջն վանս բազմութեան պաշտօնէից, կարգեալ դարման անսակաւ պտղոյ ի Հանգիստ առաւելեալ եղբայրութեանն . ժողովս տարեդարձական աշխարհաժողովր

It has been argued that these are incipient or proto-monasteries. However, in the face of the vague references to "brothers" and "ministers", whom Koriwn specifically identifies with the disciples of the saint delegated to his service [*spasawor*], the total absence of any of the terms normally rendered "monks"[133] and of the general sense of the term *vank'* in this period, the impression given in both cases is of an indefinite number of attendants, religious or not, possibly forming some sort of confraternity, whose main purpose was to attend to the wants of pilgrims come from afar in order to participate in the commemorative services at the tomb of the saint.

Particularly noted is the reference in Łazar P'arpec'i's *Letter to Vahan Mamikonean* to the *vank'* of the cathedral at Vałaršapat of which he accepted the care or supervision (*xnamac'ēr*) and his complaints of the slander of "jealous men" [*č'aranaxanj mardkan*] against whom he sought to defend himself to his patron[134]. Elsewhere in the *Letter*, Łazar speaks again of "Łazar's *vank'*" and of the "monkdom" [*abełeank'*] who slandered him[135]. Here once more the possibility of a proto-monastery presents itself at first, but once again does not seem to fit the circumstances[136]. Interestingly, Łazar does not use the customary terminology for his enemies, but resorts to the unusual Syriac term *abełay*, which is not used by any of the contemporary sources with a single exception in the *Epic Histories*[137]. Even more curious is his comment "Would then the monkdom of Armenia not deserve tears of lamentations and great mourning that such inanities were spread abroad", which begins startlingly like a gloss on the Syriac term *abila* "weeper, mourner"[138] He further refers

բազմութեամբ հաստատեցին ի տեղւոջն, որ բազ ժամանակի բազմածրխ ժողովրդոք կամաւոր յօժարութեամբ ազատք և քահանայք ... դիմեալք յօր կարգադրութեան նորա կատարէն: Որ և բազում օգնականութիւն առողջութիւս ... շահէին ... և ուրախալից սրտիւ դառնային ի բնակութիւն իւրաքանչիւր:"= ŁP-T, p. 73.
[133] Norehad in his translation of Koriwn, xnxvi, p. 94 = K-N, p. 50) speaks of "the assembled monks", but the reading of the text is "the assembled saints,[*ամենայն սրբոյք ի միասին գումարեյով*]", see above n. 131.
[134] ŁP' *Ep*. p. 186, "Կամեցեալ մեծի իմաստութեանն Վահանայ մարզպանին ... տեանն Մամիկոնէից... շնորհէր նմա (Łազարին) զհոյակապ և զականաւոր տեղին ի Նոր քաղաքի, որում աբունն էր սուրբ Կաթողիկէ եկեղեցի, վասորս. և նորա ընկալեալ զբանն մարզպանին' խնամածէր զտեղին" ŁP'-T, p. 248, whose translation differs slightly from mine; Idem "*յարանախանձ մարդկան*".
[135] Idem, p. 195, "Łազարայ վանք" = ŁP'-T, p. 257. ŁP', p. 190, "*աբեղեանք Հայոց*", cf. 200, 202 = ŁP'-T, p. 252, who translates here "monk", cf. Idem, p. 269.
[136] Mahé (2000), p. 18-22
[137] ŁP'-T, p. 269.
[138] ŁP', *Ep.*, p. 190 "*և չիցէն արդեօք աբեղեանս Հայոց արժանի ողբոց արտասուաց և բազում ազոյ*" = ŁP', p. 252. For a̱bīlē "mourners", see Aphraat, *Dem*. xiv, "He is the

to his slanderers as "foolish and insignificant men"[139]. The Akitʿ whom he cites as a witness in his own defense and who comes "from the *vankʿ* of Gardman" is also described merely as "a man" [*ayr mi*] with no suggestion that he was anything but an ordinary layman[140].

Łazar boasts of his own renown in the churches, martyria, and "places of holy learning [*tełik vardapetarankʿ*]", but does not mention any place that might be identified as a monastic community[141]. In his description of the rebuilding of the cathedral at Vałaršapat by Vahan Mamikonean, Łazar notes the martyria of the virgin saints but mentions no other building besides the church itself. On the contrary he speaks of "the *vankʿ* of the holy cathedral", as though they formed a single complex[142]. Consequently, what is presented here seems to be a group of men attached to the service of the cathedral, possibly religious — as would be western canons — or even laymen, perhaps joined together by a covenant or *uxt* but not forming a separate cœnobial monastic community[143].

joy-giving wine/ of which mourners drink and their pains are forgotten"; Murray (1975), p. 165 and n. 7. Mahé (2000), p. 17 translates "moines pénitents".

[139] ŁPʿ, *Ep.*, p. 186, "ի ձեռն անիմաստ և վայրապար մարդոց"= ŁPʿ-T, p. 248.

[140] ŁPʿ, *Ep.*, p. 196, "... և գիտեն զայս բնակեալքն ընդ իս, այլ արտեւազգոյն այր մի Ակիթ անուն, որ եկեալ ի տեղիդ Գարդմանայ վանաց ..." = ŁPʿ-T, p. 258. See below n. 142.

[141] ŁPʿ, *Ep.*, p. 185, "... և զորըա զգիտութիւն բանի լուեալ իմաստուն և գիտուն մարդոց ընթերցուածոց պատուիրանացն Աստուծոյ՝ գովեցին, և խնդացին նովաւ յամենայն ժամ եկեղեցիք և վկայարանք սրբոց և տեղիք վարդապետարանք." = ŁP-Tʿ, p. 248.

[142] ŁP, I.viii, p. 11, ".... քաղաքն Վաղարշապատ, գրնակութիւն ոստանի Արշակունի թագաւորացն, զբարձրաբերձ շինուածս անիթի ապարանացն, ... զՀրեշտակացոյց Հիննարկութիւն սրբոյ տանն Աստուծոյ, մեծի եկեղեցւոյն կաթողիկէի, և զայնց վկայարանաց օգնաքգեցիկ երանելի կուսանացն = ŁPʿ-T, p. 44.; III.lxxxvi, p. 157,"(Վահանայ Մամիկոնեան) եկեալ Հասանէր ... ի Վաղարշապատ քաղաք ... կատարէր գումվրական ուխտս և զպատարագս ի սուրբ եկեղեցւոյն կաթողիկէի, զոր Հիմնարկեալ նորոգեաց մեծապայծառ շքեղութեամբ զՀասցեալ գործ նախնեացն իւրոց...: Եւ ի տեղիս վկայարանացն ... զուարճանայինʿ"= ŁP-T, p. 217. Ł Pʿ, *Ep.*, p. 186,"զՀոյակապ և զականաւոր տեղիս ի Նոր քաղաքի, որում անուն էր սուրբ Կաթողիկէ եկեղեցի, վանորքն"= ŁPʿ-T, p. 248; p. 195, "զվանս սուրբ կաթողիկէի" = ŁP-T, p. 257. Nor could any "monastery" have been built "two hundred years ago" as Łazar claims, *Ep.*, p. 196, "յերկերիւր ամք շինեալ վանորայքն" = ŁP-T, p. 259. It interesting to note that at the end of the VIth century, the future katholikos of Kartʿli, Kiwrion is called "*vanacʿ erēc* of the holy cathedral (*սրբոյ* Կաթողիկէի վանաց երէց)" at the time of his consecration by the katholikos Movsēs I, YK, xvi, p. 85 = YK-M, p. 93, a title curiously reminiscent of the "*vankʿ* of the holy cathedral" and its servants mentioned by Łazar Pʿarpecʿi. In Kiwrion's case, Maksoudian translates the term as, "elder of the rectory". In the VIIth century, Ps. Sebēos also refers to a certain Yovanik as the "*vanacʿ erēcʿ* of the holy cathedral [վանաց երէց զորբոյն կաթողիկէին]". Ps.S, xxxviii, p. 79 = S-T, p. 120.

[143] Cf. here the commentary of Mahé (2000), p. 16 on the community surrounding St. Sahak I,"Il s'agit de congrégations liées à un sanctuaire qui lui fournit un lieu de réunion.... Astreints à participer activement aux offices et aux cérémonies religieuses, leurs membres restent toutefois majoritairement, sinon exclusivement des laïcs" and the

One more problematic example may be relevant here. Speaking of the destruction of Saint Nersēs' foundations by king Pap after the patriarch's murder, the *Epic Histories* cite the existence of *kusastan*s:

> The walled and fortified dwellings-for virgins in the various districts and towns ... [built by the patriarch] for them, for the care over their well-kept vows ... so that all those who were faithful or consecrated [*hawatacealk'*] virgins might assemble there in fasting and in prayer, and receive their food from the world and their own parents[144].

In this case definite structures seem to be indicated and the usual interpretation of this passage has been that of a reference to "convents" inhabited by "nuns"[145]. But that is not necessarily what is being said. The women described here as "consecrated virgins" assemble in these places for ascetic practices such as fasts and prayers, but they do not live there permanently, nor are they cut off from the world or their families from whom they receive their sustenance. The *kusastan*s are specifically said to have been built in towns [*awan*s] and their fortifications may well have been intended for protection rather than enclosure, since the result of their destruction by the king was to reduce the women to prostitution[146]. The model which springs to mind, therefore, is less of a monastic community than of the "daughters of the covenant" [*bnāt qyāmā*] attested by Aphraat for the Syrian world[147]. This is all the more likely given the contemporary alternate reading of the fifteenth canon of the council of Šahapivan in ms. 659, noted above[148].

In this connexion, a curious passage in the *History* of Eliše may also be relevant. Earlier, he had noted that the Persians had ordered men and women living in their own hermitages [*menanoc'k'*], to change their garments for secular dress"[149] Now, he went on to bewail the fact that at

---

similarity to the one created around the Holy Sepulchre in 495. Ibid., p. 17. In, Ibid., p. 18-22, he takes the V-VIIth centuries as a period of "transition de l'érémitisme au cénobitisme" but he too is of the opinion that "La maison religieuse dirigée par Lazare, que l'on n'ose pas encore appeler tout à fait un monastère, n'a pas de règle communautaire comme dans le monachisme ultérieur" (p. 21).

[144] BP, V.xxxi, p. 232, "ածերել զկուսաստանն ի գաւառս գաւառս և յաւանս յաւանս պարսպեալս և ամրացեալս,... որ նորին Ներսիսի էր չինեալ վասն ամրապահս առանձնոցն զգուշութեան: ... զի որ միանգամ կուսանք և Հաւատացեալք իցեն՝ անդր ժողովեսցին ի պահս և յաղօթս, և կերակրել յաշխարհէ և յիւրաքանչիւր ընտանեաց:" = BP-G, p. 211.
[145] See BP-G, p. 540, s.n. "kusastan".
[146] Idem.
[147] Vööbus (1958), p. 98 sq. 197-207; Murray (1975) p. 14.
[148] See above p. 195-197.
[149] E, ii, p. 52, "արք և կանայք, որ բնակեալ են ի յիւրաքանչիւր մենանոցս փոխեսցեն զՀանդերձ իւրեանց ըստ աշխարհական կարգաց" = E-T, p. 103

the time of the Sasanian occupation of Armenia, the wives of the Persian guardsmen or *p'uštipan* had the audacity to tear off the garments of the "faithful" or consecrated women [*hawatawor kananc'n*], an action which would patently have been impossible had these women lived in enclosed, isolated communities[150]. The very fact that these men and women wore identifying garments distinguishing them from the rest of the population, implies their presence in secular society and their similarity to the Syrian *bnay* and *bnāt qyāmā* who likewise wore identifying dress[151].

Whatever the actual practices of these few enigmatic examples, they seem to have constituted rare exceptions rather than the rule. The evidence of the contemporary Vth century Armenian sources concerning the overwhelming majority of the solitaries and identifying them as *mianjank'* or *vanakank'*, is internally coherent and altogether devoid of any suggestion of organized stability. The "monastic" vocabulary may seem familiar but not its setting which is altogether eremitical.

From the very beginning, the characteristic pattern for holy men places them in isolation and stresses the abandonment of stable dwellings. The first model for this ascetic withdrawal from established communities is given by Saint Gregory according to Agat'angełos:

> He himself at frequent intervals went out to the deserted mountains where he made himself an example. He took various pupils from each *menastan* and went to live in the mountains in solitude; in grottoes and caverns: they made herbs their daily food. Thus they gave themselves over to mortifications, ...
> With the same spiritual practices he passed many days in desert places at the source of the Euphrates river, dwelling in grottoes and caverns in the ground and on the summit of mountains, taking as an example the great Elijah or the blessed baptist ...[152]

until he finally withdrew to the cave of Manē, where he died according to tradition[153]. Aristakēs, his younger son and successor as patriarch,

---

[150] E, iii, p. 65, "յանդդնեցան և իա կանայք փշտիպանցն ... պատառել զՀանդերձս Հաւատաւոր կանանցն" = E-T, p. 115

[151] Vööbus (1958), I, p. 206.

[152] Aa §846, p. 380, "և իւրն րնդ ժամանակս ժամանակս յանապատ լերինս ելանէր, ուր և իւրքեան իւրով անձամբն իսկ օրինակ ցուցանէր: Առեալ զոմանս ոմանս յաշակերտացն յիւրաքանչիւր մենաստանաց՝ երթեալ, լեռնակեաց, մենակեաց, տրամնուտ, ծակախիթ եղեալ և զարորեակն խոտաբուտ ճարակոք վճարեալ: Եւ այսպէս վճռակեաց տկարութեան զանձինն տուեալ, ..." = .Aa-T, p. 381. Aa. §848, p. 382, "Եւ նովին Հոգեկրօն արուեստուիւն Համեալ աւուրս բազումս յանապատ տեղիս, յակունս Եփրատական գետոյն, յայրս և ի քարածերպս երկրին բնակեալ լինէր, և ի կատարս լերանց, զորինակ առեալ մեծի մարգարէին եղիայի, և կամ զերանեալ զմկրտչին ..." = Aa-T, p. 383; cf. §839, p. 392-393.

[153] Aa §861-862, p. 396 = p. 397. However, Thomson Aa, p. xxxiii notes that this portrait of Gregory is modeled on Koriwn's portrait of Maštoc' for which see below p. 212 and n. 159. Gregory's last years and death, omitted in Aa, are detailed in Vk, p. 275-300.

EARLY ARMENIAN MONASTICISM

followed his father's example, "dwelling in the desert in his own hermitage[154].

The saintly Daniēl of Tarōn, who was deemed worthy of the patriarchal throne in the absence of a Gregorid candidate, normally lived:

> in uninhabited mountains ... He [had] only a single garment of skins and wore sandals; his food was the root of plants ....And when he came down from the desert to inhabited places to do the work of God, ... he often [came] to ... an exiguous little valley in a small wood of ash trees .... And on this spot was the place of St. Daniēl's cell, the cave that he had made his dwelling, and from this spot he carried out the purpose of his visitation[155].

Daniēl's Greek disciple Epiphanius/Epipʻan lived atop a mountain called: "The Throne of Anahit"

> He had been nurtured from childhood in the desert". And after the death of the great high-priest Nersēs, he went and dwelt in the desert of Great Copʻkʻ at a place called Mambrē on the river named Mamušeł. And he dwelt in rocky caves, and he was constantly with the wild beasts of the desert, and bears and pards gathered to him. And he was constantly in the desert ...[156]

His Syrian colleague Šałita, was also

> a religious desert dweller living-in-the-mountains [krōnawor anapatawor]. ... He lived on the mountain Aṙewc [Lion] ... ... From his childhood, he had been entirely nurtured in the desert and had eaten grass with the anchorites-in-the-desert [anapataworkʻ]. And after the death of Saint Nersēs he went ... and dwelt among lions,,, and wild beasts were the companions of his life through all the days of his life as he wandered in the desert[157].

---

[154] Aa §861, p. 394 "... զուցրք Արխստակէս բնակեալ յանապատի, յուրում ճենաւորաստանին." = p. 395.;

[155] BP, III.xiv, p. 48-49, "Եւ բնակութիւն իւրոց կայենից յանձաւրդի լերինս, ...: Մխիհանդերձ ճաշկանափորան սանդարաւոր, և կերակուր իւր արմատք բանջարոց ... յորժամ յանապատաց ի չէու իշանէր վասն գործոյ Աստուծոյ ... ի դղզն ձորձորակին ի սակաւ անտառակին ի Հացուտ պուրակին ...: Յայսմ տեղւոջ էր սրա կայեանք խցկան սրբոյն Դանիէլի. էր զարափոր արարեալ բնակութիւն. և յայսմ տեղւոջ զզիսաւորութիւն այցելութեանն կատարէր:" = BP-G, p. 87.

[156] BP, V.xxvii, p. 225, "... սա ի մանկութենէ սնեալ էր յանապատի: Եւ յետ մահհանն մեծի քահանայապետին Ներսիսի եկն բնակեցաւ նա ի մեծ Ծոփս յանապատին, որ կոչի անուն տեղւոյն Մամբրէ, ի վերայ գետոյն` որ անուանեցաւ կոչի Մամուշեղ: Եւ էր բնակեալ ի քարանձաւս, և Հանապազորդեալ էր ընդ գազանս անապատի, և ժողովէին առ նա արջք և ինձք:" = BP-G, p. 206.

[157] BP, V.xxv-xxvi, p. 223-224, "Արր երկու կրօնաւորք անապատաւորք մինչ դեռ նսեէին ի լերինս, անուն միում Շաղիտա ... և նստէր յՍռեւց լերինն: ... ... և ի տղայութենէ իւրմէ սնեալ էր Համակ յանապատս, և ընդ անապատաւորս խոտաճարակ լեալ էր։ Եւ յետ Հանգստեան սրբոյն Ներսիսի գնաց չոգաւ ... և բնակէր ի մէջ առիւծուց ... Եւ գազանք էին կենաց կցորդ նորա, մինչ չրջէր նա յանապատս զամենայն աւուրս կենաց իւրոց:" = BP-G, p. 205-206.

At a later date, the brother of a bishop named Pʻawstos was said to have been:

> A wonderous mountain dweller [*leaṙnakan*] of the religious solitary-desert-anchorites [*krōnazgeacʻ mēnakeacʻ anapatakeacʻ leaṙnakan*] ... He wandered in the desert and the mountains dressed in skins and eating grass until the day of his [eternal] rest[158].

Early in his career, Saint Maštocʻ, after having worked in the royal chancellery:

> joined the crusading legion of Christ, and soon entered the monastic order [*miaynakecʻakan karg*]. He experienced many kinds of hardships, ... He subjected himself to all types of spiritual discipline — solitude, mountain dwelling, hunger, thirst and living on herbs, in dark cells, clad in sackcloth with the floor as his bed[159].

An almost identical, even if more elaborate, account is given in the *History* of Łazar Pʻarpecʻi, who substitutes *karg vanakanutʻean* for Koriwn's *miaynakecʻakan gund,* thereby demonstrating the synonymous character of this vocabulary and of its content:

> He became desirous of the monastic order [*karg vanakanutʻean*]. He went to the monastery [*vankʻ*] of a large group of brothers [*elbarcʻ*] and receiving the monastic habit [*zkerparans vanakanutʻean*] became outstanding and renowned in every way. He abstained from all worldly cares and earthly preoccupations ...; turning to the eremitic life [*anapatakan krōn*] ... He lived in the desert in various caves and a severely ascetic way of life, with many other holy men of religion [*kronawor*] and prayer-loving brothers ...[160]

Łazar Pʻarpecʻi speaks admiringly of the noble lord Ałan Arcruni who lived in deserts with select men '"in rigorous asceticism" [*i čgnutʻiwns*

---

[158] BP, VI.vi, p. 268-269, "Եւ էր եղբայր մի Փաւստեայ եպիսկոպոսի, կրօնազգեաց մենակեաց անապատակեաց լեառնական աքանձելի: ... յոշէր սա յանապատս մացկահանդերձ ճարակաւոր ի լերինն մինչև յոր հանգստեան իւրոյ:" = BP-G, p. 235.

[159] K, iv, p. 38, "Եւ հաճեալ հրամանացն ի խաչակիր զունդն Քրիստոսի խառնէր, և անդրէն վաղվաղակի ի միայնակեցական կարգ մտանէր: Բազում և ազգի ազգի վշտակեցութիւն ... կրէր... ամենայն կրթութեամբ հոգևորացն զանձն տուեալ՝ միայնաւորութեան, լեռնակեցութեան, քաղցի և ծարաւոյ և բանջարածախակութեանց, արգելանաց անլուսից, խարազնազգեստ և գետնատարած անկողնոց:" = K-N, p. 27.

[160] ŁPʻ, I.x, p. 13 ".... յետ այնորիկ տենչացեալ կարգի վանականութեան՝ երթայ ի վանս բազմութեան եղբարց, և ընկալեալ զկերպարանս վանականութեան՝ լինէր ընտիր յամենայնի և երևելի. Հրաժարէր յամենայն աշխարհազգօս երկրաւոր զբաղմանց. Ապա յանապատական կրօնս փոխէալ՝ ... և կայր յանապատս ի բազում տեղիս քարանձաւաց, մեծաւ առաքինութեամբ և խստամբեր վարիւք, բազում և այլ սուրբ վարուք կրօնաւորօք և աղօթասէր եղբարք" = ŁPʻ-T, p. 47.

mecamecs].¹⁶¹ And he relates his own experience in his *Letter to Vahan Mamikonean*:

> Going to Siwnikʻ, I lived there two years, spending the winters in a cave, with a man named Moses, famous ... for his piety. But the site was cramped. In the summer, because of the terrible heat of the place ...¹⁶²

The pattern of life depicted remains immutable and in no way compatible with any form of cœnobial system.

To be sure, Saint Daniēl's disciples are said to have filled the regions to which they were sent with *vankʻ*s, but the detailed description of the community surrounding another of their colleagues, Gind of Tarōn, once again leaves little doubt as to the clearly impermanent character of these foundations:

> [Gind] was the head of the religious/mourners [*abełayicʻ*] and the spiritual-teacher of hermits [*vardapet mianjancʻ*], the spiritual leader of solitaries [*aṙajnord menakecʻacʻ*], the overseer of solitary-communities [*verakacʻu vanerayc*ʻ], the teacher of all anchorites-living-in-the-desert [*usucʻičʻ anapataworacʻ*], and the supervisor of all those who had renounced the world for the love of God. They lived in the desert, in inaccessible rock-hewn caverns, or in caves in the ground; having but one garment [and] going barefoot, they were abstemious, eating herbs, vegetables and roots. They wandered about like wild beasts in the mountains, covered with skins, hides and goatskins, bearing want, suffering, and anguish, straying in the desert in cold and in heat, in hunger and in thirst for the love of God ... Like flocks of birds they dwelt in the clefts of the rock, in stone caves, with nothing, possessing nothing, sparing themselves nothing, and giving no care to their bodies ...and they wandered in many heathen places ... and turned back many strayers... And St Gind filled all the deserts with solitaries [*menakkʻ*] and all the inhabited places with communities [*vankʻ*] and in the world he corrected and set down many regulations for mankind ... But for his own lot [Gind] took as a dwelling place the desert from which spring the sources of the Epʻrat river. He lived in a cleft of the rocks where the earlier dwelling of the first Grigor had been ... and then great *anapatawor* Gind dwelt in the same cleft. ... And St Trdat lived in the district of Tarōn where he had built his brotherhood [*ełbarcʻ*]¹⁶³.

---

¹⁶¹ ŁP, I.iv, p. 5 "կեցեալ յանապատս ընդ արս ընտիրս ի ճգնութիւն մեծամեծս" = ŁPʻ-T, p. 38,

¹⁶² ŁPʻ, *Ep.* p. 187, "Եւ երթեալ ի Սիւնիս՝ կեցի անդ ամս երկուս, զձմերն ի քարայրի, առ առն միում Հոչակելոյ ...յամենայն կրօնաւորութիւն, որում անուն էր Մովսէս, եւ տեղին անձուկ. եւ զամառն, յաղագս տօթոյ տեղւոյն, ..." = ŁPʻ-T, p. 250.

¹⁶³ BP, VI,xvi, p. 274-276, "[Gind] էր զլուխ աբեղայից, եւ վարդապետ միանձանց, եւ առաջնորդ մենակեցաց, եւ վերակացու վաներայցի, եւ ուսուցիչ ամենայն անապատաւորաց, եւ տեսուչչ ամենեցուն՝ որք միաբանած վասն սիրոյն Աստուծոյ յաշխարհէ էին մեկնեալ, ի յանապատս բնակեալ, ի քարանձաւ ամրացեալբ յայրս եւ ի քարածերպս երկրի, եւ միա-հանդերձք բոկագնացք զզուստացեալբ խոտաճարակք ընդարմունք արմատակերք, զօրէն

IX

The numerous foundations of the peripatetic Maštoc' appear to have been of similar type:

> he established many and countless groups of monks [*vanakanac'*] in inhabited as well as in uninhabited places, countless groups in lowlands, in mountains, in caves and enclosed places. From time to time he showed himself as an example to them. From all the hermitages [*menastank'*] he took with him a few pupils to retire to the mountains and live in caves. They secluded themselves in caverns and ended the day by receiving their daily nourishment from herbs[164].

Obviously, none of these communities were in any sense permanent. No specific buildings are mentioned as against mountain tops and caves. There is no reference to a uniform rule uniting and governing these communities[165]. They evidently could be entered and left at will, as Łazar P'arpec'i was to do after his two year's sojourn in Siwnik'[166]. So deeply

գագանաց ի լերինս շրջէին՝ լեշկամածշկոք և մորթոք այծենեոք, ներեալք տառապեալք և տառակուսեալք, յանապատի մոլորեալք, ի գուբս ի տոթ, ի քաղց և ի ծարաւ վասն սիրոյն Աստուծոյ։ ... զօրէնս երանոյ թռչնոց բնակեալ էին սրբա ի ծագս վիմաց, ի սորս քարանձաւաց, անինքն անստգուածբ անխնամք, առանց դարմանոց ամենեին շնանել մարմնոց։ ... Եւ ընդ բազում Հեթանոսն տեղիս շրջէին ... դարձուցանէին զմոլորութիւն բազմաց։ Եւ սուրբն Գինդ լնոյր զամենայն անապատս սենակեցող, և զամենայն չէոս վաներաւ, և բազում յաշխարհի ուղղեալ կացուցանէր կարգս մարդկան...։ Բայց սակայն ինքն առեալ վիծակ բնակութեան ունէր զանապատն, ուստի բխեալ Հոսէն ակունք Եփրատ գետոյն։ Անդէն բնակեալ ընդ ծագս վիմացն, ուր յաճախ կայանքն էին մեծին Գրիգորի առաջնոյ ... ի նոյն ծագս էր բնակեալ մեծն անապատաւորաց Գինդ։... Եւ սրբոյն Սրդատայ կայեանք բնակութեան էր ի քաւառն Տարոնոյ, շինեալ զիւր եղբարց։" = BP-G, p. 239-240. See also BP, V.xxvii, p. 226 = BP-G, p. 207 and below p. 215-216 for Epip'an's foundation at Mambrē.

For the startling similarity of these practices to those described in works attributed to Ephraem Syrus and other early Syriac writers, see Mathews (2005), p. 151-168.

[164] K, xxii, p. 80, "Եւ դարձեալ բազում և անՀամար զունդս վանականաց ի շէնս և յանշէնս, դաշտականս և լեռնականս, անձաւամուտս և արգելականս բնակեցուցեալ Հաստատէր։ Զորս ընդ ժամանակս ժամանակս իւրով իսկ անձամբն օրինակ ցուցանէր. առեալ զոմանս յաշակերտաց յիւրքանչիւր մենաստանացն և երթեալ լեռնակեաց, սորամուտ ձակախիթ եղեալ։" = K-N, p. 45. Norehad gives "cloisters" for *argelakank'*, *loc.cit.*, but this is a clear anachronism.

[165] The rules given by Gind were "for mankind" in general and not specifically for his community, see above p. 213, as were the "righteous regulations" left "in these districts" by his colleague Epip'an on his departure. There is no trace of the elaborate pattern of the Basilian *Rules*, which are not attested as being in use in Armenia until centuries later, See above p. 183 and n. 22.

[166] See above p. 213. It is worth noting here that canon xxxiv in the VIth century collection attributed to Nersēs and Meršapuh specifies that, "covenanters (*uxtawork'*) who dwell in the desert *(anapat)* must return home before sundown and go out at sunrise" and that, "solitaries (*monazunk'*) and the children/inmates of a *vank'(vanac' mankunk'*) dare not stay anywhere but in a *vank'*, or if there be no *vank'*, they should go to the house of the senior priest (*awag erēc'*)", making it evident that even then the solitaries entered and left their dwellings at will and were in no sense cloistered. KH, I, p. 489-490 (= M, canons 33-34, p. 276).

rooted was this type of eremitic community, that it survived even in much later times. Thus, early in the Xth century, more than a generation after Mariam Bagratuni's great monastic foundations at Sewan, the katholikos John the Historian found on Mount Sepuh, a community identical with those familiar to Vth century sources:

> in the glens and the fastness of the caves ... people [were] living, celibates as well as hermits, who wore the cilice and lay on the ground. They wore no shoes and were poorly fed; as disciples of righteousness and descendants of virtue they spent their time in continuous prayer, and supplicatory implorations. The latter did not live together in one place, but were scattered along the foot of the mountain, where their living quarters are to be found. Everyone provided for his own physical necessities by toilsome sweat[167].

As against the stability which would characterize cœnobial foundations, the ascetics described in the early texts were dedicated not only to an eremitic life, but to one of almost constant movement. Saint Daniēl's journeys were miraculously assisted:

> He walked with his shoes over the water of rivers and neither wetted them nor took them off. And in wintertime, when a great thickness of snow was piled on the wintry mountains, and he wished to cross somewhere over such mountains at such a time because of the needs of a journey somewhere, the snow suddenly became black earth before him. And if he wished to go to some distant place, he sped effortlessly on like lightening as though he were flying, and immediately found himself where he wished to be[168].

His disciple Šaḷita seems to have had the same gift for walking dryshod over water as he wandered in the desert[169]. Less miraculously, Daniēl's other disciples ranged far and wide over the neighbouring lands. Epip'an may have settled "numerous solitary brothers [eḷbark' miabans]" of one

---

[167] YK, lv, p. 359 "Մեսի անդ ի ձորձորս և յանձուրս քարանձաւաց բնակեալ՝ արս կուսակրօնս, խարազնազգեցս, զետնախշտիս, բոկազնացս, խոշրաբաշակս. մշտամռունչ յաղօթս և յաղերսալի պաղատանս, աշակերտք արդար վաստակոց, և ձնունդք առաքինու֊ թեան։ Եւ սոքա ոչ թերևս միախումբ ի միասին բնակեալք, այլ զան և զիր առ ստորոտով լերինն կայեալ կային, որք և բազմախուռն բրտամբք երկոց իւրաքանչիւրոց զձարկալոր պէտս մարմնոց վճարէին։" = YK-M, p. 199. Further study of the interim period of the VIIIth and most of the IXth centuries obviously remains a *sine qua non*.

[168] BP, III.xiv, p. 48, "Իսկ և կօշկօք քայլելոյն զնայր ի վերայ ջուրց գետոց, և ոչ թանային. և ոչ հանէր սա։ Եւ յաւուրս ձմերայնոյն՝ յորժամ կուտեալ դիզեալ զմեծութիւն բազմութիւն ձանդրութեան ձնացն կուտակեալ ի լինէր ձեանցն ի վերայ ձմերային լեռանցն՝ յայնժամ ի վերայ ընդ այնպիսի ժամանակի կամէր ուրեք երթալ ի պէտս ճանապարհի, յանկարծակի ձիւնն զամաք արփնի ի հնէր առաջի նորա։ Եւ զի կամէր ի հեռաստան ուրեք երթալ, իբրև զփայլակն սլացեալ լինէր սնաչխատ. իբրև թուողեալ յոր կամէր երթալ ի տեղին, յանկարծորէն անդ գտանէր։" = BP-G, p. 87.

[169] BP, V.xxvik, p. 224= BP-G, p. 206.

mind and one faith mountain-dwellers, ascetics and hermits [*leaṙnakank'*, *čgnawork' mianjunk'*] at his hermitage of Mambrē, and set an elder or priest [*erēc*] as their head, but leaving them behind,"he went forth to the land of the Greeks taking with him some five hundred disciples who were *mianjunk'*, *leaṙnakank'* and *anapatakank'*[170]. Maštoc' himself traveled almost constantly, taking his disciples on his various journeys throughout Caucasia and sending them abroad from Edessa in Mesopotamia to Constantinople[171].

Without extending the list of these examples any further, the overwhelming majority of the groups depicted in the contemporary Vth century Armenian sources demonstrates beyond any reasonable doubt that the vocabulary they use may not be interpreted in the sense of stable cœnobial communities, Basilian or other. At most, in a few cases an argument may perhaps be made for the presence of agglomerations of the *laura* type supervised by an elder or *protos*, but in which each participant lived separately in a cave or cell and met only on certain occasions to celebrate the liturgy[172]. The references to "concecrated virgins" or "children of the covenant" and the common use of the word *uxt,* in its sense of "pact, covenant" and not merely "oath", seem to suggest a link to Syrian models and institutions such as the "sons and daughters of the covenant [*bnay or bnāt qyāmā]*"[173]. Similar parallel cases are provided by the Syrian "traveling monks" and anchorites living together in groups noted by Vööbus[174]. Such models are especially likely in the light of our

---

[170] BP, V.xxvii-xxviii, p. 226-227 = BP-G, p. 207. For Cyril of Skythopolis' account of disciples around an ascetic master such as saint Euthymios in Palestine, see below n. 206; also Canivet (1977), p. 49-50, 212, who notes that such gatherings did not imply a monastic foundation; see also then next note.

[171] K *passim*. Guillaumont (1979), p. 224 also notes that "le prototype du moine est le patriarche Abraham, à qui Dieu a dit: 'Quitte ton pays, ta famille, la maison de ton père et va vers le pays que je te montrerai. ... le moine devient un pélerin, un perpétuel voyageur: et ainsi est né le monachisme errant, qui s'est beaucoup développé en Syrie."

[172] See for instance BP, V.xxviii, p. 228-230 = BP-G, p. 208-209, for the case of the "austere brother" who attended the liturgy performed by priest at the martyrium, but after his miraculous vision, dug himself a pit where he remained for the rest of his life. Canivet (1977), p. 212-213, also observed in the case of Syrian monasticism that an agglomeration of individual cells surrounded by a "mur de clôture" began to appear in the IVth century, but that despite the gradual addition of various buildings such as churches, workshops meeting rooms, refectories, or guest houses, "rien ne nous prouve qu'il y ait eu un dortoir pour la communauté. See below nn. 184-185, for the growth of Palestinian foundations.

[173] See e.g. Aphraat, *Dem.* vi, also above p. 196-197. and n. 85-86.

[174] Vööbus (1958), I, p. 222-223; Ibid., (1959) for the testimony of Ephraem; see also Pena *et al.* (1980 and Canivet (1977), p. 210 on the gradual settling of the "anachorètes qui mènent une vie errante, sans feu ni lieu, ...[mais] ...tôt ou tard ils se fixent

increasing awareness of the influence of Aphraat and Ephraem on early Armenian Christianity[175]. In any case, the critical mass of the contemporary narratives points to the conclusion that during the IVth,Vth and probably the major part of the VIth centuries Armenian ascetic life with the possible exception occasional impermanent ascetic groups held together by a common covenant or purpose, such as the service of a particular shrine or church, displayed primarily an eremetic and peripatetic model, rather than one of regularly settled and permanent monastic communities.

We have already had the occasion to see that this conclusion is corroborated by the remaining material already considered. Such archæological evidence as we can presently rely on suggests the VIIth or at the earliest the latter part of the VIth century as the *terminus post quem* for the construction of monastic complexes as against single church buildings on the Armenian plateau. Similarly, the canons take us no further back than the same period, or at any rate to the mid VIth century at the earliest, if we accept the canons attributed to the katholikos Nersēs II and his co-president at the Second Council of Duin of 555, the Mamikonean bishop Meršapuh of Tarōn, with the sole exception of the earlier stratum of the xvth and xvith canons of the Council of Šahapivan, which reflects the same Syriac correspondences, as are found in the early narrative sources.

Taken in conjunction with the gradual appearance of the title *vanic' erēc'*, the titulature occurring in the lists of participants at the Armenian councils of the period also provides an indirect index for the eventual appearance of monastic foundations. Even though Łazat P'arpec'i asserted at an unexpectedly early date that not only bishops and honourable priests [*eric'ank'*] but "senior" [*awag*] *vanakank'* had met together to draft an answer to the Persian letter urging the return of Armenia to the Zoroastrian faith in the middle of the Vth century[176], It is most unlikely that the term *vanakan* had already acquired here the sense of "monk",

---

dans des grottes naturelles, ... ils plantent leur tente, fichent leurs cabanes en terre ou bâtissent une maison...".

[175] Vööbus (1958), I, p. vi sq. Baker (1968), p. 346-348, on the absence of "monasticism" in early Syriac texts. As Vööbus rightly notes Syriac influence was strongest in the Armenian southern district of Tarōn whence came Daniēl and his disciple Gind as well as Maštoc' himself. See K, iii, p. 36, as well as Garsoïan (1992), p. 61-63, etc.

[176] ŁP, II.xxiii, p. 44-45,"սուրբ եպիսկոպոսք ... և պատուական երիցունք և վանականք ... cf. բարեպաշտ եպիսկոպոսք և աւագ բահանայք և վանականք" = ŁP'-T, p. 81-82. The term *awag* "senior, elder, superior" does not have the connotation of a particular title and Łazar uses it indifferently for secular figures such as the "heads of clans"or *tanutēr* and the other "members" *sepuh* as well as for "priests" *k'ahanayk'*. Ibid., p. 45 = 82.

IX

especially since one of the participants on this occasion was the "wonderful and angelic lord Ałan", whose eremitic practices have already been noted[177]. Elsewhere, Łazar speaks only of the "holy bishops with the honourable priests and the clergy [*uxt*]"[178]. Ełišē mentions in one case the inclusion of" Christian monks [*miaynakeac'*] living in monasteries [*vanorays*] into the census taken by the Persians[179], but on the same occasion as the one described by Łazar he mentions only of:

> The bishops and many chorepiskopi and honourable priests, and the holy clergy [*surb uxt*] of the church ... in concert with the greatest princes and all the people of the land[180].

The ambiguous terminology of these minimal references does not provide by itself a sufficient basis for the hypothesis that a new monastic as against an eremitic order had already made its appearance. It is rather the growing use of the title of *vanic' erēc'*, especially if it is to be taken in the sense of *protos* rather than "abbot", which may provide us with a guideline leading once again to the period between the second half of the VIth and the first decade of the VIIth. century as the one inaugurating a transformation in Armenian ascetic life. Finally, this also appears to be the period in which the terms *erēc'* and *k'ahanay*, used interchangeably for a priest in Vth century sources, begin to be differentiated with the latter being reserved for the secular and presumably married clergy. Consequently, it may also mark a watershed in the separation of the black and white clergies[181].

If we now turn to the setting which may have had a bearing on the appearance of innovative institutions at the turn of the VIth to the VIIth century, the mode and attendant circumstances of the new forms still present considerable problems. In addition to the possibility of internal motivation spurred by the growing influence of Julianism in Armenia

---

[177] See above n. 161.

[178] ŁP', II.xxix, p. 56, "Սուրբ եպիսկոպոսք, պատուական քահանայիւք և եկեղեցական ուխտիւ" = ŁP'-T, p. 96.

[179] E, p. 22, "միայնականց քրիստոնեայք որ բնակեալ էին ի վանորայս," = E-T, p. 76. Thomson, translates "monks" and "monasteries" here, but he noted the inconsistencies of these terms elsewhere in the text. Ibid.n. 12.

[180] E, p. 28,"եպիսկոպոսք և բազում քորեպիսկոպոսք և պատուական երիցունք ի տեղեաց տեղեաց հանդերձ սուրբ ուխտիւ եկեղեցւոյ" = E-T, p. 82

[181] See above p. 201-203 and nn. 110-119 for the gradual apparance of the title *vanic' erēc'* and n. 105 for the differentiation of the married priests and the *vanakan* in the *Canons* attributed to Saint Sahak. In the same period, Ps. Sebēos, xxiv, p. 44 = S-T, p. 97 interestingly notes that in Kodrik, "a certain presbyter [*erēc'*], who was named Abēl, was appointed to priestly rank [*karg k'ahanayut'ean*] in that land [և հաստատին ի կարգ քահանութեան աշխարհի անդ երըց ոմն ի նոցանէ, որ անուն կոչէր Աբէլ"

during the VI-VIIth centuries[182], two further factors need to be considered. First is the possibility, that the example of Abdišoy and his colleagues influenced the onset of a transformation in Armenian monasticism around the middle of the VIth century. It has already been said that Abdišoy, though a Syrian, played an important rôle in the affairs of contemporary Armenia and was present at the second Council of Duin, where he is listed alongside the Armenian bishops as a signer of the all important covenant[183]. We are told by the *Narratio de rebus Armeniae* that he was an old friend of the co-president of the council, bishop Meršapuh, whose southern diocese of Tarōn was adjacent to the region of Abdišo's foundation of Sarebay just over the border[184]. This foundation seems to have been sizeable since in addition to Abdišoy, whom it identifies as a priest, the *Letter of the Orthodox Syrians* further mentions Daniēl, Yakob, Ełia and Yovsēp' among its priest and *vanic' erēc'*s, whereas only one name is associated with the other sites named, and this title first appears in connexion with them[185] However, another possible source of influence also comes to mind.

---

[182] In this connexion, not only the rôle of Yovhannēs Mayragomec'i, in the VIIth century, with his interpolation of canonical sources and especially what Mardirossian (2004) p. 289-441 esps. 355-399 has called his "'monachisation" de l'Eglise", but that of extreme Monophysitism, or more particularly Julianism, on Armenia during the VIth and VIIth centuries. would benefit from further investigation. The works of both Timothy Ælurus and Philoxenos of Mabbug were said to have been translated into Armenian for or around the time of the second Council of Duin of 555, at a time when Armenia officially adopted the Monophhysite addition to the Trisagion (see above n. 28 and Garsoïan (1999), p. 144, 198-199, 204, 212-215. See also in this connexion my forthcoming article"Le vin pur du calice dans l'Eglise arménienne"in *Etudes augustiniennes*. It is my intention to pursue this aspect in a further study on Armenia during the"interregnum"of the VI-IXth centuries.

[183] GT', p. 201; Garsoïan (1999), p. 478.

[184] *Narratio* §60-62, p. 34,§60 ... [the Julianist] προσετέθησαναν τοῖς τῶν Ἀρμενίων ἐπισκόποις. 61 Διὰ τοῦτο προσφιλεῖς ἐγένοντο τῷ Νερσαπῷ ἐπισκόπῳ Ταρών, ... 62 διετέλεσεν ἔτη πολλὰ μετὰ τοῦ ἑταίρου αὐτοῦ Ἀπτισῷ τοῦ σύρου ὃς ἀπὸ τῆς Σαρεπὰ μονῆς ἦν τῆς πλησίον Σασῶν", cf. p. 142-150, Garitte's commentary and the localization of Sarebay/Sarbat. *Cœnobia* had of course been known in Syria at an earlier date, see Vööbus (1958), p. 138 sq., Pena *et al.* (1983), p. 19-26, Escolan (1999) p. 11 dates"L'apparition du mouvement monastique en Syrie"as against the period of 'protomonachisme' from 360 to 400, but their golden age was in the VIth century, Ibid., p. 29-33. Cf. Flusin (1983), p. 116-118; Id. (1992), II, p. 15-46, esp. 34-3. See also the next note.

[185] GT', p. 172, 174 = Garsoïan (1999), p. 457, 459. The contact of southern Armenia with the Syro-Mesopotamian world went back to the very origins of the country's Christianity, see Garsoïan (1992), p. 61-62, and *cœnobia* had begun appearing in Syria from the IVth century, Pena *et al.* (1983), p. 19, "La naissance du cénobitisme se situe en Syrie dans la première moitié du IVe siècle; il se développe pendant le Ve siècle pour arriver à sa pleine maturité au siècle suivant Canivet (1977), p. 230,"Les monastères syriens sont bien organisés au Ve s. et les services y sont nombreux.) On the growth of Syrian monasticism, see also, *inter alios* Honigman (1952), Pena *et al* (1980), Bell-Mango (1982).

For Christianity in general, Jerusalem was obviousy the holy city par excellence. Its spiritual precedence was recognized as early as the seventh canon of the council of Nicaea, although its status as a patriarchate would be delayed by the relatively minor urban status of the city recreated after Titus' unforgettable sack[186]. As Flusin observes perceptively, for an early VIth century author such as Cyril of Skythopolis,

> "Jérusalem et la Palestine forment un espace sacré dans un monde profane, ils font figure d'un gigantesque reliquaire rayonnant de sainteté ...Jérusalem l'emporte sur le reste du monde. ...tout se passe comme si l'itinéraire du saint commençait à Jérusalem ...Jérusalem est le terme du pèlerinage parce qu'elle est la Ville sainte;...."[187]

Armenia was no exception to this powerful early tradition centered on Jerusalem and on the pilgrimage to the Holy Land. The belief that the doctrine of Saint Gregory originated in Jerusalem, though obviously apocryphal, was already deeply rooted in Armenia by the beginning of the VIIth century as is evidenced by the acrimonious correspondence between the katholikoi of Armenia and Iberia Abraham I and Kiwrion, preserved in the *Book of Letters*[188]. The presence of Armenian pilgrims in the Holy Land is attested by numerous graffiti[189] and specifically by the reference to a particularly large group of some four hundred in Cyril's *Life of Euthymios*[190]. The early presence of Armenians in the Holy City is likewise attested by the well known mosaics with Armenian inscriptions found there as well as by the translation, probably in the Vth century, of

---

Palmer (1990), the preceding note and below n. 213. The importrance of Abdišo's activity, stressed by the *Narratio* seems to have been particularly significant in Armenia in the realm of doctrine as well.

[186] *Acta,*, canon vii, p. 42, "Ἐπειδὴ συνήθεια κεκπάτηκε καὶ παράδοσις ἀρχαῖα, ὥστε τὸν ἐν Αἰλίᾳ ἐπίσκοπον τιμᾶσθαι ἐχέτω τὴν ἀκολουθίαν τῆς τιμῆς τῇ μητροπόλει σωζομένου τοῦ οἰκείου ἀξιώματος."., although the rights of Caesarea, the metropolis, were preserved.and Jerusalem's status as a patriarchate would not become official until much later.

[187] Flusin (1983), p. 116-117. As observed by Martin-Hisard (1998), p. 1219 the same focus on Jerusalem is found in contemporary Iberia, "Pour la piété géorgienne de cette période. Jérusalem occupe une place centrale. C'est sans doute un caractère que d'autres chrétientés partagent, mais il est particulièrement accentué dans la chrétienté ibère".

[188] Garsoïan (1999), p. 322 n. 101 cf. 555, n. 149"for the correction of this passage, cf. GT', p. 333-334, 337, 344.347 = Garsoïan (1999), p. 560-561, 563-564, 569-570, 571-572. This was also observed by Thomson (1985), p. 83-84. The same claim was made by Iberia, as is noted by Martin-Hisard (1998), p. 1219.

[189] Stone (1982); cf Thomson (1967).

[190] CS, 27:8-11, "συνέβη πλῆθος Ἀρμενιῶν ἀνδρῶν ὡσεὶ τετρακοσίων τὸν ἀριθμὸν ἀπὸ τῆς ἁγίας πόλεως ἐπὶ τὸν Ἰορδάνην κατερχομένων ἐκκλῖναι ἐκ τῆς ὁδοῦ δεξιὰ καὶ παραγενέσθαι εἰς τὴν λαύραν" = CS-P, p. 22. Cf. Garsoïan (2002), p. 267 and n. 47.

the *Jerusalem Lectionary* which was adopted by the Armenian Church[191]. The presence of Armenians in the Great Laura of Saint Sabas in the Palestinian desert has been noted earlier[192], and Anastas *vardapet* asserts in his *List of Armenian Monasteries in Jerusalem* presumably dating from the early VIIth or the end of the VIth century, that he also knew of eleven Armenian monasteries in Egypt and Palestine some of which he had personally visited[193]. Once again it is with Anastas' *List* that we find ourselves on relatively safe ground in speaking of truly monastic foundations.

Anastas' reputation has not always been of the best. In the opinion of Avedis Sanjian who published and translated it, his *List* was probably unreliable though it rested on a core of truth[194]. Other critics have been still harsher[195]. A number of their objections are well founded. Anastas' claim that there were in Jerusalem itself some seventy Armenian and Albanian monasteries of which he gives the list is obvious fantasy. He repeats for the Armenian monasteries in Jerusalem the standard tradition attached to many native foundations, namely that they had been built by Saint Gregory the Illuminator himself, or at least by his descendant Saint Nersēs[196]. Nevertheless, as I have argued elsewhere, his knowledge of early Armenian history and prosopography is reasonably accurate where it can be controlled[197]. The citation of a fragment of his work in the *History of the Caucasian Albanians,* well before the earliest known manuscript of the *List,* makes a late forgery unlikely. Anastas' complaints of the persecutions endured by the Armenians in Jerusalem coincide with the period of Chalcedonian predominance following the earlier monophysite influence in Palestine

---

[191] On Armenians in Jerusalem and "The influence of Jerusalem back on Armenia", see also Thomson (1985). On the mosaics, see Der Nersessian (1977), p. 68-71, pls. 44-45; Aṙak'elian (1978), p1-9; Evans (1982), 217-221, pls.1-3. On the lectionary, Renoux (1993), p. 132. Cf. Garsoïan (2002), p. 259.

[192] See above p. 185 and n. 28 and below, nn. 212-213.

[193] Sanjian (1969), p. 273 "Արդ՝ էին յայլ տեղիս վանորայք Հայոց ի շրջակայս՝ եգիպտոս, յԱղէքսանդրիա, ի Թէփայիդ և ի լեառն Սինէական վանորայք մետասանք. նա և ի լեառն Թաբոր, և լեզր ծովուն Տիբերիա, և յայլ սահմանս Պաղեստինոյ. զորոց զյոլովն իմով իսկ աչօք տեսեալ յայսմ բազուցմ ձեալով անդ յերկրին այնմիկ." = p. 278. See preceding note for the Armenians present at the Great Laura, some of whom may in fact have been from Pers- rather than Roman Armenia.

[194] Sanjian (1969), p. 285-286.

[195] Garsoïan (2002), p. 260

[196] Sanjian (1969), p. 272, "Եւ այս ամենայն վանորայրս Երուսաղեմ ի Սուրբ Լուսաւորչէն Հաստատեցան. բայց յոյովս ի Ներսիսէ, զոր Հռոմայեցաց շինել ի պատճառս աղօթից ի վրկութիւն Հայոց:" = p. 278. See Ibid., p. 268-272 = p. 275-277 for the list.

[197] Garsoïan (2002), p. 261-262.

and Jerusalem[198]. Most convincingly of all, Anastas' information concerning the difficult situation in which the Armenian monasteries found themselves in the late VIth century is corroborated by the *Letter to Abas of Albania* written by the Chalcedonian Patriarch John IV of Jerusalem, which must date from 574-575, the year of John's accession to the patriarchate[199]. This coincidence between two sources, deriving from diametrically opposing doctrinal points of view, no longer allows us to disregard the *List* attributed to Anastas or reject the picture he gives of Armenian monastic foundations in the Holy City around the end of the VIth century, despite some of its occasionally doubtful aspects[200]. Moreover, his assertion as to the presence of urban Armenian monasteries in Jerusalem have also been supported by recent archaeological discoveries[201],

Unfortunately for us, the description of the Armenian monasteries in Jerusalem given by Anastas is scant, but its few details are crucial for our purpose. First and foremost the foundations referred to by Anastas are indubitably stable that is to say cœnobial communities with actual buildings, which the monks abandoned in times of trouble to be ransomed back, to be given over to others, or to be demolished and remain in ruins[202]. John IV specifies that on one occasion "an Armenian monastery was burned down"[203] Furthermore, these foundations were of mixed type, since side by side with monastic buildings Anastas mentions the individual cells of anchorites [*xrčt'awor miaynakeac'k.*'[204]. No explicit

---

[198] CS, p. 41:24, 47:5-49:20; 127: 15-128:16 = CS-P, p. 38, 43-46, 136-137; Garsoïan (2002), p. 265, details the struggle of Saint Sabas against monophysite influence on the empress Eudoxia and his eventual victory.

[199] John IV, *Ep.* (1896). Cf. Garsoïan (1999), p. 247-248, 260-261, 284-285, 294-296, 490-501. Ead. (2002), p. 263-264.

[200] Ibid., p. 259-265.

[201] Amit and Wolff (1994), p. 293-298; Goldfus (2003, p. 75-77

[202] E.g. Sanjian (1969), p. 272,-273 "իշխանք Հայոց միաբանեալ եւոուն եօթն կենդինարս թագաւորին Յուստինիանոսի, որ է եօթանասուն հազար դահեկանս, և թափեցին յիշխանութենէ Հայրապետուցն (Յունաց) զամենայն վանորայս Հայոց, եթէ արանց վանք, եթէ կանանց վանք, և եթէ խարիթօք միանձանց, անդէն զինքեանս առնելով իշխեցողս:" = p. 278; cf. p. 273 = p. 278 for those demolished,"բազում վանորայք (որ յերուսաղէմ) տապալեալ քանդեցան " Idem for those taken over by the Greeks, "անտերունչ ձնացեալ վանս առնուին և տիրէին Յոյնք" cf. Ibid., p. 269-272 §3, 35, 44, 55, 60-62 = p. 276-277 and for those destroyed and in ruins Ibid., p. 269 §14 "Սիւնեաց վանք, որ յանուն Սրբոյն Գէորգայ, (զոր Տաճիկք քակեցին) " = p. 276, cf. Ibid. p. 271 §47-48 = p. 277. This conclusion is supported by the recent discovery of an Armenian monastic complex with "a single space chapel as its prayer hall", Goldfus (2003), p. 77; Amit and Wolff (1994), p. 293-298.

[203] John IV, *Ep.* p. 252, "Զորս եւ ընդվեգի և Հայածեցի և քաղաքս դեռ այրէք զվանան մի Հայոց".

[204] Sanjian (1969), p. 274, "Եւ միաբանեալ ամենայն Հայք առաջնորդք (մենաս-

indications are given concerning the interior organization of these communities, but the mention of superiors necessarily suggests the existence of a monastic hierarchy[205].

Though obviously meager, this description none the less coincides with the far more extensive information concerning contemporary Palestinian monasticism given by Cyril of Skythopolis and John Moschos, with is mixed pattern of eremitical caves, *laura* and *cœnobia*, with the possibility of alternation between the solitary and the communal life and the progression from the second to the first[206]. Just as in the monasteries mentioned by Anastas *vardapet*, the Palestinian communities described by Cyril of Skythopolis and Moschos are headed by superiors who are chosen or elected at the death of their predecessor[207]. Flusin has observed that Palestinian monasticism as against the Egyptian tradition responded to an aristocratric mentality[208]. The desert and urban foundations had noble ladies and the empress Eudoxia herself as patrons[209].

տաանցն և խշեթատոր մյայնակեցցըն), անձինք իբրև Հինգ Հարիւր, գրեցին առ երանելի կաթուղիկոսն Յովմանն" = p. 279.

[205] See the preceeding note and Ibid., p. 273, "Այլ և յոլով վանորէից մերոց առաջնորդք մինչ վախճանէին, ոչ որ լինէր Հոգաբարձու կարգէլ զայլ որ առաջնորդ Հայոց, (յայդակս որոյ զնոյն անտերունչ մնացեալ վանան առնուին և տիրէին Յոյնք)" = p. 278.

[206] The pattern of the simultaneous existence in the Palestinian desert of isolated eremitical cells, the looser agglomeration of the *laura* and the evolved *cœnobion* appears throughout the work of Cyril of Skythopolis. See among others, the gathering of cells into a *laura* around the cave in which St. Euthymios had taken refuge, CS, p. 23:22-24:10, 25:13-26:18 = CS-P, p. 19-20, 21-22; the alternate residence of Saint Sabas in his isolated cave and the *laura* created for his disciples, Ibid, p. 97:23-98:20, 99:5-103:5 = CS-P. p. 106-107; 108-112; his building of the *cœnobion* of Kastellion, Ibid., p. 110:1-112:27 = CS-P, p. 119-121; the co-existence of *laura* and *cœnobion*, and the spiitual superiority of the former, since St. Sabas accepts St Euthemios' teaching that neophytes are not ready for the life in a *laura*, which would not benefit from their presence, and should first enter a monastery, CS, p. 90:26-91:29, 158:12-159 = CS-P, p. 99-100, 167-168; finally the transformation of a *laura* into a *cœnobion*, CS, p., 16:24-17:3, 62:3-66:19 = CS-P. p. 12, 59-63. The same picture is given by John Moschos *passim* one generation later. Cf. Flusin (1983), p. 30, 137-145; Id. (1992),II, p. 16-26, 31-34; Joly (1993), p. .49-64 and Canivet (1977), p. 50, for Chrysostom's description of the gathering of disciples arouind Diodorus of Tarsus, "Chrysostome ...évoque les réunions des fidèles autour de lui [Diodore] sur les bords de l'Oronte ... mais ne parle pas.;.. de monastères.

[207] See for example in Cyril of Skythopolis the succession of Theoktistes by Maris, then Longinos; of Saint Euthymios by Domitian followed by Elias; of Saint Sabas by Melitas and Gelasios; of Theodosios by Sophronios, CS, p. 55:13-19, 58:20-26, 189:10-15, 240:1-2 = CS-P, p. 52, 55, 198, 266. Cf. Flusin (1983), p. 137-140.

[208] Flusin (1983) p. 102, "il semble bien que nous ayons là la trace d'une mentalité aristocratique qui distingue assez nettement le monachisme palestinien du monachisme égyptien.

[209] Especially, CS, p. 53:5-12, 204:7-10 = CS-P, p. 49-50, 223 and above n. [168]; cf Flusin (1992), II, p. 29-30. "Des fondations nombreuses et importantes sont le fait, non

Similarly, nearly all the Armenian monasteries in Anastas' *List* are royal foundations or those of princely families and both he and the patriarch John IV emphasize the links between them and their noble patrons. [210] The pattern seems to be similar despite confessional divergence. Given the fact that we know from Cyril of Skythopolis that although Saint Euthemios preferred the solitude of the desert, Saint Sabas not only visited the city but

> "purchased various cells [from the monastery built near the episcopal palace] and made them into a hospice for the laura.
> To the north of the cells he purchased were other cells, which he wished to purchase on behalf of foreign monks ... but had only one half solidus....
> Astonished at the prompt [miraculous] assistance from God, the blessed one gave the price of the cells and founded a second hospice for the relief of monks coming from abroad. He also acquired two hospices for Castellium, one in the holy city not far from the tower of David and the other in Jericho[211].

We have no way of knowing whether any Armenians found their way to Sabas' hospices for "foreign monks", but it is evident that in addition to their presence in his desert foundations and through pilgrimages, the Armenians residing in the Holy City had ample opportunity to observe and pattern themselves on the Palestinian foundations they clearly ressembled.

---

de saints moines, mais de nobles et pieuses dames, qui au Ve siècle ... ont orné la ville et ses alentours..."; Ibid., p. 40-41, "Nous avons dit de quelle importance furent, pour le monachisme de Jérusalem, la présence et l'action au Ve siècle de riches dévotes, au premier rang desquelles vient prendre place l'impératrice Eudocie. L'époque [suivante] que nous étudions ne connut pas de mouvements comparables. Pourtant de grandes dames viennent encore en pèlerinage. ..."

[210] Nearly all of the monasteries on Anastas' *List* are princely foundations, Sanjian (1969), p. 269-272 = 276-277. Both Anastas, Ibid., p. 272 = 278 and John IV, *Ep.* p. 252, stress the concern of the Armenian princes concerning their Hierosolymitan foundations, their willingness to ransom those taken away and the claim of the Armenian princes that "Our first kings granted us these monasteries as a gift,"ի҇շխանք Հայոց առ իւ աղագաւս ապարեցին, եթէ ապաշխի բազատորբն զկանս զայս ներ իրել զպարգնն շնորհեցին ... Որոց արբրի պատաաաօսին, թէ անձնաւր է բազատորաց Հերձանւան պարզն շնորհել: "See also above n. [171].

[211] CS, 116:10-27, "συναθροισθέτων ὁ πατὴρ ἡμῶν Σάβας διάφορα παρ᾽ αὐτῶν ἀγοράσας κελλία ξενοδοχεῖον ταῦτα τῇ λαύραι πεποίηκεν. ἦσαν δὲ καὶ ἄλλα (κελλία) κατὰ τὸ βόρειον μέρος ἅπερ ἐβούλετο ἀγοράσαι εἰς λόγον ξένων μοναχῶν ... οὐκ εἶχεν πλὴν ἑνὸς σημισσίου ... ὁ δὲ μακαρίτης θαυμάσας τὴν τοῦ θεοῦ ταχεῖαν ἀντίκληψιν δέδωκεν τὸ τίμημα τῶν κελλίων καὶ καθίστησιν ξενοδοχεῖον ἕτερον πρὸς τὴν τῶν ἐρχομένων ἀπὸ ξένης μοναχῶν ἀνάπαυσιν. ἦν δὲ καὶ τῶι Καστελλίωι περιποιησάμενος ξενοδοχεῖα δύο ἕν τε τῇι ἁγίαι πόλει οὐ μακρὰν τοῦ πύργου τοῦ Δαυιὶδ καὶ ἐν Ἱεριχῶ..." = CS-P, p. 125-126. Cf. Garsoïan (2002), p. 266 and n. 45. And for the importance of urban monasticism in Early Byzantine Palestine, see Goldfus (2003), p. 75-77, 79, *et passim*.

Given this similarity and the care and contact of the Armenian princes for their Hierosolymitan foundations, that we have already noted, as well as the stream of pilgrims moving back and forth from their homes to the Holy Land, it seems reasonable to ask whether we might not have here a source for a "new" type of monasticism beginning to manifest itself in Armenia at the end of the VIth century. It is worth noting that even in the Vth century, both in the case of the *Jerusalem Lectionary* that the autocephalous Armenian Church adopted as its own, and in the artistique models of the mosaics found in Jerusalem[212], the cultural current flowed from Jerusalem toward Armenia and not the reverse. Hence it seems entirely possible that this current likewise strengthened the close relations between Armenia and Palestinian monasticism whose prestige was reaching its apogee in the VIth century[213]. For the pilgrims returning home, among whom we find such a great nobleman as prince Hamazasp Kamsarakan Pahlawuni, whose ancestors claimed royal Parthian descent, at whose behest Anastas had composed his work, and who recovered and restored the Armenian monastery in the Holy City, these Armenian monasteries could provide ready models for their own subsequent foundations. [214]

The change at home was apparently slow. As the Chalcedonian Christology came to be equated with orthodoxy in Jerusalem, and for that matter on Sinai, Armenian pilgrims, viewed as heretic became less

---

[212] See above p. 220-221. and n. 191. Der Nersessian (1977), p. 71, "Les mosaïques de Jérusalem sont importantes non pas comme exemples d'art arménien mais en tant que témoins d'établissements religieux, et probablement aussi de la présence d'artistes arméniens dans cette ville. ... C'est par leur intermédiaire que furent probablement transmis en Arménie les modèles artistiques palestiniens dont nous avons déjà constaté l'influence dans un des chapiteaux de Dvin, et dont les peintures des églises et des manuscrits offrent d'autres exemples." See also N. Thierry (1978), p. 709-722 for the subsequent influence of Palestinian iconography on Vaspurakan; and Thomson (1985), p. 83-85.

[213] See Pena *et al.* (1983), p. 19, "le VIᵉ siècle est le siècle d'or du christianisme en Syrie, l'époque où la Syrie toute entière se confesse chrétienne". Cf. Binns (1991 p. xii, "[Cyril of Skythopolis] provides ... a history of the Palestinian church during the period when it was at the height of its power and prestige"; and Flusin (1992), p. 36, "Le monachisme palestinien sert de référence: c'est dire quel est son prestige." See also above nn. 184-185.

[214] Sanjian (1969),, p. 273-274, "Անաստաս վարդապետ Թերայօլսեցի, ի խնդրոյ բարեպաշտ իշխանին Համազասպայ Կամսարականի Պահլաւունեաց [sic], գրեալ զայսոսիկ եառու նմա որ կամէր գնալ ի Սուրբ Երուսաղէմ, որ և գնաց իսկ և արժանացաւ աստուածակոխ Սուրբ Տեղեացն, ... և ի Հայրապետէն Սուրբ Երուսաղէմի թափեալ ապատեալ զամենայն վանորայն Հայոց անկելոց ընդ բռնութեամբ Յունաց" = p. 278. The alternate reading given in p. 274 n. 53 does not alter the sense. Martin-Hisard (1993), p. 571 notes the close ties between the Georgian monasteries in Palestine and K'larjeti whose intellectual brilliance she attributes to the influence of the intellectual activity characterizing the former in the VII century.

welcome[215]. Burdened by heavy Muslim taxes, the Armenians began to leave Jerusalem abandoning their monasteries, which would consequently decrease in importance as models[216]. In Armenia proper, as we have seen, the multiple churches which covered the plateau in the VIIth century were single buildings[217]. They were primarily linked by their scattering and mostly diminutive size to the great *naxarar* houses. This appears to have been the case both for the cathedrals built by the Mamikoneans and the Kamsarakans next to their palaces at Aruč and T'alin and, even more clearly, for the many small palatine chapels of the type dedicated to the Mother of God at T'alin by Nerseh Kamsarakan in intercession exclusively for himself, his wife and their son[218]. The troubled times of the later VIIIth and first half of the IXth century convulsed by the continuous rebellions and repressions brought on by the more intolerant religious policy of the Abbasid dynasty, were patently not propitious for the growth of monastic foundations. Earlier forms do not seem to have disappeared altogether, as we have seen in the case of the eremitic community still clustering around Mount Sepuh[219], but these seem to have been isolated exceptions to whom the future would not belong. The gradual appearance of monastic agglomerations of the the *laura* type, as against full fledged *cœnobia,* is possible though it cannot as yet be demonstrated.[220]

---

[215] See e.g., CS, p. 47:5-49.25 = CS-P, p. 43-46.. Also the complaints of Anastas *vardapet* concerning the mistreatment of the Armenian monks by the Greek patriarchs because of their rejection of the Council of Chalcedon, Sanjian (1969), p. 274, "Բայց սակայն յետ ժամանակաց ինչ և ատւրց՝ սկսան բազում ևեղութիւնս տալ և տանջանս Հարցն Հայոց երկաբևակ պատրիարքունք Ցրինաց սակս ոչ Հաւանելոյ նոցա ժողովոյն Քաղկեդոնի" (= 179) and the Chalcedonian patriarch's confirmation that he had anathematized and driven the Armenians from Jerusalem, cf. John IV, *Ep.*, p. 252. "Զորս ես նգովեցի և Հայածեցի ...".

[216] Sanjian (1969), p. 275, "իսկ յետոյ ի ձանրութենէ տանկական Հարկացն ներեալք ... թողին զտեղիս իւրեանց, և Հնգետասան վանք միայն մնաց ի ձեռս Հայոց" = p 279. Although these were located in Palestine only one, on the Mount of Olives can be considered to have been in Jerusalem.

[217] See above p. 187-188 and nn. 46, 48.

[218] Thierry (1989), p. 62-73 470, 495, 497, 500, 504, 514, 518-519, 527, 539, 555-557, 563, 565, 576, 580-581, 593-595, color pl 18, 21, 26, 29, 31, 34-37, figs. 560.627-629, 635-636, 643-644, 655, 682, 689-693, 716-717, 746-747, 780-783, 786-790, 804-806, 812, 837-839, 850-853, 883-884, 888-891. The inscription on the lintel above the doorway of the little church of the Mother of God at T'alin is still clearly legible, "Ես Ներսէս ապհպատ և պատրիկ Շիրակայ և Արշակունեաց տէր չինեցի զայս եկեղեցի յանուն աստուածածնի և բարեխաւսութեան իմոյ և Շուշանայ ամուսնոյ իմոյ և Հրահատայ որդւոյ մերոյ."

[219] See above p. 215 n. 167 for the Xth century colony on Mt.Sepuh.

[220] See above n. 206 for the precedence of the *laura* over the *cœnobion* in Palestine.

At the present stage of our knowledge, most theses on developing changes must at best remain hypothetical and no final conclusions may be drawn. Such must await a far greater and precise knowledge of the archæological evidence than has been hitherto available; a more extensive analysis of the technical vocabulary, and further investigation of parallel Armenian and Syrian institutions for the early Christian period, as well as of the Armenian internal dogmatic and ecclesiastical evolution in the later VIth-VIIth centuries[221]. Nonetheless, the stripping away of the apocryphal Basilian tradition, the chronological conjunction of such fragmentary archæological material, as we already possess with the altered terminology, acknowledging eventually but not from the first the presence of *vanic' erēc's*, together with the elimination of the anachronisms due to lexical misconception, which have confused the remarkably clear picture of early Armenian ascetic life given by the contemporary native sources, all point already to a first break between the earlier and later forms of ascetic life. In the absence of any trace before the later VIth century, at the earliest, of the different type of monasticism which would eventually triumph from the end of the IXth century on, this later stage should not be allowed to intrude into the early Christian period in Armenia. What already seems clear at this stage of investigation is that the overwhelming bulk of the evidence, archaeological, lexical and narrative, already warants a focus on the turning of the VIth into the VIIth century as the point which marked, not so much a period of continuing evolution or transformation in existing institutons, as the inauguration of a watershed between the earlier eremitic and largely peripatetic forms of ascetic life and the subsequent appearance of truly stable and far more elaborate foundations[222].

---

[221] The intermediary period, spanning the early VIIth to the late IXth centuries and preceding the brilliant monastic development under the Bagratid rulers, presents a number of problems, which I hope to address in a subsequent study.

[222] It is interesting that in Iberia, also "Des traces matérielles permettent d'affirmer l'existence de monastères au Kartli et au K'akheti au début du VIIᵉ siècle ... ce qui tend à confirmer les traditions écrites qui placent un essor particulier du monachisme au milieu du VIᵉ siècle." and that, as in Armenia,"l'épanouissement [des monastères] fut remarquable à partir du IXᵉ siècle", Martin Hisard (1998), p. 1213-1214. Similarly, in Vaspurakan, Thierry (1989), p. 82 concluded that few monuments can be shown to date from the pre-Islamic period. "C'est le développement du monachisme qui suscite la plupart des fondations, mais le mouvement ne pris une grande ampleur qu'à la fin du IXᵉ siècle." Mahé (2000), p. 14-25, tends to push the period of transition back to the Vth-VIIth century. Such a conclusion seems somewhat too early in the light of the presently available information.

Bibliography

Abbreviations:

ACO   *Acta consiliorum œcumenicorum,* ed. E.D. Schwartz (Strasbourg-Berlin, 1914-1984)
AJT   *American Journal of Theology*
ATS   *American Theological Review*
B   *Bazmavēp* (Venice)
CSCO   *Corpus Scriptorum Christianorum Orientalium*
CHA   *Collection d'historiens arméniens,* ed. M.F. Brosset, 2 vols. (St. Petersburg, 1874-1876; repr. in 1 vol. Amsterdam, 1979).
HA   *Handes Amsorya.*
JTS   *Journal of Theological Studies*
NBHL   *Nor Bargirk' Haykazean Lezui.* eds. G. Awetik'ean, X. Siwrmē-lean, and M. Awgerean, 2 vols. (Venice, 1836-1837).
OC   *Oriens Christianus*
OCA   *Orientalia Christiana Analecta*
OCP   *Orientalia Christiana Periodica*
REArm   *Revue des études arméniennes*

Sources:

A   *Step'anosi Tarōnec'woy Asołkan patmut'iwn tiezerakan,* ed. St. Malxaseanc', 2nd ed. (St. Petersburg 1885).
Aa   Agathangelos, *History of the Armenians,* tr. and comm. R.W. Thomson (Albany, 1976).
Acta   *Acta et symbola conciliorum quae saeculo quarto habita sunt,* ed. E.J. Jonkers (Leiden, 1954)'
A-M   *Etienne Asołik de Taron. Deuxième partie,* tr. F. Macler (Paris, 1917)
Anastas, *vardapet* See, Sanjian. (1969).
Aphraat   Aphraates, "Demonstrationes," in *Patrologia syriaca,* I, ed. R. Graffin (Turnhout, 1980).
Basil, St., *Ep*   *The Collected Letters of Saint Basil,* ed. R. J. Deferrari, 4 vols., (Cambridge-London,Loeb ed.) 1961-1962
BP   P'awstos Buzand [Ps.], *Patmut'iwn Hayoc',* 4th ed. (Venice, 1933).
BP-G   *The Epic Histories attributed to P'awstos Buzand (Buzandaran Patmut'iwnk')* tr. and comm. N.G. Garsoïan (Cambridge MA, 1989).
C   F.C. Conybeare, tr. F.C. Conybeare, "The Armenian Canons of St. Sahak catholicos of Armenia (390-439 A.D.)", *AJT,* 118 (1898), p. 828-848.
CS   *Kyrillos von Skythopolis,* ed. E. Schwartz (Leipzig, 1939).
CS-P   Cyril of Scythopolis, *The Lives of the Monks of Palestine.* tr. R.M. Price, comm.J. Binns (Kalamazoo, 1990).
E   Ełišēi, *Vasn Vardanay ew Hayoc' paterazmin,* ed. E. Tēr Minasean (Erevan, 1957).

E-T	Ełishē, *History of Vardan and the Armenian War*, tr. and comm. R.W. Thomson (Cambridge, MA, 1982).
E?M	"Ban iratu Yałags Mianjanc'" in *Srboy Hōrn Meroy Ełišēi Vardapeti Matenagrut'iwnk'* (Venice, 1859), p. 159-165. trans. "Une exhortation aux moines d'Elisée l'Arménien". tr. B. Outtier in *Mélanges Antoine Guillaumont* (Geneva, 1988), p. 97-101.
GN	Grigor Narekac'i, "Patmut'iwn S. Yakobay Mcbnay hayrapetin", *Sop'erk*, xxii (Venice, 1861), p. 1-65.
GT'	*Girk' T'łt'oc'*, ed. N. Połarean, 2nd ed. (Jerusalem, 1994).
John IV, *Ep*.	"Ays t'ułt' Yovhannu Erusałemi episkoposi aṙ Ałuanic' kat'ołikos ē", ed. K. Tēr Mkrtč'ean in *Ararat* (May, 1896), Appendix, p. 214-215, 252-256. trans. "Das Johannes von Jerusalem Brief an den albanischen Katholikos Abas", OC, n.s 2 (1912), p. 64-79.
John Moschos	Jean Moschus, *Le pré spirituel*, tr. M.-J. Rouët de Journel (Paris, 1946).
K	Koriwn, *Vark' Maštoc'i*, ed. M. Abełean (Erevan, 1941; repr. Albany, 1985). trans. B. Norehad [K-N], (New York, 1964).
KH	*Kanonagirk' Hayoc'*, ed. V. Hakobyan, 2 vols., (Erevan, 1964, 1971).
ŁP'	*Łazaray P'arpec'woy patmut'iwn Hayoc' ew t'ułt aṙ Vahan Mamikonean*, eds. G. Tēr Mkrtč'ean and St. Malxasean (Tiflis, 1904),
ŁP'-T	*The History of Łazar P'arpec'i*, tr. and comm. R.W. Thomson (Atlanta, 1991).
M	Angelo Mai, "Canones Nersetis catholici (2) et Nersciabuhi episcopi Mamiconensis", *Scriptorum Veterum Nova Collectio Vaticana* ... (Rome, 1838) vol. X, p. 272-276.
M-D	*The History of the Caucasian Albanians by Movsēs Dasxuranc'i*, tr. C.J.F. Dowsett (London, 1961).
MK-D	Movsēs Kałankatuac'i, *Patmut'iwn ałuanic' ašxarhi*, ed. V. Aṙak'elyan (Erevan, 1983).
MX, Ps.	"I yišataki srboyn Hṙip'simeay ew norun vkayakc'ac'n" in Movsēs Xorenac'i, *Matenagrut'iwnk'* (Venice, 1865), p. 297-303. trans. Outtier-Thierry (1990).
Narratio	G. Garitte, *La Narratio de rebus armeniae*, CSCO 132, subs.4 (Louvain, 1952).
Proclus	*Tomus ad Armenios*, ACO, IV.ii, p. 187-195.
S	*Patmut'iwn Sebēosi*, ed. G. Abgaryan (Erevan, 1979).
SŌ	Step'annos Ōrbelean, *Patmut'iwn nahangin Sisakan*, ed. K. Šahnazareanc', 2 vols. (Paris, 1859).
SŌ-B	*Histoire de la Siounie par Stéphannos Orbélean*, tr. M.F. Brosset., 2 vols. (St. Petersburg, 1864-1866).

S-T	*The Armenian History attributed to Sebeos*, vol. I, tr. R.; W. Thomson (Liverpool, 1999).
Vk	"Un nouveau témoin du livre d'Agathange", ed. and tr. M. van Esbroeck, REArm, n.s.viii (1971), p. 22-95.
Y	*Girk' or koč'i Yačaxapatum* (Venice, 1954).
YC	Yovhannēs of Car [Dzar], "Histoire du pays des Aghovans, composée par le vartabied Iohannès de Dzar", CHA I, p. 553-562.
YK	*Pat mut'iwn Yovhannu Kat'olikosi* (Jerusalem, 1867).
YK-M	Yovhannēs Drasxanakertc'i, *History of Armenia*, tr. and comm. K.H. Maksoudian (Atlanta, 1987).
YM-Ps. See Avdoyan (1993).	
ZG	Zenob Glak, *Patmutiwn Tarōnoy zor targmaneac' Zenob Asori* (Venice, 1889). See also YM-Ps.

Literature:

ADONTZ
1970   N. Adontz, *Armenia in the Period of Justinian*, ed. and tr. N. Garsoïan. (Louvain, 1970).

AKINEAN
1949   N. Akinean, "Šahapivani żołovoyn kanonnerĕ, HA, 63 = *Mxit'ar Tōnagirk'* (1949), p. 79-170.

ID
1950   N. Akinean, *S. Sahaki veragruac kannonerĕ. Matenagrakan usumnasirut'iwn* (Vienna, 1950).

ID.
1952   N. Akinean, *Bałeši Dproc' 1500-1700* (Vienna, 1952).

AMADUNI
1940   G. Amaduni, *Monachismo. Studio storico-canonico e fonti canoniche. Fonti, serie II, fascicolo xii: Disciplina armena* (Venice, 1940).

ID.
1958   G. Amaduni, "Le rôle historique des Hiéromoines arméniens", *Il Monachesimo orientale* = OCA 153 (Rome, 1958).

AMIT and WOLFF
1994   D. Amit and S.R. Wolff, "An Armenian Monastery in the Morasha Neighborhood, Jerusalem" in H. Geva ed., *Ancient Jerusalem Revealed* (Jerusalem, 1994), p. 293-298.

ANANEAN
1961   P. Ananean, "La data e le circostanze della consecrazione di S Gregorio Illuminatore", *Le Muséon*, 74 (1961), p. 43-73, 317-560; tans. from B, 117-118 (1959-1960).

AŘAK'ELIAN
1978   B.N. Ařak'elian, "Armenian Mosaics of the Early Middle Ages", *Atti del primo Simposio internazionale di arte armena* (Venice, 1978), p. 1-6 and pls.

AVDOYAN
1993   L. Avdoyan, *Pseudo Yovhannēs Mamikonean. The History of Tarōn* (Atlanta, 1993).

BAKER
1968   A. Baker, "Syriac and the Origins of Monasticism", *Downside Review*, 86 (1968), p. 342-353.

BELL-MANGO
1982   Gertrude Bell, *The Churches and Monasteries of the Tur 'Abdin. With an introduction and notes by Marlia Mundell Mango* (London, 1982).

BROCK
1973   S. Brock, "Early Syrian Asceticism", *Numen* XX (1973), p. 1-19; repr. in Id., *Syriac perspectives on late antiquity* (London, 1984)

CANIVET
1977   P. Canivet, *Le monachisme syrien selon Théodoret de Cyr* (Paris, 1977).

DER NERSESSIAN
1977   S. Der Nersessian, *Armenian Art* (Paris, 1977).

VAN ESBROECK
1973   M. van Esbroeck, "La naissance du culte de saint Barthélémy en Arménie", REArm, 17 (1973), p. 171-195.

ESCOLAN
1999   Philippe Escolan, *Monachisme et Église. Le monachisme syrien du IVe au VIIe siècle: un monachisme charismatique* (Paris, 1999).

EVANS
1982   H. Evans, "Non Classical Sources for the Armenian Mosaic near the Damascus Gate in Jerusalem", in *East of Byzantium: Syria and Armenia in the Formative Period*, eds. N.Garsoïan et al. (Washington D.C., 1982), p. 217-221.

FLUSIN
1983   B. Flusin, *Miracle et histoire dans l'œuvre de Cyrille de Scythopolis* (Paris, 1983).

ID.
1992   B. Flusin, *Saint Anastase le Perse et l'histoire de la Palestine au début du VIe siècle*, 2 vols. (Paris, 1992).

GARSOÏAN
1981   N. Garsoïan, "Sur le titre de 'Protecteur des pauvres'", REArm, 15 (1981), p. 21-32; repr. in Ead. (1985) §vi.

EAD.
1983   N. Garsoïan, "Nersēs le Grand, Basile de Césarée et Euthyme de Sébaste", REArm, 17 (1983), p. 145-160; repr. in Ead. (1985) §vii.

EAD.
1985   N.G. Garsoïan, *Armenia between Byzantium and the Sasanians* (London 1985).

EAD.
1988 N. Garsoïan, "Some preliminary precisions on the separation of the Armenian and Imperial churches: I. The presence of 'Armenian' bishops at the first five œcumenical councils", ΚΑΘΗΓΗΤΡΙΑ. *Essays Presented to Joan Hussey on her 80th Birthday* (Camberley, 1988), p. 249-285; repr. in Ead. (1999A) §iii.

EAD.
1992 N. Garsoïan, "Quelques précisions préliminaires sur le schisme entre les Eglises byzantine et arménienne au sujet du concile de Chalcédoine: III. Les évêchés méridionaux limitrophes de la Mésopotamie" REArm, 23 (1992), p. 39-80; repr. in Ead. (1999A) §v.

EAD.
1997 N. Garsoïan, "The Independent Kingdoms of Medieval Armenia" in R. Hovannisian ed. *The Armenian People from Ancient to Modern Times* (New York, 1997), I, p. 37-198.

EAD.
1998 N. Garsoïan, "'Αρμενία μεγάλη καὶ ἐπαρχία Μεσοποταμίας", ΕΥΨΥΧΙΑ *Mélanges offerts à Hélène Ahrweiler = Byzantina Sorbonensia*, 16 (Paris, 1998), p. 240-265; repr. in Ead. (1999A) §vi.

EAD.
1999 N. Garsoïan, *L'Eglise arménienne et le Grand Schisme d'Orient*, CSCO 574, subs. 100 (Louvain la Neuve, 1999).

EAD.
1999A N, Garsoïan, *Church and Culture in Early Medieval Armenia* (London, 1999).

EAD.
2002 N. Garsoïan, "Le témoignage d'Anastas *vardapet* sur les monastères arméniens de Jérusalem à la fin du VIe siècle", *Travaux et Mémoires*, XIV = *Mélanges Gilbert Dagron* (2002), p. 257-267.

EAD.
2003-2004 N. Garsoïan, "L'*Histoire* attribuée à Movsēs Xorenac'i: Que reste-t-il à en dire?", REArm, 29 (2003-2004), p. 29-48.

GELZER
1895 H. Gelzer, "Die Anfänge den armenischen Kirche", *Berichte der königlichen sachsischen Gesellschaft der Wissenschaften*, 47 (1895), p. 109-174.

GOLDFUS
2003 H. Goldfus, "Urban Monasticism and Monasteries of Early Byzantine Palestine — Preliminary Observations", *Aram*, 15 (2003), p. 71-79.

GRIBOMONT
1957　　　J. Gribomont, "Le monachisme au IVᵉ siècle en Asie Mineure de Gangres au Messalianisme", *Studia Patristica*, II (1957), p. 400-415.

GUILLAUMONT
1968-1969　A. Guillaumont, "Le dépaysement comme forme d'ascèse dans le monachisme ancien", *Annuaire de l'Ecole Pratique des Hautes Etudes*, Vᵉ section, lxxvi (1968-1969), p. 31-58; repr. in Id. (1979) §6, p. 89-116.

ID.
1978　　　A. Guillaumont, "Perspectives actuelles sur les origines du monachisme.", *The Frontiers of Human Knowledge. Lectures held at the Quincentenary Celebration of Uppsala University 1977*, ed. T.T. Segerstedt (Uppsala, 1978), pp. 111-123; repr. in Id. (1979), §13, p. 215-227.

ID.
1979　　　A. Guillaumont, *Aux origines du monachisme chrétien*, Spiritualités orientales 30 (Bégrolles en Mauges, 1979).

H
1951　　　E. Honigman, *Évêques et évêchés monophysites d'Asie antérieure au VIᵉ siècle*, CSCO 127, subs.2 (Louvain, 1951).

ID.
1954　　　E. Honigman, *Le couvent de Barsauma et le patriarcat jacobite d'Antioche et de Syrie*, CSCO 146, subs. 7 (Louvain, 1954).

HAC'UNI
1930　　　V. Hacuni, "Erb šaradrvac en Yačaxapatum čaṙk'", B, 88 (1930), p. 401-406.

HARL
1960　　　M. Harl, "À propos des *Logia* de Jésus: Le sens du mot ΜΟΝΑΧΟΣ", *Revue des études grecques*, 73 (1960), p. 464-474.

HOWARD-JOHNSON
2002　　　J. Howard-Johnson, "Armenian Historians of Heraclius" in *The Reign of Heraclius (610-641)*, eds. G.J. Reinink and B.H, Stolte (Leuven-Paris, 2002).

JOLY
1993　　　M. Joly, "Les fondations d'Euthyme et de Sabas. Texte et archéologie" in *Les saints et leurs sanctuaires à Byzance*, eds. C. Jolivet-Levy *et al.* (Paris, 1993), p. 49-64.

MAHÉ
2000　　　A. and J.-P.; Mahé tr. and comm. *Grégoire de Narek. Tragédie*, CSCO 584, subs. 106, (Louvain la Neuve, 2000).

MAKSOUDIAN
1982　　　K. Maksoudian, "Armenian Literature" in J. Strayer *et al.* eds. *Dictionary of the Middle Ages*, I (New York, 1982), p. 507-512.

ID.
1987   see YK-M

MARDIROSSIAN
2004   A. Mardirossian, *Le livre des canons arméniens (Kanonagirk' Hayoc')*, CSCO 606, subs. 116 (Louvain-la-Neuve, 2004).

ID.
2006   A. Mardirossian, "L'Ecrit sur la tradition de saint Sahak", *Le Muséon*, 110/'3-4 (2006), p. 375-397.

MARTIN-HISARD
1993   B. Martin-Hisard, "Christianisme et Eglise dans le monde géorgien" in *Histoire du christianisme IV: Evêques, moines et empereurs (610-1054)*, eds. G. Dagron *et al.* (Paris, 1993), p. 549-603.

MARTIN-HISARD
1998   B. Martin-Hisard, "Le christianisme et l'Eglise dans le monde géorgien" in *Histoire du christianisme III: Les Eglises d'orient et d'occident*, ed. L. Pietri (Paris, 1998), p. 1169-1239.

MATHEWS
2005   E. Mathews, "The Early Armenian Hermit: Further Reflections on the Syriac Sources", *Saint Nersess Theological Review*, X (2005), p. 141-168.

MATHEWS-WIECK
1994   Th.F. Mathews and R.S. Wieck eds. *Treasures in Heaven. Armenian Illuminated Manuscripts* (New York, 1994).

MORARD
1973   F. Morard, "Monachos, Moine. Histoire du terme grec jusqu'au 4ᵉ siècle", *Freiburger Zeitschrift für Philosophie und Theologie*, XX/3 (1973), p. 332-411.

EAD.
1980   F. Morard, "Encore quelques réflexions sur monachos", *Vigiliae Christianae* 34 (1980), p. 395-401.

MURRAY
1975   R. Murray, *Symbols of Church and Kingdom* (Cambridge, 1975).

NEDUNGATT
1973   G. Nedungatt, "The Covenanters of the Early Syriac-Speaking Church", OCP, XXXIX (1973), p. 191-215, 419-444.

OUTTIER see E?-M.

OUTTIER-THIERRY
1990   B. Outtier and M. Thierry "Histoire des saintes Hripsimiennes". *Syria*, 67 (1990), p. 695-732.

PALMER
1980   A. Palmer, *Monk and Mason on the Tigris Frontier* (Cambridge, 1990).

PENA et al.
1980   I. Pena, P. Castellana, R. Fernández, *Les reclus syriens= Studium Biblicum Franciscanum,* Collectio Minor, n. 23 (Milan, 1980).

ID.
1983   I. Pena, P. Castellana, R. Fernández, *Les cénobites syriens = Studium Biblicum Franciscanum,* Collectio Minor, n. 28 (Milan, 1983).

RENOUX
1993   Ch. Renoux, "Langue et littérature arméniennes" in *Christianismes orientaux: Introduction à l'études des langues et des civilisations"*, ed. M. Albert (Paris, 1993), p. 109-188.

RUSSELL
1986   J.R. Russell, "Bad Day at Burzen Mihr. Notes on an Armenian Legend of St. Bartholomew", B, 144 (1986), p. 255-267.

SANJIAN
1969   A. Sanjian, "Anastas vardapet's List of Armenian Monasteries in Seventh Century Jerusalem", *Le Muséon,* 82 (1969), p. 265-292.

SHIRINIAN
2001-2002   M.E. Shirinian, "Reflections on the 'Sons and Daughters of the Covenant' in the Armenian Sources", REArm, 28 (2001-2002), p. 261-285.

STONE
1982   M.E. Stone, *The Armenian Inscriptions from the Sinai* (Cambridge, MA, 1982).

TĒR MINASSIANTZ
1904   E. Tēr Minassiantz, *Die armenische Kirche in ihren Beziehungen zu den syrischen Kirche* (Leipzig, 1904).

THIERRY
1980   J.M. Thierry, *Le couvent arménien de Hor̄omos* (Louvain-Paris, 1980).

ID.
1983   J.M. Thierry, "Notes d'un voyage archéologique en Turquie orientale", I HA, 97 (1983), col. 379-406.

ID.
1988   M. Thierry, "Le mont Sepuh. Etude archéololgique", REArm, 21 (1988-1989) p. 385-449.

ID.
1989   J.M. Thierry, *Monuments arméniens du Vaspurakan* (Paris, 1989).

ID.
1991   J.M. Thierry, *Eglises et couvents du Karabagh* (Antelias, 1991).

ID.
1993   Michel Thierry, *Répertoire des monastères arméniens* (Turnhout, 1993).

ID.
  s.d. Jean-Michel Thierry, *L'Arménie au Moyen Age: Les hommes et les monuments* (Zodiaque, s.d.).

ID.
  2005 Jean-Michel Thierry de Crussol, *Monuments arméniens de Haute-Arménie* (Paris, 2005).

THIERRY-DONABEDIAN
  1989 J.M. Thierry and P. Donabedian, *Armenian Art* (New York, 1989).

N. THIERRY
  1978 Nicole Thierry, "Survivance d'une iconographie palestinienne de la Pentecôte au Vaspourakan", *Atti del primo Simposio internazionale di arte armena* (Venice, 1978), p. 709-722.

THOMSON
  1967 R.W. Thomson, "A Seventh Century Armenian Pilgrim on Mount Tabor", JTS. n.s. 18 (1967), p. 27-33.

ID.
  1985 R.W. Thomson, "Jerusalem and Armenia", *Studia Patristica*, XVIII/1, ed. E. Livingstone (Kalamazoo, 1985).

ID.
  2001 R.W. Thomson, "Bitlis and Armenian Histories" in *Armenian Baghesh/Bitlis and Taron/Mush*, ed. R. Hovannisian (Costa Mesa [Mazda], 2001), p. 105-117.

THOPDSCHIAN
  1904 H. Thopdschian, "Die Anfänge des armenischen Mönchtums mit Quellenkritik", *Zeitschrift für Kirchengeschichte*, 25 (1904), p. 1-32.

TOUMANOFF
  1961 C. Toumanoff, "On the Date of Pseudo-Moses of Chorene" HA, 75 (1961), cols. 467-470.

ULUHOGIAN
  1993 G. Uluhogian ed. and tr. *Basilio di Cesarea. Il libro delle domande. (Le regole)* 2 vols., CSCO 536, 537, (Louvain-la-Neuve, 1993).

VÖÖBUS
  1958 A. Vööbus, *History of Asceticism in the Syrian Orient* I, CSCO 184, subs, 14 (Louvain, 1958).

YOUNG
  s.d. R. Young, "The Vocabulary of Monasticism in the 'Yacaxapatum Čaṙk'", unpublishedd paper, s.d.

X

WAS A COUNCIL HELD AT VAŁARŠAPAT IN A.D. 491?[*]

One of the numerous problems still clustered around the dogmatic development of the early Armenian Church regards the reception in Armenia of the *Henotikon* or «Decree of Union» of all the Christian Churches promulgated by the empero Zeno in A.D. 482,[1] together with the related questions of the dates of the pontificate of the kat'ołikos Babgēn I and of his convocation of the First Council of Duin.

The reception of the *Henotikon* by the Armenian Church is attested by its mention in the *Second Letter* of the Armenian kat'ołikos Babgēn I, dated ca. 508, preserved in the collection of official ecclesiastical correspondence known as the *Book of Letters* [*Girk' T'łt'oc'*], which refers explicitly to the authority of «the *Twelve Chapters* of the blessed bishop Cyril [of Alexandria]» and «the *Letter* of the pious king of the Romans, Zeno».[2] It is further implied, but not stated, in the affirmation in the *First Letter* of the same kat'ołikos that: «this is the faith of the Romans and of us Armenians and of the Iberians and of the Ałuank' [Caucasian Albanians].»[3] These two attestations provide a *terminus ad quem* for the Armenian reception of the *Henotikon*, and state categorically and repeatedly the communion of all the Churches of South Caucasia with each other and with the imperial Byzantine Church, but give no additional precise information concerning the pontificate of Babgēn I or the date of council he had summoned.

All the sources we possess agree that Babgēn convoked the First Council of Duin, but do not give its date, and the rest of their information needs further reconciliation. According to the tenth century kat'ołikos Yovhannēs Drasxanakertc'i, «The Historian», Babgēn I was the immediate successor of Yovhannēs I Mandakuni who died in 490,[4] so that the council could not have been held before 491. He further specified that:

[*] A preliminary, Russian version of this note was published in *Xristianskij Vostok*, N.S., 2 (2000 [2001]), p. 116-120. The problem was also considered in my: *L'Église arménienne et le Grand Schisme d'Orient* (C.S.C.O., 574; Subs., 100), Louvain, 1999, p. 160-166 (hereafter: GARSOÏAN, *Église*).

[1] *The Ecclesiastical History of Evagrius with the Scholia*, eds. J. BIDEZ and L. PARMENTIER, London, 1898; repr. Amsterdam, 1964, III, 14, p. 111-114.

[2] *Girk' T'łt'oc'*, 1ˢᵗ ed., Tiflis, 1901) p. 49 (hereafter: GT' I), = 2ᵈ ed., Jerusalem, 1994, p. 159, «Յոր ... զրեաց նշխի, նշմարտակէս ... Հաևդերձ երկոտասան գլխովք Կիրղի եպիսկոպոսի երանելոյ, ի նոյն յարելով և զԹուղթն Զենոնի բարեպաշտոյ թագաւորին Հոռոմոց» (hereafter: GT' II). Cfr GARSOÏAN, *Église*, p. 153-154.

[3] GT' I, p. 45-46 = GT' II, p. 153, «Զայս Հաւատ Հոռոմք և մեք Հայք և Վիրք և Աղուանք ունիմք».

[4] Yovhannēs Kat'ołikos, *Յովհաննու Կաթողիկոսի Դրասխանակերտցւոյ Պատմութիւն Հայոց*, Tiflis, 1912, xvi, p. 80 (hereafter: YD), = *Yovhannēs Drasxanakertc'i, History of Armenia*, tr. K.H. MAKSOUDIAN, Atlanta, 1987, p. 91 (hereafter: YD-M).

X

498

> At about this time, Zeno, the blessed king of the Greeks, who pleased God with his life and his devotion to the faith, died. During his reign he had rejected the dim, inflated, arrogant and evil heresy of the Chalcedonians and made the resplendent, brilliant and radiant apostolic faith flourish in the church of God...
> At this time when piety prevailed in the land of the Greeks, Babgēn the great patriarch of Armenia, held a council of the Armenian, Iberian and Albanian bishops in the New City [Vałaršapat], in the Holy Cathedral, the mother church of Armenia. They likewise anathematized and rejected the Council of Chalcedon.... And thus, at that time, there was unity of faith in the lands of the Greeks, the Armenians and the Albanians who had severally anathematized and rejected the Council of Chalcedon.[5]

On the basis of this testimony, the first modern historian of Armenia at the end of the XVIIIth century, Michael Č'amč'ean decided that Babgēn's council had been held at Vałaršapat in 491.[6]

At the end of the XIXth century, however, Karapet Tēr Mkrtč'ean discovered the so-called *First Letter* of Babgēn I, which proved to be the *Synodal Act* of the First Council of Duin. The same document was subsequently published in 1901 as one of the component items of the manuscript of the first edition of the *Book of Letters*.[7] This hitherto unknown document provided the precise date and place of the council, which are explicitly given in as:

> In the eighteenth year of Kavād king of kings [22 June, 505-21 June, 506]. In the canton [*gawaṙ*] of Ayrarat in the capital [*ostan*] of the realm of Armenia, in the city of Duin.[8]

---

[5] YD, xvi, p. 80-82, «Զայսու ժամանակաւ ատուածահաճոյ վարուք և բարեպաշտ հաւատով երջանիկ արքայն Յոնոնց Զենոն վախճանիւր, որ ի ժամանակի տէրութեան իւրոյ զծիզատուրր և գոզափիւտ բբայորդոր չար Քերձոնածն Քաղկեդոնականցն ի բաց մերժեալ, զլուսափիլուր պայծառատարած ճառագայթութեամբ զհաւատս առաքելական ծաղկեցուցանէր յեկեղեցւոյ Աստուծոյ: ...
Իսկ ապա զկնի յայսմ ժամանակի բարեպաշտութեան յաշխարհին Յոնոնց` մեծ Հայրապետն Հայոց Բաբգէն առնէ ժողով եպիսկոպոսաց Վրաց և Աղուանից, ի նոր քաղաքի` ի սուրբ Վաղթորիկէի, ի մայրն եկեղեցեաց Հայոց, որք նմանապէս նզովեալ խոտեցին զժողովն Քաղկեդոնի. ... Եւ այսպէս յայսմ ժամանակի մի հաւատ բարեպաշտութեան առհասարակ Հաստատեալ լինէր յաշխարհին, Հայոց և Յոնոնց, Վրաց և Աղուանից` Հասարակ անեծեգուցի, և նզովեալ և ի բաց ընկեցեալ զժողովն Քաղկեդոնի»
=YD-M, p.91-92 with minor alteration.

[6] M. Č'AMČ'EAN, Պատմութիւն Հայոց ի սկզբանէ մինչև զամ Տեառն 1784 [History of Armenia from the Beginning to the Year of the Lord 1784], vol. II, Venice, 1786, p. 225-226.

[7] M. TĒR MKRTČ'EAN, Հայոց եկեղեցւոյ առաջին մասնակցութիւնը դաւանական վէճերի մէջ և Բաբգէն կաթուղիկոս [The First Participation of the Armenian Church in the False Controversy and the Kat'oļikos Babgēn], in Արարատ, 1898, p. 431-436; GT' I, p. 41-47 = GT' II, p. 147-156.

[8] GT' I, p. 42 = GT' II, p. 149: «Վասն զի ութնասներորդ ամի Կաւատայ արքայից արքայ, մինչդեռ էս Բաբգէն Հայոց եպիսկոպոսապետ, ամենայն եպիսկոպոսաւք ... ժողովեալ եաք յԱրարատ գաւառ, յոստանին Հայոց աշխարհի ի Դուին քաղաք».

This uncontrovertible statement sharply altered the opinion of scholars, who now concluded that the council of Babgēn I had been held in 506 in the city of Duin for the purpose of receiving the imperial *Henotikon* and for the condemnation of the council of Chalcedon and that consequently, no council had been held in 491 at Vałaršapat.[9] This conclusion became the accepted opinion, but although it supplied answers to several problems a number of other ones remained unsolved.

The first difficulty regards the dates of Babgēn I's pontificate. As was noted above, Yovhannēs Drasxanakertc'i gave Babgēn as the immediate successor as patriarch of Yovhannēs Mandakuni who had died in 490 and added that: «The great patriarch Babgēn died after he had occupied the patriarchal throne for five years.»[10] However, more than five years patently separate 491 from 506 and all the more from 508, the date of Babgēn's *Second Letter*.[11] A convincing solution to this difficulty was provided by Malachia Ōrmanean who argued that as a result of a *lapsus calami* in the manuscript, the Armenian capital letter «*ini*» [Ի] standing for the numeral 20 had mistakenly been replaced by a lower case «*ini*» [ի] and that Babgēn had consequently been kat'ołikos for twenty-five rather than a mere five years.[12]

Welcome as was Ōrmanean's solution, other problems remained less tractable. Neither the *Henotikon* nor the council of Chalcedon are mentioned in the *Synodal Act* of Babgēn's council. Moreover, the wording of the text in both the *Synodal Act* of 506 and the *Second Letter* of ca. 508 implies that the *Henotikon* had already been received as acceptable at an earlier date and that Babgēn's council had not been called for that purpose.[13] It is further difficult to credit, and is in fact inconceivable, that Yovhannēs Drasxanakertc'i was not capable of distinguishing the administrative capital of Duin from the holy city of Vałaršapat, the site of the «mother church of Armenia», more than fifty kilometers to the north-west. Such a flagrant error might perhaps be admissible in the case of a foreigner, but not from the learned kat'ołikos, whose own seat was at Duin and whose position automatically put all ecclesiastical archives at his disposal.

[9] E. TER MINASSIANTZ, *Die Armenische Kirche in ihren Beziehungen zu den syrischen Kirchen*, Leipzig, 1904, p. 31-32: M. ŌRMANEAN, *Azgapatum*, vol. I, Constantinople, 1912, p. 489-503 (hereafter: ŌRMANEAN, *Azgapatum*).

[10] YD, xvi, p. 82, «Բայց մեծ Հայրապետն Բաբգէն իբրև եկաց յաթոռ Հայրապետութեան ամս հինգ, վախճանեցաւ» = YD-M, p. 91.

[11] Although the *Second Letter* is not dated, sufficient time must be allowed for the Persian mission present at the First Council of 506 to return home to Iran and to come back once again to Duin. Cfr *infra* n. 15.

[12] ŌRMANEAN, *Azgapatum*, I, p. 489.

[13] Cfr GARSOÏAN, *Église*, p. 161.

The question of the bishops in attendance at Babgēn's council is equally problematic. As we have seen from the passage cited above,[14] Yovhannēs Drasxanakertcʻi noted that in addition to the Armenians, Iberian and Albanian bishops had also been present at a council which had shared the doctrinal position of Zeno and anathematized the council of Chalcedon. This assertion is supported by a passage from a *Letter* of bishop Simeon of Beth Aršam who had been present at Duin in 506 and returned to Armenia with a second mission in 508:[15]

> ...ea, inquam Fide<s>,.. quae Nicaeae trecentis decem & octo Episcopis... praedicata fuerat... unacum Zenone Caesare per Edictum illud, quod Henoticum seu unitivum appellatur... Quam denique sequuntur modo, ratamque habent triginta ac tres Episcopi regionis Gurzan [Iberia], cum regibus & Magnatibus suis: nec non triginta ac duo Episcopi majoris Armeniae Persarum, cum Marzbanis suis: & cum reliquis Orthodoxis Episcopis, & Christianis Regibus, a Constantini fideli Imperatore, usque ad Anastasium Caesarem.[16]

In his *Second Letter* of 607 to his counterpart the katʻołikos Kiwrion of Iberia, the Armenian katʻołikos Abraham I also mentions the participation of his colleague Gabriēl of Iberia in the Armenian condemnation of the Council of Chalcedon:

> This aberration also entered into our country... under Babgēn katʻołikos of Armenia and under Gabriēl katʻołikos of Iberia. And the bishops and the nobles [*azat oreroy*] unanimously anathematized and rejected from their communion all those who exalt this council [Chalcedon] and the judaising *Tome* [of Leo].[17]

In even greater detail, Abraham I, in his *Third Letter* to Kiwrion listed all the Iberian bishops present at the council convoked by Babgēn I, beginning with the Iberian katʻołikos Gabriēl, also identified as bishop of the capital of Mcʻxetʻa, and concluded his letter with the words:

> Thus, these blessed bishops from your country [Iberia] together with those from the Albanians and from Siwnikʻ were present in Armenia at the time

---

[14] Cfr *supra*, n. 5.
[15] GTʻ I, p. 42 = GTʻ II, p. 149: «... եկեալ Հասին առ մեզ ոմանք ... Ծանուցն բերդոյձայ երէց ...»; GTʻ I, p. 48 = GTʻ II, p. 157: «Բանզի եկեալ երկրորդ անգամ ի ձեռն առ մեզ Սիմոն երէց աշխատասէր ...».
[16] Simeoni episcopi Beth Arsamensis, *Epistola de Barsauma episcopo Nisibeno, deque haeresi Nestorianorum*, ed. and tr. J. ASSEMANI, *Bibliotheca orientalis*, vol. I, Rome, 1719, p. 354-356.
[17] GTʻ I, p. 177 = GTʻ II, p. 334-335: «Եկն մոլորութիւնս այս, ... ի վեր աշխարհս առ Բաբգէնաւ Հայոց կաթողիկոսիւ և առ Գաբրիէլիւ Վրաց կաթողիկոսիւ, և միաբանութեամբ եպիսկոպոսաց և ազատ որերոյ, նզովեցին և ի բաց Հեռացան ի միաբանութենէ մեծարաւղացն զժողովն և զտումարն Հրէականն». Cfr GARSOÏAN, *Église*, p. 162-163.

of the katʻołikos Babgēn at the council at which they unanimously anathematized the foul council of Chalcedon and the *Tome* of Leo.[18]

Surprizingly, however, none of this information is supported by the long and inclusive list of all the bishops and nobles present at the First Council of Duin given in the *Synodal Act* of 506. There is not the slightest reference in it to the bishop of Siwnikʻ, or to Albanian bishops, no mention of a single bishop from Iberia. It is particularly strange that this minute and detailed list, including bishops from even minor Armenian sees, should have overlooked such a large delegation of Iberian bishops, and inconceivable that it would have omitted the name of so distinguished a personage as the katʻołikos of Iberia, had he been present. This is all the more incomprehensible, that the presence of Gabriēl of Iberia at a council held under Babgēn I was still recalled in the *Letter* to the emperor Romanos Lekapenos attributed to the tenth century king of Vaspurakan, Gagik Acruni, a document which, moreover, places this council in the Holy Cathedral of Armenia, that is to say at Vałaršapat as does Yovhannēs Drasxanakertcʻi, rather than at Duin, and cites the same authorities — the *Henotikon* and the *Twelve Chapters* of Cyril of Alexandria — as does the *Second Letter* of Babgēn I:

> The Armenians, Iberians and Albanians gathered in unanimous confession at a council in the time of the Armenian katʻułikos Babgēn in the Holy Cathedral of Armenia, Gabriēl katʻułikos of Iberia was with them and they unanimously opposed the council until [the time of] the Iberian katułikos Kiwrion. The Greek Caesar Zeno scorned the council and through his Henotikon Letter he eagerly united the entire empire of the Romans, wihdrew from the statute of the council and set up [his own] statute on the [basis of] the teaching of the Twelve Chapters of Cyril of Alexandria.[19]

---

[18] GTʻ I, p. 182-183 = GTʻ II, p. 343: «....ե՛կ ազովեաւ՛ և զու զանձեաալ ժողովն Բաղեւերոնի և զպիղծ տումարն Լևոնի, որպէս նախնին քո և երանեէին Գաբրիէլ կաթուղիկոսն Վրաց նզովեաց ընդ երանեէի Հարսն մեր Հանդերձ աթոռակցաւք իւրովք, որոց անուանքն են այտրիկ. որ իսկն Գաբրիէլ եպիսկոպոս Մցխիթայի անուանի, և Պարդլն եպիսկոպոս թագաւորութեան տանն, և ... [22 names]. Արդ՛ այս երանելի եպիսկոպոսունքս, որ յաշխարհէ ձերմէ էին, և ընդ Ադյունուիք և ընդ Սիւնիք ի Հայս, զիպեցան յայտուս Բարգեիայ Հայոց կաթուղիկոսի. յայսմ ժողովի յորում անիծաւն ի նոցանէն միաբանութեամբ ժողով Բաղկեդոնի և տումարն Լևոնի.»

[19] GTʻ I, p. 300 = GTʻ II, p. 548: «Հայք և Վիրք և Աղուանք միաձայն խոստովանութեամբ, ի ժամանակս Բարգէն Հայոց կաթուղիկոսի, ժողովեալ ի սուրբ կաթուղիկէն Հայոց, ընդ որս Գաբրիէլ վրաց կաթուղիկոս, և ընդդէմ ժողովոյն միախոռեչ եղեն գդողովն Շեննորհիկն թղթովն յաւարտողչն զրբոլոր թագաւորութիւնն Հոռոմայեցւոց միաւրեաց ի բաց կալ ի սահմանէ ժողովոյն, և սահմանեալ չնեցաց ի վերայ թղ [sic] գչսագն Կիւրղի Աղեքսանդրացւոյ վարապետութեանն». Cfr supra n. 2 for the *Second Letter* of Babgēn I. The similarity of the two documents is striking even if the *Letter* of Gagik of Vaspurakan is of doubtful attribution. A late listing in Stepʻannos Orbēlean's, Պատմութիւն նահանգին Սիսական [History of the Province of Sisakan], ed. K. ŠAHNA-

502

In short, it seems evident that allusions to a council concerning the *Henotikon* of Zeno attended by Albanians and a large Iberian delegation headed by its kat'olikos in person, contain contradictions and should not be taken as references to the First Council of Duin, which did not occupy itself directly with Zeno's edict and nowhere mentioned the presence of any foreigners, except for a newly arrived Persian mission, whose participants were scrupulously listed by name at the beginning of the *Synodal Act*

To these irreconcilable discrepancies of venue, purpose and participants, an additional chronological problem is added by the information found in the *History of the Albanians* of Movsēs Kałankatuac'i or Dasxuranc'i repeated by the tenth century bishop Uxtanēs Urhayec'i. Both record that:

> 180 years after the conversion of Armenia, a council concerning the council of Chalcedon was convoked at the time of the kat'olikos Babgēn I. Greece, all of Italy, Armenia, Albania and Iberia unanimously anathematized the foul council of Chalcedon and the epistle of Leo, in accordance with the order of the blesssed kings of the Romans, Zeno and Anastasius.[20]

Now even though this passage confirms the the statement in the *Synodal Act* of 506 that all the Churches of Caucasia were in communion with Byzanium in the period of Zeno, the date which it gives for Babgēn's council cannot be reconciled with the one now accepted for the First Council of Duin. No calculation based on the time span cited by the two historians can be reconciled with any date in the sixth century and all the more with the date of 505/506 indisputably given by the *Synodal Act* for

---

ZARIAN, Paris, 1859, vol. II, lxix, p. 201, also mentions a joint council of the Armenians and Orthodox Syrians under Babgēn I for the purpose of condemning the Nestorian Xužik, which can be only the First Council of Duin, but he interestingly also places it at «Nor K'ałak'», that is to say at Vałaršapat.

[20] Movsēs Kałankatuac'i/Dasxuranc'i, Պատմութիւն Աղուանից աշխարհի, ed. V. ARAK'ELYAN, Erevan, 1983, II, xlvii, p. 269-270: «Յետ ՃՁ ամի լինելոյ Հաւատայոյն Հայոց, յաղագս տիեզերագերակնրօման ժողովոյն Քաղկեդոնի եղև Հանդէս ժողովոց ի ժամանակս Բաբգենայ՝ Հայոց կաթողիկոսի: Յոյք և ամենայն Իտալիա, Հայք և Աղուանք և Վիրք միաբանեալ նզովեցին զշարաւոտ ժողովն Քաղկեդոնի և զտումարն Լևոնի Հրամանաւ բարեպաշտ թագաւորացն Հոռոմոց՝ Զենոնի և Անաստասայ:» = *The History of the Caucasian Albanians by Movsēs Dasxuranc'i*, tr. C.J.F. DOWSETT, London, 1961, p. 173, who gives a sightly different translation. Exactly the same passage is found in Uxt'anes Urhayec'i, Պատմութիւն Հայոց, Vałaršapat, 1871, Part II, lxix, p. 131 = *Deux historiens arméniens... Oukhtanès d'Ourha, Xe siècle*, tr. M.-F. BROSSET, Saint-Petersbourg, 1871, p. 350. A garbled version is also be found in certain mss of the Ps.-Yovhannēs Mamikonean: *Pseudo-Yovhannēs Mamikonean. The History of Tarōn*, ed. and tr. L. AVDOYAN, Atlanta, 1993, p. 105, 220-221: «[Kiwrel] went with the Armenian kat'olikos Vardan [sic] to the council in Rome, at which all of Armenia, Georgia and Greece along with the Emperor Zeno professed faith in Christ and in one nature». This passage has not been preserved in the text of the partially critical 1941 Abrahamyan edition, but the editor-translator, L. Avdoyan, considers it the preferred reading.

the council. However, 180 years after the traditional date of 301 for the conversion of Armenia gives the date of 481 and 180 years after the date of 314 proposed by father Ananean for the consecration of Saint Gregory the Illuminator at Caesarea,[21] gives us 494. Indeed, the most recently suggested date of 311, for the conversion of Armenia, as against the consecration of Saint Gregory, precisely gives the date of 491 — 180 years later — for the council.[22] These irreconcilable calculations necessarily suggest that the span of 180 years was not meant to be taken as a reference to the First Council of Duin.

Faced with this series of contradictions, it may now be more profitable to turn to the historical context of the events and consider first whether a likely date can be established for the reception of the *Henotikon* in Armenia. We know that the edict was promulgated by Zeno in 482, that is to say in the very year of the revolt of prince Vahan Mamikonean against the Sasanian empire. As Ōrmanean observed long ago, the eighties of the fifth century were not an auspicious period for the acceptance of an imperial decree by the Armenians.[23] At the time of its promulgation, the country in full rebellion was in a state of turmoil. The subsequent end of the revolt three years later with the grant of politcal and religious autonomy to Armenia by the Persians in 485 was no more favourable.[24] The moment was particularly ill chosen for Vahan to jeopardize the near independence he had just achieved through his acknowledgement by the Persians as *marzpan* or viceroy of his country, by turning to Constantinople, a policy which the Sasanians could not fail to have viewed as an overt provocation or an act of treason.

The first years of the sixth century, immediately preceding the holding of the council at Duin, were by no means more suitable. In 502, the king of kings Kavād I attacked the Byzantine empire in the north, first crossing Armenia from east to west to capture the great border fortress of Theodosiopolis — Karin, which the Romans soon took back. He then recrossed the country southward to capture Martyropolis and lay siege to Amida in Mesopotamia. In January of 503, the city fell to the Persians, though they failed to take Edessa. For the next two years the war involving sizeable Roman and Persian armies continued with varying success in Mesopotamia as well as in Arzanene and the Persian portion of Arme-

---

[21] P. ANANEAN, *La data e le circostanze della consecrazione di S. Gregorio Illuminatore*, in *Le Muséon*, 74 (1961), p. 43-73, 317-360.

[22] A. MARDIROSSIAN, *Le concile de Vałaršapat (491) et la date de la conversion au christianisme de la Grande Arménie (311)*, in *R.E.Arm.*, N.S., 28 (2001-2002), p. 249-260.

[23] ŌRMANEAN, *Azgapatum*, I, p. 497.

[24] Łazar P'arpec'i, Պատմութիւն Հայոց, eds. G. TĒR MKRTČ'EAN and S. MALXASEANC', Tiflis, 1904; repr. Delmar, N.Y., 1986 =*The History of Łazar P'arpec'i*, tr and comm. R.W. THOMSON, Atlanta, GA, 1991, III, xcix, p. 240-241.

nia. The first armistice negotiations were not undertaken until 505 and a seven years' truce concluded only in November of 506.[25] Consequently, right up to the holding of the First Council of Duin, the international situation in the East was less than propitious for peaceful missions or doctrinal discussions.

If neither the eighties of the Vth century nor the first years of the VIth seem to have provided an opportunity for the Armenian reception of the *Henotikon* before 506, the only remaining alternative is the last decade of the Vth century. And it is precisely here that we learn from the contemporary Syriac *Chronicle* of Joshua the Stylite that in 491:

> the Armenians who were under the rule of Kawâd... strengthened themselves, and destroyed the fire-temples that had been built by the Persians in their land, and massacred the magi who were among them.... and [attacked by the Persians, they] sent ambassadors to our emperor, offering to become his subjects.[26]

Unwilling to provoke the Persians, Anastasius did not respond to the appeal of the Armenians, but the coincidence of the date of 491 for the embassy, with the calculations of Kałankatuacʻi, followed verbatim by Uxtanēs, and with the one attributed to a joint council of all the South Caucasian Churches proclaiming their doctrinal communion with Constantinople is far too striking to be overlooked, especially when we remember that in this period political subordination necessarily carried with it agreement in religious matters.[27] It is consequently altogether likely that the Armenian embassy proffered to Anastasius not only political but religious fealty as well. That the Armenian Church, appealing to Constantinople for help against the Sasanian threat and having taken counsel with its Caucasian neighbours, took this opportunity of demonstrating its loyalty to the imperial authorities by accepting their dogmatic decree.

Puzzling at first glance, the assertion of Yovhannēs Drasxanakertcʻi that Babgēn's council had anathematized the council of Chalcedon now becomes altogether apposit when we remember that the Armenian Church together with many of the eastern Churches shared the postion of Peter Knaphaeus of Antioch and Peter Mongus of Alexandria, whose

[25] E. STEIN, *Histoire du Bas-Empire*, tr. J-R. PALANQUE, II, Paris, 1949, p. 92-101; G. GREATREX, *Rome and Persia at War, 502-532*, Leeds, 1998, p. 73-119.

[26] *The Chronicle of Joshua the Stylite*, tr. W. WRIGHT, Cambridge, 1882; repr. Amsterdam, 1968, xxi, p. 14.

[27] N.G. GARSOÏAN, *Armenia in the Fourth Century. An Attempt to Redefine the Concepts 'Armenia' and 'Loyalty'*, in *R.E.Arm.* N.S., 8 (1971), p. 341-352; repr. in EAD., *Armenia betwen Byzantium and the Sasanians*, iii. It should also be noted that Drasxanakertcʻi associated Babgēn's council with the death of Zeno (474/6-491). Cfr *supra* p. 498 and n. 5 this once again points to a date of 491 and not 506 for the council to which he was referring.

WAS A COUNCIL HELD AT VAŁARŠAPAT IN A.D. 491?

subscription to the *Henotikon* derived from their interpretation of its ambiguous closing summation:

> ...every one who has held or holds any other opinion [than those of the councils of Nicaeea and Ephesus together with the *Twelve Chapters* of Saint Cyril [of Alexandria], either at the present or at another time, whether at Chalcedon or in any other synod whatever, we anathematize,[28]

as an outright condemnation of the Fourth Œcumenical Council of Chalcedon.[29]

In conclusion, despite the dearth of historical material and the confusions and contradictions noted in the surviving sources, it now seems warranted to suggest that they derive from later misunderstandings and the conflation of facts relating to two councils that had been held in Armenia during the pontificate of the kat'ołikos Babgēn I:

- the first of these — in 491 —, held in the holy city of Vałaršapat or «New City», in conjunction with represenatives from the neighbouring Caucasian Churches of Iberia, Albania and presumably Siwnik', was convoked for the reception of the *Henotikon*;

- the second — in 505/506 —, consisting exclusively of Armenian bishops and nobles, gathered later in the pontificate of Babgēn I in the administrative capital of Duin for the altogether different purpose of facing the threat of the dyophysite Church of the East, whose doctrine it proceeded to condemn, as I have shown elsewhere.[30]

Confused by the holding of two councils during the pontificate of Babgēn I in two different cities, by the affirmation in the *Synodal Act* of the second, that all the Churches of South Caucasia were in dogmatic communion with the Greeks at that time, and by the progression of the objection to the council of Chalcedon from the implied distancing in the *Henotikon* to outright condemnation and anathema, later Armenian historians were led to simplify the historical events by fusing the two councils into a single one.

---

[28] Evagrius, III, 14, p. 113: «Πάντα δὲ τὸν ἕτερόν τι φρονήσαντα, ἢ φρονοῦντα, ἢ νῦν ἢ πώποτε, ἢ ἐν Καλχηδόνι οἵα δέ ποτε συνόδῳ, ἀναθεματίζομεν.»

[29] GARSOÏAN, *Église*, p. 154.

[30] GARSOÏAN, *Église*, p.167-194.

X

Résumé. Depuis la publication par Tēr Mkrtč'ean de la soi-disant *Première Lettre* du kat'ołikos arménien Babgēn Ier à la fin du XIXe siècle, le concile déjà connu tenu sous son pontificat a été fixé incontestablement comme ayant eu lieu à Duin, la capitale administrative de Persarménie, durant l'année 505-506. Néanmoins, certaines fusions et contradictions dans d'autres sources indiquent l'existence d'un autre concile tenu en 491 à Vałaršapat, en communion avec les autres Églises de la Caucasie méridionale, pour la réception officielle de l'*Henotikon* de l'empereur Zénon. Par la suite, ces ambiguités eurent comme résultat la confusion des deux conciles en un seul.

XI

Le vin pur du calice dans l'Église arménienne[*]

Le concile Quinisexte « in Trullo » de 692 a promulgué quatre canons dirigés contre les pratiques de l'Église autocéphale d'Arménie, qui était séparée *de jure* du reste de la chrétienté occidentale (grecque comme latine) depuis le début du VIIe siècle. Le premier d'entre eux condamne la pratique arménienne de se servir de vin pur sans admixtion d'eau dans le calice de l'eucharistie. Citant l'autorité du frère du Seigneur, saint Jacques, de saint Jean Chrysostome, de saint Basile de Césarée et du concile de Carthage, ce canon statue :

> « XXXII. [Du fait qu'] il est parvenu à notre connaissance qu'au pays d'Arménie certains apportent uniquement du vin sans le mélanger d'eau au saint autel lorsqu'ils accomplissent le sacrifice non sanglant, citant le commentaire du docteur de l'Église Jean Chrysostome sur l'Évangile selon Matthieu (26, 29) qui dit ceci : "Pourquoi n'a-t-il pas bu d'eau mais seulement du vin ?" (…) d'où ils estiment que [ce] docteur avait aboli l'addition d'eau dans le saint mystère. Afin que dorénavant ils ne demeurent plus dans l'ignorance, nous leur révèlerons l'intention de [ce] père d'une manière orthodoxe (…). Car dans sa propre Église, dans laquelle il était investi du pouvoir pastoral, il [nous] transmit de mélanger de l'eau dans le vin lorsque le sacrifice non sanglant est accompli, citant le mélange de sang et d'eau, [sorti] du côté de notre rédempteur et sauveur Jésus Christ, qui fut versé pour la vivification du monde et la rémission des péchés [Jn 19, 34]. Et dans toutes les Églises où resplendit la lumière des pères spirituels, cette règle

---

[*] Tous les textes grecs portent autant sur l'usage du pain azyme que sur celui du vin pur pour le rite eucharistique. Ce n'est évidemment pas le cas pour les Latins qui se servent également d'azymes. Comme le vin non coupé figure dans toutes les controverses, n'étant acceptable ni aux Grecs ni aux Latins, nous nous sommes arrêtée ici principalement à cette question, ne considérant qu'accessoirement celle des azymes, dont la discussion aurait allongé cette étude outre mesure.

Dans tous les cas où il existe une traduction en langue européenne d'un texte arménien, la référence sera donnée à cette traduction. Vu le problème d'accès et de langue présenté par bon nombre des sources arméniennes, les références ont été données autant que possible aux passages cités par G. GARITTE, *La Narratio de rebus Armeniae*, CSCO 132, Subs. 4, Louvain, 1952 – désormais cité : *Narratio* – qui donne la traduction des textes arméniens pertinents.

donnée par Dieu est observée, car Jacques, le frère du Christ Dieu selon la chair, et le premier auquel fut confié le siège de Jérusalem, et Basile, évêque de l'Église de Césarée, (...) nous ont transmis par écrit le sacrifice mystique, nous enseignant de parfaire le saint calice par l'eau et le vin ; et les saints pères réunis à Carthage nous rappelèrent clairement que : Rien ne doit être offert dans les saints mystères en dehors du corps et du sang du Seigneur, ainsi que le Seigneur nous l'a transmis, c'est-à-dire du pain et du vin mélangé d'eau. Si un évêque ou un prêtre n'agit pas selon les préceptes transmis par les apôtres et si, ne mélangeant pas d'eau dans le vin, il offre ainsi le sacrifice immaculé, il sera destitué, car il proclame le mystère imparfait et altère la tradition[1]. »

La condamnation du concile in Trullo sera répétée à travers les siècles tant par les Grecs que par les Latins. Il est curieux que la condamnation du concile porte ici uniquement sur le vin et non sur le pain non levé de l'eucharistie, qui n'en était normalement pas séparé dans toutes les controverses avec les Grecs. La question ne se posait évidemment pas dans les discussions avec les Latins qui se servaient d'azymes pour l'hostie tout comme les Arméniens[2]. Après les études des pères Hanssens et Taft, il ne reste aucune raison de douter que le rite de l'Église arménienne différait sur ce point de celui des autres Églises et en outre, qu'elle était la seule Église à se servir de vin pur dans le calice eucharistique[3]. Cependant, le problème de l'origine de cette pratique arménienne et ses raisons, scripturales ou dogmatiques, restent encore insuffisamment déterminées.

Selon les Arméniens, la tradition du pain azyme et du vin pur pour la préparation eucharistique avait été transmise dès l'origine de leur christianisation au début du IVe siècle par saint Grégoire l'Illuminateur dans sa grande *Didascalie* (*Vardapetut'iwn*), bien qu'aucune trace de cet enseignement ne se retrouve dans la version de cette œuvre préservée uniquement dans l'original arménien de la soi-disant *Histoire*

---

1. Canon 32, dans *The Council in Trullo Revisited*, G. Nedungatt et M. Featherstone éd., Rome, 1995 (désormais cité : *Trullo*), p. 106-110. Pour le concile de Carthage, voir Hefele-Leclercq, *Histoire des Conciles*, Paris, 1908, vol. II/1, p. 84-85.

2. Voir plus loin, p. 252, n. 8 et p. 254, n. 17 pour la polémique arméno-latine.

3. I. M. Hanssens, *Institutiones Liturgicae de Ritibus Orientalibus II : De missa ritum orientalium*, Rome, 1930, particulièrement p. 231, 233, 250, 270. R. M. Taft, « Water into Wine : The Twice-Mixed Chalice in the Byzantine Eucharist », *Le Muséon*, 100, 1987, p. 323-342, aux p. 324-325, et 328-330. Id., *A History of the Liturgy of St. John Chrysostom*, vol. V, *The Precommunion Rites*, Orientalia Christiana Analecta, 261, Rome, 2000, p. 445-446. Voir aussi la discussion du rite arménien dans l'article du père M. D. Findikyan, « Liturgical Usages and Controversy in History : How much Diversity can Unity Tolerate ? », *Saint Nersess Theological Review*, 1/2, 1996, p. 191-211.

d'Arménie attribuée à un auteur anonyme caché sous le pseudonyme grec d'Agathange[4]. De son côté, le concile in Trullo, comme nous venons de le voir, fait remonter la pratique orthodoxe de vin mélangé d'eau encore plus haut, jusqu'à saint Jacques le frère du Seigneur.

L'absence de toute source en arménien avant l'invention de son alphabet particulier au début du ve siècle, la chronologie incertaine et le caractère douteux de bon nombre d'entre elles, empêchent toute conclusion définitive sur la date de l'adoption en Arménie de la pratique liturgique qui nous concerne. La première allusion au vin pur dans le calice se trouve peut-être dans un épisode, négligé jusqu'à présent, des *Récits épiques* anonymes, datant de la huitième décennie du ve siècle et attribués autrefois à un certain P'awstos Buzand (Faustus de Byzance) inconnu par ailleurs. Dans cet épisode, auquel nous ne connaissons aucun antécédent, un religieux pieux, mais incapable d'accepter la présence réelle du Christ dans les saintes espèces, se voit accorder une vision miraculeuse :

> « Avec les yeux grand ouverts, il vit le plus grand des miracles. Car il vit le Christ qui, étant descendu, était debout sur l'autel et la blessure de son côté, là où il avait été blessé par la lance, était ouverte. Et le sang jaillissait de la blessure dans son côté et coulait dans la coupe des offrandes qui était posée sur l'autel[5]. »

L'attestation suivante, un siècle plus tard, normalement donnée comme notre premier témoin de ce rite, est beaucoup plus précise. Convoqué en 591 par l'empereur Maurice à un concile d'union avec l'Église impériale, le catholicos arménien Moïse II, se trouvant en sûreté sur le territoire sassanide, put se permettre d'envoyer une réponse insolente à l'empereur :

> « Je ne traverserai pas le fleuve Azat [qui est la frontière perse] et je ne mangerai pas de pain [au levain] cuit au four (φουρνιτάριν) ni ne boirai de l'eau chaude (θερμόν)[6]. »

---

4. « Explication de la théologie unanime des saints pères spirituels, selon la tradition orthodoxe fixée par les Apôtres de l'église du Christ, avec la théologie de la véritable tradition orthodoxe des Arméniens, prononcée contre les nestoriens dyphysites par le saint docteur et grand interprète[traducteur] Sahak catholicos d'Arménie », *Livre des lettres (Girk' T'łt'oc')*, 1re éd., Tiflis, 1901 (= LL-I), p. 413-482 ; M. van Esbroeck, tr. et comm., dans *Trullo*, p. 338-339, § 5, 9, p. 370, 374, etc. (désormais cité : Sahak) ; sur les problèmes présentés par ce texte, voir plus loin p. 262, n. 41. *The Teaching of Saint Gregory*, R. W. Thomson tr. et comm., Cambridge Mass., 1970, rééd. 2001.

5. *The Epic Histories attributed to P'awstos Buzand (Buzandaran Patmut'iwnk')*, N. Garsoïan tr. et comm., Cambridge, Mass., 1989, V.xxxviii, p. 208-209.

6. *Narratio* § 102, p. 40, 242-244 ; voir *ibid.*, p. 226-227, pour le texte parallèle du catholicos géorgien Arsēn Sap'areli.

Malgré ce jalon indiscutable, les usages liturgiques arméniens restent mal attestés jusqu'au début du VIIIe siècle. Plusieurs cas de communion commune entre Grecs et Arméniens sont parfois cités comme exemples de pratiques semblables, mais ils reposent sur des données rendues insuffisantes par des arguments *a silentio* ou par l'authenticité douteuse de leur source. Ainsi, nous ne pouvons savoir, ni la position liturgique de saint Maštoc' lors de sa visite à Constantinople au début du Ve siècle, ni le rite selon lequel le catholicos Jean II Gabełean, réfugié à Constantinople communia avec Justin II en 572, ni celui de la messe célébrée « en langue romaine par un prêtre romain » imposés par Constance II lors de sa venue en Arménie en 653[7], ni le caractère de la communion des évêques arméniens réunis à Karin/Théodosioupolis par Heraclius en 632-633, bien qu'un texte tardif précise le rite accepté par les Arméniens à cette occasion[8], ni enfin le cas du catholicos Sahak III convoqué par Justinien II vers 689-690 pour une réunion dogmatique des deux Églises[9]. Dans tous ces cas une communion commune supposant une liturgie identique est possible et même probable, vu la présence immédiate du basileus byzantin, mais les sources ne nous en donnent aucune

---

7. KORIWN, *The Life of Mashtots*, XVI, B. Norehad tr., New York, 1964, p. 38-39 ; N. GARSOÏAN, *L'Église arménienne et le Grand Schisme d'Orient*, CSCO 574, Subs. 100, Louvain-la-Neuve, 1999, p. 250-260, et 391 (désormais cité : *Église*) ; *Narratio*, p. 175-225.

8. N. GARSOÏAN, *Église*, p. 385-388. *Narratio*, p. 278-350, en particulier p. 299 pour la lettre du catholicos Grégoire VII (1293-1307) au roi arménien de Cilicie Hét'oum II dans laquelle le catholicos affirme que les Arméniens « acceptèrent (d'ajouter de) l'eau pour le (saint) Sacrifice (...) ». Toutefois, l'information de cette lettre, écrite non seulement plus de six siècles après les événements, mais à la veille du concile de 1307 où les Arméniens acceptèrent l'union avec les Latins, n'est guère convaincante, surtout en vue de l'affirmation du catholicos que les Arméniens au premier concile de Dvin (Tevinensis) de 506/7 avaient aboli l'admixion d'eau dans le vin, I. M. HANSSENS, *Institutiones*, p. 251-252, bien que les actes du concile qui nous sont parvenus ne soufflent mot de cette décision, N. GARSOÏAN, *Église*, p. 438-450. En général, I. M. HANSSENS, *Institutiones*, p. 251-253, tend à accepter trop facilement des conclusions possibles mais dépourvues de preuves ; voir la note suivante.

9. N. GARSOÏAN, *Église*, p. 394-395 ; *Narratio*, p. 350-356. I. M. HANSSENS, *Institutiones*, p. 252, pense que le catholicos Sahak III avait accepté le rite eucharistique byzantin « sine dubio », mais nous sommes très mal renseignés sur le séjour de Sahak III à Constantinople et il n'est même pas sûr que le catholicos se soit rendu dans la capitale byzantine. Voir aussi le commentaire sur la prétendue *Lettre de Macaire sur le calice non-mélangé (anapat)* dans R. W. THOMSON, « Jerusalem and Armenia », *Studia Patristica*, 18, 1986, p. 77-91, spécialement p. 82-83.

précision. Il est vrai que le 8ᵉ canon des *Actes* d'un concile soi-disant tenu à Karin en 693 statue sans ambages que :

> « Nous avons entendu une rumeur redoutable et très grave, qu'en différents endroits certains des préposés de l'Église ont été infectés par les Nestoriens et les Chalcédoniens, et corrompent le saint sacrifice par le mélange du levain et de l'eau. Maintenant, dès lors qu'il soit trouvé évêque ou prêtre, que celui qui livre le saint sacrifice avec une telle mauvaise habitude soit destitué de toute dignité sacerdotale et qu'ils soient anathématisés par le saint concile[10]. »

Mais il s'agit probablement d'un faux du xᵉ-xiᵉ siècle attribué à un concile fantôme dont aucune autre source n'a entendu parler[11]. Ce n'est qu'avec le début du viiiᵉ siècle que les canons du concile de 719 promulgués par le catholicos Yovhannēs Awjnec'i proclament catégoriquement :

> « Il convient [est juste/digne] d'apporter au saint autel du pain sans levain et du vin non mélangé, selon la tradition de saint Grégoire et de ne pas se détourner vers d'autres peuples chrétiens[12]. »

et sont répétés dans ceux du concile de Manazkert de 726, convoqué par le même patriarche[13]. À partir de ces dates où la pratique liturgique arménienne devenait canonique, et donc obligatoire, elle est attestée du côté arménien tout au long de la polémique séculaire gréco-arménienne, et éventuellement latino-arménienne, au sujet du vin non coupé, sinon du pain azyme dans le second cas[14].

---

10. « Canons du Saint Concile qui s'est réuni à Théodosioupolis, qui aujourd'hui s'appelle Karnoukhalakh » (*Trullo*, canon 8, p. 443). Voir aussi la note suivante.

11. Ce concile est accepté par M. VAN ESBROECK (*Trullo*, p. 439), mais il est fort probable qu'il n'a jamais eu lieu comme le démontre J.-P. MAHÉ dans son compte rendu de *Trullo*, *Revue des études arméniennes*, 26, 1996, p. 474. Plusieurs autres « conciles fantômes » sont également connus dans l'Arménie paléochrétienne. Voir par exemple N. GARSOÏAN, *Église*, p. 100-106.

12. *Johannis Ozniensis Opera*, J. AUCHER/AWKEREAN, Venise, 1834, p. 60-61.

13. Le texte des actes du concile de Manazkert, transmis en syriaque par MICHEL LE SYRIEN, *Chronique*, J.-B. Chabot éd. et tr., Paris, 1901, réimp. 1963, vol. II, p. 496-500 (désormais cité : Manazkert), ne contient que les anathèmes (le texte arménien ne présente que des variantes minimes), mais selon le traité chalcédonien du catholicos Arsēn Sap'areli : « Fecit consilium in Armenia catholicus Iohannes in Manazkert, et aquae additionem et panis fermentum amovit a sancto mysterio, et azymum et (vinum) merum (in usum esse) constituit, quod non docuerant sancta consilia priora », G. GARITTE, « Un opuscule grec traduit de l'arménien sur l'addition d'eau au vin eucharistique », *Le Muséon*, 63/3-4, 1960, p. 297-310, aux p. 308-309.

14. Voir plus loin, p. 254, n. 17.

254

Quelle que soit la diversité des sources polémiques qui le composent, le dossier anti-arménien atteste également l'uniformité des pratiques liturgiques qu'il condamne. En Arménie même, un petit opuscule grec chalcédonien traduit de l'arménien et préservé dans un manuscrit du Sinaï du XIVe siècle est intitulé : *Contre ceux qui condamnent le mélange d'eau dans le saint calice des mystères*[15]. La polémique est particulièrement aiguë aux XIe et XIIe siècles. En Géorgie, le catholicos du XIe siècle Arsēn Sap'areli reprend dans son traité *De la séparation de l'Église arménienne de l'[Église] orthodoxe* le texte d'Athanase d'Alexandrie cité par l'opuscule du Sinaï pour l'opposer à l'interdiction du concile de Manazkert de mélanger de l'eau dans le vin du calice[16]. De nombreux traités byzantins cernent l'interdiction arménienne de mêler de l'eau au vin eucharistique[17]. En particulier, ce point est repris vers 1100 dans le chapitre visant les Arméniens dans la *Panoplie dogmatique* d'Euthyme Zigabène[18]. Du côté syrien, les controverses avec les jacobites sont également acrimonieuses. La *Lettre au prêtre Išo* de Georges évêque des Arabes (686-724)[19], la correspondance entre le prince arménien Grigor Magistros et le catholicos Syrien Jean X Bar Šušan au milieu du XIe siècle et celle de ce patriarche avec le catholicos arménien réaffirment l'opposition des Arméniens à l'admixtion d'eau dans le calice[20]. Un traité entier

---

15. G. GARITTE, « Un opuscule grec... », art. cité.

16. Voir plus haut, p. 253, n. 13.

17. Pour un résumé de la polémique entre les Arméniens, leurs voisins et les Latins, voir I. M. HANSSENS, *Institutiones*, p. 253-271.

18. EUTHYMIUS ZIGABENUS, *Panoplia dogmatica*, Titulus XXIII « Adversus Armenios », PG 130, col. 1174D-1190C. La polémique d'Euthyme porte surtout sur la question de la nature du Christ incarné et sur l'emploi de pain azyme pour l'hostie eucharistique, mais il condamne également l'usage arménien du vin pur et mentionne les textes scripturaux cités à cette occasion, cols. 1181/2-1183/4. Voir plus loin, p. XX pour les citations bibliques ; et I. M. HANSSENS, *Institutiones*, p. 157-158. Les *Orationes invectivae duae adversus Armenios* d'un certain Isaac « catholicos » citées *ibidem*, p. 158 et 269, sont des textes particulièrement douteux qui ne sont certainement pas d'un catholicos nommé Sahak (Isaac). Elles figurent dans la *Patrologie* de Migne à plusieurs reprises, ainsi que sous des noms différents, et sont inextricablement mélangées à la *Narratio*. Voir G. GARITTE, *Narratio*, p. XXVI, 1-9, 369, 383, 386-390, 393-396 ; V. GRUMEL, « Les invectives contre les Arméniens du "Catholicos Isaac" », *Revue des études byzantines*, 14, 1957, p. 174-194.

19. GEORGE BISHOP OF THE ARABS, « Letter to the Presbyter Isho », V. RYSSEL éd. et tr., *Theologische Studien und Kritiken*, LVI, 1883, p. 278-371.

20. I. M. HANSSENS, *Institutiones*, p. 164-165, 266-269. E. TER MINASSIANTZ, *Die armenische Kirche in ihren Beziehungen zu den syrischen Kirche bis zum Ende des 13. Jahrhundertes*, Leipzig, 1904, p. 94-105. Une lettre d'un docteur GEORGES, qui ne peut être

Contre les Arméniens de Denys bar Salibi mort en 1171 discute longuement la question des azymes pour la fabrication de l'hostie, et poursuit ensuite : « The Armenians have another habit : they do not mix water with the wine of their chalice which contains onlywine » et il réunit les textes scripturaux et patristiques réfutant cette coutume[21].

Tout au long de cette querelle séculaire, les seuls moments de détente ou de compromis arménien se placent pendant les rares efforts de parvenir à un rapprochement. Dans le cas des discussions entre Byzantins et Arméniens, un bref adoucissement s'ébauche sous Manuel Ier Comnène à la fin du XIIe siècle, soit dans la *Profession de foi* du catholicos Nersēs IV, envoyée à l'empereur en 1166, qui passe sous silence la question de l'admixtion d'eau, soit dans la correspondance du catholicos avec le théologien byzantin Théorianos qui resta sans résultat[22]. En 1196, l'archevêque de Tarse Nersēs Lambronac'i suggère que les traditions de divers peuples sont à la source de leurs pratiques différentes. Toutefois, ce cas demeure atypique du fait des tendances pro latines de Lambronac'i, illustrées entre autres par sa traduction de la liturgie latine pour le couronnement, au nom de l'empereur germanique Henri VI, du premier roi arménien de Cilicie Léon Ier par le cardinal Conrad de Wittelsbach archevêque de Mayence et par le chancelier Conrad de Hildesheim[23]. Les questions liturgiques reviennent dans les discussions préliminaires au concile de Jérusalem de 1142 et ailleurs, ainsi que dans la correspondance des Arméniens avec la papauté qui précède les conciles d'union entre Latins et Arméniens tenus à Sis et Adana en Cilicie en 1307 et 1341/2 où le rite romain de l'immixtion d'eau dans le vin eucharistique fut accepté[24]. Dans sa *Responsio ad errores impositos Hermenis* adressée au pape Benoît XII en 1342, Daniel de Thaurizio

---

le catholicos, est préservée dans la seconde partie (la moins fiable) du recueil de la correspondance officielle de l'Église arménienne, *Livre des lettres (Girk' T'łt'oc')*, 2e éd., Jérusalem, 1994 (= LL-II), p. 624-656 et I. M. HANSSENS suggère la possibilité d'une confusion due à un *lapsus calami* entre le catholicos Grigor II (1056-1105), le correspondant du patriarche syrien Jean X, et ce « Georges ». L'attribution de cette correspondance demande encore à être précisée.

21. DIONYSIUS BAR SALIBI, *Against the Armenians*, A. Mingana éd., *Woodbrooke Studies IV*, Cambridge, 1931.

22. I. M. HANSSENS, *Institutiones*, p. 159, 269-271.

23. *Ibidem*, p. 160-161, 254-255. NERSĒS LAMBRONAC'I, *Orazione sinodale di S. Nersete di Lampron*, Venise, 1812, p. 139 ; ID., *Lettre au prince Lewon*, Venise, 1865, p. 220.

24. I. M. HANSSENS, *Institutiones*, p. 158, 256-264. Pour les conciles de Sis en 1307 et 1342, voir MANSI, *Amplissima Collectio*, vol. XXV, col. 136-138, 1223-1224, cf. 1241-1244.

(Tabriz) s'efforce d'affirmer l'orthodoxie des pratiques de la « majeure partie » des Arméniens, mais lui aussi se voit obligé d'avouer que certains Arméniens n'acceptaient pas l'accord des conciles, dont les statuts deviendraient bientôt lettre morte, et continuaient à condamner l'immixtion d'eau dans le calice[25]. En fait, une opposition farouche persistait contre les concessions ciliciennes en Grande Arménie, où, comme nous allons voir, l'usage du vin coupé était considéré comme entraînant une doctrine hérétique[26]. La chute de Constantinople en 1453 mettra fin aux discussions avec les Grecs, mais il est intéressant de noter que même au XVIIe siècle, les Arméniens de Pologne, bien que convertis au catholicisme, adressèrent une requête (qui fut rejetée) à la Propagande pour obtenir la permission de se servir de vin pur dans le rite eucharistique[27].

Si la persistance des Arméniens dans leur emploi du vin pur est démontrable à travers les siècles, avec de brèves interruptions, il n'en est pas de même pour la cause de cette obstination, qui reste encore à identifier. Le canon du concile in Trullo attribue l'opposition des Arméniens à l'addition d'eau dans le vin du calice à leur fausse interprétation du commentaire de Jean Chrysostome sur l'Évangile selon saint Matthieu, lequel, dit-il, visait les hydroparastes qui se servaient uniquement d'eau pour l'eucharistie[28]. Deux autres accusations reviennent régulièrement dans la polémique de leurs adversaires, bien qu'elles soient relativement tardives. Euthyme Zigabenos comme Denys bar Salibi attribuent constamment les pratiques eucharistiques arméniennes à une influence juive :

> « The Armenians have another habit : they do not mix water with the wine of their chalice which contains only wine – Against them we will say :
>
> The Apostle John said and wrote "blood and water came out of the side of the Lord" [Jn 19, 34]. The blood symbolizes His life and water His death. If, therefore, we were saved by His death, why should we not keep the remem-

---

25. Daniel de Thaurizio, « Responsio fratris Danielis ad errores impositos Hermenis », *Recueil des historiens des croisades. Documents arméniens, II*, Paris, 1906, p. 563, 593-596, 612-613, 627.

26. Voir plus loin, p. 261 et suivantes.

27. I. M. Hanssens, *Institutiones*, p. 264-265.

28. Jean Chrysostome, *In Matth. hom. 62, PG* 58, col. 740. *Trullo*, p. 107-108 : « Afin que dorénavant ils (les Arméniens) ne demeurent plus dans l'ignorance, nous leur révèlerons l'intention du père (Jean Chrysostome) d'une manière orthodoxe. C'était à l'époque de l'ancienne et mauvaise hérésie des hydroparastes, qui se servaient uniquement d'eau et non de vin pour le sacrifice. Ce Père craignant Dieu composa ce sermon pour les réfuter en démontrant qu'ils étaient les adversaires de la tradition apostolique. » L'argument arménien est repris par Sahak § 88, p. 434-435.

brance of His death, by means of the water in the communion cup, when He Himself said : "Thus do in remembrance of my death". Would not those who offer wine only deny His passion and His death for us ? The pagans and the Jews offer wine only in their sacrifices, and they are deprived of the faith of Christ and of true life that came to us through His death. (....)

The erring Armenians say that we should not mix water with the wine of the chalice – Against them we say : "All the nations beside you mix water with the wine of the chalice in order to separate themselves from Jews and pagans". (...)

The Armenians whom we see keeping the whole law should be called new Jews, not in their religion but in their habits – they use unleavened bread for their Eucharist ; they do not mix water with wine in their chalice. They do not know that old things have passed away (2 Co 5, 17) and that instead of Moses we have Christ. (...) Pagans and sun worshippers offer in sacrifice pure wine like the (Armenians) and so also the Jews. (...)

The erring Armenians say that we should not mix water with the wine of the chalice – Against them we say :

"All nations beside you mix water with the wine of the chalice in order to separate themselves from Jews and pagans (...) Those therefore, who offer on the altar wine alone without water, are in error[29]. »

Zygabène cite bien le concile de Carthage invoqué par le concile in Trullo :

« Le concile tenu à Carthage a décrété que dans le saint office rien de plus ne soit offert que ce que le Seigneur [nous] a transmis, c'est-à-dire du pain et du vin mélangé d'eau »

mais sa condamnation vise surtout l'emploi du pain azyme pour l'hostie eucharistique :

« Dans l'office saint ils ne se servent pas de pain, selon notre usage, mais d'azymes. Or le [pain] azyme est manifestement juif[30]. »

Légitime ou non, l'accusation de Zygabène est plus logique que les arguments de bar Salibi, car en fait les Juifs se servaient de vin coupé, ainsi que le père Taft l'a observé dans le passage des Proverbes :

« La Sagesse a bâti sa maison (...)
elle a (...) mélangé son vin,
elle a aussi dressé sa table[31]. »

---

29. DIONYSIUS BAR SALIBI, *Against the Armenians*, p. 29, 52, 58.
30. EUTHYMIUS ZIGABENUS, *Panoplia dogmatica*, col. 1180C, 1184C. L'accusation de judaïser revient constamment dans les sources.
31. R. TAFT, *A History of the Liturgy*..., p. 443 ; E. S. DROWER, *Water into Wine*, Londres, 1956 ; H. GUGGENHEIMER, *The Scholar's Haggadah,* Northvale NJ, 1995, p. 211-

Il faut noter en outre que ces accusations du XIIe siècle ne se trouvent pas dans le 32e canon du concile in Trullo, qui se limite à la discussion du commentaire de Jean Chrysostome et ne contient aucune référence à une influence juive dans le cas du rite eucharistique, bien que cette accusation se retrouve dans le canon suivant du même concile, qui accuse les Arméniens de judaïser à cause du caractère héréditaire de leur clergé :

> « Nous avons appris qu'au pays d'Arménie seuls ceux qui appartiennent à une famille sacerdotale sont admis au clergé, suivant ainsi les coutumes juives[32]. »

Si l'accusation de judaïser n'est probablement qu'une injure passe-partout peu étayée par les faits et surtout liée à la question des azymes, l'imputation constante de monophysisme dirigée contre les Arméniens par les même sources n'est pas plus soutenable comme explication dans notre cas, bien que l'équivalence entre le vin et la nature divine du Christ incarné et l'eau avec sa nature humaine semble à première vue logique et attrayante. *A priori* les Arméniens eux-mêmes, malgré les affirmations de leurs adversaires, rejettent catégoriquement la définition de leur Église comme ayant accepté la christologie monophysite, et condamnent également le patriarche Nestorius, éponyme du dyophysisme, et l'archimandrite Euthyme, le coryphée des monophysites, et maintiennent la définition de saint Cyrille d'Alexandrie et du concile d'Éphèse de 431 sur l'unité de la nature du Verbe incarné[33]. À un niveau plus pratique, il faut répéter ici que seule l'Église arménienne se sert de vin pur, tandis que les Églises incontestablement monophysites, telles celles des coptes et des jacobites, suivent le rite de toutes les autres Églises et se servent d'un calice mélangé[34]. Ainsi les deux explications les plus courantes du rite arménien s'avèrent insuffisantes et tout au plus accessoires, et semblent fondamentalement plus polémiques que légitimes.

---

212. La Bible de Jérusalem traduit : « elle (...) a préparé son vin », mais les Septante donnent : Ἡ σοφία ... ἐκέρασεν εἰς κρατῆρα ἑαυτῆς οἶνον. La racine MSKh de l'hébreu est une racine de mélange et non de préparation.

32. *Trullo*, canon 33, p. 110-111.

33. Voir C. Fraisse-Coué, *Histoire du christianisme*, t. II, 1995, p. 516 et t. III, 1998, p. 18, pour les références aux sources.

34. Voir I. M. Hanssens, *Institutiones*, p. 265-268, au sujet des controverses entre Arméniens et jacobites à ce sujet, aussi *infra, ibidem,* pour les accusations de Denys bar Salibi.

Du point de vue historique, il est entièrement probable que l'archevêque Nersēs de Lambron avait raison d'attribuer l'origine du rite arménien à la coutume du pays plutôt qu'à une raison doctrinale. Tout le monde « civilisé » du bassin méditerranéen avait invariablement bu son vin coupé d'eau dans l'Antiquité, et même les Juifs avaient apparemment la même habitude. Mais les Arméniens appartenaient au monde « barbare » des Perses, au sens classique du mot[35]. Or, la tradition iranienne était de boire un vin non coupé d'eau, même s'il était additionné, surtout pour des besoins médicaux, de diverses autres substances telles le miel, les graines d'anis, le mastic, le nard, peut-être le sucre[36]. D'un intérêt particulier ici est le psaume manichéen cité par Philippe Gignoux dans son étude sur l'*Histoire du vin dans l'Iran ancien* :

> « Jésus mon vrai gardien, puisses tu me garder (...)
> [Tu] es le vin vivant, le fils de la vraie vigne :
> Verse-nous à boire du vin vivant, provenant de ta vigne
> Tu nous convies, tu as ouvert pour nous un vin nouveau. [Ceux] qui boivent ton vin en ont le cœur réjoui[37]. »

où il n'est évidemment pas question d'eau dans un repas eucharistique.

Comme dans toute contestation théologique, les deux partis se servaient invariablement de citations des Écritures pour soutenir leurs arguments. La plus grande partie de celles-ci dans les controverses avec les Grecs porte sur l'emploi de pain avec ou sans levain pour la fabrication de l'hostie. Néanmoins, la question du vin pur ou mélangé est

---

35. Voir N.G. Garsoïan, « Prolegomena to a Study of the Iranian Elements in Arsacid Armenia », *Armenia Between Byzantium and the Sasanians*, Londres, 1985, § 10 ; Ead. « The Locus of the Death of Kings : Armenia- the Inverted Image», *ibid.*, § 11 ; Ead., « The Iranian Substratum of the 'Agat'angełos' Cycle», *Ibidem*, § 12, etc. L'emploi de vin non mélangé par la noblesse arménienne au ve siècle est attesté par P'awstos Buzand, *Patmut'iwn Hayoc'*, Venise, 1832, V.XXIV, p. 221 [= *The Epic Histories attributed to P'awstos Buzand (Buzandaran Patmut'iwnk')*, N.G. Garsoïan tr. et comm., Cambridge, Mass., 1989, p. 204] et Łazar P'arpec'i, *Patmut'iwn Hayoc'*, Tiflis,1904, III.LXI, p. 109 [= R.W. Thomson, *The History of Łazar P'arpec'i*, Atlanta,1991, p. 161], où l'auteur souligne la vertu et les souffrances des femmes des princes arméniens prisonniers en Perse, par leur résignation à « boire de l'eau en modération au lieu de vin pur ».

36. Ph. Gignoux, « Matériaux pour une histoire du vin dans l'Iran ancien », *Matériaux pour l'histoire économique du monde iranien = Studia Iranica*, Cahier 21, Paris, 1999, surtout p. 46. Cf. Dionysius bar Salibi, *Against the Armenians*, p. 58.

37. Ph. Gignoux, « Matériaux pour une histoire du vin... », art. cité, p. 44.

également posée. Sans essayer de présenter un échantillonnage même partiel de ces citations, qu'il suffise de noter ici les principaux points d'appui des deux partis. Dans le cas des Arméniens, le texte préféré est celui de l'Évangile selon saint Matthieu (26, 29) : « Je vous le dis, je ne boirai plus désormais de ce produit de la vigne jusqu'au jour où je boirai avec vous le vin nouveau dans le Royaume de mon Père ». Mais pour Denys bar Salibi, la coupe offerte par le Seigneur à ses disciples (26, 28) était déjà coupée d'eau :

> « We also say that the word chalice is commonly used in the sense of a mixture of wine and water, because wine is only referred to as wine, while a chalice is referred to by both wine and water mixed together[38]. »

De leur côté, les Grecs se servaient surtout du texte, probant à leur avis, de l'Évangile selon saint Jean (19, 34) : « L'un des soldats de sa lance lui perça le côté et aussitôt il sortit du sang et de l'eau », auquel les Arméniens opposaient deux réponses. D'abord, que le sang et l'eau qui coulèrent du côté du Seigneur étaient séparés et non mélangés, et deuxièmement, que l'eau était le symbole du baptême tandis que le sang était symbolisé par le vin du calice :

> « 88. (...) Que disent les Grecs ? Que du côté du Christ est sorti du sang et de l'eau, ce que commente (...) Jean Chrysostome dans le commentaire de l'Évangile de Jean, quand il dit : "Deux sources jaillirent du côté du Sauveur : l'une de sang et l'autre d'eau, afin que soit établie l'Église par toutes deux. Car d'abord nous sommes baptisés par l'eau dans la vasque. (...) C'est pour cela que l'eau a jailli du côté du Christ. Et ensuite après le baptême nous buvons le sang vivifiant, et pour cela un autre flux de sang a jailli du côté vivifiant." Vois avec fermeté les deux flux distincts qui ont coulé ; l'eau possède le mystère du baptême, et le sang, le sang que nous buvons et par qui nous sommes vivifiés. S'il n'en était pas ainsi, il aurait fallu mélanger et ne pas distinguer[39]. »

Toutefois, il faut noter que, malgré leur abondance, ces citations accompagnent et étayent les arguments doctrinaux, mais n'en forment pas la base.

La question de l'unité ou de la dualité de la nature du Christ incarné demeure invariablement la toile de fond de toutes les controverses dogmatiques touchant la doctrine de l'Église arménienne. Mais dans le

---

38. Dionysius bar Salibi, *Against the Armenians*, p. 31.
39. Sahak § 88, 1, p. 435. Cf. Jean Damascène, *Homilia in Sabbatum sanctum*, 21.12-14, PG 96, col. 620A ; R. Taft, *A History of the Liturgy...*, p. 470 : « The side of the one who created Eve from Adam's side is pierced by a lance, and there springs forth blood and water, drink of immortality, and baptism of re-creation. »

cas du rite eucharistique les mots clefs pour les Arméniens sont : corruptible (*apakan*)/corruption (*apakanut'iwn*) et incorruptible (*anapakan*)/incorruption (*anapakanut'iwn*), soutenus par la citation du discours de saint Pierre à Jérusalem dans les Actes des Apôtres (2, 31) :

> « Il a vu d'avance et annoncé la résurrection du Christ, qui en effet, n'a pas été abandonné à l'Hadès et dont la chair n'a pas vu la corruption. »

Ce vocabulaire nous mène directement au centre de la violente controverse entre les partisans de Julien d'Halicarnasse, qui maintenaient que la chair du Seigneur était incorruptible de tout temps, même après l'Incarnation, et son adversaire Sévère d'Antioche, pour lequel la chair du Christ était devenue humaine, passible, mortelle et corruptible après sa conception pour reprendre son immortalité et son incorruptibilité seulement à la Résurrection.

Les premiers textes associant l'emploi du pain levé et du vin coupé d'eau dans le sacrifice eucharistique avec une position christologique datent probablement du tournant du VIIe au VIIIe siècle. Il s'agit d'une lettre du théologien arménien Step'anos Siwnec'i (mort en 735) au patriarche de Constantinople Germanos, et de deux discours attribués aux catholicos arméniens, Sahak III Jorap'orec'i (677-703/4) et son deuxième successeur Yovhannēs Awjnec'i (717-728). Tous trois se trouvent dans la première, mais non dans la seconde, édition du *Livre des lettres* (*Girk' T'łt'oc'*), qui réunit la correspondance officielle de l'Église arménienne[40]. Malheureusement, la chronologie et l'attribution de ces deux derniers textes demeurent encore incertaines et ils font tous trois partie de la seconde moitié du *Livre des lettres* généralement considérée comme moins fiable que la première. Michel van Esbroeck les accepte dans la traduction qu'il en donne comme appendice à la nouvelle édition des canons du concile in Trullo, tout en notant les objections faites aux deux dernières attributions. Le second discours est intitulé : « Du saint docteur et grand interprète Sahak catholicos d'Arménie », deux qualifi-

---

40. « Lettre de réponse du seigneur Step'annos évêque de Siwnik' au seigneur Germanos patriarche de Constantinople, de ceux qui confessent deux natures et deux énergies et deux volontés de notre Seigneur Jésus Christ et qui mélangent de l'eau dans le mystère vivifiant suivant le concile de Chalcédoine », LL-II, p. 435-466 ; « Du même seigneur Yovhannēs kat'ułikos des Arméniens contre ceux qui corrompent le saint mystère par le levain et l'eau », *ibid.*, p. 467-472. Traduit par M. VAN ESBROECK, *Trullo*, p. 445-449. Pour la publication du discours attribué à Sahak, voir plus haut, p. 251, n. 4, et plus loin, p. 262, n. 41. Le dernier texte attribué à Jean Mandakuni n'est probablement pas de lui et touche uniquement la question du jeûne. Voir plus loin, p. 267, n. 59.

cations qui ne peuvent se rapporter qu'au dernier descendant de saint Grégoire l'Illuminateur, le patriarche saint Sahak I le Grand (387-438), et non à Sahak III, comme l'a fait observer Jean-Pierre Mahé. Toutefois, leur contenu rend impossible l'époque du pontificat du premier patriarche[41]. Par conséquent, Mgr Bogharian, l'éditeur de la réédition du *Livre des lettres*, a préféré l'omettre de ce recueil, tout en en donnant une publication séparée[42]. Le second discours, qui suit immédiatement la lettre de Step'anos Siwnec'i, est intitulé illogiquement : « Du même seigneur Yovhannēs kat'ulikos des Arméniens » et les arguments julianistes qui s'y relèvent semblent à première vue difficilement réconciliables avec la condamnation des phantasiastes ou aphthartodocètes par le même patriarche[43]. Il est donc évident que l'origine de ces textes laisse à désirer. Leur attribution aux patriarches arméniens nommés dans leurs titres reste encore à démontrer. Néanmoins, leur préoccupation relative à la question de la monoénergie et du monothélisme du Christ et aux querelles sur sa corruptibilité les place sans difficultés à l'époque des controverses à ce sujet, c'est-à-dire vers la fin du VIIe ou peut-être même au début du VIIIe siècle[44]. En outre, quels que soient les problèmes encore non résolus de ces deux discours, leurs contenus, liant une position christologique au rite eucharistique, correspondent entre eux, ne présentent pas d'ambiguïté et sont donc parfaitement acceptables ici.

Malgré l'affirmation du titre de la lettre de Step'anos Siwnec'i qu'elle porterait sur « ceux qui mélangent de l'eau au saint mystère suivant le

---

41. Voir l'*Introduction* à la traduction de M. van Esbroeck, *Trullo*, p. 325-331, qui place le discours juste avant le concile in Trullo. Voir aussi le compte rendu de J.-P. Mahé, *Revue des études arméniennes*, 25, 1994-1995, p. 472-475, à la p. 474. Le contenu du discours rend probable une date à la fin du VIIe siècle, mais rien ne le lie directement à Sahak III. L'existence d'une première traduction des *Hiérarchies célestes* de Ps. Denys l'Aréopagite, précédant celle de Step'annos Siwni entre 715 et 719, postulée par M. van Esbroeck, *Trullo*, p. 332-333, pour expliquer ses citations dans le discours, n'est pas démontrée.

42. N. Połarean/Bogharian, *L'explication de Sahak vardapet Mṙut*, Jérusalem, 1994 (en arménien). L'attribution au théologien du IXe siècle Mṙut n'est pas expliquée et n'est guère compatible avec le contenu du discours (J.-P. Mahé, compte rendu de *Trullo*, art. cité, p. 473). Traduit par M. van Esbroeck, *Trullo*, p. 367-436, cf. p. 365.

43. LL-II, p. 467. La phrase se trouve dans le titre et non dans le corps du texte. Plus logiquement, LL-I, p. 220, 234, place ce discours immédiatement après la *Liste des Conciles* (malheureusement également douteuse) du même patriarche ; « Contra Phantasiasticos », *Johanni Odzniensis Opera*, J. B. Aucher éd. et tr., Venise, 1834, p. 108/9-178/9.

44. Voir plus loin, p. 263 et 267-270.

concile de Chalcédoine⁴⁵ », elle ne semble traiter que de la question de la volonté et de l'énergie du Seigneur. Mais tel n'est pas le cas des deux autres textes.

L'exposé le plus étendu se trouve vers la fin du discours de Sahak :

« 84. Or nous confessons la chair du Christ incorruptible et toute-puissante, toujours et constamment dès l'union même du Verbe, c'est pourquoi nous prenons des azymes pour le pain de sainteté avec lequel nous offrons le sacrifice, qui signifie l'incorruptibilité. Car le levain est le signe de la méchanceté et de la corruptibilité (…).

86. (…) C'est pourquoi nous qui sans péché confessons la chair du Christ prise de la Vierge, nous déposons sur l'autel divin le pain de sainteté sans le mélange du levain. Car comme il a pris de la Vierge notre nature pure sans division et sans mélange au vieux levain de la méchanceté, et il a divinisé le tout, ainsi en prenant la pure nature du pain céleste sans division ni mélange avec le levain d'une fermentation acide et corruptible, il en fera véritablement sa chair. (…) nous par le pain azyme, qui est le signe de l'incorruptibilité, nous confessons la chair de notre Sauveur Jésus Christ comme incorruptible, immortelle et vivifiante, (…).

87. De la même manière pour son sang, propitiation des péchés, nous confessons le sang de Dieu vraiment véritablement incorruptible, et non celui d'un homme corruptible, mais celui de qui est assurément assis auprès du Père, le Monogène, le Fils de Dieu, comme le dit saint Cyrille d'Alexandrie dans son livre des *Scholies* : "Celui qui partage le trône du Père a donné pour nous son sang", c'est pourquoi nous l'avons reçu avec un prix incorruptible, afin que tu n'introduises dans le sang incorruptible de Dieu aucune pensée corruptible, ce qui est une insubordination considérable d'introduire le corruptible dans le sang incorruptible de Dieu. Car les hommes ont coutume d'appeler le vin qui n'est pas mêlé d'eau incorruptible, tandis que celui mêlé d'eau il le disent corrompu. Voilà donc qu'il est clair que ceux qui mélangent de l'eau au calice vivifiant veulent le corrompre et se révolter contre le Seigneur, ce qu'aucun des chrétiens ne veuille penser ! Mais offrons le saint sacrifice avec un vin incorrompu. (…) Et David dit : "La coupe dans la main du Seigneur pleine de vin incorruptible a été remplie" (Ps 75 [74], 9 *sic*). Tu vois qu'il a dit avec fermeté que le vin était incorruptible dans la main du Seigneur, complètement

---

45. LL-II, p. 435. Comme dans le cas du discours attribué à Awjnecʻi, cette phrase fait partie du titre et non du corps de ce texte. Pour un autre commentaire de Stepʻanos Siwnecʻi et ses rapports avec les œuvres attribuées à Yovhannēs Awjnecʻi, voir la grande étude de M. D. FINDIKYAN, *The Commentary on the Armenian Daily Office by bishop Stepʻanos Siwnecʻi († 735)*, Orientalia Christiana Analecta, 270, Rome 2004 ; et pour le traité *Sur l'incorruptibilité de la chair*, ibidem, p. 50-53. Une autre lettre au patriarche d'Antioche attribuée à Stepʻanos Siwnecʻi se trouve aussi dans LL-II, p. 494-514, mais son attribution est douteuse selon M. D. FINDIKYAN, *The Commentary…*, ouvr. cité, p. 53.

dépourvu d'eau, celui qu'il a pris en main dans la chambre haute et a dit : "Ceci est mon sang". Et ensuite il dit : "Désormais je ne boirai plus du fruit de la vigne jusqu'à ce que j'en boirai avec vous dans le royaume nouveau *(sic)*". (…)

89. Et Denys l'Aréopagite dit : "En prenant l'unique substance de la coupe, nous la partageons en plusieurs" afin d'être réunis dans le Christ. Voilà qu'il a dit la substance unique et non la double, car si Denys avait fait le sacrifice mêlé d'eau, il n'aurait pas l'unique substance, mais la double, mais comme Denys offrait le saint sacrifice avec un vin pur (….). C'est pourquoi il a dit substance unique la coupe qu'il offrait. Et Athanase dit : "Je place sur l'autel divin le pain de l'épi et le vin de la grappe, et nous croyons que ce pain devient la chair du Christ et cette coupe le sang du Christ". Voilà qu'il a dit le vin de la vigne dans le saint sacrifice, sans aucun mélange d'eau, ce que le Christ avait appelé et transformé en fruit de la vigne. La même chose les apôtres l'ont fait, et notre saint Illuminateur l'a fait et enseigné, et nous, nous nous tenons fermes et sans changement sur le fondement de la foi de la vraie tradition des saints Pères, et nous nous y tiendrons désormais, sans nous laisser détourner à droite ou à gauche du chemin de la tradition de nos Pères saints, (…) et nous confessons que la chair et le sang de notre Seigneur Jésus Christ sont immortels et incorruptibles. Comme le dit Éphrem dans le *Livre de la Foi* : "La chair qu'a revêtue notre Seigneur a été exaltée de sa nature mortelle, et changée en immortalité, car elle a été mélangée et unie à celui qui l'a revêtue, et elle est la source d'où jaillit la vie pour le monde entier de ceux d'en-haut et de ceux d'en-bas". C'est pourquoi il y a une nature et une volonté divine unique, après l'unification inénarrable et indicible[46]. »

Le texte attribué au catholikos Yovhannēs Awjnecʻi est de beaucoup moins prolixe, mais il reprend les mêmes arguments :

« Tu trouves au début du Lectionnaire un discours spirituel qui déracine radicalement les hérétiques, qui pensent que la chair incorruptible du Christ est corruptible, et qui à cause de cela ajoutent du levain et de l'eau, et rendent impur et corrompent les mystères incorruptibles. (…) Mais toi, observe et scrute le mystère du jeudi, car le Christ l'a accompli, en écartant le levain et l'eau, que l'on mélange à cause de la corruption, car la chair du Christ est incorruptible, et ils [les hérétiques] n'ont pas entendu le prophète : *Sa chair n'a pas connu la corruption* (Ps 16[15], 10), ou Pierre : *Celui que Dieu a ressuscité n'a pas connu la corruption*. (…) Car le Sauveur a parlé après avoir béni la coupe : *Je ne boirai plus du fruit de la vigne*, (Mt 26, 29) ; d'où il est clair qu'il désigne la grappe de la vigne et non l'eau, et cette loi ne vient pas de la Loi ou des Prophètes, mais de la bouche de Dieu. (…) Pourquoi les adorateurs de la secte des dyphysites s'approchent-ils sans réserve, *et jettent le Fils de Dieu à*

---

46. Sahak, *Trullo*, p. 431-436. Les citations bibliques sont données telles qu'elles apparaissent dans le texte.

leurs pieds, en estimant mélanger le sang de la nouvelle alliance par laquelle nous avons été sanctifiés, et être devenus hostiles à la grâce de l'Esprit ? (He 10, 29)[47]. »

Selon ces interprétations, l'addition liturgique de levain et d'eau dans le pain et le vin de l'eucharistie sous-entendait donc nécessairement une doctrine acceptant la corruptibilité de la chair et du sang du Christ incarné et séparant, par conséquent, sa nature humaine et mortelle durant son séjour sur la terre de sa nature divine et immortelle.

La tendance aphthartodocète de ces textes soutient la thèse que le second n'est probablement pas de la plume d'Awjnec'i, qui avait composé un autre discours *Contre les Phantasiastes* qui nous est parvenu[48]. Mais elle place les deux textes inévitablement à l'époque de la plus forte influence julianiste en Arménie vers la fin du VIIe siècle, c'est-à-dire dans la génération précédant immédiatement les deux conciles convoqués par Awjnec'i en 719 et 726[49].

La question du degré d'influence du julianisme sur la doctrine arménienne demeure encore ouverte. Selon une interprétation récente de Peter Cowe, la position dogmatique des Arméniens dérivait moins d'une influence directe de Julien d'Halicarnasse, que de celle de Philoxène de Mabboug dont les doctrines présentent de nombreuses ressemblances[50]. Il observe en outre que le nom de Julien ne figure pas dans les sources arméniennes avant le VIIe siècle[51]. Cette thèse est fort plausible et Cowe note avec raison que Tēr Minaseanc' exagère lorsqu'il présente l'Église arménienne comme entièrement julianiste au milieu du VIe siècle[52]. Les

---

47. *Trullo*, p. 445-447. Dans son *Commentaire*, Step'anos Siwnec'i parle lui aussi de « la pure farine de blé qui signifie l'incorruptibilité du Christ » mais ne fait aucune allusion au vin, M. D. FINDIKYAN, *The Commentary...*, p. 144, 447.

48. Voir plus haut, n. 43.

49. Voir plus loin, p. XX-XX. Pour notre propos ici, l'attribution précise de ces textes est moins importante que leur contenu qui les place dans le cadre historique des VIIe-VIIIe siècles et en fait des sources valables pour cette époque.

50. S. PETER COWE, « Philoxenus of Mabbug and the Synod of Manazkert », *Aram* 5/1-2, 1993, p. 115-129 ; voir aussi M. D. FINDIKYAN, *The Commentary...*, p. 51, qui note prudemment au sujet du traité de Step'anos Siwnec'i, *Sur l'incorruptibilité du corps du Christ*, « The work clearly shows that Step'anos taught the incorruptibility of Christ's body. What exactly Step'anos meant by 'incorruptibility', however, is anything but clear ». Voir plus loin n. 52.

51. *Ibid.*, p. 117, et 126.

52. *Ibid.*, p. 115 ; E. TER MINASSIANTZ, *Die armenische Kirche...*, p. 51-52 ; M. D. FINDIKYAN, *The Commentary...*, p. 51-53, qui estime lui aussi qu'il n'est pas question de faire

canons du concile de Manazkert de 726 présidé par Awjnecʻi condamnent également les deux partis de la controverse sur l'incorruptibilité du corps du Christ – autant Julien d'Halicarnasse (et les phantasiastes) que son adversaire Sévère d'Antioche :

> « Canon III. Si quelqu'un dit que ce n'est pas de notre chair mortelle, pécheresse et corruptible, que le Verbe s'est uni (un corps), mais de la chair qu'avait Adam avant son péché et qui était, par la grâce, immortelle, impeccable, incorruptible : Qu'il soit anathème ! (...)
>
> Canon VI. Que quiconque dit que le corps du Christ fut corruptible, et non pas glorieux, ni parfait dès l'union ; mais dit que, depuis la conception jusqu'à la résurrection, il fut corruptible, non glorieux, non parfait, dans un autre sens que celui employé par les Prophètes, les Apôtres, les Pères et les Docteurs, et que, depuis la résurrection, il est incorruptible, glorieux et parfait, soit anathème ![53] »

La contradiction apparente, à première vue, de la double condamnation de ces anathèmes clarifie en fait la position de l'Église arménienne déjà esquissée dans le discours de Sahak. Selon elle, la nature véritablement humaine du Christ fut divinisée au moment de son union avec sa nature divine et par cette union[54].

Malgré l'accusation de leurs adversaires que les Arméniens étaient retombés dans l'hérésie de Julien, le double anathème du concile de Manazkert, discernant l'union ineffable des deux natures comme le moment et le moyen de leur unité, permit à Yovhannēs Awjnecʻi de mitiger le courant aphthartodocète en Arménie en condamnant catégoriquement les phantasiastes et d'omettre toute discussion de corruptibilité ou incorruptibilité dans le canon purement liturgique de son concile de 719[55]. De même, quelque deux siècles plus tard, le théologien arménien Xosrov Anjewacʻi se servira normalement dans son *Commentaire sur la Divine Liturgie* du terme « la coupe » (*bažak*), sans en préciser

---

de Stepanos Siwnecʻi « a radical julianist » ni « one of the ring leaders of the docetists ». Néanmoins, l'influence julianiste de Yovhannēs Mayragomecʻi ne doit pas être sous-estimée, voir plus loin, p. 267.

53. Manazkert, p. 499-500.

54. Voir plus haut p. 263, Sahak § 84, 86. La doctrine de la divinisation de la nature humaine du Christ au moment de et par l'union avec sa nature divine se trouve aussi au VIIe siècle dans les écrits des prédécesseurs d'Awnecʻi, les catholicos Abraham Ier et Komitas. Cf. S. PETER COWE, *Philoxenus of Mabbug...*, art. cité, p. 119.

55. Voir plus haut, p. 253, n. 12.

le contenu[56]. Néanmoins, il cite le passage des Psaumes (16[15], 10) : « Son âme ne fut pas laissée au Hadès, Son corps n'a pas vu la corruption » également cité dans le discours attribué à Awjnec'i. Parlant de la coupe offerte par le Christ à ses disciples, il cite les paroles de l'Évangile selon saint Matthieu (29, 26) : « Ceci est mon sang de la nouvelle alliance », ajoutant le commentaire : « Cela signifie ce qui serait versé sur la croix [sur laquelle] il serait cloué et [son] côté transpercé », sans aucune allusion au flot d'eau mentionné à cet endroit dans le passage de l'Évangile selon saint Jean cité contre les Arméniens par leurs adversaires[57]. Un certain recul semble bien avoir retenu les Arméniens au bord d'un monophysisme à outrance.

Néanmoins, sans nous lancer ici dans une étude christologique détaillée qui dépasserait largement notre propos, une considération du rôle et de l'influence du docteur (*vardapet*) arménien du VIIe siècle Yovhannēs Mayragomec'i (570/5-652 ?) demeure désirable, sinon indispensable. Le personnage et la carrière de Mayragomec'i, l'adversaire farouche de la doctrine chalcédonienne ainsi que le coryphée du parti julianiste en Arménie et, par conséquent, la bête noire des partisans du concile – tels la *Narratio de rebus Armeniae*, presque contemporaine, et le traité parallèle du catholicos géorgien du XIe siècle Arsēn Sap'areli – commencent seulement à percer sous sa *damnatio memoriae*. Condamné comme hérétique et marqué au visage du signe infâmant du renard, Mayragomec'i fut exilé au Caucase avec ses disciples, à l'époque du catholicos Nersēs III (641-661) et les sources chalcédoniennes l'abreuvent de toutes les injures[58]. L'abandon des positions extrêmes de Mayragomec'i sous Yovhannēs Awjnec'i explique probablement certaines réticences à son sujet du côté arménien et l'attribution de quelques-unes de ses œuvres à d'autres auteurs[59]. Toutefois, son influence ne doit pas être sous-estimée, car une lecture attentive des sources arméniennes révèle l'importance du rôle de Mayragomec'i et

---

56. *Commentary on the Divine Liturgy by Xosrov Anjewac'i*, S. Peter Cowe tr., New York, 1991, par exemple § 85-86, 89, p. 167-168, 171, etc. Il est possible que les réticences de Xosrov soient dues aux tendances chalcédoniennes dont il fut accusé, mais voir les deux notes suivantes.
57. *Ibid.* § 93 p. 173, voir plus haut p. 265, n. 47 et 52 pour Step'anos Siwnec'i ; *ibid.* § 85 p. 167.
58. *Narratio* § 118, 123-141, p. 42-46, 277-293, 319-349.
59. Ainsi le discours sur le jeûne attribué au catholicos du Ve siècle Jean Mandakuni, LL-II, p. 125-127, est probablement l'œuvre de Mayragomec'i ; voir *Narratio*, p. 348.

de son école dans l'histoire de l'Église et de la doctrine arménienne à son époque.

Même les sources chalcédoniennes, telles la *Narratio* et l'opuscule du catholicos Arsēn Sap'areli, ainsi que l'historien arménien Étienne de Tarōn, dit Asołik (ca. 1000), affirment que le catholicos Komitas (610/1-628) avait tant d'estime pour Mayragomec'i qu'il l'avait désigné comme son successeur, et qu'après son échec à cette occasion, celui-ci avait de nouveau brigué le catholicossat à deux reprises, « avec l'aide d'hommes très haut placés[60] ». Malgré sa condamnation suivie de son exil, Mayragomec'i put rentrer en Arménie où il mourut en paix[61]. L'appréciation de ses connaissances théologiques apparaît dans les commentaires postérieurs : le catholicos Jean l'Historien (897/8-924/9) soutient que le catholicos Ezr (630-641) n'aurait pas été persuadé d'accepter l'union avec Heraclius au concile de Théodosioupolis/Karin de 632, si un savant tel que Mayragomec'i avait consenti à l'accompagner et Asołik estime qu'il « resplendissait par sa doctrine[62] ». Des passages de ses écrits furent préservés, malgré sa condamnation, dans le florilège intitulé *Le sceau de la foi (Knik' hawatoy)* datant du pontificat du catholicos Komitas, et plusieurs ouvrages attribués à ce catholicos sont probablement les œuvres de Mayragomec'i tout comme un ouvrage intitulé *Écrit sur la foi (Hawatoy namak)*. *Le sceau de la foi* le qualifie de « bienheureux » et de « confesseur »[63]. Enfin, sa réputation avait évidemment survécu longtemps après sa mort en Arménie, car les sources arméniennes postérieures refusent de croire à son hérésie qu'elles imputent plutôt à son disciple Sargis, qui aurait traduit les œuvres de Julien d'Halicarnasse pour le concile de Manazkert en 726[64].

Les minuties de la carrière de Mayragomec'i et de sa doctrine ne nous regardent pas directement ici, mais ni sa position au centre même de l'Église arménienne, ni l'étendue de son influence dans le déve-

---

60. Arsēn, *Narratio*, p. 270-271, 337, cf. § 118, 137, p. 42, 45-46, 338.
61. *Ibid.* § 142, p. 46, 344-345.
62. *Ibid.*, p. 278-299 : « Il (Ezr) n'emmena pas avec lui Jean (…) qui était en ce temps-là un philosophe accompli, et un savant connaisseur de la sciences des divines Écritures, mais il prit un autre, (…) un demi-savant, (…) Ezr et les siens, par ignorance, ne connaissant pas les divines Écritures, ne furent pas à même de comprendre la fallacieuse machination de l'hérésie (…) ils furent surpris et trompés », *ibidem*, p. 290 et 273, 320 pour Asołik et Kirakos.
63. *Ibid.*, p. 270, 273-277, 332, cf. Kirakos, *ibid.*, p. 336.
64. *Ibid.*, p. 284-286, 290-293, 349.

loppement de sa doctrine, ni enfin l'existence d'un fort courant julianiste en Arménie au VIIe siècle ne peuvent être négligés. Même les sources chalcédoniennes se voient forcées d'admettre que les disciples de Mayragomec'i continuèrent sa tradition et se répandirent à travers l'Arménie[65]. Non seulement, comme nous venons de dire, les écrits de Julien d'Halicarnasse semblent avoir été présentés au concile de Manazkert par un disciple de Mayragomec'i, mais le grand théologien arménien contemporain, le traducteur des *Hiérarchies célestes* de Pseudo Denys l'Aréopagite vers 715-719, Step'annos Siwnec'i qualifie Julien de « saint » dans sa lettre à l'évêque d'Antioche[66]. Enfin, d'une importance particulière ici est la démonstration récente par Aram Mardirossian que le premier recueil canonique de l'Église arménienne avait réellement été l'œuvre de Mayragomec'i, repris ensuite par le catholicos Yovhannēs Awjnec'i, qui en mitigea les aspects par trop julianistes, et fit promulguer les canons pour la première fois au concile de 719[67]. Tout nous porte donc à croire que le rôle et l'influence de Mayragomec'i et de ses disciples au VIIe siècle n'ont pas encore été appréciés à leur juste valeur.

Dans cette optique, les arguments reliant le rite liturgique arménien à une doctrine de l'incorruptibilité du corps du Seigneur se placent naturellement dans le courant ultra monophysite qui domina l'Église arménienne durant le demi-siècle antérieur au pontificat d'Awjnec'i. La définition de la doctrine qui fut l'œuvre de ce dernier lui permit de freiner, par sa condamnation des phantasiastes, l'aphthartodocétisme de Mayragomec'i, pour lequel le Christ avait pris une nature humaine et passible seulement en apparence et qui rejetait comme une interpolation nestorienne les versets de l'Évangile selon saint Luc (22, 43-44) : « Sa sueur devint comme de grosses gouttes de sang qui tombaient à terre[68] »,

---

65. *Ibid.* § 143, p. 46, 349. Il est intéressant de noter que la *Narratio* ne parle de disciples de Mayragomec'i que jusqu'à la fin du VIIe siècle : « jusqu'au temps de l'empereur Justinien [II] », mais Arsïn, *ibidem*, p. 349, accuse leur existence beaucoup plus tard : « jusqu'au jour d'aujourd'hui et jusqu'à présent », une affirmation particulièrement surprenante maintenant que la date du traité du catholicos géorgien a été reportée du IXe au XIe siècle.

66. LL-II, p. 505 « *zsurbn* ». Le terme est surprenant même si l'attribution de la lettre directement à Step'anos Siwnec'i est douteuse : voir plus haut, p. 263, n. 45.

67. A. Mardirossian, *Le Livre des canons (Kanonagirk' Hayoc') de Yovhannēs Awjnec'i. Église, droit et société en Arménie du IVe au VIIIe siècles*, CSCO 606, Subs. 116, Louvain-la-Neuve, 2004.

68. *Narratio*, p. 324-335 ; S. Peter Cowe, « Christological Trends and Textual Transmission : The Pericope of the Bloody Sweat (Luke 22: 43-44) in the Armenian version »,

et d'obtenir le double anathème des sévériens comme des julianistes au concile de Manazkert. Mais les pratiques liturgiques, ancrées dans les coutumes du pays et légitimées par les arguments de ses prédécesseurs, s'étaient enfoncées trop profondément pour être déracinées. L'emploi du pain azyme et du vin pur dans l'eucharistie, sinon toute l'étendue de leur contrepartie doctrinale, fut donc maintenu tant par le concile de 719 que celui de 726 et par la suite.

Les compromis temporaires des Arméniens envers les Latins comme les Grecs durant les siècles suivants restèrent sans lendemain. Les arguments soutenant l'usage liturgique du pain azyme et du vin pur en les associant à une doctrine de corruptibilité furent repris par les théologiens arméniens même à la fin du Moyen Âge. Pour Pawłos Tarōnac'i, supérieur du monastère des saints Apôtres de Muš, mort en 1123, l'addition de levain à la pâte la faisait moisir et celle de l'eau au vin produisait du vinaigre. Tous deux exemples de corruption[69]. Mxit'ar Sasnec'i au siècle suivant répète toute la panoplie des arguments et des citations de ses prédécesseurs :

> « VI.9 (...) As scripture says "You will not allow Your holy one to see corruption (...) as He had an incorrupt and divine body, superior to our nature and removed from all contemptible passions, so the awesome sacrament of the holy, atoning liturgy is not subject to corruption and decay, although we taste of it in a perceptible manner. (...)
>
> VII.3 That the cup of Christ's blood [should be] incorrupt was transmitted to us by St. Gregory our Illuminator, not to celebrate it mixed with water. Similarly, the bread of the holy liturgy should be unmixed with leaven. And as leavened is not holy bread but corrupt, and is said to be impure, so wine mixed with water is not Christ's incorrupt blood and is not said to be incorrupt , but corrupt because of the way it is adulterated (...) The very first institution which the Lord transmitted to the holy apostles is interpreted as without mixing water and not mixed corruptibly and this is obvious from what He said, "Take drink of it all [of you]. This is my blood of the new covenant which is shed for many for the remission of sins" and "I will not drink of the fruit of the vine" , the vine producing wine not water. (...)

Text and Context. Studies in the Armenian NT, Atlanta, 1994, p. 35-48. Bien que ces versets aient fait nécessairement partie du texte reçu de saint Luc en Arménie au viie siècle, comme l'observe G. GARITTE, *Narratio*, p. 329, leur absence de nombreux manuscrits suggère que l'accusation de Mayragomec'i d'une interpolation dans le texte avait porté des fruits.

69. PoŁos TARŌNEC'I, *Lettre du bienheureux Połos Tarōnec'i contre Theopistes*, Constantinople, 1752, p. 191-199 (en arménien).

> Thus we ought to celebrate what he handed down to His holy apostles and not the effluence of blood and water immediately after one of the soldiers insolently struck Him and wounded His side with a spear. Nevertheless, we accept the blood as a type of the holy liturgy for the intelligible contemplation of the mind ; for the blood emanated with the water and not with incorrupt wine, and hence the doctors of the church take it as a symbol of the liturgy and the water of baptism[70]. »

Mxit'ar suggère même que le mélange de vin et d'eau produisait une nouvelle substance qui n'était ni eau ni vin.

> « VII.4 (...) it is not lawful to insert anything adulterated or corrupt into the Lord's sacrament, (...) what nomenclature is one to apply to it ? Since if you call it by the term water, it lacks the attribute of water, since it is mixed and confused, and if by the name wine, it neither is nor is called so because it has been contaminated. Rather (...) a new named has to be coined for the mixture and concoction of water and wine[71]. »

La tradition du rite arménien trouve enfin son défenseur dans le *Livre des questions* du philosophe le plus célèbre de la fin du Moyen Âge, Grigor Tat'ewac'i (1340-1411)[72].

Cependant, il semble déjà évident que c'est bien au VIIe siècle, au cours des controverses sur la nature du Christ incarné à l'époque de Mayragomec'i et de son école, qu'il nous faut chercher le point de départ des arguments doctrinaux soutenant une coutume qui remontait sans aucun doute beaucoup plus haut et que les modérations ultérieures ne parvinrent pas à supprimer totalement. Ainsi l'opposition liturgique entre les Arméniens et les autres communautés chrétiennes, loin de se limiter à une question de coutume et d'usages, marque plutôt un jalon critique dans le développement dogmatique de l'Église arménienne.

---

70. Mxit'ar Sasnec'i's *Theological Discourses*, S. Peter Cowe éd. et tr., *CSCO* 542, Louvain, 1993, p. 92-93, 97-98 et *passim*. Le texte arménien est publié dans le volume précédent de la même série. Les 6e et 7e discours sont dédiés à ces questions sous diverses formes. Voir aussi la note suivante.

71. *Ibid.*, p. 99-100.

72. Grigor Tat'ewac'i, *Le livre des questions*, Constantinople, 1729, livre 9, ch. 31.

XII

ARMENIAN SOURCES ON SASANIAN ADMINISTRATION

RÉSUMÉ

Peu de renseignements sur l'administration sassanide ont réussi à percer l'antagonisme envers tout aspect iranien de leur pays des sources arméniennes contemporaines qui ne concernent que les derniers siècles de la dynastie sassanide à partir du cinquième siècle, date de la création de l'alphabet arménien. L'information qui nous est parvenue concerne l'administration provinciale plutôt que la structure centrale de l'Empire, exception faite de la mention, mais non de la description, des titres de bon nombre de charges. Les renseignements les plus utiles et amples que l'on puisse tirer des sources, à part la confirmation que l'Arménie faisait partie de l'Empire sassanide durant la période de cette dynastie, touche l'importance du rôle de la cavalerie arménienne dans la défense de l'Empire perse, surtout en Orient, et la juridiction ainsi que les pouvoirs des divers *marzpan* ou gouverneurs/vice-rois sassanides.

The close relationship between the main portion of the Arsacid kingdom of Greater Armenia, known as Persarmenia after the partition of this realm between Byzantium and the Sasanians ca.387, should reasonably lead scholars to expect that considerable information concerning Sasanian administration can be found in its written and even visual sources. And indeed, early Christian Armenian society is unquestionably permeated with Iranian institutions and ideology, as I have had the occasion to discuss elsewhere.[1] Unfortunately, the overwhelming antagonism to all things Persian displayed by the earliest Armenian literature composed in the generation following the historic defeat of the great Armenian revolt of 450-451 against the Sasanian attempt to re-impose Zoroastrianism on an already Christian nation, resulted in the negation and obliteration of Armenia's Iranian contacts and past by almost all the early native writers.[2] As a result disappointingly few precisions concerning the administrative institutions of the Sasanian empire are to be found in the contemporary Armenian sources. What little can be found, understandably concerns the external administration of Iranian subject lands, and Persarmenia in particular, with occasional references to the ajacent lands of Iberia, Caucasian Albania and Azerbaiǰan rather than to internal Sasanian institutions except in cases of familiarity with administrative terminology and titles.

It is not the purpose of the present survey to repeat parallels between the two lands or such generalities as have been discussed elsewhere,[3] nor to discuss the Iranian institutions themselves. Rather, the intention here is to interpret the terms "administrative institutions" in its narrower sense. Furthermore, the information to be considered will be drawn exclusively from the pertinent contemporary Armenian narrative sources: *The*

---

[1] For the institutions see primarily, Garsoïan 1976. On the ideological aspects, see also *Ead.* 1981 and *Ead.* 1982.

[2] *Inter alia, Ead.* 1999, p. xi-xii.

[3] See above n. 1, also Garsoïan 1984-1985, *Ead.* 1988-1989, etc.

Epic Histories (*Buzandaran*), the *Histories* of Łazar Pʻarpecʻi and Ełišē for the mid- and Pseudo-Sebēos and Movsēs Kałankatuacʻi or Dasχurancʻi for the later Sasanian period. In addition to narrative historical texts, works such as the *Nšanagir* attributed to Eznik or the *Narratio de rebus Armeniae*; and such documents as the VIIth century *Geography (Ašχarhacʻoycʻ)*, or the compilations of official Armenian ecclesiastical correspondence known as the *Book of Letters* (*Girkʻ Tʻłtʻocʻ*), and the Armenian *Book of Canons* (*Kanonagirkʻ Hayocʻ*) contain occasional references. Later works will be largely disregarded as probably less well informed and consequently less accurate or else contaminated by subsequent information.[4]

The earliest original Armenian sources are generally disappointing. The Greek version of the *Cycle* attributed to the anonymous Armenian author to whom the Greek identity Agatʻangełos "The bearer of good tidings" has been given is prefaced by a brief portion of the *Karnamag i Ardašir*.[5] However neither the body of the Armenian text, which does not contain this prologue, nor the lengthy *Teaching of Saint Gregory*, which it incorporates although it is missing from all other versions, is of little use for our purpose here. The most important information to be drawn from the historical portion of this *Cycle* is that during the period of the Arsacid dynasty in Armenia, "whoever was king of Armenia had second rank in the Persian kingdom".[6] An affirmation which seems partially confirmed in the subsequent *Epic Histories*, "Šapuh king of Persia invited Aršak king of Armenia, whom he honored … with full royal pomp. He treated him as a brother like a son and gave him the second domain in the realm of Atrpatakan."[7] An assertion which is reiterated in the case of the future regicide Anak, "I shall call you second to me".[8] Although in this case this dignity seems to have been in the gift of the ruler rather than a hereditary prerogative.[9] Other than this, the most that can be gathered is that in important circumstances the king of kings summoned an advisory council of the greatest magnates of his realm,[10] and that "… the Persian

---

[4] See the full references in the Bibliography. The *History* attributed to Movsēs Xorenacʻi has been omitted since it has already been treated elsewhere, Gignoux 1999 and Traina 2007 and because this author together with a vast majority of her European colleagues does not consider it a work of the Vth but rather of the late VIIIth century and consequently not a contemporary one for the Sasanian period. See on this *vexata quaestio*, Garsoïan 2003-2004. Likewise, the *History* long attributed to Zenob Glak and Yovhannēs Mamikonean has not been considered, since it has now been demonstrated to have been a Xth century forgery. See Avdoyan 1993.

No Armenian sources exist for the early Sasanian period, since the Armenian alphabet does not antedate the first years of the Vth century and original literature, as against scriptural translations, does not appear, with the one exception of Koriwn's *Life of Maštocʻ*, before the latter part of the same century.

The system of Armenian transliteration used in the text of this article is the scholarly Hübschmann-Meillet-Benveniste system adopted by the *Revue des études arméniennes*, but, because of the variety of transliteration systems, no attempt has been made to impose uniformity on the citations from translations and the system adopted by the translator has been respected.

[5] Ag §2-9a, p. 173-177.

[6] Aa, xviii, p. 34/5, p. 133, "Խսրով թագաւորն Հայոց, — որ էր երկրորդ տէրութեանն Պարսից, զի որ Հայոց թագաւորն էր՝ նա էր երկրորդ Պարսից տէրութեան."

[7] BP, IV, xvi, "կոչէր առ ինքն Շապուհ արքայն Պարսից զթագաւորն Հայոց զԱրշակ, և մեծարեցաւ … ամենայն մեծութեամբ թագաւորութեանն: Եւ իբրև զեղբայր որպէս զորդի զգեցայ երևս ի ամանէ, և երկրորդական զմեծ տունն տայր նմա յատրպատականն աշխարհին:" = BP-G, p. 146.

[8] Aa, xxvi, p. 44/5, "և երկրորդ ինձ կոչեցից:" Cf. ibid, xxiv, p. 43/4, "he promised to elevate him to second rank in his kingdom. … Only I and my throne will be above him." Cf. Ps.S, x, p. 73 = Ps.S -T, p. 14. In this period the title apparently existed in Arsacid Armenia as well, *Ibid.*, xxx, p. 46/7 "Արդ՝ իբրև ենեւ թագաւորն (Հայոց) … զայրն (զԱնակ) … տայր նմա պատիւ … և հանէր աստուածէր զնա երկրորդ արոն թագաւորութեանն", but the separation between the two realms is kept clear by the context. See above n. 6, 8, and Garsoïan 1981, p. 38-49.

[9] See Garsoïan 1976, p. 10-11 n. 28. Benveniste 1967, p. 51-65. In order to keep this survey within a reasonable length, the secondary literature will be referred to but not discussed and some quotations from the original sources given in these secondary studies have not been repeated. However, because of the difficult linguistic and physical access to the Armenian originals, translations have been given throughout.

[10] Aa, xxiv-xxv, p. 42/3. Other Armenian sources are likewise aware of the Persian royal council, and that in critical moments it even designated the new ruler, ŁPʻ, III, lxxxvii, p. 157 = ŁPʻ-T, p. 217, "… There gathered … the surviving Aryan nobles … They took counsel as

king ... had ditches dug to fix the frontier," with the Byzantine empire.[11] Neither does the *Life of Maštoc'* by his disciple Koriwn composed just before the middle of the Vth century provide pertinent information on the subject of administration.[12] It is only from the narrative historical sources dating from the very end of the Vth and the beginning of the VIth centuries that some familiarity begins to appear.

At no time do these or any subsequent works provide explicit information on whether Persarmenia was considered to have formed an intrinsic part of Erānšahr or whether it belonged among the conquered lands of the empire.[13] On a more practical basis, however, the *Epic Histories* of the late Vth century repeatedly specify that before the end of the Arsacid dynasty in Armenia, the border between Armenia and the Persian empire, or more specifically Atrpatakan lay at or near the city of Ganjak of Atrpatakan.[14] By the VIIth century, however, *The Armenian Geography (Ašxarhac'oyc')* unmistakeably places the three Caucasian regions: Armenia, Iberia and Caucasian Albania within the "Northern Quarter" of the Persian Empire[15] to which it assigns four quarters,[16] thereby confirming the long disputed division of the later Sasanian Empire into four quarters, a division now born out by the seals published by Rika Gyselen.[17] In addition to their identification of the three main Caucasian realms, we can glimpse at least by implication through references in the Armenian sources, that Persian provincial administration, at least in Armenia after the end of the Arsacid dynasty, seems to have dealt not only with the broader regions but at times with relatively smaller subdivisions. Thus we find references to the presence in Armenia of an auditor of Vaspurakan[18] and to the cavalry of Siwnik'.[19] Officials were also sent to command armies outside their own jurisdiction, as was the *handerjapet (anderjapet)* or "counsellor" of Sakastan, sent by Šahpuh II against the Armenian king Aršak.[20]

Whatever the precise status of their country vis-à-vis the Persian empire, however, there can be no doubt that the Persarmenians considered them-

---

to whom they could propose as worthy of the throne. After considering this for matter for several days, they unanimously settled on Valarš [... ժողովեալ ... մնացորդն Արեաց ատագատրյն,...Խորհուրդ ի մէջ առեալ. թէ զո՞ արժանի թագաւորութեան ամանեցուցանել կարասցեն. խորհեալ զայս ի բազում աւուրս' հաստատին միաբանութեամբ զիբուն ի վերայ Վաղարշու ...]", but they give no details as to its composition beyond the fact the it had a secretary. See *Ibid.*, III, lxxxix, xc, p. 160, 162, 163 = 220, 222-223, 298, "*χorhrdean dpir.*" See below n. 58.

[11] Aa, xxxvi, p. 50/1, "ի սահմանս Յունաց: Վիհս փողագուցեալ' սահմանս հաստատէին."

[12] There is nothing pertinent in the treatise *De Deo* of Eznik, but one useful reference is to be found, as we shall see n. 88d, in the *Nšanagir* attributed to this author.

[13] See on this subject, Garsoïan 1981, p. 31-35, *Ead.* 1976, p. 6-8 and the next note.

[14] BP, III, vii, p. 27 = BP-G, p. 74, "Ganjak [which is] the border of Atrpatakan [ի Գանձակ սահմանն ատրպատականի]", *Ibid.*, V, i, p. 193 = p. 186, "to the border at Ganjak of Atrpatakan [մինչև ի բուն ի սահմանն ի Գանձակ Ատրպատականի]"; *Ibid.*, V, iv, p. 193 = p. 203, "Ganjak of Atrpatakan on the borders of Armenia [մինչև ի Գանձակ յԱտրպատականի ի սահմանս Հայոց]"; *Ibid.*, vi, p. 208 = p. 196, "Ganjak, which marked the frontier between Persia and Armenia [ի Գանձակ' որ էր սահման ընդ Պարս և ընդ Հայս]"; *Ibid.*, xxxiv, p. 238 = p. 215, "as far as the border of the land at Ganjak which is on the Persian side [մինչև ի Գանձակ սահման երկիրն, որ Պարսից կուսէ էր, Հայոց սահման էր]."

[15] Ašx, p. 72, "*K'usti Kapkoh,* i.e. the 'region of the Caucasus Mountain' in which there are thirteen provinces: *Atrpatakan; Armn* [i.e.] Armenia ; *Varjan,* i,e, Iberia; *Ṙan,* i.e., Albania..." = Ašx - Soukry 1881, p. 40, "Քուստի Կապկոհ, որ է կողմն Կաւկասու լերանց, յորում են աշխարհ երեքտասան. Ատրպատական, Արմն (որ է) Հայք, Վարջան' որ է Վիրք, Ռան ' որ է Աղուանք ..."

[16] Ašx, p. 72, "The twenty-ninth country is Persia. Persia is divided into four parts as follows: *K'usti Xorharan,* i.e. the Western Region ... *K'usti Nmŕoǰ,* i.e. the Meridional Region ... *K'usti Xorasan,* i.e. the Eastern Region, ... *K'usti Kapkoh.* i.e. the region of the Caucasus Mountain ..." = Soukry 1881, p. 40, "իթ. Աշխարհ Պարսից: Պարսից աշխարհն ընդ չորս բաժանի այսպէս. Քուստի Խորասան [sic] որ է կողմն արևմտեայ ... Քուստի Նմռոջ, որ է կողմն միջոցեալ որ է հարաւ ... Քուստի Խորասան, որ է կողմն արևելից ... Քուստի Կապկոհ, որ է կողմն Կաւկասու լերանց ...."

[17] Gyselen 2001.

[18] See below n. 39. The presence of a separate administration for Vaspurakan is corroborated by the attested existence of a *wāspuhragān-framādār,* see Gyselen 1989, p. 35, 145; *Ead.* 2002, p. 78, 119.

"ժողովեաց բազմութիւն ճայտուն զզօրս իւր: ... Սակայուսն անդերձապետ գորցազուբ Նոցա: Ակա խաղացին զճայիմ ի կողմանս Հայոց ... ընդ բազատրութեան Հայոց Արշակայ:" = BP-G, p. 165.

[19] See below n. 44.

[20] BP, IV, xlv, p. 163

selves the vassals of the king of kings, who removed the last native Arsacid king,[21] and intervened in matters of hierarchical precedence, though often merely to confirm the existing pattern, not only in secular affairs[22] but in ecclesiastical matters, where he did not hesitate to exile the legitimate patriarch and replace him with his own appointees, an interference fully accepted by the local nobility.[23] All Armenian conciliar documents postdating the Arsacid dynasty are invariably dated according to the regnal year of the king of kings.[24] Again and again the Armenians reiterate their loyalty to him,

> "They replied in unison: 'The plan and purpose of your command are clear to all Aryans and non-Aryans... We recognize you as king – as do all, so do we even more. You have authority similar to God's over us and every man in your realm to take or spare his life'".[25]

Even in 449, on the eve of the great rebellion, the council of Artašat citing the words of Saint Paul on the obedience due to earthly lords (Eph. 6:5, Col. 3:22, cf. I Pet 2:17) is purported to have answered to the messenger of the Persian king:

> "According to our best ability we revere first the command of our religion, and then your (Yazkert II's) great empire, not merely with the fear of men ... but with true willingness and readiness to fulfil in everything your desire and command, and

---

[21] The Sasanian king's prerogative of crowning the king of Armenia, even though the latter was a member of the Parthian Arsacid house, is recorded as early as the IVth century in the *Epic Histories*, BP, IV, i, p. 75 = BP-G, p. 107, "Բագաւորն Պարսից Ներսեհ թագաւորեցույց զԱրշակ որդի Տիրանայ [Nerseh king of Persia crowned as king, Aršak the son of Tiran]." In general, after the partition of the Armenian kingdom the Sasanian king designated the Armenian ruler whether the latter was an Arsacid as before, or a Sasanian. See ŁP', I, vi, p. 8 = ŁP'-T, p. 41 "...նախարարքն Հայոց ... արքային Պապից խնդրեին իւրեանց թագաւոր ըստ բնիկ նախնի կարգին յազգէն Արշակունեաց։ Եւ արքային Պարսից Շապհոյ կատարեալ զհայցուածս նոցա' շնորհէր նոցա թագաւոր ... ազգէն Արշակունեաց [the Armenian princes from the Persian sector went and sougtht a king for themselves from the Arsacid family according to their original ancestral custom. The Persian king Šapuh fulfilled their request and gave them a king... from the Arsacid family.]" But subsequently, ŁP', I, ix, p. 12, "Շապուհ ... վաղվաղակի մերժեալ ընկենոյր զԽոսրով յիշխանութենէ իւրոյ թագաւորութեանն" = ŁP'-T, p. 46. The Sasanians' attempt to impose a prince from their own house on Armenia proved unsuccessful, Ibid., I, xii, p. 18 = ŁP'-T, p. 52, "եւ ոչ կամեցեալ Յազկերտի թագաւորեցուցանել ի վերայ աշխարհիս Հայոց յազգէն Արշակունեաց' թագաւորեցուցանէր ի վերայ ունցա զիւր զորդին, որում անուն էր Շապուհ [Since Yazkert did not wish to allow any member of the Arsacid family to rule over Armenia, he appointed as king over them his own son, who was called Šapuh]", but the new king proved unacceptable and was soon murdered, although his brother Vŕam had been king of Kirman before ascending the throne of the king of kings and in the IIIrd century Nerseh had ruled Armenia before becoming king of Persia, *Paikuli* §18-19, 3.1, p. 34-35, "May the King of Kings graciously move from Armenia hither to Ērānšahr... We moved from Armenia towards Ērānšahr." However, soon thereafter, the Armenian princes themselves "decided to remove the monarchy from the Arsacid family ... 'What further need is there for a king ? Let a Persian prince come for a while to be our governor' [զ°ի իսկ եւ պիտոյ է թագաւորն. այլ իշխան պարսիկ ոստ ժամանակի եկեալ վերակացու լիցի մեզ" and "Վռամ ... հրամանք տայր վաղվաղակի ի բաց առնուլ զԱրտաշէս յԱրտաշէէ. ըսչ անխն և զբունին կաթողիկոսականն ... Յայսմհետէ բարձաւ թագաւորութիւն յազգէն Արշակունեաց ի վեցերորդ ամի Արտաշէս]", *Ibid*, I, xiv, p. 24-25 = ŁP-T, p. 59-60. The same arbitrary dismissal of the Armenian katholikos by the Persian king is noted in the later case of Giwt, ŁP', III, liv, p. 114-115 "Մինչև յայժմ քո զիշխանութիւնդ առանց իմ հրամանի կալեալ է. և ծառայ մարդիկ են, որոնց քեզ զայսպիսի մեծ գործ տուեալ է, և ոչ ինչ յինէն ունիս վստահութիւն։ ... ... Կա՛ց ուր և կամիս' բայց ի գործոյ կաթողիկոսութեան հեռի ես, և չէ քո։ [Until now you have held your position without my permission, it is my servants who have given you such a great charge, and you have no confirmation from me. ... ... Live wherever you wish; but you are deposed from the rank of Catholicos, which is yours no more.]" = ŁP'-T, p. 168.

[22] See preceding note and below, p. 80.

[23] Garsoïan 1999, p. 58-65

[24] *Ead.* 1999, p. 55-57. Similarly, Koriwn, xxix, p. 100 notes that the "Armenian alphabet was created in the eighth year of Jazdegerd [I]."

[25] ŁP', II, xxvi, p. 48, "եւ նոցա պատասխանի արարեալ մարդան, ասացին, երէ 'Այդ հրամանիդ տեսութիւն և զիտելութիւն' ... յայտնի է ամենայն Արեաց և անարեաց ... Մեք զքեզ թագաւոր զիտեմք, որպէս ամենեցունց' առաւել եւս մեր. Իշխանութիւն ունիս ճման Աստուծոյ ի վերայ մեր և ամենայն մարդոյ որ է ի թագաւորութեան քում' սպանանել և կեցուցանել։'"

ARMENIAN SOURCES ON SASANIAN ADMINISTRATION

not only to serve you with the tribute of money, but also to shed on your behalf our own blood and that of our sons. ... But... it is impossible for us, who from the beginning have been instructed and confirmed in this religion (Christianity) to obey and accept such command as yours (to accept Zoroastrianism)."[26]

As is evident from this passage, however, obedience was not altogether unconditional, since it clearly depended on the continuation of Persian recognition and respect of the Armenian ancient traditions or *ōrēnkʻ*, most particularly of their religion:

"We shall obey you as did our ancestors... on these three conditions... If the Persians agree... we shall serve them as true and loyal servants... But if they do not agree and are obstinate, we shall abandon our country, perish, and die joyfully, rather than do obedience to the Persians. The first, ... the most important and necessary, is this fundamental request: that you permit us our patrimonial and natural religion (*ōrēnkʻ*)..."[27]

As token of its vassal status, Armenia regularly paid certain taxes (*harkkʻ*) to the Sasanian treasury. The earliest reference to such taxes comes from the *Epic Histories* according to which at the end of the IVth century:

"Queen Zarmanduxt and the *sparapet*... handed the realm of Armenia to the Surēn and submitted to the commands of the king of Persia. And it was laid down that the king of Persia should be given tribute (*harkkʻ*)... Likewise to the *marzpan* Surēn *has* and *košik* as well as the necessary maintenance (*ṙočik*), and supplies and food for ten thousand men..."[28]

After the great Armenian revolt of the mid Vth century, the Persian governor "held a council as to ... how to submit Armenia to their will and impose tribute."[29] These taxes were usually directed to the

---

[26] ŁPʻ, II, xxiv, p. 45 = ŁPʻ-T, p. 82-83, "... և մեր ըստ կարի զօրութեան մերոյ երկոցեալ նախ ի հրամանէ օրինաց մերոց և ապա ի ձէռ և մեծ բազատրութեանդ, եղեալ ի մտի՝ ոչ միայն ըստ երկիրդի մարդկան, ... այլ կամաւ իսկ և յօշարութեամբ՝ յաճեմայնի գձէր կամ և գհրամանն կատարել. և ձառայել ձեզ ոչ միայն կարասւոյ ձախուձ, այլ և զարիւն աճանձ մերոց և որդւոց ի վերայ ձեր դնել: Բայց ... անճնար է՝ որ ի բնէ ուսեալ եմք և հաստատեալ յօրէնս յայս՝ անսայ այդպիսի հրամանի և հաւանել."

[27] ŁPʻ, III, lxxxix, p. 161 = ŁPʻ-T, p. 221, "... բանի ձերոյ լսեմք՝ որպէս և նախնիքն մեր լուան – զայս երիս ընդրութիւնս խորհեալ եղաք ... Եթէ յանձն առցեն Պարսիկք բողացուցանել մեզ զայս ... ձառայեսցուք նոցա որպէս զբնիկ և զհաւատարիմ ձառայս, և եթէ ոչ հաւանին յայսմ առնու, և խստանան՝ ելցուք ըստ աշխարհի և կորիցուք և խնդութեամբ մեռցուք, այլ Պարսկի առն երկիր ոչ պագցուք:

Ել է մին ... Նախ և առաջին խնդիրս այս կարևոր և պիտանի. եթէ գիտրենի և զբնիկ օրէնս մեր ի մեզ թողուն!" Cf. Ibid., II, xxvi, p. 49 = p. 87, "Զկասարակ և գհայատակութիւն, զոր ձառայից պարտ է առ իւրեանց տերանս, զոր և բազատրութ անել, և եթէ ոչ հաւանիք յաճեմ առնու, և վերայ Արեաց տերանց և ի վերայ Արեաց աշխարիի եղբալ է ի մտի մաշել: Բայց գօրէնս, զոր ուսայ ...

As token of its vassal status, Armenia regularly paid certain taxes (*harkkʻ*) to the Sasanian treasury. [I (Vardan Mamikonean) have decided to wear myself out on behalf of the lord of the Aryans and the land of the Aryans. But the religion which I have learned from God from my childhood it is impossible to abandon for fear of a man]", also *Ibid.*, Introduction, p. 27-29, and cf. E, p. 28-29, 41 = E-T, p. 83, 92 "Ի նախնեաց ուներք սովորութիւն ասարածատուր պատիրանաւ՝ աղօթս առնել ի վերայ կենաց թագաւորի, և անդ անօրջպ խնդրել յԱստուծոյ վասն երկայն ժամանակաց դորա, զի խաղաղութեամբ վարեսցէ զտիեզերական իշխանութիւնդ, զոր աւանդեալ է դմա յԱստուծոյ. ... Բայց վասն օրինացն մերոց ... ... (41) զի ոչ եթէ ընդ մարդոյ է ուխտ հաւատոյ մերոց, ... այլ անլուծանելապէս ընդ Աստուծոյ, որում շիւ ճնար բակտել և ի բաց եղանել. [From our ancestors we have regained the divinely instituted custom of praying for the life of the king and ceaselessly requesting of God for long life for him, so that he may rule in peace his universal empire, which has been entrusted to him by God ... But as for our religion ... ...(92) the covenant of our faith is not with a man ... but it is indissolubly with God – from whom it is impossible to be divided or separated...]." Also *Ibid.*, p. 45 = p. 97 and p. 163 = p. 202.

[28] BP, V, xxxviii, p. 249 = BP-G, p. 222. "տիկին Զարմանդուխտ և սպարապետն ... Սյւյին գաշխարճն Հայոց ի ձեռն Սուրենայ, և ճնազանդէին ճրամանաց բագաւորին Պարսից. և կարգէին բագաւորին Պարսից յաշխարճէն Հայոց գճարկս՝ տալ ... Սոյնպէս և մարզպանէն Սուրենայ հաս և կոշիկ և սպիտոյս զորէկք, սոյնպէս և ... դարմանի և կերակուրս ըստ պիտոյիցն:" Cf. *Ibid.*, p. 530-532, 539, 555 s.n. for *has* and *košik*.

[29] ŁPʻ, II, xlii, p. 75 = ŁPʻ-T, p. 119, "Խորճուրդ ի մեջ առեալ, թէ որպէս ... ընդրեն ըստ կամաց և ճարկատրութեան կացուցանել գաշխարճս Հայոց:"

Persian treasury[30] and are said to have increased by the time of the great Armenian rebellion. According to Ełišē, "Indeed the amount of revenue and dues and all other taxes (*mutk'*, *sakk'* and other *harkk'*) of the country going to the court was greater than in the time of his father",[31] though his account is undoubtedly tinged with exaggeration, especially since he himself admits that this taxation did not arouse opposition:

"Third: he increased the tax burden on the country. ... For where it was suitable to take up to a hundred *dahekan*, they took twice as much. Likewise they taxed both bishops and priests not merely of inhabited lands but also of desolate areas. So who indeed could describe the severity of dues (*mutk'*) and taxes (*sakk'*), excises (*bak'*) and levies (*hask'*) on the mountains and plains and forests? They did not act in accordance with royal dignity but raided like brigands...

Likewise on the holy church, which was free in Christ from the beginning according to the custom of our ancestors, you also imposed taxes."[32]

---

[30] E, p. 6 = E-T, p. 60, "գանձն յարքունիս Պարսկաց երթայր [the tribute (*ganj*) went to the Persian court...]."

[31] E, p. 45 = E-T, p. 97, "Իսկ գմտից և գասկից, և որ այլ ևս են հարկաց աշխարհին, բազմագոյն քան առ հարբն նորա երթայր յարքունիս." See also next note.

[32] E, p. 22-23 = E-T, p. 76-77, "Երրորդ, գիարկ աշխարհին առաւել ծանրացոյց. ... Քանզի ուստի արժան էր առնուլ հարիւր դահեկանաւ չափ, կրկին առնուին, Ընդնոյն և եպիսկոպոսաց և երիցանց դնէին, ոչ միայն շինաց, այլ և աւերակաց: Նա բնաւ ո՞վ իսկ կարէ պատմել վասն ծանրութեան մտից և սակից, բակից և լքից լերանց դաշտանաց և մայրեաց : Ոչ ըստ արքունի արժանաւորութեան առնուին, այլ հինաբար յափշտակելով ...." *Ibid.* p. 46 = 97, "Նա և ի սուրբ եկեղեցյն, որ էր ազատ ի Քրիստոսէ ըստ կարգի նախնեացն մերոց ի սկզբանէ, դու ընդ հարկաւ եդիր." See also MK, II, xvi, p. 166-167 = MK-D, p. 104. "Երկրորդ ամի Արտաշրի' որդւոյ Կաւատայ, Պարսից արքայի, ... Նա և զանցս վաճառաց և զկարբրնկեցս ձկնորսութեան մեծամեծ գետոցն Կուրայ և Երասխայ' զամենայն ընդհիւ պահանջէր, և զղհդրաբձային ըստ սովորութեան աշխարհագրին Պարսից թագաւորութեանն: [In the second year of Artašir, son of Kawat, king of Persia. ... He exacted heavy tribute from the merchants and the fishers of the great rivers Kur and Araxes, and didrachms in accordance with the cadastre (*ašχarhagir*) of the Persian kingdom]."

[33] BP, IV, xvii, p. 135 = BP-G, p. 148, "Ճապուհ արքայն քրիստոնէութեանն հաւատոց հարկոֆ և պեսպէս վշտոֆ ծեղէր զնոսա ... [King Šapuh raised a great persecution against the Christian faith. He oppressed them with taxes and all sorts of vexations]." See above n. 26 for the Armenian council's willingness to pay the Persian taxes and n. 35, for the punishment of Vasak Siwni.

[34] ŁP', II, xxi, p. 42 = ŁP'-T, p. 79, "... դու քո շահիցն և հարկաց փոյթ անձին ունիս զի օգտեսցիս [you (the king) are busied with your profits and taxes to benefit therefrom]."

[35] E, p. 70 = E-T, p. 121, "Եթե կամոֆ յանձն առնուֆ զօրէնան, պարգևս և պատիւս գտանէֆ ի նմանէ, և թողութիւն հարկացն յարքունստն լիցի ձեզ ['If you willingly accept his (the king's) religion, you will receive gifts and honors from him and you will gain relief of taxes from the treasury']." *Ibid.*, p. 85 = p. 137, "Եւ զհատեալ ռոճիկն կարգէր անդրէն իւրաքանչիւր, [The allowances (*ročik*) that had been cut off he restored to each one]." Again, *Ibid.*, p. 131 = p. 183, (the royal cavalry after the great rebellion of 450-451) "Ordered the taxes of the country to be remitted and he even reduced the burden of the royal cavalry for a time [Թողուլ հրամայէր զհարկս աշխարհին, և զայրուձին ևս արֆունի թեթևացոյց առ ժամանակ մի]." Kawat, MK, II, xiii, p. 149 = MK-D, p. 92 exonerated all localities in his kingdom fom all royal tribute (*harks*) and tolls (*mak's*) for three years [և զամենայն հարկս և զմաքս արֆունի երեքամեայ ժամանակաւ ընդ ամենայն տեղիս իւրոյ տերութեանն շնորհեաւ ամենեցուն]."

On the other hand, "So heavy were the land dues (*zparters harkac'*) imposed on his (the traitor Vasak Siuni's) house that he had to resort to the possessions of his parents and grandparents as well as his own and even to the women's jewelry to pay the fine – and still he was unable to pay off the debts to the court [Եւ այնչափ սաստիկ արկին զպարտերս հարկաց աշխարհին և վերայ տան նորա, որ մինչև փառց և ղիւտոց և զիւր արարս և զզարդս կանանց ևս եդ ի վերայ և ևս և տուժեցաւ, և ոչ կարաց հատուցանել զպարտոան արֆունի]" E, p. 139 = E-T, p. 190. Cf. *Ibid*, p. 133 = p. 185 where Vasak (during the time that he was governor of Armenia) is accused that, "he had stolen the tax of the country which went to the royal treasury ... that man was the cause and author of ... the loss of the royal taxes [զոդ ևս գտանէր հարկի աշխարհին, որ յարֆունին երթայր ... Նա ... կորուստ հարկացն արֆունի]" See also the next note and below p. 65-67 for the royal cavalry.

ARMENIAN SOURCES ON SASANIAN ADMINISTRATION

who gives more attention to finances than is found in the parallel text of Łazar P'arpec'i, speaks of a census (*ašχarhagir*),[36] as does Movsēs Dasχuranc'i.[37] Normally, the Persian governor, or the *de facto* ruler of the country seems to have had fiscal responsability for his district, in particular for the collection of the taxes, and received a remuneration.[38] In the VIIth century, however, in troubled times, Pseudo Sebēos describes the activities of a presumably financial "auditor" (*hamarakar*) from a different district directly answerable to the central treasury rather than to the local authorities. This case may, however, have been dictated by special circumstances or been the description of a bribe intended to subdue rebellious Armenian lords. It is mentioned nowhere else:

"... the king of Persia sent to Armenia the auditor (*hamarakar*) of Vaspurakan with much treasure ... so that in this way he might subject them to his own service. The auditor went to Armenia ... accompanied by the treasure and many camels... Samuēl Vahewuni [and the other rebels] ... seized the treasure but spared the auditor's life ... The auditor went to court and informed the king of all that had happened; ... Then king Khosrov... sent back to Armenia the auditor of Vaspurakan...

(43) [The Armenian troops stationed at Isphahan] pillaged the land. They took the royal treasure which was in the auditor's house, which had been amassed from the taxes of that land..."[39]

These auditors and other fiscal officers seem to have been answerable to a central financial office, perhaps occupied by the "Lesser (implying the simultaneous existance of a Greater) *vačaṙn p'ok'r*, refered to by Pseudo Sebēos and having a vast administrative jurisdiction; an institution which Thomson renders as the "Lesser Ministry of Finance."[40]

The most visible feature of Armenia's vassal status was the service of its famed cavalry

---

[36] E, p. 22 = E-T, p. 75-76, "Զմի ոմն ի հաւատարիմ ծառայից իւրոց ի գործ առաքեր յեկիրն Հայոց՝ ... որ զեկեալ հասեալ հրամանաւ արքունի ... աշխարհագիր առնէր ամենայն երկիրն Հայոց ի քողութիւն թեթեւութիւն ծանրութիւն այրոտծռոյն ... ... մի այնակեաց քրիստոնէայք որ բնակեալ էին ի վանորայս, ընդ նովին աշխարհագրով հարկ. [He (Yazkert II) sent one of his trusted servants ... to Armenia. He camed at the royal command, ... and made a census (*ašχarhagir*) of the whole land of Armenia ... [as if] for the alleviation of taxes ... ... he included in the same census the Christian monks living in monasteries."

[37] For this text, see above n. 32, where Dowsett translates *ašχarhagir* as "cadastre."

[38] Ps.S, viii, p. 66 = Ps.S-T, p. 4. "Այս վահան (Մամիկոնեան) ժողովեաց ևս զհարկս Հայոց [This Vahan (Mamikonean) also collected the tribute of Armenia]" as a result of his successful rebellion and even before the Persians recognized him as vice-roy of the country. Moreover, he also cleared himself before the king from accusations of wrongdoing by saying –, ŁP', II, lxv, p. 117 = ŁP'-T, p. 170-171, "But if I were oppressed by you and wished to go to some foreign land, why would I bring so much gold here – which would have been more than enough salary (*t'ošak*) for myself until my death, even if I were to live a very long time, and also for ten more in addition? And you had not set any prefect (*ostikan*) over me who would have forced me to bring here such an amount of gold. [Բայց եթե նեղ ինչ էր ինձ ի ձէնջ և ուրեք յօտար երկիր գնալ և կորնչել կամէի, զայդչափ ոսկի այսր զի՞ բերէի, որ միայն գնաի իմ, թեև կարի շատ կեի՞ իմուտ անմինս, այլ և տասանց ևս ընդ իս, թոշակ շատ էր և որվական. և զայլ որ ոստիկան ձեր յիմ վերայ չէր կացուցեալ, որ թէ ինձ հարկէր տայր բերել այսր զայդչափ բազմութիւն ոսկւոյդ.]" On the insufficiently precise term *ostikan*, see below, nn. 65, 78.

[39] Ps.S, xvi and xxiii, p. 87-88, 96 = Ps.S, I, p. 32, 43, "բազատրն Պարսից ... արձակոյր ի Հայս զՎասպուրականն համարակարն ի Հայս հանդերձ զանձու բազմաւ ... զի այնպես ունեիցեալ մօցէ զնորա ի ծառայութիւն իւր.. և զնայր համարակարն ի Հայս և ընդ նմա զանձ ուղտուկ բազմաւ: Եւ ... Սամուէլ Վահևունի հանդերձ այլովք ընկերաւ իւրեանց .... հանին զգանձն, և համարակարին զարեն պարգև շնորհեցին: .... Նա աւանդիկ համարակարին երթեալ ի դռունն' պատմեաց բազատրին զամենայն եղեալն ... և արձակու անդրէն զՎասպուրականի համարակարն ի Հայս ... ... (96) ... աւերեցին զերկիրն. անին և զգանձն արքունի որ ի տանն համարակարին, որ ի հարկաց ժողովեալ աշխարհին այնորիկ.]" See also n. 76.

[40] *Ibid.*, xxviii, p. 101 = p. 49, "He (the king) bestowed upon him (Smbat) the Lesser Ministry of Finance (*vačaṙn p'ok'r*), the administration (*divan*) of the country. [ստա նմա արքայ ... զվաճառն փոքր, զդիւան աշխարհին:]" Possibly the lesser *vačaṙ* was concerned with provincial administration, whereas the greater one had the oversight of the central portion of the empire. We are given no information on the subject, but cf. below, n. 83. On the Persian *āmārgar* = Armenian *hamarakar*, see Gyselen 1989, p. 27, 35-37, 120 ; *Ead.* 2002, p. 39-56, 110.

composed of the "nobility (*azat*) and lesser nobility (*azatordi*) ... and retainers from the royal house (*ostanik*)"[41] which formed an important component of the Persian army in its wars primarily against the Hephthalites, whom the Armenian authors almost invariably call Kʻušans[42], but also in defense of the fortified Čoɫay pass at Derbent, and even within the Persian empire.[43] This service was not exclusively owed by Armenia but also by the adjacent Caucasian lands[44] and was obligatory

---

[41] See below n. 44.

[42] Required or even forced service against the Kʻušans is mentioned as early as the IVth century, even before the end of the Arsacid dynasty in Armenia, BP, V, vii, p. 210 = BP-G, p. 197-198, "... The Arsacid king of the Kʻušans ... stirred up war against Šapuh (II) the Sasanian king of Persia. And so king Šapuh mustered the entire Persian army to wage war against him. He also collected the entire cavalry taken prisoner from the land of Armenia and took it along with him, [արշակունին թագաւորն Քուշանաց ... յարոյց տալ պատերազմ ընդ սասանականին Շապհոյ թագաւորին Պարսից· եւ Շապուհ թագաւորն գամենայք զզօրս Պարսից գումարեալ խաղացյց տալ պատերազմ ընդ նմա. եւ զորս մՀանգամ ածեալ էր գերութիւն յերկրէն Հայոց գումենայն այրուձի գումարեալ՝ խաղացոյց ընդ ինքեան՛]."

ŁPʻ, III, xciv-xcv, p. 171-172 = ŁPʻ-T, p. 233 "Vahan Mamikonean then equipped the Armenian cavalry and dispatched it to the court ... (xcv) A few days later Vahan Mamikonean quickly assembled the Armenian cavalry, and in the company of all the faithful Armenian princes set out to go to king Vaɫarš... [եւ կազմեա Մամիկոնենին Վահանայ զայրուձին Հայոց արագէր ի դուռն, ... (ՂԵ) Եւ յետ սակաւ աւուրց ստիպով ժողովեալ Մամիկոնենին Վահանայ զայրուձին Հայոց, եւ ինքն եւ ամենայն ուխտակից նախարարքն ընդ նմա՝ շուեալ գնայր առ թագաւորն Վաղարշ...]";

E, i, p. 10 = E-T, p. 64, "We (the Persian king) have decided ... to march to the land of the East, to subject the empire of the Kushans ... straightway, ... gather cavalry before us and meet me in the land of Apar [Մեք ի մտի եդաք ... գնալ յաշխարհն արևելից, ...դարձուցանել ի մեզ զոյթրութիւնն Քուշանաց. դուք ... վաղվաղակի այրուձի գումարեցէք առաջոյ քան զիս, յանխժման լինիցիք ինձ յԱպար աշխարհին]." Also, *Ibid*., iii, p. 49 = p. 100-101 "... at that very time arrived a bearer of bad news from the region of the Kushans ... The impious one (the Persian king) quickly and urgently sent off the cavalry [ի նմին ժամանակի գուժկան հասանէր ի կողմանցն Քուշանաց ... եւ անորեն եղեալ տագնապէր զայրուձին յառաջ առաքել...]."

Similarly in the VIIth century, Ps.S, xxviii, p. 101-102 = Ps.S-T, p. 50-52, "(the king) gathered for him (Smbat) an army in fearsome array against the land of the Kʻushans in the east. So he ... summoned to himself ... his own original army of compatriots, and went directly to the east. These are the princes of the Armenian nobles who [joined] him, with each one's contingent and banner... His troops were about 2000 cavalry from that land. He saw that the Kʻushan army had spread out in raids over the entire country. But when they heard news of him, they came together and departed. He followed in hot pursuit ... Then Smbat assembled the army and rearmed it. He also brought in many other troops to his support and went to attack the nation of the Kʻushans and the Hephthalite king. [գումարէ նմա զաւր մեծաւ ահեղութեամբ յարևելս յերկիրն Կուշանաց. ... և կոչէ առ ինքն ի վրկանն զբուն ձեռակապ զաւրն իւր գհաւաշխարհիկ և գնայ ուղղորդ յԱրևելս։ Եւ այս են իշխանք նախարարացն Հայոց, որ ընդ նմա հրամանչիւր գնդաւ և դրաւշու ... Եւ զաւր նորա իբրև երկու հազար հեծեալ՝ յաշխարհէն։ Տեսևս գի զաւրքն Կուշանաց ասպատակեալ սփռեալ էին ի վերայ երկրագ ամենայն երկրին։ Եւ իբրև լուան զլուր հաւրպաոյ նորա՝ ժողովեցան և գնացին։ Եւ սա պնդեալ զհետ անցաւ՛... Յայնժամ Սմբատ ժողովէ զզաւրն և վրստին սպառազինէ գումարէ և այլ զաւրս բազումս յաւգնութիւն իւր, և դիմեալ գնայր ի վերայ աղգին Քուշանաց և արքային Հեփթաղաց]."

[43] The service of the Armenian cavalry was not exclusively on the eastern border of the Persian empire but also the garrison the Čoɫay pass at Derbent, "between Mount Caucasus and the eastern sea", fortified by the Persians against northern invasions, see below n. 73, cf. E, ii, p. 18 = E-T, p. 72, and within the empire, together with various other Armenian contingents, at Isphahan, Ps.S, xxi, xxiii, p. 94, 96 = Ps.S-T, p. 41, 43, or even in dynastic quarrels, ŁPʻ, III, xciv, p. 171 – ŁPʻ-T, p. 232, "Nixor requested the native Armenian cavalry from Vahan. 'Equip it rapidly, he said, and dispatch it to the court for Zareh, son of Peroz, has rebelled against the Aryan empire' [խնդրէր Նիխոր ի Վահանայ զբնիկ Հայոց զայրուձին. 'կազմեա, ասէ, փութով և արձակեա առ դուռն Ռանչի Չարեհ որդի Պերոզի ընդդիմացեալ Արեաց աշխարհացն']." In the VIIth century a contingent as large as 30,000 is said to have been levied for service in the Byzantine army in Thrace, Ps.S, xxx, p. 105 = Ps.S –T, p. 56.

See also below n. 73, for the guarding of the Pass at Derbent.

[44] E, i, p. 10 = E-T, p. 64, "A force of nobility and lesser nobility was assembled from Greater Armenia and retainers from the royal house; likewise from Georgia and the land of the Lpʻinkʻ, and still others from the districts of the south near the borders of Tachkastan [Գունդ կազմէր ի Հայոց Մեծաց գազատ և գազատորդի, և յարքունի տանէ գոստանիկ մարդիկ, նույն ամին օրինակի ի Վրաց և յԱղղուանից և յաշխարհէն Լփնաց և նր այլ լս ի կողմանց կողմանց հարաւոյ մերձ ի սահմանս Տաճկաստանի." *Ibid*, iii, p. 63 = p. 114. ŁPʻ, III, lxxx,

ARMENIAN SOURCES ON SASANIAN ADMINISTRATION

rather than voluntary.[45] This cavalry, however, received its maintenance *(ṙočik)* from the Sasanians, though this maintenance could be curtailed punitively on occasion, just as the tax burden was increased,[46] and its arrival at court was

---

p. 146 − ŁP'-T, p. 205 "Gdihon, lord of Siwnik', with the troops of the whole province of Siwunik' [զտէրն Սիւնեաց զԳդիհոն առ ամա ամենայն զաւառին Սիւնեաց զնա,]"; likewise, E, p. 63 = E-T, p. 114, the Persian governor of Armenia is said to have raised "cavalry from the land of Siunik'" and the Albanian contingent in winter quarters in Armenia was even claimed to "number ten thousand ... When we have them to hand there is no one who can subvert the royal command. [եւ անդէն հրոս հանեալ ի Սիւնեաց աշխարհէն ... Արէ դու անգամ մի հրովարդակ ի դունն տուր վասն այրուձիոյ՝ որ յԱղուանան է տասն հազար, զի ի ձեռնց ի Հայս եկեցեն. և յորժամ զնոսա ի ձեռին ունիցիմք, չիք ոք որ եղծանել կարէ զհրամանն արքունի:]."

[45] In the absence of a king, after the end of the Arsacid dynasty in Persarmenia, E, i, p. 6 = E-T, p. 60, "the Armenian cavalry was completely under the control of the princes in time of war [այրուձին Հայոց բովանդակ ի ձեռն նախարարացն առաջնորդէր ի պատերազմի:]." However, *Ibid.,* p. 10 = p. 65, "they marched from each one's land obediently and with loyal intentions in order to fulfill their miliary service (to the Persian king) with sincere faith [զնագին յիւրաքանչիւր աշխարհաց լրջմտութեամբ և տիրասէր խորհրդովք, կատարել զսպաս զինուորութեան անեկկրայ հաւատովք]." At this point the author seems to imply that the cavalry reported at court on a rotating yearly basis, *Ibid.,* p. 12 = p. 66, "Then he dispatched the warriors to each one's place, and summoned to his presence others in their stead with the same equipment. And thus he established the habit from year to year [Ապա արձակեաց զմարդիկն յիւրաքբչիւր տեղիս, և զայլս փոխանակ նոցա առ իւր կոչեաց ունին պատրաստութեամբ։ Եւ այսպէս ամ յամէ սովորութիւն կարգեաց]."

See above, n. 42 for the mustering of the Armenian cavalry by Šapuh II after his defeat of the Armenian king, according to the *Epic Histories*.

[46] ŁP', III, lx, p. 108 = ŁP'-T, p. 159, "... Peroz ... sent ... Yězatvšnasp ... with orders to release the Armenian nobles from prison and provide them with an allowance *(ṙočik)* at Hrev 'Let them stay there, he said with their cavalry, and carry out whatever task Aštat, ... may set them to'. When Yězatvšnasp arrived, he gave them the good news, saying: 'The king of kings has reprieved you ... and has arranged allowances for you at Hrev .... He has ordered you to perform royal duties...' They then took the Armenian nobles to Hrev, and arranging allowances for each one, entrusted them to Aštat to use on military service [Պերոզ ... առաքեաց զԸզատվշնասպ ... և հրաման ետ արձակել զնախարարսն Հայոց ... և կարգել նոցա ռոճիկ ի Հրև. 'Կացցեն, ասէ, անդէն այրուձիով և կատա-

---

marked with particular pomp at least until the revolt of 450-451:

> "It was the rule in former times, when the cavalry from Armenia went to court under some distinguished general, for him (the shah) to send a man to meet them, and inquire about the welfare of Armenia; he would do the same twice and three times and in person review the force. Before they went out to war he would greatly thank them for coming to him, and in front of all his companions and all the magnates he would praise them all and recall the service of their ancestors and rehearse the brave deeds of each man".[47]

րեսցեն զգործ՝ որ ինչ և դիցէ նոցա Աշտատ ... Եւ եկեալ Ըզատվշնասպ՝ ետ նոցա աւետիս ասելով, 'եթէ Արքայից արքայ զմահապարտութիւնն երոդ ձեզ... և կարգեաց ձեր ռոճիկ ի Հրև ... և ձեզ հրաման ետ կալ ի գործ արքունի,'... — Տարեալ այնուհետև զնախարարսն Հայոց ի Հրև, և կարգեալ իւրաքանչիւր ունէր ռոճիկա՝ զուարթին զնոսա ի ձեռն Աշտատայ, ունել զնոսա ի գործ պատերազմի:].

However, according to E, ii, p. 21-22 = E-T, p. 74-75, at the time of the great Armenian rebellion, "many detachments were sent to distant lands to wage war against the king's enemies in the inaccessible desert while Yazkert II pretended that his census was intended for "the aleviation of taxes and the lightening of the burden of the cavalry [եւ գունդս գունդս դարձեալ զումարէին ի նոցանէն յերկիրս հեռաւոր՝ յամուրս անապատին՝ ի մարտ պատերազմի թշնամեացն արքայի ... ... ի թողութիւն հարկաց և ի թեթևութիւն ձանրութեան այրուձիոյն!]."

See above p. 63-65 and nn. 28-40 for the taxes.

[47] E, ii, p. 44 = E-T, p. 95-96 : "[եւ զի օրէնք էին յառաջ ժամանակաւ, յորժամ ի Հայոց այրուձին ի դունն երթայր ի ձեռն պատուաւորի զորագլխի ուրուք, այր ընդ առաջ յղէր, և հարցանէր զորջոյն և զխաղաղութիւն Հայոց աշխարհին և երկիցս և երիցս անգամ զնոյն առնէր, և զհանդէս զնդին ինքնին տեսանէր և յառաջ քան ի գործ պատերազմին հասանէր զզայն իսկ առ նա՝ մեծ շնորհակալութիւն համարէր, և առաջի աշխարհացս իւրոց և ամենայն մեծամեծացն՝ գովութիւն մատուցանէր ամենեցուն, և յիշէր զնախնեացն զվաստակս և զգործ առն քաջութիւն պատմէր նոցա:]." Cf. Ps.S, xxvii-xxix, p. 99-104 = Ps.S-T, p. 47-54 for the honours bestowed on Smbat Bagratuni after his return from the wars, though these may be due in large part to the king's personal favour, *Ibid.,* xxiv-xxviii, p. 96 = p. 43-44.

One of the interesting aspects of Armenian sources is their confirmation of the existance of certain Sasanian offices and dignities, even where these were not necessarily connected directly with provincial administration and even though unfortunately very little is said about their intrinsic functions beyond what is implicit in their name and/or title. Whatever its value, this aspect has not always been noted, since Armenian authors often treat these references mistakenly as personal names rather than those of a particular individual's official title.[48] Moreover, during the early Sasanian Armenian royal period ending in 428, some of the dignities mentioned in the largest source of such information, the *Epic Histories* for example, the *senekapet* "chamberlain" and the *hazarapet* belong to the Armenian rather than the Persian court.[49] It is, however, usually made clear in the *Epic Histories*, either explicitly or from the context, that most officials mentioned such as the *axoṙapet* "master of the stables", the *dahič* or *dahčapet*, "executioner" and head executioner", the *hambarapet* "supervisor of stores, stewart, quartermaster", the *handerjapet* "counsellor" and the *Mogac' handerjapet* "counsellor of the magi", the *nuirapet* "master of ceremonies", the *ostikan* probably "governor", the *p'ustipan* "guards, bodyguards", the *šapstan takarapet*, who may have been a royal cupbearer and the *zinkapet*, another military title, were Persian, and not Armenian officials, and could apparently assume military duties on occasion whatever their basic function.[50]

The *surēn*, the *Dumavund vsemakan* and the *zik* are given therein as a personal name rather than as official, usually military titles.[51]

During the post-royal period in Persarmenia, beginning with the mid-Vth century, most of these officials appear in an unmistakably Persian context, though here too, we are given very little information concerning their duties and prerogatives. Thus, the *History* of Łazar P'arpec'i dating from the very beginning of the VIth century records the presence of *ambarapets*, who appear both in this form and and in that of *ambarakapet*, of the *anderjapet*, specifically of the *Movan anderjapet* or "*anderjapet* of the Magi", of *dahič*s and *hazarapets*, of the *p'uštipan*, or more specifically of their presence in the Persian and not merely in the provincial structure.[52] Moreover, the author was aware of the distinction between local *hazarapets*, who in Armenia seem to have been primarily concerned with agriculture and the peasantry, and whose office was the hereditary prerogative of the Gnuni house, according to the

---

[48] On these problems and the vast and growing literature on Sasanian official titles, see especially the numerous publications of Ph. Gignoux and R. Gyselen, some of which are listed in the Partial Bibliography. No attempt has been made to review this extensive material has been made since any such attempt would have extended the present survey beyond any reasonable length.

[49] BP, III, xx; IV, iii, xliv, p. 50, 79-80, = BP-G, p. 94-85, 109-220, 165. See below nn. 53-56, for the *hazarapet*.

[50] BP-G, p. 512, 518-520, 530, 531-532, 550, 554, 556, 568, 572. Both the *surēn* and the *zik* are treated as proper names *Ibid.*, p. 409-410, 434. On the Iranian evidence for the *mogbed* and the *handarzbed*, see Gyselen 1989, p. 29-31.33-35 and *Ead.* 2002, p. 68-69, 117. It is interesting to note that the Armenian patriarch St Nersēs I on his accession assumed the Iranian title of "protector/advocate of the poor or dispossessed" (Arm. *drigošan amenayn zrkeloc'* = Ir. *driyōšān jāddagōw*) BP,

IV, iii, p. 78 = BP-G, p. 109. See, Gyselen 1989, p. 19, 31-33, 125; *Ead.* 2002, p. 57-59, 115; Garsoïan 1981a.

[51] On the *Dmawund* (and *Andikan*)*vsemakan*, BP, IV, xxii, xxvii, xxix, xxxiv, p. 145-146, 153-154 = BP-G, p. 154-155, 159-160, 348, 369, 568, now attested by two seals, see Gyselen (unpublished), p. 1-7. See the preceding note for the *surēn* and the *zik*.

[52] *Ambarapet*, ŁP', II, l, p. 88 = ŁP'-T, p. 135, II, li, p. 91 = p. 139, II, liv-lv, p. 94-97 = p. 142-146, II, lviii, p. 105 = p. 155; *ambarakapet*, *Ibid.*, II, l, p. 89 = 136, II, liv, p. 95 = p. 143, II, lvi, p. 99 = p. 148, II, lvii, p. 104 = p. 164 (*hambarakapet*);

anderjapet, the only *anderjapet* mentioned is the counsellor of the magi, q.v. below; *dahič*, II, xlv, p. 81 = p. 127, II, li, p. 89 = p. 136, II, lii-liii, p. 91-94 = p. 139-142, II, lv, p. 96 = p. 145, II, lvii, p. 101 = p. 150;

movan anderjapet under the authority of the chief-mobed (*movpetan movpet, Ibid.*, II, l, p. 88 = p. 135, II, lv, p. 97 = p. 135, II, lvii, p. 101 = p. 151;

p'uštipan saław, III, lxxi, p. 128-129 = p. 184-185;

senekapan ark'uni, II, xxxiv, p. 64 = p. 106. The only *anderjapet* known to P'arpec'i is the "counsellor of the magi" mentioned above.

dar-anderjapet : there is no record in his work of the *dar-anderzbed* or "court counsellor" whose official seals have now been published by Gyselen 2007, p. 211-26, but he is known to Ełišē, see n. 64. See next two notes for the office of *hazarapet* and n. 64 for the *daranderjapet*.

Epic Histories,⁵³ or who might subsequently be Persian officials ⁵⁴ and the "Grand Commander" of the Persian court, whom he normally identifies as the *hazarapet* of the royal court⁵⁵ or the *hazarapet* of the Aryans while still more precisely, the parallel text of Ełišē also gives this title as "the great *hazarapet* of the Aryans and non-Aryans" or even in the form of his official Persian title, "*vuzurg framadār* of Eran and Aneran."⁵⁶ To most of the offices recorded in the list found in the *Epic Histories*, Pʻarpecʻi adds the royal *maypet*, probably the "court cupbearer", perhaps to be compared with the *šapstan takarapet* mentioned in the *Epic Histories*. The *pʻuštipan saŀar*, who is at one point said to be "the commander in chief of the whole (Persian) army,"⁵⁷ and the *senekapet* in the form *senekapan arkʻuni* or "chamberlain of the court" already met in the *Epic Histories* were also known to Pʻarpecʻi, thereby implying a continuation of these institutions and a familiarity with them. Their duties, however, are not specified, though the *maypet*, seemingly a court official, could on occasion be sent abroad as assistant to the *ambarapet*. Pʻarpecʻi also mentions the *dprapet* or "chancellor" and the "secretary of the council", *χorhrdean dpir*, though he gives no further details on the composition of the royal council, beyond the uninformative observation that it was composed of the nobility.⁵⁸ Furthermore, his accounts make it evident that far from being hereditary prerogatives, as they were in Armenia, high royal offices could be occupied successively by the same individual.⁵⁹ Finally, he also speaks tantalisingly, of anonymous "Persian officials" (*gorcakalkʻ*) who came from the court, without specifying the purpose of their mission, beyond the obvious inference that the central administration was keeping an eye on the situation in outlying provinces.⁶⁰

---

⁵³ BP, IV, ii, p. 76-77 = BP-G, p. 108, "First, (the king entrusted) the office of *hazarapet* of the overseeing care of the land, of the supervision over the enrichment and welfare of the realm to the clan of the Gnuni, who cared for the peasants as *hazarapet*s of the entire land. [Եւ սկիզբն գործակալութեանն հազարապետութեանն աշխարհական խնամակալութեանն, աշխարհաշէն աշխարհատած դեհկանութեան շինականաշէն աղքն Գնունեաց հազարապետն ամենայն երկրին:]." However, at the Council of Šahapivan of 444, the *hazarapet* of Armenia is given as Vahan Amatuni, see below n. 88. Ełišē also records a *hazarapet* of Albania, E, p. 70 = p. 121, as does MK, II, ii, p. 112 = MK-D, p. 65, "հազարապետն Աղուանից."

⁵⁴ ŁPʻ, II, lxvi, lxvii, III, xci, p. 118, 120-121, 164 = ŁPʻ, p. 172, 178, 225, "the *hazarapet* of Armenia Vehvehnam [հազարապետն Հայոց Վեհվեհնամ]."

⁵⁵ *Ibid.*, I, xiv, p. 23-24 = p. 58, "Surēn Pahlaw was at that time *hazarapet* of the royal court ... ... Then king Vṙam summoned to his presence Surēn Pahlaw his *hazarapet* [քանզի Սուրէն պահլաւ՝ էր ի ժամանակի անդիկ հազարապետ դրանն արքունի ... ... Ապա կոչէր առ ինքն թագաւորն Վռամ զՍուրէն պահլաւ, զիւր զհազարապետ]." On the office of the *hazarapet* see also Benveniste 1967, p. 67-71.

⁵⁶ E, ii, p. 2 = E-T, p. 82, "Միհրներսեհ մեծի հազարապետի Արեաց և Անարեաց", *Ibid.*, p. 24 = p. 77, "Միհրներսեհ վզուրկ հրամատար Երան և Աներան", though in both cases he is purportedly citing official documents. On the *Vuzurg framadār*, and the official seal of Mihrnerseh, see Gyselen, 2007, p. 9-13.

⁵⁷ See next note.

⁵⁸ *Maypet*: ŁPʻ, II, l, p. 88 = ŁPʻ-T, p. 135, "He (Yazdkert II) ordered Vehdenšapuh, the chief steward (*ambarapet*), to take with him two other assistants from the nobility, Jnikan the royal *maypet* and the counsellor of the magi (*movan anderjapet*), under the authority of the chief-mobed (*movpetan-movpet*) [Տայր հրաման Վեհդենշապհոյ ամբարապետին առնուլ ընդ իւր երկուս եւս այլ օգնականս յազագանէնջն, զՃնիկան մայպետն արքունի, և զՄովան անդերձապետ՝ ի ձեռնէ մովպետան մովպետի]." *Ibid.*, II, lv, p. 97 = p. 146, lvii, p. 102 = p. 151, see below, nn. 66-67.
Xorhrdean dpir, *Ibid.*, III, lxxxix, p. 160 = p. 220, "He sent as messengers to Vahan Mamikonean Šapuh, the secretary of the council ... [առաքեաց ևս պատգամաւորս ան Մամիկոնեան Վահան զՇապուհ խորհրդեան դպիր և ...]."
Dprapet, *Ibid.*, II, xxxiv, p. 64 = p. 106. There is no mention in Pʻarpecʻi of the *aχoṙapet*, the *nuirapet* or of any *ostikan*, *vsemakan*, or *zinkapet*, all of which had been found recorded in the *Epic Histories*, see above n. 49-51.
⁵⁹ *Idem*, "(Mihrnerseh) made his confident Vehšapuh governor (*verakacʻu*), who was at that time chamberlain of the court (*senekapan arkʻuni*) and then later chancellor of the Aryans (*dprapet Areacʻ*). [զՎեհշապուհ հաւատարիմ վերակացու արար, որ էր ի ժամու սենեկապան արքունի, յետ այնորիկ ապա և դպրապետ եղև Արեաց]."
⁶⁰ ŁPʻ, III, lxiii, p. 112 = ŁPʻ-T, p. 164, "Ես և գործակալք Պարսիկք որ գային ի դրանէ ..." However, the traitor Vasak Siwni boasted, with probable exaggeration, *Ibid.*, II, xlv, p. 83 = p. 129, that "The tribute of all Armenia is under my control, and all the agents (*gorcakalkʻ*) are in my hand [հարկս ամենայն աշխարհիս Հայոց առ իս են, և գործակալք ամենայն յիմում ձեռին են]." See below n. 82, for the "inspector" mentioned in Ps.S.

XII

The information found in the parallel account of the great Armenian rebellion and its aftermath, composed by Ełišē is close to that of P'arpec'i. Like P'arpec'i's, Ełišē's information is mostly but not exclusively, limited to references to the titles of Persian high officials, such as the "chief executioner", the *dahčapet,* the *ambarakapet,* the *hazarapet,* with the distinction just mentioned above, the *anderjapet* of the magi, the *movpetan movpet* and the royal *senekapan*.[61] However, unlike P'arpec'i, who does not mention him, Ełišē also records the presence of the *daranderjapet* at the top of the Sasanian administrative hierarchy, with which he shows familiarity[62] and he notes the distinctions between the levels of Persian officials both secular and religious. Just as we have seen his awareness of the difference between local *hazarapet*s and the "great, royal" *hazarapet* or *vuzurg framadār,* to whom he attributes the authority of summoning and judging local princes,[63] so he distinguishes the supreme religious figure of the Sasanian empire, the *movpetan movpet* from the "chief-magis" or *mogpet*s, who although fully endowed with the "chief religious authority" *hamakden,* could serve not only as "judges" (*dataworik'*) or "arbiters or legislators" (*ōrēnadir*), which would still be compatible with their religious authority, but even as provincial "governors", and were honoured on occasion with "crowns and distinctions?"[64] He uses the title *ostikan* not so much in its more common sense of "governor", as it occurs in the *Epic Histories,* as of "official or supervisor",[65] and gives to the *Movpetan movpet* precedence over the "chancellor of the magi", as does P'arpec'i.[66] Finally, he also refers to the *dprapet,* "chief scribe or chancellor" and probably also to the *maypet* as does the parallel account,[67] but has no mention of the *p'uštipan,* or the *χorhrdean dpir*. In short, our two main sources for the Vth century show familiarity with Sasanian

---

[61] *Dahič/dahčapet,* E, p. 48, 137, 148, 157, 160, 178, 182 = E-T, p. 99, 188, 198, 206, 209-210, 225, 229.
Hambarakapet, Ibid., p. 143 = p. 194
Great hazarapet, Ibid., p. 23, (where the term seems to designate the local governor), 28, 42, 70 (of Albania), 92, 97, 128, 130, 132, 135-136, 142, 180, 104-195 = p. 76, 82, 93, 121, 145, 149, 180, 183, 184, 186-187, 193, 239. See below n. 69, for the test on his judicial competence.
Anderjapet of the magi, *Ibid.,* p. 160, 163 = p. 209, 213 and see below n. 63.
Movpetan movpet and chief magi, *Ibid.,* p. 12, 24, 42, 58, 62, 142, 148, 152, 156, 159, 160, 179, 181, = p. 66, 77, 93, 109, 113, 193, 198, 202, 205, 208-209, 226, 228 and see below n. 64.
Senekapan ark'uni, Ibid., p. 137-188.
[62] See below n. 64. On the *daranderjapet* see Gignoux 1985-1988, and for his title and official seals, Gyselen 2007, p. 18, 26.
[63] See above n. 56. Cf. E, p. 90 = E-T, p. 142 on the summoning of Vasak Siwni by Mihrnerseh, "Միհրներսեհ .... յոէր և կոչէր զնա (Վասակ) առ ինքն...."

[64] For the *movpetan movpet,* see E. 62 = E-T, p. 113, "I shall write to the court. To the *Movpetan movpet,* and to the *daranderjapet* and to the *great hazarapet* [և գրեմ և գուցանեմ ի դուռն մովպետան մովպետի և դարանդարդապետի և մեծ հազարապետին]", cf. *Ibid.,* p. 160, 181 = p. 209, 228. For a "chief-magus" with *hamakden,* as judge, *Ibid.,* p. 23 = p. 76, "he brought a chief-magus as judge of the land (Armenia) [ած ... մինս եւ մոգպետ' դատաւոր աշխարհին]", p. 143-144 = p. 194, or as arbiter, *Ibid.,* p. 71 = p. 121, "to appoint magi and chief-magi as arbiters for the whole country [կացուցանել մոգս և մոգպետս օրէնադիր ամենայն աշխարհի:]." For one as governor, *Ibid.,* p. 152 = p. 202, "the chief-magus himself was the governor (*išχan*) of the land [եւ քանզի ինքն իսկ մոգպետան իշխան էր աշխարհին]" cf. *Ibid.,* p. 12 = p. 66; *Ibid.,* p. 12 = p. 66, "պսակոֆ և պատուով մեծարեաց զրազուն ի մոգս և գրագմագոյան ի մոգպետաց:" On the *mogbed*s, see Gyselen 1989, p. 29-31, 140 ; *Ead.* 2002, p. 68-69.
[65] *ostikan,* E, p. 83-84 = E-T, p. 135, "...the leaders of the Christians, whom they call bishops... (the king of kings)... entrusted to them as reliable officials (*ostikans*) the distant borderlands [նա որ զիխանրին էին Քրիստոնէից. զոր և եպիսկոպոս անուանեմ, ... իբրև հաւատարիմ ոստիկանս յանձն առնէր նոցա զհեռաւոր մարզսն]." However, see above n. 38, where Thomson renders *ostikan* as "prefect." And below n. 78, where the term is used for the co-presidents of a council.
[66] *Ibid.,* p. 160 = p. 209, "Movan, the chancellor - under the *Movpetan movpet* [զՄովան հանդերձապետ ի ձեռանէ Մովպետան մովպետի]" where *movan* has mistakenly been rendered as a personal name, instead of "chancellor of the magi" as in the parallel passage of P'arpec'i, see Thomson 1910, p. 135 n. 1, and Gignoux 1985-1988, p. 69 as well as above n. 58 for the parallel passage.
[67] *drpapet, Ibid.,* p. 43 = p. 94 and *maypet, Ibid.,* p. 160 = p. 209 and p. 179 = p. 226. Although the text reads *marzpet* in the first reference, Thomson, *Ibid.,* p. 209 n. 2, observes that several MSS give some form of *maypet* at this point. Furthermore, this is the form found on p. 179 and P'arpec'i gives *maypet* in the parallel to the first passage. Finally, this official's name is given as jnikan in both cases. See the preceding note.

ARMENIAN SOURCES ON SASANIAN ADMINISTRATION

administration to its top, but give us regrettably few precisions on its operations beyond the fact that the king normally made appointments from the small group of great secular and religious senior officials (*awag gorcakalk'*), who formed part of his immediate entourage (*at'oṙakic'* or *χorhrdakic'*)[68] and who did not hold their offices as hereditary prerogatives. Among these were usually to be found the great *hazarapet*, the *movpetan movpet* and the *daranderjapet*. Thus for the trial of the traitor Vasak Siwni, "the king ... ordered a tribunal to be held ... The (great) *hazarapet* presided in order to hear both sides".[69] Provincial administration could be entrusted to *hazarapets* or *mogpets*, and even to local princes who might accumulate through the king's grant a number of jurisdictions beside their native land, as is revealed in the accusations brought against the traitor Vasak Siwni:

> "You entrusted him with the land of Georgia ... You gave him authority over Siunik' ... You made him governor (*marzpan*) of Armenia..."[70]

Unexpectedly, it could even be handed over to Christian bishops, who on occasion might be considered "trusted officials"[71] and not reserved exclusively to *marzbans*.[72] Finally, the Armenian historians are a source of information on the use of auxiliaries and the difficulties encountered by the Persians in fortifying and holding the pass at Derbent.[73] The general impression emanating from these sources is of a variety of often interchangeable offices rather than a definite administrative pattern, and that, ultimately, the king's will was the paramount element throughout.

With the VIIth century, the information of the Armenian sources becomes less detailed and

---

[68] E, p. 44 = p. 96, *at'oṙakic*; *Ibid.*, p. 49 = p. 100, *χorhrdakic'*, *Ibid.*, p. 160 = p. 209, *awag gorcakalk'*.

[69] E, p. 132 = E-T, p. 184, "թագաւորն ատեան ... հրամայէր լինել. եւ ատաւ հագարապետն ՚ զի լուիցէ կողմանցն երկոցունց:" However, at the king's command the *hambarakapet* could likewise call and preside over a tribunal, as is the case of Dehnšapuh and the Christians, *Ibid.*, p. 143, 159 = p. 194, 208, "(the king) ordered the intendant (*hambarakapet*), whose name was Denshapuh, ... to bring them to justice.... ... ... Then Denshapuh went and sat in tribunal outside the camp... [Հրամայեաց համբարակապետին, որում անուն էր Դենշապուհ ... և դատել ... ... Արդ եղ ատաւ Դենշապուհ արտաքոյ բանակին յա-տենի ...]." See also above, nn. 55, 56, 60.

[70] E, p. 135 = E-T, p. 186, "Հաստատեցեր դնա գաշխարհին Վրաց. ... Եդուք դնա զտէրութիւնն Սիւնեաց. ... Արարէք զդա մարզպան Հայոց."

[71] See above nn. 38, 65, and below n. 78 under *ostikan*.

[72] See below, p. 73-79, for a discussion of the *marzbans*.

[73] E, p. 94 = E-T, p. 146-147, "he (Vasak) assembled the mass of the Aryan cavalry, barring and closing the Gates to their (Huns) passage. For he did not give the Persian king any pause at all but sent summons for many troops to the Chor Pass; ... ... from the hill and plain and all the mountain strongholds [և վասն ընա (Հոնին) կուտեաց զպագուսիկ այրուձին Արեաց, արգել և փակեաց զդռունս եղեն ընա. Քանզի ոչ տայր դադար ամենևին թագաւորին Պարսից, այլ յոյժ և կոչէր զուննս բազում ի պահակն Ձորոյ, ... զլեռնային և զդաշտային, և զամենայն ամրականցն լերանցն:]". *Ibid.*, p. 198 = p. 242, "the king of Albania did not wish to submit, but breached the pass of Chor and brought through to this side the troops of the Massagetae. Uniting with the eleven kings of the mountains, he waged war against the Aryan army and inflicted much damage on the royal forces. [Աղուանից արքայն ոչ կամէր ունել անդրէն ի ծառայութիւն. այլ խրամատեաց զպահակն Ձորոյ, և անցոյց յայս կոյս զզօրսն Մասքեթաց. միաբանեաց զմետասան թագաւորս զլեռնորդեայսն, և ընդէմ եկաց պատերազմաւ Արեաց զզօրին, և բազում վնաս արար զօրացն արքունի:]." The same difficulties is observed in the VIIth century by MK, II, xi, p. 135 = MK-D, p. 83, "... the soldiers on the magnificent walls which the kings of Persia had built at great expense, bleeding their country (Albania) and recruiting architects and procuring different materials for the construction of the wonderful works which blocked [the passes] between Mount Caucasus and the eastern sea [the Caspian] [... և ընդ զուարտակա սքանչելի պարսպացն. զոր բազում ծախիւք թագաւորացն Պարսից մաշեալ էր զաշխարհ հիւրեաց' զուարթել Ճարտարապետս և հնարիւք ազգի ազգի նիւթ ի շինուածս մեծամեծաց գործոցն, զոր փակեցին ադխեցին ընդ լեառն Կաւկաս ընդ մեծ ծովն Արևելից:]." The same pattern continued to the end of the Sasanian era, Ps.S, ix, p. 69 = Ps.S-T, p. 9, "This Khosrov (II), during the time of his reign closed the Passes of the Chor and of the Ałuank' [Այս Խոսրով ի ժամանակս իւրոյ թագաւորութեանն կապեաց զՊահակն Ձորոյ և Աղուանից]". *Ibid.*, xxix, p. 104 = p. 54, "Then they rebelled and submitted to the great Khak'an, king of the regions of the north ... Passing through the Pass of Chor with many troops they went to assist the king of the Greeks [Ապա ապստամբեալ զանցին ի ծառայութիւն Մեծին Խականայ արքայի կողմանցն հիւսիսոյ ... եւ եղեալ ընդ Պահակն Ձորոյ զաւուաւ բազմութեան զզօրին յագնականութիւն թագաւորին Յունաց]" and continued after the Arab conquest, *Ibid.*, li, p. 173 = p. 148. See also above n. 43.

precise, either as a result of their own ignorance or because the administrative pattern of the Sasanian empire had became more uniform or centralized before its final breakdown on the eve of the Arab invasions. Pseudo-Sebēos is still acquainted with the *movpetan movpet* or "royal" *mogpet* (in the singular), whom he distinguishes from the ordinary magi.[74] He is familiar as were most of his predecessors with the "royal guards" or *p'uštipan* and with systems of "taxes" *(harkk')* and "maintenance" *(ŕočik)*, though in some cases these are already Arab or Byzantine rather than Persian, and with the service of the Armenian cavalry, still primarily against the K'ušans.[75] As we have already seen, he uses the term *hamarakar* in the sense of "auditor" sent from the court.[76] He uses familiar titles with far less precision than before. Thus, he mentions the royal counsellors (*χorhin ark'uni*), without identifying any of the officials involved.[77] He uses the title *ostikan*, for an officer of the royal guard, but also presumably as "governor", or "president of a council".[78] He

likewise uses the title *hramanatar* loosely both in the ordinary sense of "commander" and in that of "chief minister of the court", though he does not join it here to the Persian *vuzurg*, as was done more accurately by Ełišē.[79] He even uses it in a negative sense to indicate a vacancy in the katholikate of Armenia.[80] Finally, his work shows no familiarity with the titles of *anderjapet* and *anderjapet* of the magi or of that of *hazarapet*, although the last is still known to Movsēs Dasχuranc'i.[81]

One of the interesting contributions of Pseudo-Sebēos' work from an administrative point of view, is its reference to an inspector (*k'nnoł*), apparently holding no other office, who was sent from court, and is reminiscent of P'arpec'i's "officials" (*gorcakalk'*), who were also special envoys of the central government, as were the "auditors", and whose presence strengthens the suggestion of a trend toward centralisation under the later Sasanian rulers.[82] Even more valuable is the all to brief notice that,

---

[74] Ps.S, viii, p. 69 = Ps.S-T, I, p. 8, "This (the Ataš) fire was extinguished in the river with the *movpet-movpetan* ... [հերձաւ ի գետն հանդերձ մովպետան մովպետաւ]" = cf. *Ibid.*, ix, p. 69 = p. 10, "մոգպետն ... արքունի", as against *Ibid.*, xiii, p. 85 = p. 29 "many of the magi [զբազումս ի մոգուց]."

[75] *hark*, *Ibid.*, viii, xxiii, xxxviii, l, p. 66, 96, 123, 172 = I, p. 4, 43, 79, 147, especially xxiii which refers to the "royal taxes."

ŕočik, *Ibid.*

p'uštipan, *Ibid.*, xxii, p. 74, 75, 81, 83 = I, p. 16, 17, 25, 27, though the only term used for one of their commanders is *ostikan* rather than *salar* Cf. above, p. 65-67 and nn. 50, 52, 57 and 42-46 for the cavalry.

[76] *Ibid.*, xvi, xxi, xxiii, p. 87, 88, 94, 96 = I, p. 12, 13, 40, 43, see also above n. 39 for the text.

[77] *Ibid.*, x, p. 75 = p. 17, nor are the "auxiliaries" (*hamaharzank'*) identified. See above n. 64 for some of the usual Sasanian royal advisors.

[78] Ps.S, xxii, p. 83 = Ps.S-T, I, p. 27, "զոստիկանն փուշտիպանն", but cf. *Ibid.*, xxxiv, p. 115 = p. 68-69, where the reliable men (*ostikan*) requested from the Persians by the inhabitants of Jerusalem for the protection of their city are more likely to have been governors than gardsmen, "և խնդիրեալ ոստիկանս արս հաւատարիմս՝ ծանուցին առ իւրեանս առ ի պահպանութիւն քաղաքին:", as are those to be sent in the letter of the Arab ruler to Constans, *Ibid.*, l, p. 149 = I, p. 144, "I shall ... send prefects (*ostikans*) to your cities." However, *Ibid.*, xlvi, p. 149 = I, p. 115, for the "presidents" (rather than "prefects") of the council convoked by the king, "He appointed over them as prefects (*ostikans*) Smbat Bagratuni ... and the royal chief-doctor [և կացոյց ի վերայ նոցա ոստիկանս զՍմբատ Բագրատունի ... և զդռշկապետն արքունի:]." On the uses of the term *ostikan* in the pre-Arab period, see also above nn. 38 and 65.

[79] *Ibid.*, xxviii, p. 102 = I, p. 51, "The commander (*hramanatar*) of their (Persian) force was a certain Persian prince named Datoyean (appointed) by royal command [ու էր հրամանատար զաւրուն նորա պարսիկ ոմն իշխան Դատոյեան, հրամանաւ արքունի]", as against *Ibid.*, xl, p. 130 = I, p. 89, "they appointed as chief minister at court (*hramanatar i drann*) Khoŕokh Ormizd, who was prince in the region of Atrpatakan [կարգեցին հրամանատար ի դրանն զԽոռոխ Որմիզդ, որ էր իշխան կողմանն Ատրպա- տականի:]." See above n. 56 for Ełišē, and Gyselen 1989, p. 19, 37, 128 ; *Ead.* 2002, p. 59-60, 11.

[80] *Idem*, p. 129 = I, p. 87, "But because the blessed Catholicos Komitas had died and that position was vacant (*anhramanatar*) [քայց զի մեռեալ էր երանելի Կոմիտաս կաթողիկոսն, և կայր տեղին անհրամանատար]." This form appears to be a hapax according to Thomson, Ps.S-T, I, p. 87, n. 535.

[81] See above n. 53, for Ełišē and Movsēs Dasχuranc'i.

[82] Ps.S, xxviii, p. 102 = Ps.S-T, I, p. 51, "Then an inspector (*k'nnoł*) from court came to Smbat and Datoyean, a certain noble whose name was Shahrapan Bandakan [Ապա հասեալ քննող արքունուստ Սմ- բատայ և Դատոյենայ, այր ոմն զխաւրն նախարար, որում անուն էր Շահրապան Բանդականն:]." See

"a certain prince Vahan, prince of the land of Siwnik', had rebelled and seceded from the Armenians. He requested Khosrov king of Persia, that they might move the *divan* of the land of Siwnik' from Dvin to the city of P'aytakaran, and that he might set that city in the census (*šahrmar*) of Atrpatakan, so that the name of Armenians would no longer be applied to them. And the order was carried out."[83] which gives us a glimpse into the administrative divisions of the Persian empire with their centers and the possibility of altering them with the permission of the king of kings. A few otherwise unknown titles such as *šahrayenapet* or *parsayenapet/parseanpet* appear usually in military contexts, but no indication is given as to their other duties, if any.[84] In general identification of titles is complicated by their confusion with personal names or honorifics such as is the case for Xořeam also known as Šahrvaraz or Řazmiozan, or even Ěřazman[85] and especially the Persian governor sent to Armenia, whose name appears both as Vndatakan Xorakan and Vndatakan Niχorakan, where Niχorakan (Ir. *Nahveraghan*) has proved to be neither a personal name nor an honorific, but the designation of an official function.[86]

On a number of occasions, Armenian writers whom we have considered hitherto refer imprecisely to the governors set over their country by the Persian authorities as *verakac'u* "supervisor", *sahmanakal* "keeper of the border", on one occasion as *šahap*, or even simply as *išχan*, "prince, ruler".[87] However, the most common term used by them throughout our period to designate these governors is *marzpan* "marcher lord, viceroy", and it is on the subject of this ubiquitous Sasanian institution that a certain amount of information is provided by them and even in documentary sources.[88]

---

above n. 60 for P'arpec'i's officials (*gorcakalk'*) and nn. 39, 75, for the "auditors" also sent from the court.

[83] *Ibid.*, viii, p. 67-68 = I, p. 6, "ապատամբեալ ի բաց եկեաց ի Հայոց անուանեալ վահան իշխան աշխարհին Սիւնեաց, և խնդրեաց ի Խոսրովայ յարքայէն Պարսից, զի տարցեն զդիւան աշխարհին Սիւնեաց ի Դունայ ի Փայտակարան քաղաքաք, կարգեսցէ զքաղաքն ի շահրմար Ատրպատականի, զի մի՛ևս կոչեսցի անուն Հայոց ի վերայ նոցա։ Եւ կատարէր հրամանն։" In this passage, Ps.S uses the Persian term *šahrmar*, which Thomson, Ps.S, I, p. 6 translates as "census", whereas in a much later passage, *Ibid.*, lii, p. 175 = I, p. 153, he uses the Armenian term *ašχarhagir* already found in Ełišē, see above n. 36, which Thomson also translates "census" E-T, p. 75-76, but Dowsett, MK-D, p. 54 prefers "cadastre" for the Persian kingdom, see n. 37. This is the second reference to an administration (*divan*) in Ps.S, see above n. 40, where the term is used in conjunction with the otherwise unknown *vačař p'ok'r*.

[84] Ps.S, xxx, xxxiii, xxxiv p. 105, 111, 113 = Ps.S, I, p. 55, 64, 66 and n. 415. In the last case the *parseanpet* seems to have been sent to Duin as governor of Armenia.

[85] Xořeam: *Ibid.*, xxxiii, xxxiv, xxxviii, xxxix, xl, p. 110, 113, 115, 122, 125, 127, 129 = I, p. 62-63, 65, 66, 68, 78, 81, 84, 88, 89.

a) As Ěřazman: *Ibid.*, xxxiii, p. 110 = I, p. 62 and n. 391, "Khořeam, also called Ěřazman as their general [զԽոռեամ, որ Ըռազմաան անուանեալ, զաւրագլուխ նոցա]."

b) As Řazmiozan: xxxiv, p. 115 = I, p. 68 and n. 426, "their general called Řazmiozan, that is Khořeam [զաւրավարն նոցա անուամբաալ Ռազմիոզան, որ է Խոռեամ]."

c) As Šahrvaraz: xxxviii, xxxix, p. 125, 126, 128 = I, p. 82, 83, 86 and n. 508.

[86] *Ibid.*, ix, xxx, p. 72, 105 = I, p. 12, 56. But see Garsoïan 1999, p. 228 and n. 283, p. 476.

Another "Niχorakan", seemingly also used as a personal name, appears in the *History* of Łazar P'arpec'i, see below n. 95. Yet another Niχorakan was governor at Duin at the time of the Second Council of 555, GT', p. 200, "in the seventeenth year of Yazkert, king of kings (A.D. 548) in the *marzpan*ate of Nihorakan [ի տասն եւ յեւթներորդ ամի Խոսրովու արքայից արքայի, ի մարզպանութեանն Նիհորականի]", where the titular aspect of the term is clearer. Finally a "glorious and illustrious *marzpan* Qardag Nakhōragan" occurs in the *Letters* of Barsauma of Nisibis, SO, p. 532, 536. Similarly, the king's favourite Smbat Bagratuni was called *Xosrov Šum* "the Joy or Satisfaction of Xosrov" and his son Varaztiroc' was honoured with the designation of *Yavitean Xosrov* "Eternal Xosrov", Ps.S, xxviii, p. 101-103 = Ps.S -T, p. 49-53.

[87] *Verakac'u*, ŁP', I, xiv, II, xiv, p. 24, 64 = ŁP'-T, p. 59, 106, see also below n. 95.

Sahmanakal, BP-G, p. 555-556; Ps.S, ix, p. 71 = Ps.S-T, p. 12.

Išχan, see above n. 64.

Šahap, ŁP', III, xci, p. 164 = ŁP'-T, p. 224-225, "Bazē the governor (*šahap*) of Atrpayakan [զԲազէ զԱտրպայականի շահապ]."

[88] On the suject of the *marzpan*ate, see Gignoux 1984. In addition to the narrative sources, *marzpan*s are also recorded in the following :

a) The Council of Šahapivan of 444 is dated "in the seventh year of the reign of Yazkert king of Persia and of the *marzpan*ate of Armenia of Vasak Siwni and the *hazarapan*ate of Vahan Amatuni [ի է ամի Յազկերտի Պարսից արքայի և Վասակայ Սիւնւոյ մարզպան-

According to most contemporary Armenian authors, *marzpan*s were first sent as governors to Armenia by the Sasanians after the end of the native Arsacid dynasty in the early Vth century. This is most clearly spelled out in the *History* of Łazar P'arpec'i:

"...(Vŕam) ordered that Artašēs should be deprived immediately of the throne ...

(xv) Then Vŕam, king of Persia, sent for the first time a Persian *marzpan* to Armenia. And from then on they fell completely under the yoke of servitude to the impious Persian race."[89]

However, as we saw earlier, the *Epic Histories* mention the coming of a *marzpan* to Armenia even earlier, in the later IVth century, during the regency of Queen Zarmanduxt, the widow of King Pap, and of the commander-in-chief Manuēl Mamikonean for the king's minor sons. But, this first episode does not seem to have ended successfully.[90]

During the subsequent period of Persian domination down to the Arab conquest of the VIIth century, Armenia continued to be administered by *marzpan*s, some of whom, but not all, were Persian grandees, while others were Armenian princes. In the case of Atrormizd Aršakan, designated by Yazkert II to pacify Armenia at the time of the great rebellion of 450-451, his name identifies him as a Persian official of Armenian Arsacid descent.[91] Understandably, the Armenian *marzpan*s attracted the attention of the native sources who

---

ուրեանն Հայոց և վահանայ Ամատունւոյ հազարապետութեանն]", *Kanonagirk'*, I, p. 427.

b) The presence of Vard *Patrik* at the First Council of Duin, 505/6 is noted in both the conciliar letters, though he is given the title of *marzpan* only in the second and is merely called *išxan* in the first, GT', p. 148, 157 = Garsoïan 1999, p. 446-447.

c) The *Narratio de rebus Armeniae* notes the presence of *marzpan*s in Armenia, *Narratio*, §16, p. 23 = Mahé tr. p. 430. At § 27, p. 37 = p. 434, it refers to the governor of Armenia merely as "the Persian tyrant, [τòν Πέρσην τòν τύρανον]", but the parallel Georgian text of Arsen Sap'areli specifies *"marzpan"* at this point, *Ibid.*, p. 177-178. However, neither text names any of these "governors."

d) The continuous presence of *marzpan*s in Armenia after the fall of its Arsacid dynasty, is noted in the *Nšanagir* attributed to Eznik, col. 519, ll. 42-43.

e) An unexpected reference to Armenian *marzpan*s is also to be found in the *Letter* of Simeon of Beth Aršam who was present at the First Council of Duin in 505/6, Latin translation in BO I, col. 355 = Garsoïan 1999, p. 455, "trente-deux évêques de Grande Arménie de Perse avec leurs *marzpan*s [in the plural]."

[89] ŁP', I, xiv-xv, p. 24-25 = ŁP'-T, p. 59-60, "(Վռամ) հրամայեաց տայր վաղվաղակի ի բաց առնուլ զթագաւորութիւնն յԱրտաշէսէ ... ...(xv) Եւ այնուհետեւ առաքեցաւ նախ ի Վռամայ արքայէն Պարսից յաշխարհս Հայոց մարզպան պարսիկ. և յայնմհետէ եղեն ի սպառ ի սպառ անհեալք ընդ լծով ծառայութեան անօրէն ազգին Պարսից." The same is repeated, albeit with less precision, by Ełišē, E, I, i, p. 6 = E-T, p. 60, "On the extinction of the Arsacid line, the race of Sasan the Persian ruled over Armenia [Քանզի ի բառնալ ազգին Արշակունեաց, տիրեցին աշխարհիս Հայոց ազգն Սասանայ պարսկի]", and even by the later *Narratio* §155-16, p. 28 = Mahé tr. p. 430 "ἐπὶ τοῦ βασιλέως Βραμσαπὼ καὶ ἐπὶ τοῦ υἱοῦ Ἀρταχέζη. Καὶ μετ' αὐτοὺς ἐκράτησαν τῶν Ἀρμενίων οἱ μαρσπάνοι. [sous le roi Vŕam-šapuh... sous son fils Artašēs. Après eux, des marzpans gouvernèrent l'Arménie.].

---

[90] See above p. 63 and n. 28; cf. however, BP, V, xxxviii, p. 223 = BP-G, p. 250, where as the result of a false denunciation, "... the commander-in-chief Manuēl ... allowed only the *marzpan* Surēn to go free on a single horse granting to him his life [զօրավարն Հայոց Մանուէլ, ... զմարզպանն Սուրէն միայն արձակէր, շնորհեյ զարևն իւր՝ պարզն արարեալ։]."

Interestingly, the *Epic Histories* even record a *marzpan* named Varaz-Šapuh in Atrpatakan much earlier in the IVth century, during the reign of the Armenian king Tiran, *Ibid.*, III, xx, p. 61 = p. 95, "Վարազ Շապուհ ատրպատականն մարզպան."

[91] ŁP', II, xl, p. 73 = ŁP-T, p. 117, "(Yazkert) ordered a certain Atrormizd, from Armenia to be left as *marzpan* ... When (general) Muškan saw king Yazkert's letter and had heard the orders it contained, he appointed Atrormizd Aršakan *marzpan* in Armenia ... according to the instructions in the king's letter. [(Յազկերտ) զԱտրորմիզդ ոմն անուն, յաշխարհէն Հայոց մարզպան հրամայէր թողուլ, ... Եւ տեսեալ Մուշկանայ զհրովարդակն թագաւորին Յազկերտի, և լուեալ զբանսն ի հրովարդակէն՝ կացուցանէր ի Հայս մարզպան զԱտրորմիզդ Արշական, ... ըստ գրեցելոցն ի հրովարդակէն թագաւորին]." Atrormizd is also known to Ełišē, E, p. 128 = E-T, p. 180-181, who gives additional details about him, "Then the king wrote to one of the greatest nobles, Atrormizd by name, whose principality touched on the land of Armenia and who had cooperated with the general in that war, and he appointed him governor (*marzpan*) of the land of Armenia [Յայնժամ գրէ ռւմն յաւագ նախարարացն՝ Ատրորմիզդ անուն, որոյ իշխանութիւնն իսկ խառն էր ընդ Հայոց աշխարհին և գործակից էր զօրավարին ի նմին պատերազմի գրէր և յանձն առնէր նմա զաշխարհն Հայոց մարզպանութեամբ։]."

identified them explicitly: The apostate Vasak Siwni, during the great rebellion, and subsequently Sahak Bagratuni appointed by Vahan Mamikonean during the second rebellion. Most particularly later in the Vth century Vahan Mamikonean himself, who obtained an all but autonomous status for Armenia, followed briefly by his brother Vard *patrik,* and ultimately, in the early VIIth century, Varaztiroc' Bagratuni, the son of Xusrō II's favourite Smbat *Xosrov Šum,* are all well known and attested.[92]

The list of the Persian *marzpan* of Armenia is more difficult to reconstitute.[93] Except for the uncorroborated mention in the *Epic Histories,* no *marzpan*s are identified by name in the sources until the middle of the Vth century. The rule of Atrormizd during the Armenian rebellion has already been noted and Pseudo-Sebēos merely asserts that after the death of Vard *Patrik* at the beginning of the VIth century, Persian *marzpan*s came... (and) the Armenians remained in submission down to the *marzpan* Surēn and Vardan [II] "lord of the Mamikoneans" toward the end of the same century.[94] The most that can be deduced from the information we possess is that the situation was anything but clear during the earlier great revolt of the mid Vth century. The "governor" of Armenia, appointed by the *vuzurg framadār,* Mihrnerseh, and not the king himself, is merely called an "overseer" (*verakac'u*), while the other nobles "set over Armenia", Nixorakan Sebuxt among them, are given no further titles by

---

[92] a) Vasak Siwni: ŁP', I, xxv, xxx, xxxii, xlvi, p. 47, 57-61, 84-85 = ŁP'-T, p. 85, 98-99, 101-102, 130-131, "Vasak, lord of Siwnik', who at that time was *marzpan* of Armenia, [Վասակ Սիւնեաց տէրն, որ և ի ժամուն մարզպան էր Հայոց...]." Ełišē, E, p. 71 = E-T, p. 122, refers to Vasak as *marzpan,* but elsewhere he usually leaves off this title and prefers to dwell on Vasak's apostasy. See above n. 88a for the record of Vasak's presence as *marzpan* at the council of Šahapivan.

b) Sahak Bagratuni: ŁP', III, lxviii-lxx, p. 121-122, 125-126, 128-129 = ŁP'-T, p. 175-176, 180-181, 184-185, "the lord of the Bagratunik', Sahak, whom the Armenians and the Armenian general Vahan had at that time appointed *marzpan* of Armenia. [տէրն Բագրատունեաց Սահակ, զոր Հայք և զօրավարն Հայոց Վահան ի ժամանակին յայնմ մարզպան կարգէին Հայոց]."

c) Vahan Mamikonean: *Ibid.,* III, xcix, p. 178 = p. 240, etc. "Straightway king Vałarš, in unison with all the nobility of the court and of the Aryans, ordered an edict to be sent to Armenia to appoint the lord of the Mamikoneank' and general of Armenia, Vahan, as *marzpan* of Armenia. Bringing the edict of appointment to the *marzpanate,* they gave it to Vahan, lord of the Mamikoneank' and general of Armenia; and with the support of almighty God they confirmed him as *marzpan* over Armenia. So Vahan, lord of the Mamikoneank', general of Armenia and *marzpan* received the edict of governorship from the hands of the envoy [Վաղվաղակի հրամայէր թագաւորն Վաղարշ, միաբանութեամբ ամենայն աւագանոյ դրանն և Արեաց' հրովարտակ առնել ի Հայս, և զտէրն Մամիկոնէից և զզօրավարն Հայոց Վահան' մարզպան ի վերայ աշխարհին Հայոց կարգել: Եւ բերեալ զհրովարտակ մարզպանութեանն յայնմ գզօրավարն Հայոց գտէրն Մամիկոնէից Վահան, և աշով հզօրին Աստուծոյ մարզպան զնա ի վերայ աշխարհին Հայոց կարգեալ հաստատէին:

Իսկ տէրն Մամիկոնէից Վահան, զօրավարն Հայոց և մարզպան, ընկալեալ զհրովարտակն մարզպանութեանն ի ձեռաց դեսպանին]." P'arpec'i also speaks of Vahan as *marzpan* in the *Letter* he addresses to him, *Ibid,* p. 186, 190 = p. 248, 262. This is again corroborated by Ps.S, viii, p. 67 = Ps.S-T, p. 5, "Kawat ... summoned Vahan to court ... He bestowed

on him the office of *marzpan* of the country [Կաւատ ... կոչէ զՎահան ի դուռն ... Եւ տայ նմա զմարզպանութիւն աշխարհին]."

d) Vard *patrik*: *Ibid.,* p. 67 = p. 5-6, "After Vahan his brother the *patrik* Vard held the office for a short time, then died. After him Persian *marzpan*s came... down to the *marzpan* Surēn and Vardan [II] lord of the Mamikoneans [Յետ Վահանայ կալաւ զիշխանութիւնն Վարդ Պատրիկ եղբայրն նորա սակաւ ինչ ժամանակ և մեռաւ: Զկնի սորա եկին մարզպան պարսիկ ... մինչև զՍուրէն մարզպան և զՎարդանն Մամիկոնեանց տէրն:]." See above n. 88b for the presence of Vard *patrik* as *marzpan* at the first Council of Duin.

e) Varaztiroc' Bagratuni: *Ibid.,* xl, p. 128-129 = p. 86-87, "Then king Kawat summoned Varaztirots', son of Smbat Bagratuni called Khosrov Shum ... He made him *marzpan* and sent him to Armenia ... in order to keep the country in prosperity. [Յայնժամ կոչէ արքայ Կաւատ զՎարազտիրոցն զորդի Սմբատայ Բագրատունւոյ Խոսրով Շում կոչեցելոյ ... առնէ զնա մարզպան և արձակէ ի Հայս ... զի պաշխարհն ի շինութեան պահեսցէ]."

[93] The list given by de Morgan 1919, p. 359-360 = the English translation p. 403-404 is not reliable since it do not always differentiate between officially appointed *marzpan*s and army commanders sent to Armenia. See below nn. 99-101.

[94] Ps.S, viii, p. 67 = Ps.S-T, p. 6, "Զկնի նորա (Վարդ Պատրիկ) եկին մարզպան պարսիկք. ... Հայք ի հնազանդութեան կային մինչև զՍուրէն մարզպան և զՎարդան Մամիկոնէից տէրն:."

P'arpec'i,[95] even though Ełišē in the parallel passage of his *History* identifies one of them as "the *marzpan* whose name was Sebukht."[96] The only other *marzpan* explicitly mentioned in this confused period is the locally appointed Armenian Sahak Bagratuni.

At some point after the end of the great revolt of 450-451 and of the *marzpan*ate of Atrormizd, whose length is not indicated, another Persian *marzpan*, Atrvšnasp Yozmandean seems to have been appointed in Armenia at the time of the revolt of Vahan Mamikonean late in the Vth century. But he was compelled to flee the country together with the *hazarapet* of Armenia, Vehvehnam.[97] By the time the Persian general Zarmihr Hazarawuχt sent from Persia moved northward against Georgia, a different *marzpan*, Šapuh from the great house of Mihran, is said to have been left behind in Armenia.[98] No official title is given for Niχor Všnaspdat sent from the court to replace him, but the immediate predecessor, as *marzpan*, of the Armenian prince Vahan Mamikonean was Andekan, who himself advised the king to grant the office to Vahan.[99]

No additional data is available for the period following the death of Vard *Patrik* at the beginning of the VIth century, except for the already mentioned statement that he was followed by Persian governors, whose names are not given in the Armenian sources. For the later period of the Sasanian dynasty, during the late VIth and first half of the VIIth centuries, information is provided by the Pseudo-Sebēos, who may be including earlier lists, but much of it is far from clear. There is no doubt that the Surēn, whose murder in 572 inaugurated the revolt of Vardan II Mamikonean, had officially been appointed *marzpan* of Armenia by the Persian court,[100] but thereafter, the author gives a list of successive generals operating in Armenia.[101] Only in the last two cases of Hrahat

---

[95] ŁP', II, xxxv, p. 64 = ŁP'-T, p. 106, "(Vasask Siuni) sent letters to Nixorakan Sebuxt and all the other nobles whom Mihrnerseh had set over Armenia. The latter had made his confident Vehšapuh governor (*verakac'u*) of Armenia [արար նամակ և առ Նիխորականն Սեբուխտ և առ այլ աւագս, զոր արեալ էր Միհրնեհրսեհ ի վերայ Հայոց: և Վեհշապուհ հաւատարիմ վերակացու արար]." The thrust of this passage is particularly unclear, since as was noted above, n. 86, Niχorakan is the designation of a particular office, and not a personal name. See also n. 99, 103.

[96] See below n. 103.

[97] ŁP', III, lxvi-lxvii, p. 118, 120-121 = ŁP'-T, p. 171-172, 175, "Their commander-in-chief was Zarmihr Hazarawuχt while the *marzpan* of Armenia was Atrvšnasp Yozmandean. ... the plain where the *marzpan* of Armenia was encamped; with him was the *hazarapet* of Armenia, Vehvehnam. ... ... the *marzpan* and the *hazarapet* ... fled ... and reached the fortress of Artašat ... and fled to Atrpatakan. [զօրագլուխ էր Զարմիհր Հազարաւուխտ, և Հայոց աշխարհիս Ատրվշնասպ Յոզմանդեան էր մարզպան ... ի դաշտն, ուր բանակեր մարզպանն Հայոց Ատրվշնասպ Յոզմանդեան և առ ամբն հազարապետն Վեհվեհնամ, ... մարզպանն և հազարապետն ... փախստական լինեին ... անփանէին ի բերդն Արտաշատու ... փախստեայ գնային ի կողմանս Ատրպատականի:]."

[98] *Ibid*., III, lxxix-lxxx, lxxxi, p. 146, 148 = p. 204-205, 207 "(Peroz) ordered him to go to Georgia ... and to leave Šapuh from the house of Mihran there in Armenia as *marzpan* with a detachment of troups [ամա հրամայէր երթալ ի Վիրս ... գՇապուհ ի Միհրան տոհմէն անդէն աշխարհիս Հայոց բոզուլ զինու մարզպան]", though everywhere else, especially lxxxviii, p. 158 = p. 218, he is referred to as general (*zōravar*) with no other title. Thus, purportedly, in Šapuh's own words, "after Hazarawuχt went to Georgia and left me there as general [յորժամ Հազարաւուխտ ի Վիրս գնաց զիս անդէն զօրագլուխ երոց գնդին]."

[99] *Ibid*., lxxxviii, p. 159 = p. 219, "they hastened to dispatch to Armenia Nixor Všnaspdat, a calm and thoughtful man, concerned for the land's welfare [վաղվաղակի փութով գՆիխոր գՎշնասպդատ, զայր հեզ և գմտածու և աշխարհաշէն, ... ի Հայս արձակէին]." It is also possible that the first part of the name stands for the title of *Niχorakan*, see above nn. 86, 93, and below n. 103.

[100] Ps.S, viii, p. 67 = Ps.S-T, p. 6. "Then in the 41ˢᵗ year of the reign of Khosrov, son of Kawat, Vardan rebelled and rejected submission to Persian rule in unison with all the Armenians. They killed the *marzpan* Surēn, taking him by surprise in the city of Dvin, [ւ եդն ի խլ ամի թագաւորութեան Խոսրովայ որդւոյ Կաւատայ՝ ապստամբեաց Վարդան և ի բաց եկաց ի ծառայութենէ թագաւորութեան Պարսից հանդերձ մնառանութեամբ ամենայն Հայաստանեաց: Սպանեալ զՍուրէն մարզպան յանկարծաւրէն ի Դուին քաղաքի']."

[101] *Ibid*., ix, p. 70-71 = p. 10-12. "Now these are the generals (*zawravark'*) of the Persian king who came one after the other to this land of Armenia, from the rebellion of Vardan Mamikonean... down to the present time [այս են զաւրավարք արքային Պարսից, որ եկին մի ըստ մինջէ երկիրս Հայոց' յապստամբութենէ Վարդանայ ... մինչև ցայսաւր ժամանակի]." In each case the length of stay is indicated (ranging up to 7 years for "P'ilippos lord of Siwnik'" who must have been an Armenian and "the great Parthian and Pahlav *aspet*", otherwise unidentified, who may likewise have been Armenian) and thereby suggesting that these were not

and Hratrin Datan does he identify them as *marzpan*s rather than as leaders of military operations[102] and he uses the term *sahmanakal* rather than *marzpan* for the "governors" who followed them.[103]

As far as can be judged from the occasional references of the Armenian sources, the jurisdictions of the *marzpan*s were not of equal importance. These texts are familiar with major provinces such as Armenia, Albania, Georgia, Atrpatakan in Caucasia and Vrkan/Gurgan south of the Caspian, granted by Xusrō II to his favourite, prince Smbat Bagratuni, being administered by *marzpan*s,[104] but also with considerably smaller units, such as Koprik and even the crucial Pass of Č'or at Derbent. In these latter cases, their *marzpan*s could on occasion be subordinated to the orders of their more powerful colleagues.[105] At times and under royal command, even the Surēn, *marzpan* of Armenia, followed the orders of the local Persian commander-in-chief, such as Zarmihr Hazaravuxt, who left him behind in Armenia while he himself carried the war into Georgia. Moreover, the *marzpan* was not necessarily the only royal official in a given province.[106] Even though *marzpan*s were unquestionably drawn from the upper ranks of the nobility no particular order of precedence is discernible among apointees, nor is there any indication that this office was at any time hereditary in any particular clan. On the contrary, in the cases of unmistakeably Armenian *marzpan*s, the sources painstakingly underline the fact that the *marzpan*ate was a Persian office distinct from local dignities even where the same man was simultaneously honoured with both, one native and inherited whereeas the other was administrative and bestowed by the Persians. Thus the Armenian writers do not fail to record that Vasak was prince of Siwnik' and *marzpan*, or that Vahan was lord of

---

merely comanders of military expeditions, but had additional administrative duties as well.

[102] *Ibid.*, ix, p. 71 = p. 12, "Then the *marzpan* Hrahat who went to Nisibis ... He stayed four years and departed. Then came the *marzpan* Hratrin Datan. ... He stayed for two years and departed [Ապա Հրահատն մարզպան, որ գնաց ի Մծբունիմ ... եկաց չորս ամիս՝ և գնաց։ Ապա եկն Հրատրինն Դատան մարզպան. ... Եկաց ամս երկու և գնաց]."

[103] *Idem*, "Then Persian governors (*sahmanakalk'*) came until the end of the peace between Persians and Greeks and between the two kings Maurice and Khosrov. ... Vndatakan Khorakan, ... then Merakbut; then Yazdēn; then Batmah; then Hoyiman [Ապա եկին սահմանակալք՝ պարսիկք մինչև ցսպառումն խաղաղութեանն՝ որ ի մէջ Պարսից և Յունաց և ի մէջ թագաւորացն երկոցունց՝ Մաւրկայ և Խոսրովայ։ ... Վնդատականն: Ապա Խորականն (sic, see Ps.S-T, p. 12 n. 88) ... Ապա Մերակբուտն: Ապա Յազդէնն: Ապա Բտումահ: Ապա Հոյիմանն:]." This list is repeated with minor alterations at *Ibid.*, xxx, p. 105 = p. 56, where the enigmatic Nixorakan reappears as against the mistake in the earlier list.

"These are the governors (*sahmanakalk'*) for the Persian kingdom during the years of that treaty in Armenia and in the city of Dvin: Vndatakan Nikhorakan ... Then Merkut; then Yazdēn; then Butmah; then Yemenn. [Եւ այս են սահմանակալք՝ պարսից ամս հաշտութեան ի Հայաստան երկրի և ի Դուին քաղաք: Վնդատական, Նիխորական ... Ապա Մերկուտ. ... ապա Յազդէն. ապա Բուտմահ. ապա Յեմանն:]."

[104] a) Armenia, see especially above nn. 89-92, 93-94, 96-97, 99-103;

b) Albania, MK, II, xiv, p. 154 = MK-D, p. 95-96, "the Persian prince (*išxan*) and governor (*kusakal*) who was the marzpan of Albania, Sema Vštnas (sic, cf. p. 96 n. 12) by name [կուսական իշխան Պարսից որ էր մարզպան Աղուանից աշխարհին՝ Սեմավշտասպ անուն նորա]."

c) Georgia, ŁP', II, xlv, p. 83 = ŁP'-T, p. 129, "while I (Vasak Siwni) was *marzpan* of Georgia and controlled the pass of Albania [եւ մինչ վրաց մարզպանն էի դուռն Աղուանից յիմում ձեռին էր']."

d) Atrpatakan, see above n. 90.

e) Vrkan/Gurgan, Ps.S, xiv, p. 96 = Ps.S -T, p. 43-44, "It happened at that time that Smbat Bagratuni became pleasing in the eyes of king Khosrov. He gave him the *marzpan*ate over the land of Vrkan, made him prince (*išxan*) over all that region [եւ եղև ի ժամանակին յայնմիկ հաճոյացան Սմբատայ Բագրատունւոյ յաչս Խոսրովու արքայի տայ ի նա զմարզպանութիւն երկրին Վրկանայ, առնէ զնա իշխան ի վերայ ամենայն կողմանն այնորիկ,]."

[105] Koprik', ŁP', II, lxvii, p. 121 = ŁP'-T, p. 175, "the *marzpan* (of Armenia) ... taking troops from Atrpatakan and from the *marzpan* of Koprik' [վառդապոսլկի յետրապատականէ զունս առեալ, և ի Կոպրեաց մարզպանէն]."

The Č'oray Pass, E, p. 74-75 = E-T, p. 125-126, "the second section they entrusted to Vardan... against the *marzpan* of Chor ... ...the *marzpan* whose name was Sebukht (cf. p. 74/125 n. 2) [զունդն երկրորդ տային ի ձեռն Վարդանայ ... ի վերայ մարզպանին Ճորայ ... ... եցոյց մարզպանին որում անուն էր Սեբուխտ]." See also the preceding note b, c.

According to Ps.S, xxvii, p. 99 = Ps.S-T, p. 47, Xusrō II at the beginning of the VIIth century, promoted his favourite Smbat Bagratuni, "above all the *marzban*s of his kingdom [մեծացուցանէր ի վեր քան զամենայն մարզպան իւրոյ տէրութեան առեալով]."

[106] See nn. 97, 112.

XII

the Mamikonean, *sparapet* "commander-in-chief" of Armenia – the hereditary prerogative of his house – and *marzpan*. Moreover, at the time that Vasak Siwni was *marzpan*, Vardan Mamikonean did not share this dignity, but was *asparapet* (sic) of Armenia and lord of the Mamikoneank'.[107] Similarly, the *marzpan*s are distinguished from other Persian officials such as the *hazarapet*.[108]

Under normal circumstances, *marzpan*s were appointed by the king himself through an official edict, although we are told that Xusrō II granted to his favourite Smbat Bagratuni the extraordinary right "to make *marzpan* whomever he wished,"[109] and in times of crisis the right of the sovereign could be usurped by Armenian or Persian rebel generals. Such was the case for Sahak Bagratuni appointed by Vahan Mamikonean during the second Armenian rebellion.[110] Although undoubted military responsibilities were included in his governorship, the *marzpan* does not seem to have had the ultimate military authority in time of war when he was subordinate to the commanding general sent from the court.[111] Local fortresses could be under direct Persian control garrisoned by Persian troops or might be seized by the Armenian.[112] The expenses for the maintenance of the *marzpan* and his entourage apparently was normally born by the royal treasury or through local taxes, except in the case of native princes, who might be expected to assume the expenses of this maintenance.[113] Finally, we have no indication of the length of tenure of the office, although Pseudo-Sebēos gives figures for several individuals ranging from one to seven years. The longest are the eight years attributed to Smbat Bagratuni's rule of Vrkan. The most likely conclusion from most

---

[107] See above n. 92 a and c, for Vasak and Vahan. The same is true of Sahak Bagratuni, *Idem* b. and as we shall see of his VIIth century descendant, Smbat *Xosrov Šum*. See e.g. Ł P', II, xxx, p. 57 = ŁP'-T, p. 98, "Vasak, prince of Siwnik, who was *marzpan* at that time [իշխանն Սիւնեաց Վասակայ, որ և մարզպան էր Հայոց ի ժամանակին.]." *Idem*, p. 59 = p. 98, "Vardan, lord of the Mamikoneank' and *sparapet* of Armenia [Վարդանայ տեառն Մամիկոնէից և Հայոց սպարապետին]." *Ibid*, II, xxv, p. 47 = p. 85, "Those of the greatest Armenian nobility who set out at that time were the following: ... Vasak, lord of Siwnik', who at that time was *marzpan* of Armenia... Vardan *asparapet* of Armenia and lord of the Mamikoneank'... [և որք ի ժամուն ի մեծամեծ աւագանւոյն Հայոց յուղի անկեալ ճանապարհորդեցան' այսոքիկ էն ... Վասակ Սիւնեաց տէրն որ և ի ժամուն մարզպան էր Հայոց ... Վարդան Հայոց ասպարապետ և տէրն Մամիկոնէից ...]."

[108] Thus P'arpec'i invariably observes that both the *hazarapet* of Armenia, Vehvehnam and the *marzpan*, whom he identifies as Atrvšnasp Yozmandean were two distinct individuals, though they fled together from Vahan Mamikonean, ŁP', III, lxvi-lxvii, p. 118, 121 = ŁP'-T, p. 172, 174 and above n. 97.

[109] Ps.S, xxxviii, p. 101 = Ps.S-T, p. 50, "հրամայէ նմա առնել մարզպան' զոր ինքն կամեցի:"

[110] See above n. 92b.

[111] ŁP', lxi, p. 148 = ŁP'-T, p. 207, "After Hazarawuxt's (the commander-in-chief) departure for Georgia, (the *marzpan*) Šapuh remained in Ōk'al and attempted to carry out Hazarawuxt's orders [և զհետ գնացից Հազարաւխտոյ ի Վիրս' մնայր Շապուհ յՕքաղու, և ջանայր կատարել զհրամանն Հազարաւխտոյ]."

[112] For the fortresses, see BP, IV, lviii, p. 183 = BP-G, p. 178, "Šapuh king of Persia likewise ordered fortresses to be built in the most impregnable localities in Armenia and he also ordered keepers (*berdakalk'*) installed there [և տայր հրաման Շապուհ արքայն Պարսից զամուր ամուր տեղիսն Հայոց բերդս շինել. հրամայեաց և բերդկալս կացուցանել:]." ŁP', III, lxxx, p. 146 = ŁP'-T, p. 205, The great fortress of Bołberd in Basean was commanded by a Persian official named Yezatvšnasp, who was under the orders of the *marzpan*, Šapuh, but the commander of the fortress in the administrative capital of Duin, was evidently a Persian, and distinct from the local *marzpan*, see p. 79 and n. 115. At times of rebellion, however, the natives managed to seize control of the fortresses, E, p. 131-132 = E-T, p. 183-184.

[113] This seems to be the main argument for the recognition of Vahan Mamikonean and granting him the *marzpanate*, rather than appointing a Persian governor. ŁP', III, xcviii, p. 177-178 = ŁP'-T, p. 240, "if a Persian *marzpan* went to the country (Armenia), he would come with his wife and children, household and friends, servants and maids. If all of these were kept on the payroll (see n. 4) of the lord of the Aryans, it would be no little expense; and if they were supported by the country, great losses would befall its inhabitants. But if he (Vahan Mamikonean) were to be (*marzpan*) he would consume the provisions of his own house, all that would be reckoned as a gain for the treasury, and as profit for the royal government. [մարզպանն պարսիկ որ երթայ յաշխարհն' կնաւ երթայ և որդւովք, դամբ և սիրելւովք, ծառայիւք և աղախնաւք. և այնք ամենեքեան թէ զնեցաւց տեառն զօրէիկ ունէին' չէ սակաւ ծախիւն, և թէ զաշխարհին ունէին' շատ վնասք հասանէր աշխարհին մարդկան: Իսկ նա թէ լինի' զիւր տանն համբար ուտէ, և այն ամենայն յարքունի գանձ համարի, և արքունի իրաց օգուտ լինի:]."

indications is that the *marzpan* served at the king's pleasure or until his own violent death.[114]

No general picture of Persian administration, even in a vassal state such as Armenia can be reconstructed from its fragmentary native sources. We have far too little material for such an attempt. Nevertheless, a few observations may perhaps not be unwarranted. Throughout the Sasanian period, power ultimately rested with the king, who appointed the great officials and could even grant to a favourite authority outside his jurisdiction. Such was the case of Smbat Bagratuni, whose official position was that of *marzpan* of Vrkan, but who was given by Xusrō II extraordinary powers which overrode the authority of the Armenian *marzpan* in the latter's own administrative seat. When the *marzpan* and the commander of the fortress of Duin complained to the king concerning Smbat's reconstruction of the city's cathedral warning that:

> "It is very close to the fortress and there is danger from an enemy.
>
> The order came back from the king: 'Let the fortress be demolished and the church built in that very spot'."[115]

As has just been noted the two frameworks of society, the nexus of Armenian social structure and Persian officialdom, operated side by side but did not intermingle. One man might belong to both but the sources carefully distinguish them one from the other. One last minor but resistent detail of bureaucratic practice seems to have caught the attention of Armenian authors for the entire Sasanian period, since it is first mentioned by the *Epic Histories*, in connexion with the IVth century, and it is still noted by both Pseudo-Sebēos and Movsēs Dasxuranc'i toward the end of the Sasanian era: oaths or treatise to be valid and binding had to be sealed with the royal ring bearing the Sasanian effigy of a wild boar (*varaz*) and over salt.[116]

Finally, despite constant Armenian jeremiads, the Persian domination of the country was not invariably oppressive. To be sure, the *Epic Histories* stress the devastating campaign of Šahpūr II against king Aršak of Armenia late in the IVth century.[117] Likewise, the two main sources for the Vth century that have come down to us, the *Histories* of Łazar P'arpec'i and of Ełišē have as a focus the great rebellion led by Vardan Mamikonean provoked by Yazkert II's attempt to reimpose Zoroastrianism on an already Christian Armenia. But it should be noted that not only was Atrormizd Aršakan, the *marzpan* sent to pacify the country, of probable Armenian descent,[118] but that both historians admit that the king.

> "Instructed him by letter not to disturb the Armenian populace but to subdue them peacefully and to allow every one to practice Christianity freely...
>
> Atrormizd remained as *marzpan* of Armenia. He sent many conciliatory letters to different parts of Armenia to this effect: 'Come, settle down without fear, and do not be alarmed.' He wrote and sealed these words of good news that everyone would be allowed to practice Christianity in the fashion that each person desired. At these news all [the Armenians] in Persia and Siwnik' joyfully gathered together...

---

[114] Ps.S, ix, p. 69-71 = Ps.S-T, p. 10-12. Smbat Bagratuni is given 8 years in Vrkan, *Ibid.*, xvii, p. 100 = p. 48, and the murder of the Surēn marking the beginning of the Armenian revolt of 572 is given correctly but with no indication of the length of his tenure, *Ibid.*, ix, p. 70 = p. 10.

[115] Ps.S, xxvii, p. 100 = Ps.S-T, p. 49, "ԵՎ գրեալ գիր ամբաստանութեան բերդակալին և մարզպանին առ արքայ, եթէ 'Կարի մերձ է առ բերդն, և վնասակար է ի թշնամւոյ' : Հրաման հասեալ յարքայէ, եթէ ' Բերդն քակեսցի, և եկեղեցին անդրէն ի նմին տեղւոջն շինեսցի'." See above n. 104e for Smbat's appointment to Vrkan.

[116] BP, IV, liii, p. 170 = BP-G, p. 170, 171 "And in accordance with the usage for solemn oaths in the kingdom of Persia, (Šapuh II) had salt brought in, and sealed it with his own seal ring bearing the effigy of a wild boar (*varaz*) [ԵՒ ևա ևա բերել՝ ըստ օրինացն հաւատարիմ երդմանց թագաւորութեանն Պարսից` աղ, կնքել վարազ ևկարագիր մատանեաւ.]." Cf. Ps.S, x, xii, xxxix, p. 74, 83, 128 = Ps.S-T, I, p. 16, 27, 85, "king Kawat ... had an oath taken to him (Heraclius), salt-sealed [Կալան արիայն... տայ տանել նմա երդումն, աղ կնքել]." and MK, II, i, p. 110 = MK-D, p. 64, "the king of kings summoned Babik, gave him a royal warrant sealed with his ring bearing the sign of a boar [արքայն արքայից կոչէ առ ինքն զԲաբիկ և տայ վճիռ թագաւորութեան` կնքեալ վարազագիր մատանեաւ.]."

[117] BP, IV, xxi-lv, p. 144-180 = BP-G, p. 153-176.

[118] See above p. 74.

XII

The *marzpan* Atrormizd arrived in Armenia with good will and in peace..."[119]

The king undoubtedly exercised at times his power to deprive the Armenian nobles of their ancestral prerogatives of office, rank or possessions, even in the case of a great magnate such as Vasak prince of Siwnik',[120] but these rights might also be returned, as was done for Babik, an earlier prince of Siwnik'.[121] Hereditary pre-rogatives were acknowledged and even seemingly royal grants were in fact the recognition of the traditional *status quo ante*.[122] Moreover, a special office was created to give power in Armenia to the *marzpan* of Vrkan Smbat Bagratuni rather than tamper with the native Armenian hereditary hierarchy by altering his position within it.[123] Hence, an overall relatively tolerant policy of the Sasanian central administration towards its Armenian subjects can be observed even through the prejudices of our two main native sources for the Vth century, as can the generally benevolent policy of Xusrō II at the end of the Sasanian period.[124]

---

[119] ŁP', II, xl, p. 73 = ŁP'-T, p. 117, "[(Յազկերտ) զԱտրորմիզդ ոմն անուն յաշխարհէն Հայոց, մարզպան իրամայէր թողուլ, որում յանձն առնէր հրովարդակով գմարդիկն Հայոց չըննդոստուցանել, այլ սիրով նուանել, և զպաշտոն քրիստոնէութեանն համարձակապէս ունել ամենեցուն: …

Եւ մանցեալ Ատրորմիզդ մարզպան աշխարհիս Հայոց՝ բազում թուղթս խաղաղութեան առէր ի տեղիս տեղիս Հայոց աշխարհին, թէ ՝եկայք՝ շինեցարու՛ք ' անէրկիւղութեամբ, և մի՛ ինչ զարհուրիք'. յորս գրէր և կնքէր աւետաւոր բանս, շնորհել ամենեցուն զկարգ քրիստոնէութեան, որպէս և կամիցի զատ իւրաքանչիւր կամաց: Որք ի համբաւն' խնդութեամբ ի Պարսից և ի Սիւնեաց ժողովեցան ամենեքեան]."

E, p. 129 = E-T, p. 181, "Արդ եկն եմուտ մարզպան Ատրորմիզդ յաշխարհն Հայոց սիրով խաղաղութեամբ:"

[120] ŁP', II, xlvi, p. 84-85 = ŁP'-T, p. 130-131, "Then the king called forward the prince of Siwnik', Vasak, and with extremely angry heart began to upbraid him: … … henceforth you are no longer lord of Siwnik'… King Yazkert commanded him to be deprived with oprobrium there in his presence of every honour he possessed … stripped him of every insignia of his princely rank… [Յայնժամ յառաջ կոչեցեալ թագաւորին զիշխանն Սիւնեաց Վասակ' սկսաւ ասստիկ և առաւելապէս զայրացեալ սրտիւ խօսել ընդ նմա և ասել.… … յայսմ հետէ Սիւնեաց տէր չես … Հրամայեաց տայր թագաւորն Յազկերտ անդէն զառաջեաւ կողոպտել ի նմանէ բշնամանօք զամենայն պատիւն զոր ունէր. և … մերկացուցեալ ի նմանէ զզարդարան պատւոյ տերութեանն]."

[121] MK, II, ii, p. 111 = MK-D, p. 64, "Babik then requested that his native land be returned to him. This the king granted, and he sent him in great honour back to his own country, bestowing upon him the same rank as that of the Bagratunis and the Mamikoneans. [Եւ ապա խնդրէր Բաբիկ յարքայէն զընական աշխարհն իւր ի նա դարձուցանել. և շնորհեալ նմա արքայի, մեծաւ պատուով առաքէ զնա յաշխարհն իւր: Եւ աւանդէ նմա պատիւ ընդ Բագրատունիս և ընդ Մամիկոնեանս համապատուել:]."

Similarly, E, p. 197 = E- T, p. 241, "Yazkert king of kings … promised to restore to them each one's principality in accordance with his hereditary rank [Յազկերտ արքայից արքայ … խոստացաւ տալ նոցա զիւրաքանչիւր իշխանութիւն ըստ կարգի հայրենի պատուոյն]."

[122] ŁP', III, xcvi, p. 174-175 = ŁP'-T, p. 236-237, "the court nobility advised king Vałarš … to give to Vahan Mamikonean the lordship of the Mamikoneans and the office of *sparapet* of Armenia. The king having willingly agreed … They sat him in the rank of the lord of the Mamikoneank', and gave him, like his ancestors, the office of *sparapet* of Armenia. [խնդրեալ աղաչանօյ դրանն բագաւորին վաղարշու … տալ Մամիկոնենին վահանայ զտէրութիւն Մամիկոնեանց և զսպարապետութիւն Հայոց. և թագաւորն կամաւ և սիրով յանձն առեալ … բազմեցուցանէին զնա ի գահու տէրութեանն Մամիկոնէից, տուեալ զնա. ըստ օրինի ճախիցաց իւրոց. սպարապետութիւն Հայոց աշխարհին:]." Although this is presented as a royal favour, the grant to Vahan of the lordship of the Mamikonean and the office of *sparapet* are evidently the recognition and confirmation of his position as head of his family and of the hereditary office of the Mamikonean family, as the author himself admits. The same is true of the "lordship" (*tērut'iwn*) of the Kamsarakan. For the Mamikonean's hereditary office of *sparapet*, see, *inter alia*, Garsoïan 1985, §), p. 22-23 n. 24b.

[123] For the extraordinary office created for Smbat Bagratuni, who was never *marzpan* of Armenia though he was granted overriding powers in its administrative capital, Duin, see n. 115 as well as, Gyselen 2002a and Garsoïan 2003.

[124] This benevolence manifests itself not only in the honours showered by the king on his favourite Smbat Bagratuni, see above nn. 104e, 109, 115, but in the building activity of the Katholikos Komitas in Vałaršapat, and in the Armenian reconstructions after the Persian capture of Jerusalem, Ps.S, xxiv-xxxvii, p. 116-121 = Ps.S-T, p. 70-77.

BIBLIOGRAPHY

Sources

Aa	Agathangelos, *History of the Armenians*, R. W. Thomson, tr. and comm., Albany, N.Y., 1976.
Ag	*La version grecque ancienne du livre arménien d'Agathange*, G. Lafontaine ed., Louvain-la-Neuve, 1973.
Ašχ	*The Geography of Anania of Širak (Ašχarhac'oyc')*, R. H. Hewsen, tr. and comm., Wiesbaden, 1992. Text and French version, A. Soukry, Venice, 1881.
BO	*Bibliotheca orientalis Clementino-Vaticana*, J. S. Assemani (ed.), Rome, 1719.
BP	[Ps.] P'awstos Buzand, *Patmut'iwn Hayoc'*, 4th ed., Venice, 1933.
BP-G	*The Epic Histories attributed to P'awstos Buzand (Buzandaran Patmut'iwnk')*, N. G. Garsoïan tr. and comm., Cambridge, MA, 1989.
E	*Ełišēi vasn Vardanay ew Hayoc' paterazmin*, E. Ter Minasyan ed., Erevan, 1957.
E-T	Ełishē, *History of Vardan and the Armenian War*, R. W. Thomson tr. and comm., Cambridge, MA, 1982.
Eznik	"Nšanagir banic' Eznkan eric'u", N. Akinean ed., *Handes Amsorya*, 51, 1937, cols. 517-532.
GT'	*Girk' T'łt'oc' (The Book of Letters)*, N. Połarean / Bogharian ed., 2nd ed., Jerusalem, 1994.
Kanonagirk'	*Kanonagirk' Hayoc'*, V. Hakobyan ed., 2 vols., Erevan, 1964, 1971.
Koriwn	Koriwn, *Vark' Maštoc'i*, M. Abełean ed., Erevan, 1947 with numerous reprints.
ŁP'	Łazar P'arpec'i, *Patmut'iwn Hayoc' ew t'ułt' ař Vahan Mamikonean*, G. Tēr Mkrtč'ean and St. Malxasean eds., Tiflis, 1904.
ŁP'-T	*The History of Łazar P'arpec'i*, R.W. Thomson ed. and comm., Atlanta, 1991.
MK	Movsēs Kałankatuac'i, *Patmut'iwn Ałuanic' Ašχarhi*, V. Ařak'elean ed., Erevan, 1983.
MK-D	*The History of the Caucasian Albanians by Movses Dasxurançi*, C. J. F. Dowsett tr. and comm., London, 1961.
Paikuli	*The Sassanian Inscription of Paikuli*, 3.1, P. O. Skjærvø ed. and tr., Wiesbaden, 1983.
Ps.S	*Patmut'iwn [Ps.] Sebēosi*, G. V. Abgaryan ed., Erevan, l979.
Ps.S-T	*The Armenian History attributed to Sebeos*, R. W.Thomson and J. Howard-Johnson tr. and comm. with T. Greenwood, 2 vols., Liverpool, 1999.

Partial Literature

Benveniste 1967	E. Benveniste, *Titres et noms propres en iranien ancien*, Paris, 1967.
Christensen 1944	A. Christensen, *L'Iran sous les Sassanides*, 2nd ed., Copenhagen, 1944.
Garsoïan 1976	N. G. Garsoian, "Prolegomena to a Study of the Iranian Elements in Arsacid Armenia", *Handes Amsorya*, xc, 1976, col. 177-234; repr. In Ead., *Armenia between Byzantium and the Sasanians* London, 1985, §x, p. 1-46, pagination used here.
Garsoïan 1981	N. G. Garsoïan, "The Locus of the Death of Kings: Armenia – the Inverted Image", *The Armenian Image in History and Literature*, R. H. Hovannisian ed., Malibu, 1981, p. 27-64.
Garsoïan 1981a	N. G. Garsoïan, "Sur le titre de 'protecteur des pauvres'", *Revue des études arméniennes*, xv, 1981, p. 21-32.
Garsoïan 1982	N. G. Garsoïan, "The Iranian Substratum of the 'Agat'angełos' Cycle", *East of Byzantium: Syria and Armenia in the Formative Period*, N. G. Garsoïan et al. eds., Washington, 1982, p. 151-189.
Garsoïan 1999	N. G. Garsoïan, *L'Eglise arménienne et le Grand Schisme d'Orient* (CSCO 574, subs. 100), Louvain-la-Neuve, 1999.
Garsoïan 2004	N. G. Garsoïan, "Le 'guerrier des seigneurs'", *Studia Iranica*, 32/2, 2003, p. 177-184.
Gignoux 1984	Ph. Gignoux, "L'organisation administrative sassanide : le cas du *marzbān*", *Jerusalem Studies in Arabic and Islam*, 4, 1984, p. 1-29.

Gignoux 1985-1988	Ph. Gignoux, "Pour une évaluation de la contribution des sources arméniennes à l'histoire sassanide", *Acta antiqua Academiae Scientiarum Hungaricae*. A Magyar Tudományos Akadémia klasszika-filológiai közleményei (1985-1988) 31/1-2, p. 53-65.
Gignoux 1991	Ph. Gignoux, "A propos de quelques inscriptions et bulles sassanides, *Histoire et cultes de l'Asie Centrale préislamique*, Paris, 1991, p. 65-69, pl.
Gignoux 1999	Ph. Gignoux, "Quelle connaissance eut de l'Iran Movsès Xorenacʻi ?", *Studia Iranica*, 28, 1999, p. 215-226.
Gyselen 1989	R. Gyselen, *La géographie administrative de l'empire sassanide* [Res Orientales I], Paris, 1989.
Gyselen 2001	R. Gyselen, *The Four Generals of the Sasanian Empire*, Rome, 2001.
Gyselen 2002	R. Gyselen, *Nouveaux matériaux pour la géographie historique de l'empire sassanide : sceaux administratifs de la collection Ahmad Saeedi* [Studia Iranica. Cahier 24], Paris, 2002.
Gyselen 2002a	R. Gyselen, "Le *kadag-xwadāy* sassanide : quelques réflexions à partir de nouvelles données sigillographiques", *Studia Iranica*, 31/1, 2002, p. 61- 69.
Gyselen 2007	R. Gyselen, *Great commander* (vuzurg framadār) *and Court Counsellor* (dar-andarzbed) *in the Sasanian empire (224-651). The sigillographic evidence*, Rome, 2007.
Lukonin 1983	V. G. Lukonin, "Political, Social and Administrative Institutions: Taxes and Trade", *The Cambridge History of Iran* 3/2, E. Yarshater ed., Cambridge, 1983, p. 681-746.
Marquart 1901	J. Marquart, *Eranšahr nach der Geographie des Ps. Moses Xorenacʻi*, Berlin, 1901.
de Morgan 1919	J. de Morgan, *Histoire du peuple arménien*, Paris, 1919. Eng. tr. by E. F. Barry.
Soukry 1881	A. Soukry, *Géographie de Moïse de Corène d'après Ptolémée*, Venise, 1881.

XIII

UNE COÏNCIDENCE SUPPLÉMENTAIRE ENTRE LES SOURCES ARMÉNIENNES ET PERSES:

LE CAS DU GRAND VIZIR MIHR NERSĒH

Le grand vizir sassanide du Ve siècle Mihr Nersēh est bien connu des historiens arméniens, Łazar Pʻarpecʻi et Ełišē, qui lui attribuent l'équivalent arménien, *mec hazarapet*, de son titre iranien de *wuzurg framādār des Aryens et non-Aryens*[1]. Pour ces deux historiens, c'est lui la bête noire autant, et même plus, que son maître le roi des rois Yazdgird II, qui provoqua la grande révolte arménienne de Vardan Mamikonean et de ses compagnons contre leurs efforts de réimposer le mazdéisme à une Arménie déjà chrétienne. Ils le traitent pour le moins de «prince cruel [*daṙn išχan*]»[2] et de «vieillard aigri [*cern daṙnacʻeal*]»[3], mais plus souvent d'«impie [*anōrēn*]»[4], de «méchant et malveillant [*čʻaraχorhurd ew džnamit*]»[5], de «monstre venimeux [*čʻaratʻoyn višap*]»[6], et enfin de

> «vieillard rempli d'amertume dans lequel Satan demeurait avec tout son pouvoir, qui avait causé beaucoup de carnage; dont la nourriture, qu'il

---

[1] ŁPʻ, *passim,* se sert exclusivement du titre arménien, հազարապետ «hazarapet, chiliarque». Ełišē fait de même, mais il se sert à deux reprises de la forme arménienne, հրամատար, du titre iranien, *framādār*: d'abord, dans la lettre aux Arméniens qu'il attribue à Mihr Nersēh, E, II. p. 24 = E-T, p.77 et une seconde fois, lorsqu'il décrit le pouvoir du grand vizir E, III, p.88 = E-T, p.140. L'équivalence entre le titre iranien de Mihr Nersēh et la forme arménienne qui se touve dans le texte d'Ełišē a déjà été notée par Ch. de LAMBERTERIE (1989), p. 242. Sur ces titres, voir aussi, entre autres, CHRISTENSEN, *Iran,* p.113-114; LUKONIN, CHI, III/2, p.757; T-B, p.99-100 n.257; BP-G, p.531-532, KURSHUDIAN, *Verwaltung,* p. 76-90, etc. Voir également ci-dessous, n.12.

[2] ŁPʻ, II.20, p.40 = ŁPʻ-T, p.76.

[3] E, III, p.42,88; IV, p.91 = E-T, p.93,139,142.

[4] ŁPʻ, II. 20-21,43-45,48; IV.59, p.40-42,78,81,87,107 = ŁPʻ-T, p.76,78,122,126-127, 134,158, etc.

[5] ŁPʻ, II.21, p.43 = ŁPʻ-T, p.80.

[6] ŁPʻ, II. 21, p.79 = ŁPʻ-T, p.124.

désirait depuis son enfance, était la chair pure des saints, et la boisson, dont il était insatiable, le sang des innocents»[7].

Pour Łazar c'est lui qui allume et attise la fureur du roi des rois contre les Arméniens[8]. Selon Ełišē, c'est lui-même, et non le roi, qui envoie la première lettre dogmatique menaçante aux Arméniens[9]. Pour tous deux, c'est lui qui pactise avec le traître et apostat Vasak Siwni, qui lui adresse son rapport au lieu de le faire parvenir directement à Yazdgird II,[10] et qui assemble à P'aytakaran l'énorme armée destinée à mater l'Arménie[11].

Le personnage est également connu du côté iranien. Il est vrai que jusqu'à présent notre seul témoignage directement sassanide était apparemment l'inscription dédicatoire de Mihr Narsēh sur le pont de Firuzābād déchiffrée par Henning[12]. Néanmoins, Tabarī, reposant évidement sur des sources iraniennes, nous fournit bon nombre de renseignements à son sujet. Tout comme les auteurs arméniens, il en fait un très grand personnage, descendant de la dynastie royale de Arsacides, sinon d'encore plus haut[13] et le *wuzurg framādār* non seulement de Yazdgird II, mais de ses deux prédécesseurs, Yazdgird Ier et Bahrām V Gōr[14], ainsi que le régent du royaume en l'absence de ce dernier[15]. Tabarī loue la perfection de ses manières et de son éducation, l'excellence de sa conduite et de son jugement, qui en avaient fait le personnage le plus éminent de son époque et lui avaient gagné l'estime «de tous les rois de Perse»[16]. Il en fait le général triomphant envoyé par Bahrām V et Yazdgird II contre les Romains, dont les victoires lui valurent «encore plus d'honneurs» de ses

---

[7] E, III, p.88 = E-T, p.139, «զձերն լի ռամնութեամբ, յորում հանգուցեալ էր սատանայ գործութեամբ իւրով, եւ բաժում գործեալ էր նորա նախնիքն, որոյ կերակուր կամաց իւրոց էր ի մանկութենէ անարատ մարմին սրբոց, եւ ըմպելի անյագութեան նորին՝ արիւն անմեղացն:

[8] ŁP', II.25, p.42,46 = ŁP'-T, p.78-80,84, etc.

[9] E, II, p.24-27 = E-T, p.77-80.

[10] ŁP', II.34, p.106 = ŁP'-T, p.106; E, IV, p.90-91,94-95 = E-T, p.142,147.

[11] ŁP', II.38, p.63 = ŁP'-T, p.104; E, III, p.88 =E-T, p.139.

[12] Henning (1954), p.98-103. L'identification du Mihr Narsēh du texte d'Ełišē avec celui de l'inscription du pont de Firuzābād a été fait par Ch. de Lamberterie (1989), p.42. Voir aussi ci-dessous n.18.

[13] T-B, p.104 = T-N, p.109; cf. Yarshater, CHI, III/1, p.475; Lukonin, CHI, III/2, p.704.

[14] T-B, p.72,99-100,105-106 = T-N, 75-77, 106,111,113. Malgré l'affirmation de Tabarī, que Mihr Narsēh avait été nommé *wuzurg framādār* dès le début du règne de Yazdgird Ier (399-420), Nöldeke, T-N, p.76 n.1, est de l'avis que cette nomination devait plutôt dater de la fin du règne afin de permettre à Mihr Narsēh d'être nommé à la même charge sous Pērōz (459-484) sans allonger sa carrière outre mesure.

[15] T-B, p.88-100 = T-N, p.106.

[16] T-B, p.72,104 = T-N, p.75-77,109.

maîtres satisfaits[17]. Enfin, il vante la piété de Mihr Nersēh, amplement démontrée par sa fondation de quatre temples du feu dédiés à son propre nom et à ceux de trois de ses fils ainsi que par sa construction, « pour son âme », du pont de Firuzābād[18].

Ces deux versions de la carrière de Mihr Nersēh coïncident et se complètent parfaitement. Des deux côtés il porte le même titre et commande de puissantes armées tournées vers l'ouest. Le pouvoir quasi royal que Tabarī attribue au *wuzurg framādār* sous Bahrām V correspond au portrait d'Ełišē :

> « Il était le prince et commandant [*hramanatar*] de tout l'empire Perse, son nom était Mihrnerseh, et nul n'était capable d'échapper à son pouvoir. Non seulement les grands et les petits, mais le roi lui-même obéissait à ses ordres »[19].

La piété mazdéenne démontrée par ses fondations est la contre-partie et l'explication de son zèle dans la persécution des chrétiens, dont se plaignent les Arméniens[20]. Les deux côtés se complètent et la question semble donc être tranchée. Pour les Iraniens, Mihr Narsēh est un grand seigneur, un géneral victorieux et un conseiller sage d'une haute piété. Les Arméniens de leur côté, loin de nier son pouvoir, en font un génie malfaisant et le fléau des chrétiens. Rien de ceci n'est étonnant ni nouveau. Ces parallèles, déja notés au siècle dernier par Nöldeke et Justi[21], sont repris plus récemment par Frye, Duchesne-Guillemin, particulièrement par Mme Perikhanian et bien d'autres ; ces détails font partie de la biographie du grand vizir, connu aussi des Byzantins, dans la *Prosopographie du Bas-Empire* de Martindale[22].

---

[17] T-B, p. 103,109, où il nomme le roi « Fayruz », malgré l'impossibilité chronologique = T-N, p.109,116.
[18] T-B, p.105 = T-N, p.111-112. L'affirmation de Tabarī que les fondations pieuses de Mihr Nersēh existaient toujours à son époque est soutenue par la publication par HARMATTA (1964), p.229-230 des sceaux de prêtres de deux de ces temples et l'identification de leurs ruines par HERZFELD (1935), p. 91sq. ; et GODARD (1938), p.169-173 ; cf. PERIKHANIAN, CHI, III/2, p.662, qui ne fait pas ici le rapprochement avec le texte d'Ełišē, voir ci-dessus n.12.
[19] E, III, p.88 = E-T, p.140 : «Սա էր իշխան և հրամանատար ամենայն տերութեանն Պարսից, որոյ անուն էր Միհրներսեհ, եւ չէր ոք ամենեւին՝ որ իշխէր ստ ձեռն նորա ելանել: Եւ ոչ միայն մեծամեծք եւ փոքունք, այլ եւ ինքն թագաւորն հրամանի նորա անսայր.»
[20] Voir YARSHATER, CHI, III/1, p.395 suivant la thèse de Christensen, selon lequel Mihr Nersēh fait partie des héros de la tradition religieuse de l'Iran.
[21] T-N, p.76 n.1 ; JUSTI, *Namenbuch*, p.205, s.n. Mihr-Narsī #3.
[22] FRYE, CHI, III/I, p.146-148 ; DUCHESNE-GUILLEMIN, CHI, III/2, p.889-890 ; PERIKHANIAN, Ibid. p.628-640,661-662 ; MARTINDALE, *Prosopography*, II, p.371-373, s.n. Narses 1.

XIII

Une note discordante vient pourtant troubler ce bel accord. Tabarī a beau présenter la montée de Mihr Narsēh de gloire en gloire, et les Arméniens déplorer sa puissance et son influence sur le roi des rois, un passage curieux, et à ma connaissance négligé, vers la fin de l'*Histoire* d'Ełišē, contredit l'unanimité de ce tableau. Envoyé par le roi après l'échec de la révolte, afin de persuader les prisonniers arméniens d'adorer le soleil et face à leur constance chrétienne, Mihr Nersēh aurait soudain changé de position:

> «Lorsque le grand *hazarapet* eut entendu cela [le refus des princes arméniens de se libérer par une apostasie], il loua hautement dans son esprit la fermeté de leur conviction. Et à partir de ce moment il commença à les aimer comme des bien-aimés de Dieu. Et avec de nombreuses paroles de supplication il chercha à convaincre le roi de les libérer de leurs liens. *Et bien qu'il eût été destitué de sa charge de hazarapet royal et trouvé coupable de beaucoup de choses* — car il portait la responsabilité de la ruine de l'Arménie et à cause de cela *avait été renvoyé en grand déshonneur dans sa maison* — néanmoins, il ne voulut jamais dire du mal des prisonniers jusqu'au dernier jour de sa vie»[23].

Survenant après toutes les vitupérations et malédictions dont l'auteur accable Mihr Nersēh dans le reste de son récit, et surtout après l'épisode édifiant de la conversion du Grand-mage émerveillé par l'auréole de lumière surnaturelle qui émanait du corps des prisonniers[24], ce brusque changement de ton pourrait facilement être attribué, à première vue, à l'ambiance miraculeuse dont est imprégnée la fin hagiographique de l'*Histoire* d'Ełišē, surtout que rien de pareil ne figure dans l'*Histoire* de Łazar Pʻarpecʻi[25]. La publication récente de la traduction du soi-disant «Code sassanide» ou Collection de réponses juridiques, connues sous le nom du *Livre des mille jugements* de Farraxvmart ī Vahrāmān, et datant d'environ 620, c'est-à-dire de la fin du règne de Xusrō II[26], suggère tou-

---

[23] E, VII, p.195 = E-T, p.239: «Իբրեւ լուաւ զայս մեծ հազարապետն, յոյժ գովեաց ի միտս իւր զպնդութիւն հաստատութեան նոցա. եւ յայնմ հետէ սկսաւ սիրել սիրել սէր ընդ նոսա' իբրեւ ընդ սիրելիս Աստուծոյ: Եւ բազում բանիւք աղաչանօք ածէր զթագաւորն ի հաւանութիւն, զի բողոքիւն արասցէ նոցա ի կապանացն իւրեանց : *Զի թէպէտ և փոխեցաւ նա ի գործոյ Հազարապետութեանն արքունի, և ի բազում իրս գտաւ վնասակար՝* իբրեւ իսկ յանձն իւր կրէր զաւեր աշխարհին Հայոց, *վասն որոյ և մեծաւ անարգանօք յուղարկեցաւ ի տուն իւր,* սակայն զկապելոցն ոչ երբէք չարախոս կամէր լինել մինչեւ ցօր վախճանի կենաց իւրոց:» [italiques ajoutés]

[24] E, VII, p.143-159 = E-T, p.194-209.

[25] Pour ŁPʻ, III.60, p.108 = ŁPʻ-T, p.159, c'est le frère de lait du roi des rois Pērōz, Yězatvšnasp et non Mihr Nersēh, dont le comportement envers les princes arméniens captifs devient plus doux et qui se prend d'amitié pour eux, mais ce n'est qu'après leur libération à Hrev sur l'ordre du roi. Tabarī n'a évidemment rien à dire sur les Arméniens.

[26] PERIKHANIAN, MHD, p.12.

tefois que l'extrait d'Ełišē qui vient d'être cité mérite d'être retenu, et n'a pas été apprécié à sa juste valeur.

Un des passages de ce texte juridique, chronologiquement beaucoup plus proche des évènements, que l'*Histoire* de Tabarī, introduit lui aussi des éléments décidément inquiétants pour la situation du *wuzurg framādār*. Afin de donner un exemple d'un personnage voué comme «esclave» à un temple du feu et expiant sa faute dans le domaine [*ōstān*] royal, l'auteur du *Livre des mille jugements* cite le cas de Mihr Narsēh:

> «It is also said that when (our) late sovereign Vahrām, King of Kings son of Yazdkart conveyed the *vazurg framātār* Mihr-Narsēh as a slave (a *hierodulos*, lit. «into slavery») to the Artvahīst Fire-temple and the Aβzōn-Artaxšahr Fire-temple, then, in accordance with this transfer he (=Mihr-Narsēh) stayed («was kept») at the (above) mentioned Fire-temples for several years, then, at the order of his late majesty Yazdkart, King of Kings son of Vahrām, he was taken to the *ōstān* for a crime/an offence and he was in the *ōstân* during the course of several years; and subsequently he was conveyed into slavery by his late majesty Pērōz, King of Kings, with the consent of the *magupatān-magupat* Martbūt and other authorities who were present [lit. «who appeared» (evidently at the royal council that settled the question of MihrNarsēh)], but not to the same Fire-temple, but to the Ōrmizd-Pērōz Fire-temple.[27]

Il n'y a aucun doute, comme le note Mme Perikhanian, que Mihr Narsēh n'avait pas été réduit à un véritable état d'esclavage, mais qu'il était devenu un *hiérodule* en «esclavage sacré [*bandakīh (ō) ātaxš*]» dans les temples auxquels il avait été assigné. C'est-à-dire, ainsi que le définit le «*Code*» lui-même, qu'il se trouvait dans «a condition of complete civic freedom, 'freedom before men'. but 'slavery' before 'the Fire', that is the Fire-temple»[28]. De même, dans un passage suivant, le «Code» précise que la fonction de Mihr Narsēh dans le temple était celle d'*āturvaxš* ou «ministre du culte» dont le devoir était de veiller à ce que le feu ne s'éteigne jamais[29]. Néanmoins, il est également évident que les rapports de Bahrām V et de Yazdgird II, éventuellement de Pērōz et de leur grand

---

[27] MHD, A39, 11-17, p.318/9: «Apāk anī (guft kū) ka ōy bay Vahrām šāhān šāh Yazdkartān Mihr Narseh ī vazurg framātār pat bandakīh (ō) ātaxš ī Artvahišt ut ātaxš ī Aβzōn-Artaxšahr dāt čand sāl pat an dāt pat āturân dāšt ut pas pat framān ī ōy bay Yazdkart šāhāh šāh ī Vahrāmān ut nām ī vināskārīh apāč ō ōstān kart (ut) čand sāl pat ōstān dāšt ut pas ōy bay Pērōž šāhān šāh pat hampursakīh ī Martbūt (ī) magupatān magupat būt ut apārīk dastaβarān ī mat ēstāt hend pat bandakīh nē ō ham ātaxš <ī> bē ō ātaxš ī Ōhrnizd-Pērōž dāt.» DUCHESNE-GUILLEMIN, CHI III/2, p. 890-891 cite ce texte mais ne fait pas le rapprochement avec le passage d'Ełišē qui vient d'être cité (n.23), bien qu'il fasse indirectement allusion à l' *Histoire* de cet auteur, *ibid.*, p. 890.

[28] PERIKHANIAN, CHI III/2 p.640-641; voir ci-dessous n.30.

[29] *Ibid.*, p.640; voir ci-dessous n.31.

vizir étaient loin d'être aussi uniformément bienveillants que Tabarī voudrait nous le faire croire, et que le *wuzurg framādār* avait commis une faute ou un péché, sinon un crime, méritant une punition sévère. Ce témoignage est confirmé non seulement par le passage qui précède immédiatement l'exemple cité, et qui spécifie qu'il s'agit bien d'un délit pour lequel il détaille exactement la procédure juridique à suivre:

> «It is also said that for the commission of a crime a *hierodulos* — who is made free (lit. «is given into freedom») by the royal treasury as regards other (private) persons (= who has the status of a freeman before men) but a slave as regards Fire (temples) — is transferred («assigned, appointed») by the rulers to the royal *ōstān* (to perform his labour service as punishment there) and from the *ōstān* he is transferred to another Fire-temple»[30],

mais aussi par la distinction notée plus loin entre le cas personnel de Mihr Nersēh et celui des compagnons qui partagent sa peine:

> «And again (the following). Mihr-Narsēh together with (his) wife and slave were conveyed (to a temple) for their respective performance of the duties of *āturvaxš*, slave and *hierodulē*... (And even though) nothing pointed to any offence of the wife or the slave, both the wife and the slave were also sent to the *ōstān*»[31].

Malgré ces détails et précisions, nous ne possédons malheureusement aucune autre indication plus claire sur la faute commise par Mihr-Nersēh. La possibilité d'une éventuelle dissidence religieuse, n'est pas à écarter d'emblée, étant donné le nom de Zurvāndāt porté par un de ses fils, le chef des *herbadh*s, pour lequel il fonda un de ses quatre feux[32], et le nombre de 12.000, pour chacun des arbres plantés dans ses jardin, que Wikander interprète comme un chiffre zurvanite[33]. Duchesne-Guillemin estime que la politique religieuse de Mihr Nersēh n'était pas nécessairement approuvée par ses souverains[34]. En outre, bien qu'au début du règne de Yazdgird II le *wuzurg framādār* semble avoir maintenu un bon accord et une politique commune avec les mages[35], d'après le passage

---

[30] MHD A39,8-11, p.318/9: «Ut anī guft kū āturān bandak āzātīh ī pat mart rāδ pat āturān bandakīh (ī) hač šāhīnān bē dāt pat vināskārīh ī xvēš dehpatān ō ōstān oh kart ut hač ōstān ō yut ātaxš ōh dāt.»

[31] MHD A40, 3-6, p.320/1: «Apāk anī Mihr-Narseh hač zan ut rahīk ham(m)is pat āturvaxšīh ut bandakī[h] ut paristārīh bē dāt (...) vināskārīh ī zan ut rahīk čiš nē nimūt <ut>zan-ič ut rahī[k] ō ōstān.»

[32] Voir ci-dessus n.18.

[33] WIKANDER, *Feuerpriester*, p.177; ZAEHNER (1955); DUCHESNE-GUILLEMIN, CHI, III/2, p.891, mais cf. ASMUSSEN, Ibid., p.940-941.

[34] DUCHESNE-GUILLEMIN, CHI, III/2, p.890-891.

[35] ŁP', II.48, p.87 = ŁP'-T, p.133-134; E, II, p.23-24,42 =E-T, p.77,93.

du «Code» déjà cité, le *magupatān-magupat*, ou chef des mages, avait consenti à sa condamnation sous Pērōz. Même le fait que le «Code» cite deux autorités contradictoires sur la question du droit d'héritage de ses fondations par ses descendants:

> «And it is also said that the *vazurg framātār* Mihr-Narsēh declared as regards two Fires (=Fire-temples): «I have made a disposition regarding the appointment of one man as trustee over one (Fire-temple) and another (man) over the other», Māhtaspand, the *rat*, rendered [a decision] according to which the trusteeship over a Fire-temple should not be transmitted (by inheritance) to the descendants of these two persons. But Yuvān-Yam said that (the trusteeship) should pass to the descendants»,

donne également l'impression d'une division d'opinions à son sujet[36]. Peut-être ne s'agit-il que du trop grand prestige et pouvoir d'un grand seigneur portant ombrage à des souverains qui ne s'entendaient pas toujours avec les grands de leur royaume. Le texte de Ṭabarī semble suggérer que Mihr Nersēh n'avait pas joui continuellement de son titre de *wuzurg framādār* puisqu'il le reçoit par trois fois sous trois souverains successifs et sa nomination avait peut-être pour but l'apaisement d'une noblesse hostile[37].

Il est fort peu probable que la disgrâce de Mihr Nerseh ait été véritablement un résultat de son changement de cœur envers les Arméniens captifs en Perse après la défaite de leur révolte ou «de la ruine de l'Arménie». Ełišē juxtapose mais ne relie pas les deux cas et dit seulement vaguement «qu'il avait été trouvé coupable de beaucoup de choses»[38] et qu'après la guerre malheureuse contre les «Kushans» «le grand *hazarapet* avait grand peur car il était la cause de tous les malheurs qui étaient

---

[36] MHD, A35- 36,3: «Ut anī guft kū Mihr-Narseh ī vazurg framātār ātaxš 2 rāδ guft kū-m pat sardārīh ēvak mērak dastaβar kart Mahraspand ī rat būt [vičī]r kart kū ātaxš sardārīh pat patvand ī avēšān mart nē ravēt. Ut Yuvān-Yam guft kū patyand bē ravēt.» La décision affirmative semble avoir prévalu, étant donné l'affirmation de Ṭabarī que les fondations de Mihr Nersh existaient encore à son époque (Voir ci-dessus n.18), mais une division entre deux partis n'en est pas moins indiquée du vivant du grand vizir.

[37] L'hostilité du clergé et de la noblesse envers Yazdgird Ier est bien connue et notée par Ṭabarī, T-B p.70-73 = T-N, p.72-77. De même, les nobles semblent s'être opposés à la succession de Bahrām V et avoir préféré un autre membre de la famille sassanide nommé Kisrā, T-B, p.86-87 = T-B, p.91-92. NÖLDEKE, T-N, p.98 n.1, estime que l'opposition du clergé renforçait la position de Bahrām V, mais BOSWORTH, T-B, p.93 n.242, a probablement raison de dire que: «this initial lack of support from the nobility probably placed Bahrām in a somewhat weak position, and explains his cooperation with the commanding figure in the state of Mihr Narsēh.» Enfin, le discours de Yazdgird II à la noblesse à son accession et avant la nomination de Mihr Narsēh, suggère encore une fois un certain malaise.

[38] Voir ci-dessus n.23.

advenus[39]. Pour le moment, rien de tout cela n'est suffisamment probant pour établir la cause exacte de la destitution de Mihr Nersēh. Toutefois, l'accord entre notre unique témoignage sassanide (en dehors de l'inscription de Firuzābād), le *Livre des mille jugements*, dont la date et le caractère juridique garantissent l'autorité, et le passage énigmatique d'Ełišē met la vraisemblance de cette disgrâce hors de doute. Cette concordance nous permet de nuancer la carrière, autrement par trop uniformément brillante, de Mihr Nersēh telle qu'elle est présentée par Tabarī, d'élucider le passage de l' *Histoire* d'Ełišē insuffisamment apprécié jusqu'ici et de valider ainsi le renseignement qu'il est le seul historien à nous donner, comme étant conforme à la réalité. Elle fournit ainsi aux arménisants un des rares cas où une coïncidence entre les sources arméniennes et iraniennes nous donne la possibilité d'amplifier et de confirmer l'exactitude d'un texte essentiel pour l'histoire de l'Arménie paléochrétienne.

ABRÉVIATIONS ET BIBLIOGRAPHIE

ASMUSSEN, CHI
    ASMUSSEN, J.P., «Christians in Iran», CHI, III/2, p.924-948.

BP-G
    The Epic Histories attributed to P'awstos Buzand [Buzandaran Patmut'iwnkʻ], tr. et comm. N. Garsoïan (Cambridge, MA, 1989).

CHI
    The Cambridge History of Iran, vol.III/1-2, éd. E. Yarshater (Cambridge, 1983).

CHRISTENSEN, *Iran*
    CHRISTENSEN, A., *L'Iran sous les Sassanides*, 2ᵉ éd. (Copenhague,1944).

DUCHESNE-GUILLEMIN, CHI
    DUCHESNE-GUILLEMIN, J., «Zoroastrian Religion», CHI, III/2, p.866-906.

E
    EŁIŠĒ, *Ełišēi vasn Vardanay ew Hayocʻ paterazmin*, éd. E. Tēr Minasean (Erevan,1957).

---

[39] E, VII, p.142 = E-T, p.193, «Եւ իբրեւ եառա թագաւորն [Yazdgird II], երէ աևարգանօք եւ վատթարութեամբ դարձեալ եմ ի պատերազմէս,... Եւ առ մղձկեալ սրտին՝ զիտեր թէ յո՛ բաժէր զբոյսն դառևութեանն ։ Իսկ մեծ հազարապետն յոյժ էր յերկիւղի, բանզի ինքն էր պատճառ ամեևայն չարեաևցն որ գործեցաև:

E-T
 ELIŠĒ, *History of Vardan and the Armenian War*, éd. et comm. R.W. Thomson (Cambridge, MA, 1982).

FRYE, CHI
 FRYE, R.N., «The Political History of Iran under the Sasanians», CHI, III/1, p.116-178.

GODARD
1938 GODARD, A. «Les quatre čahār tāqa de la vallée de Djerrè», *Āthār-e Iran*, III (1938), p.169-163)

HARMATTA
1964 HARMATTA, J. «Die sassanidischen Siegelinschriften», *Acta Antiqua academiae scientiarum Hungaricae*, XII (1964), p.229-230.

HENNING
1954 HENNING, W.B., «The Inscription from Firuzabad», *Asia Major*, n.s.IV/1 (1954), p.98-103.

HERZFELD
1935 HERZFELD, E., *Archaeological History of Iran* (Londres, 1935).

JUSTI, *Namenbuch*
 JUSTI, *Iranisches Namenbuch* (Marburg, 1895; réimp. Hildesheim, 1963).

KHURSHUDIAN, *Verwaltung*
1998 KHURSHUDIAN, E., *Die parthischen und sasanidischen Verwaltungsinstitutionen (3. Jh. n. Chr. - 7. Jh. n. Chr.)*, Jerewan.

LAMBERTERIE
1989 LAMBERTERIE, Ch. de, «Arménien *Ari* et *Anari*», *Études irano-aryennes offertes à Gilbert Lazard = Studia Iranica — Cahier 7* (1989).

ŁP'
 ŁAZAR P'ARPEC'I, *Łazaray P'arpec'woy Patmut'iwn Hayoc' ew T'ułt' ař Vahan Mamikonean*, éds. G. Tēr Mkrtč'ean et St. Malχasean (Tiflis,1904; réimp. Delmar, N.Y.,1986).

ŁP'-T
 The History of Łazar P'arpec'i, tr. et comm. R.W. Thomson (Atlanta, GA, 1991).

LUKONIN, CHI
 LUKONIN, V.G., «Political, Social and Administrative Institutions: Taxes and Trade», CHI, III/2, p.681-746.

MARTINDALE, *Prosopography*
 MARTINDALE, J.R., *The Prosopography of the Later Roman Empire*, II *(A.D.395-527)* (Cambridge,1980).

MHD
 Sasanidskij sudebnik (Mātakdān ī hazār dātastān), éd. et tr. A.G. Perikhanian (Erevan, 1973). Trad. anglaise: FARRAXVMART Ī

VAHRĀMĀN, *The Book of A Thousand Judgements (A Sasanian Law-Book)*, éd et tr. N. Garsoïan (Costa Mesa CA, 1997), [citée ici].

PERIKHANIAN, CHI

PERIKHANIAN, A.G., «Iranian Society and Law», CHI, III/2, p.627-680.

T-B

The History of al-Tabarī, vol.V, *The Sāsānids, the Byzantines, the Lakhmids, and Yemen*, ann. et tr. C.E. Bosworth (Albany, N.Y,1999).

T-N

NÖLDEKE, Th. tr., *Geschichte der Perser und Araber zur Zeit der Sasaniden aus der arabischen Chronik des Tabari* (Leyden, 1879; réimp. Graz, 1973).

WIKANDER, *Feuerpriester*

WIKANDER, S., *Feuerpriester in Kleinasien und Iran* (Lund, 1946).

YARSHATER, CHI

YARSHATER, E., «Iranian National History», CHI, III/1, p.359-477.

ZAEHNER

1955   ZAEHNER, R.C., *Zurvan. A Zoroastrian Dilemma* (Oxford, 1955).

XIV

LE « GUERRIER DES SEIGNEURS »

The unexpected coincidence between the inscription on a recently published Sasanian administrative seal and the title of the Armenian prince Smbat Bagratuni found in several documents of the *Book of Letters* of the Armenian Church, but otherwise unknown, is of particular interest for the light it sheds on Sasanian administration and policy in Greater Armenia at the beginning of the 7th century.

Parmi les sceaux administratifs sassanides de la collection Ahmad Saeedi tout récemment publiés par Rika Gyselen [1], un en particulier attire notre attention par son titre inconnu jusqu'à présent. Il s'agit d'un sceau administratif aniconique portant l'inscription *gund-i-kadag-χwadāyagān-framādār* ainsi que le toponyme « Armin » [2]. Un titre qui se traduit :

---

[1] Gyselen, *Nouveaux matériaux pour la géographie historique de l'Empire sassanide* [= *NMGS*]. Voir la bibliographie complète en fin d'article.

[2] *Ibid.*, p. 31,132, 219 fig. 25 ; Gyselen, « Le *kadag-χwadāy* sassanide » [=*KX*], p. 65 - 66 et fig. 1 (droite). Un autre sceau porte également l'inscription, *kadag-χwadāy*, mais il s'agit dans ce cas d'un sceau personnel sans indication de lieu, *ibid.*, p. 65 fig. 1 (gauche).

« Commandant des contingents ou de l'armée des seigneurs-de-maison », et Rika Gyselen observe très justement que le terme *kadag-χwadāy* est l'équivalent exact du titre arménien *tanutēr* ou « seigneur-de-maison » porté par l'aîné d'un clan noble dans l'Arménie arsacide. Une observation renforcée par la localisation unique, « Armin », notée sur le sceau [3]. Sans le moindre doute, il s'agit bien ici des grands « seigneurs ayant contingents et bannières » (*gndic' ew drōšuc'teark'*) que connaissent déjà les *Récits épiques* anonymes du Ve siècle dans la société rigoureusement hiérarchisée de la Grande Arménie du IVe siècle et de même, deux siècles plus tard, l'*Histoire* du VIIe siècle attribuée à l'évêque Sebēos [4]. Ce sont les chefs des grandes familles, les équivalents et les égaux des « pères de la maison » (*mamasaχlisi*) de l'Ibérie contemporaine [5].

Avec sa prudence habituelle, Rika Gyselen suggère que ce sceau pourrait être le témoin, jusqu'ici unique, d'une administration probablement militaire dont la circonscription se serait étendue sur la région centrale de la Persarménie dominée par le pouvoir de la grande noblesse et par conséquent connue sous le nom de *Tanutērakan tun* ou *Tanutērakan gund*. « Sous toute réserve », elle le date de l'époque de Xusrō Ier (531-579) ou d'Ohrmazd IV (579-590) [6]. Les arguments apportés à l'appui de cette identification sont probants, surtout si le toponyme « Armin » est pris, ainsi qu'elle le propose, comme l'équivalent de la province d'Ayrarat, voire des alentours de la ville de Duin, capitale administrative de la région et siège du *marzpan* sassanide, qui faisaient partie du *Tanuterakan tun*, plutôt que de la Persarménie entière [7]. Toutefois, une phrase supplémentaire tirée des sources arméniennes, dont certaines restent encore peu connues, nous fournit peut-être la possibilité de resserrer davantage cette identification.

À premier abord, les renseignements fournis par les sources historiques arméniennes paraissent décevants. Dans sa biographie par trop louangeuse du prince arménien Smbat Bagratuni, le favori du roi des rois Xusrō II, le Pseudo-Sebēos nous présente deux faits difficilement acceptables. Tout en

---

[3] *Ibid.*, p. 63-68.

[4] *BP*, IV.iii, p. 108 ; *cf.* Ps.-Seb., xxi, xxviii, vol. I, p. 41,50. Pour la structure aristocratique d'origine iranienne de l'Arménie paléochrétienne, voir Garsoïan, « Prolegomena », §x, p. 19-26.

[5] Toumanoff, *Studies in Christian Caucasian History*, p. 88, 91 n.128, 113-115 et n.185. Sur le titre de *tanutēr* et ses synonymes, *tēr* et *nahapet*, voir *BP*, appendice iii, p. 563-564 et 548, *s.vv.* Il est fort possible, malgré l'absence de toute indication de lieu, que l'autre sceau portant l'inscription *kadag-χwadāy* (Gyselen, *KX*, p. 65 et fig. 1, gauche) appartienne au chef d'une de ces grandes familles, puisque c'est un sceau personnel et non administratif.

[6] Gyselen, *KX*, p. 66-68 ; Ead. *NMGS*, p. 31, 116. Sur le *Tanutērakan tun*, voir Adontz, *Armenia in the Period of Justinian*, p. 180-182.

[7] Gyselen, *KX*, p.67-68; Ead. *NMGS*, p.29-30, 132, 185.

donnant à Smbat le titre connu par ailleurs de *marzpan* de Vrkan/Gurkan ou Hyrcanie, dont la juridiction devait pas conséquent s'étendre au sud-est de la mer Caspienne [8], l'auteur insiste sur son pouvoir en Persarménie et particulièrement à Duin où il aurait fait élire en 607 un nouveau katholikos après une vacance de trois ans et où son autorité, selon l'auteur, avait prévalu sur celles du commandant de la forteresse et du *marzpan* du lieu [9]. L'élection du katholikos Abraham Ier lors d'un concile convoqué par Smbat Bagratuni est confirmée par l'acte du concile préservé dans le *Livre des lettres* (*Girk' T'łt'oc'*) contenant la correspondance officielle de l'Église arménienne [10]. Mais la source du pouvoir de Smbat à Duin en dehors de sa circonscription officielle n'en reste pas moins inexplicable jusqu'ici, à moins de l'attribuer exclusivement à la faveur du roi des rois.

Le second renseignement incongru donné par le Pseudo-Sebēos est son affirmation que Xusrō II avait octroyé à Smbat Bagratuni l'office ou la fonction de *tanutēr* [*tanutērut'iwn*], que son fils Varaztiroc' reçut par la suite du roi Kavād II [11]. Dans les deux cas, Pseudo-Sebēos se sert de la forme abstraite : « le *tanutērat*, l'autorité ou le pouvoir du *tanutērat* » (*tanutērut'iwn, išχanut'iwn tanutērut'eann*), indiquant de ce fait une fonction et non un honneur personnel. Or, comme il a été dit plus haut, la dignité de *tanutēr* (ou ses synonymes interchangeables, *tēr* et *nahapet*) n'était pas une fonction abstraite mais le titre qui désignait de droit le plus ancien, et par conséquent le chef reconnu comme tel par les autres membres d'une des grandes familles de l' Arménie paléochrétienne. Il est vrai que nos

---

[8] Ps.-Seb., xxiv p. 43-44, « He [Xosrov] gave him [Smbat] the *mazpanate* of the land of Vrkan, made him prince over all that region and favoured him even more with honours and authority » ; *ibid.*, xxv, p. 46, and xxvii, p. 48, « Smbat held the *marzpanate* of that country for eight years » ; voir aussi la note suivante. Ces passages ont également été notés par Gyselen, *KX*, p. 64, 66.

[9] Ps.- Seb., xxvii, p. 48-49, « The king bade him visit his own country ... Then he required permission to [re]build the church ... of Dvin. Because the late katholikos Movsēs had died and there was no *vardapet* in that place, he hastily sought permission from the king. When the permission reached his country, he then made a request concerning the supreme cathedra, that they might appoint a bishop as guardian of the church and primate of its salvific role. They installed Abraham, the bishop of Ṙshtunik', on the patriarchal throne. Then they began to lay the foundation of the church. ...The commander of the fortress and the *marzpan* wrote a letter of complaint to the king declaring : 'It is very close to the fortress and there is danger from an enemy.' The order came back from the king: 'Let the fortress be demolished and the church built in that very place' ». Voir aussi la note suivante.

[10] Pour le rôle de Smbat dans l'élection du katholikos Abraham Ier en 607, voir Garsoïan, *Église*, p. 357-363, 381-383, 510-515.

[11] Ps.-Seb., xxviii, p. 49, « Then the king bestowed on him [Smbat] the office of *tanutēr* called Khosrov Shum [Joie de Xusrō] » ; *ibid.*, xl, p. 86, « Then king Kawat summoned Varaztirots, son of Smbat Bagratuni called Khosrov Shum, and gave him the office of *tanutēr* ».

sources parlent parfois exceptionnellement de l'attribution de cette dignité par le roi, mais il s'agit alors ou de la confirmation d'un fait accompli, ou d'un choix fait par le roi à l'intérieur d'une famille. Ainsi, les *Récits épiques* nous montrent le roi arménien Aršak à son avènement installant, dans le clan des Mamikonean, « le frère aîné Vardan, comme *nahapet* de son clan, et le frère puîné Vasak, ... comme *sparapet* et comme commandant-en-chef des affaires militaires, et, de même, il fit du plus jeune un chef militaire » [12]. Normalement, la dignité de chef de clan passait automatiquement par droit d'aînesse sans aucune intervention royale, ainsi que le soulignent ailleurs les *Récits épiques* : « Lorsque Manuel [Mamikonean] atteint la terre d'Arménie, ... Vač'ē, qui d'abord avait été *nahapet* avant son retour, le vit et lui transmit la tiare princière qu'il avait reçue du roi Varazdat, car Manuel était le membre le plus ancien du clan. Et Manuel détint donc la dignité de *nahapet-tanutēr* du clan et Vač'ē fut second ... sans un ordre du roi Varazdat » [13].

Si les témoignages du Pseudo-Sebēos semblent susciter de nouveaux problèmes et compliquer l'identification du sceau qui nous intéresse, une indication ignorée jusqu'ici, à ma connaissance, nous offre peut-être une solution. Dans toutes les lettres qu'il a écrites préservées dans le *Livre des lettres,* ainsi que dans celles qui lui ont été adressées, le prince Smbat Bagratuni porte invariablement un double titre :

« Au seigneur Smbat par la grâce de Dieu [digne] de toutes les louanges, glorifié et resplendissant d'honneurs, *marzpan* de Vrkan et guerrier des seigneurs (*Amenazoveloy ew p'aṙaworeloy ew astuacašnorh patwovk' paycaṙac'eloy Tean̄ Smbatay Vrkan marzpani ew tēranc' zinuori*) » [14].

À l'indication déjà connue de sa charge de *marzpan* de Vrkan/Gurkan s'ajoute donc une seconde fonction énigmatique, celle de « guerrier des seigneurs » (*tēranc' zinuor*) [15], qui ne se rencontre dans aucun autre docu-

---

12   *BP*, IV.ii, p. 108.
13   *BP*, V.xxvii, p. 218.
14   Garsoïan, *Église*, p. 510-511, « Profession de foi que Smbat *marzpan* de Vrkan exigea des évêques réunis à nouveau par son ordre à Duin afin d'instaurer un catholicos des Arméniens après la mort de Movsēs ... » [= *Girk' T'ḥt'oc'*], 2ᵉ éd. Jérusalem 1992, p. 296. Le fait que Smbat lui-même se sert également de cette phrase : « ... moi aussi, Smbat, *marzpan* de Vrkan et guerrier des seigneurs... », *ibid.*, p. 513, et sa répétition, indique qu'il s'agit bien d'un titre défini et non d'une simple formule honorifique. Voir aussi la note suivante.
15   Cette phrase, dont le sens m'avait échappé auparavant, se trouve dans le corps, mais non dans les titres probablement ajoutés ultérieurement, de cinq documents officiels contemporains préservés dans le *Livre des lettres* : a) voir la note précédente ; b) « Profession de foi donnée à Abraham catholicos des Arméniens ... par ceux qui étaient sous le pouvoir des Romains durant le règne de Maurice », Garsoïan, *Église*, p. 514, « ...devant nos princes : le Seigneur Smbat *marzpan* de Vrkan et guerrier des

ment arménien de l'époque et dont les historiens arméniens n'ont jamais entendu parler [16]. À première vue, ce deuxième titre semble être une variante inusitée du titre de *sparapet* ou connétable et général-en-chef dont l'autorité s'étendait sur tous les contingents (*gund*) réunis de la noblesse, selon le droit coutumier de l'Arménie paléochrétienne [17]. Toutefois, aucune raison valable ne se présente pour l'emploi dans des documents arméniens contemporains de la formule maladroite et autrement inconnue de « guerrier des seigneurs » au lieu du titre familier et courant de *sparapet*. Une seconde raison bien plus fondamentale dictée par tout ce que nous savons au sujet de la société arménienne de cette époque s'oppose également à cette hypothèse. Parmi les charges invariablement héréditaires qui s'y retrouvent de génération en génération, celle de *sparapet* était réservée exclusivement à la maison des Mamikonean, même lorsque celle-ci n'était pas en mesure d'en assumer les fonctions et les *Récits épiques* précisent qu'à son retour en Arménie, « lorsque Manuel [Mamikonean] eut obtenu la gloire de sa seigneurie (*ehas ekac' Manuēln i p'aṙs tērut'ean iwroy*), il saisit d'abord, sans l'ordre du roi Varazdat, la charge de *sparapet* et commandant-en-chef (*zzoravarut'eann zsparapetut'iwnn*), celle que ses ancêtres avaient détenue de droit inné dès les origines et que le roi Varazdat avait octroyée à son tuteur Bat » [18]. Comme membre du clan des Bagratuni, dont la charge héréditaire était celle d'*aspet* ou commandant de la cavalerie selon la tradition arménienne, Smbat n'avait donc aucun droit d'assumer et d'exercer les fonctions du *sparapet* qui n'appartenait pas à sa famille [19]. Le fait même qu'aucune allusion n'est faite dans nos documents

seigneurs ... » ; c) « Lettre du seigneur Smbat *marzpan* de Vrkan à Kiwrion catholicos des Ibères », *ibid.*, p. 551-552 : « ... de [la part de] Smbat *marzpan* de Gurkan et guerrier des seigneurs » ; d) « Réponse de Kiwrion au seigneur Smbat », *ibid.*, p. 554 : « Au glorieux Seigneur Smbat *marzpan* de Gurkan et guerrier des seigneurs » ; e) « Au seigneur Smbat de [la part de] Movsēs [de C'urtaw] », *ibid.*, p. 556 : « Au seigneur Smbat par la grâce de Dieu resplendissant d'honneurs, *marzpan* de Gurkan et guerrier des seigneurs ». La formule « *marzpan* de Gurkan [Vrkan] et guerrier des seigneurs [*Gurkan marzpan ew teranc' zinuor*] » est invariable dans tous les cas.

[16] Cette formule ne se retrouve ni dans *BP* ni chez son contemporain légèrement plus jeune, Łazar P'arpec'i (*The History of Łazar P'arpec'i*) qui se servent couramment du terme *sparapet*, ni dans aucun autre historien ou document à ma connaissance. Voir p. 178-179 pour le cas de Ps.-Seb.

[17] Pour la charge de *sparapet*, voir *BP*, appendice iii, p. 560-561 *s.v.*

[18] *BP*, V.xxxvii, p. 218, *cf.* III. xi, p. 81, où les insignes de sa charge [de *sparapet*] furent données au petit Artawazd Mamikonean, bien que son jeune âge ne lui permette pas de commander une armée, « car il était le fils d'un père honoré d'une famille honorable et aucun autre adulte ne pouvait être trouvé dans son clan ».

[19] *Cf. BP*, appendice iii, p. 509, s.v. La charge d'*aspet* était si profondément associée avec la famille des Bagratides, que Procope leur donne le nom d'« Aspetianoi », voir Garsoïan, « Anthroponymie arménienne », p. 230.

ni à la charge d'*aspet* de Smbat, ni à son rang comme seigneur (*tēr/tanu-tēr*) des Bagratuni, semble indiquer qu'il s'agit dans le cas du titre de « guerrier des seigneurs », tout comme dans celui de *marzpan*, de fonctions officielles octroyées par la cour sassanide et non de dignités héréditaires locales.

Par eux-mêmes, les documents du *Livre des lettres* ne suffisent pas pour nous permettre une conclusion, mais si nous réexaminons maintenant le sceau du *gund-i-kadag-χwadāyagān-framādār* sassanide, il est manifestement évident que le titre de celui-ci donne une description exacte de la fonction du *sparapet* arménien dont le devoir et le privilège exclusifs étaient précisément de commander les contingents (*gund*) des seigneurs-de-maison (*tēr/tanutēr*). Or c'est bien ce que dit également la formule des documents arméniens qui désigne Smbat comme guerrier ou chef militaire des seigneurs sur un pied de guerre, c'est-à-dire à la tête de leurs propres contingents [20]. Il semble donc probable que nous soyons ici devant deux attestations séparées de la même fonction, la maladresse de la phrase arménienne suggérant qu'il s'agissait probablement d'une version du titre perse octroyé par le roi des rois à son favori afin de lui assurer l'autorité et l'ensemble des pouvoirs du *sparapet* exigés par la situation locale du moment, tout en évitant un titre qui ne dépendait pas du pouvoir royal et auquel Smbat n'avait pas droit du fait de sa propre charge héréditaire d'*aspet* [21].

Les données dont nous disposons sont évidemment minces, néanmoins la correspondance des deux titres ne nous autorise pas à la négliger car elle s'encadre parfaitement dans la situation historique de l'époque et nous permet de résoudre plusieurs des problèmes posés par le récit du Pseudo-Sebēos. Elle explique en le complétant le pouvoir de Smbat à Duin loin de sa juridiction de *marzpan* de Vrkan et élève son autorité au dessus de celles du commandant et du *marzpan* de la ville. En outre, le champ de ses activités coïncide avec la définition proposée plus haut pour le toponyme « Armin » du sceau sassanide. La date des documents arméniens tout au début du VIIe s. correspond raisonnablement avec celle de la fin du VIe s. proposée par Gyselen pour le sceau du *framādār* sassanide [22]. L'absence

---

[20] C'est bien ce que dit Ps.-Seb., xxviii, p. 50 dans sa description de l'armée levée par Smbat pour la guerre contre les Kushans : « He... summoned to himself from Vrkan his own original army of compatriots, ... These are the princes of the Armenian nobles who [joined] him with each one's contingent and banner (*iwrak'anč'iwr gndaw ew drawšuč'*), Varazshapuh Artsruni ... etc. », *cf.*xi, xxi, p. 19-20,41.

[21] Voir ci-dessus, notes 18-19.

[22] Une date pour la création d'une charge sassanide portant exclusivement sur l'Arménie avant la mort de Maurice se place difficilement dans la situation politique de la seconde partie du VIe s., une époque où l'attention de Byzance était tournée vers ce pays. Il est également peu probable que la cour de Perse se soit immiscée dans les

de toute autre attestation dans les sources arméniennes et le manque de précision du Pseudo-Sebēos, qui parle d'une vague mais puissante seigneurie, suggèrent que ces pleins pouvoirs avaient été octroyés à titre exceptionnel, non seulement pour rehausser le prestige d'un favori royal, mais afin de faire face à une situation spéciale, et qu'ils n'avaient été répétés que brièvement pour le fils de Smbat jouissant dans sa jeunesse du crédit de son père [23].

Historiquement, l'institution d'une charge particulière pour l'Arménie à ce moment-là répond parfaitement aux besoins créés par le retournement inattendu de la politique religieuse de la cour sassanide, marquée par l'attitude bienveillante de Xosrō II à l'égard des monophysites de ses états et en particulier envers l'Église arménienne, dont l'autorité ébranlée par l'hostilité de Maurice demandait à être relevée par l'élection d'un nouveau katholicos [24]. Par lui-même, un titre contenant, la connaissance et la concession de l'existence et des droits des *tanutērs* arméniens, s'accorde également avec la tendance à maintenir les prérogatives et à éviter de froisser les sentiments de la noblesse locale dans la zone frontalière entre la Perse et Byzance que nous retrouvons dans de nombreux autres cas [25]. Ainsi, la possibilité d'un rapprochement entre les données des documents arméniens et le sceau sassanide nouvellement publié qui les complète, rehausse non seulement la valeur de ce dernier, mais nous fournit, à travers une coïncidence malheureusement trop rare mais pourtant souvent fructueuse entre les sources perses et arméniennes, l'explication possible d'un titre arménien peu compréhensible sans son appui [26].

---

démêlés entre Maurice et l'Église arménienne à l'époque où le jeune Xusrō II avait cédé la plus grande partie de ses terres arméniennes à Maurice, le "père spirituel" avec aide duquel il venait de reconquérir son trône en 591. Au contraire, la création d'une nouvelle charge au profit de Smbat Bagratuni s'accorde particulièrement bien avec la date du concile de 607/8, auquel Abraham Ier fut élu katholikos grâce à l'intervention de Smbat, et avec la chronologie de Ps.-Seb, xxvii, p. 48, selon lequel Smbat avait été envoyé en Arménie par Xusrō II, « in the 18th year of his reign ». Voir aussi les deux notes suivantes.

[23] Ps.-Seb. souligne chaque fois que les dignités octroyées à Varaztiroc' Bagratuni du vivant de Smbat faisaient partie des honneurs accordés à son père, xxvii, xxviii, p. 48-49, 53.

[24] Pour les démêlés de l'Église arménienne avec Maurice avec leurs résultats et la politique favorable de la cour sassanide, voir, Garsoïan, *Église*, p. 263-282, 335-363, 374-384. Voir aussi ci-dessus, note 22.

[25] Pour l'absence d'une politique qui aurait détruit les institutions locales dans leurs territoires frontaliers au profit d'une assimilation au système administratif de Byzance comme de la Perse sassanide, voir Garsoïan, « Frontier-Frontiers ? ».

[26] Pour deux autres cas de coïncidence entre les sources perses et arméniennes, voir Garsoïan, « 'Protecteur des pauvres' », p. 21-32 ; Ead., « Coïncidence », p. 311-320.

BIBLIOGRAPHIE

Sources :

BP = *The Epic Histories attributed to P'awstos Buzand (Buzandaran Patmut'iwnk')*, éd. N. Garsoïan, Cambrideg, MA. 1989.

Girk' T'ł'oc' (*Le Livre des Lettres*), Jérusalem 1992, 2ᵉ édition.

The History of Łazar P'arpec'i, éd. R.W. Thomson, Atlanta 1991.

Ps.-Seb. = *The Armenian History attributed to Sebeos*, éd. R.W. Thomson et J. Howard-Johnson, 2 volumes, Liverpool 1999.

Travaux :

Adontz, N., *Armenia in the Period of Justinian*, tr./comm. N. Garsoïan, Louvain 1970.

Garsoïan, *Église* = N. Garsoïan, *L'Église arménienne et le Grand Schisme d'Orient*, CSCO §574, Subs. §100, Louvain-la-Neuve 1999.

———, « Frontier-Frontiers ? » = N. Garsoïan, « Frontier-Frontiers ? Transcaucasia and Eastern Anatolia in the Pre-Islamic Period », *Atti dell' Accademia dei Lincei*, Rome [sous presse].

——— « Anthroponymie arménienne »=N. Garsoïan, « Notes préliminaires sur l'anthroponymie arménienne du Moyen Âge », dans *L'anthroponymie, document d'histoire sociale des mondes méditerranéens médiévaux*, M. Bourin, J.-M. Martin et F. Menant (éds.), Rome 1996, p. 227-239 [réimpr. dans Ead., *Church and Culture in Early Armenia*, Londres 1999, §ix].

———, « Prolegomena » = N. Garsoïan, « Prolegomena to a Study of the Iranian Aspects in Arcasid Armenia », *Handes Amsorya* 90 (1976), p. 208-215 [réimpr. dans Ead., *Armenia between Byzantium and the Sasanians*, Londres 1985, §x. 19-26].

———, « 'Protecteur des pauvres' » = N. Garsoïan, « Sur le titre de 'Protecteur des pauvres' », *Revue des études arméniennes* 15 (1981), p. 21-32 [réimpr. dans Ead., *Armenia between Byzantium and the Sasanians*, Londres 1985, §vi].

———, « Coïncidence » = N. Garsoïan, « Une coïncidence supplémentaire entre les sources arméniennes et perses : le cas du grand vizir Mihr-Nerseh », *Revue des études arméniennes* 27 (1999-2000), p. 311-320.

Gyselen, *KX* = Gyselen, R., « Le *kadag-xwadāy* sassanide : quelques réflexions à partir de nouvelles données sigillographiques », *Studia Iranica* 31/1 (2002), p. 61-69.

———, *NMGS* = Gyselen, R., *Nouveaux matériaux pour la géographie historique de l'Empire sassanide : sceaux administratifs de la collection Ahmad Saeedi*, Studia Iranica. Cahier 24, Paris 2002.

Toumanoff, C., *Studies in Christian Caucasian History*, Georgetown 1963.

INDEX OF TECHNICAL TERMS

abelay/abīlā, "*mourner/solitary*", IX 195, 207, 213
āmārgar, III 342
ambarapet/ambarakapet/hambarakapet, "master of stores, quartermaster/ steward", XII 100–102
anapakan/anapakanutʻiwn, "incorruptible/ incorruption", XI 261, 263–4, 266, 270
anapat, "desert/hermitage", IX 192, 199
anapatakan/anapatasēr/anapatawor, "desert lover/desert dweller", IX 192–4, 196, 211–13, 216
anderjapet/handerjapet, "counsellor", XII 100, 104. See also *mogacʻ anderjapet* and Sakastan, *anderjapet*
apakan/apakanutʻiwn, "corruptible/ corruption", XI 261, 263–7, 270
aṙajnord, "spiritual leader/superior", VII 60; VIII 266; IX 192–3, 196, 200, 213, 223
archimandrite, IX 204
asparapet, see *sparapet*
aspet, "commander of the cavalry", I 18; III 342–5; IV 35, 40; V 182; XIV 181–2. See also, Great Parthian and Pahlav *aspet*
ašxarh, "realm, country", X 182
ašxarh Hayocʻ, "Armenian realm", I 24; II 91
ašxarhagir, "census", XII 97. See also *šahrmar*
atʻoṙakicʻ, "colleague", XII 103
āturvaxš, "sacred minister", XIII 315–16
awag gorcakalkʻ, "senior officials", XII 103
awan, "town", IX 209; X 498
axoṙapet, "master of the stables", XII 100
azat, "noble", I 19; VII 68; VIII 262; IX 193–4, 200, 206; X 500; XII 98
azatordi, "lesser nobility", XII 98
azg, "tribe/race", VIII 262

bakʻ, "excises", XII 96
baxt, "fate/destiny", I 20–21; IV 36
bdeašx, "marcher lord", VII 261–2
bnat qyāmā, "daughter of the covenant", IX 197, 209–10, 216. See also *uxti mankancʻ*

bnay qyāmā, "son of the covenant", see *uxti mankancʻ*

čgnaworkʻ, "hermit", IX 216. See also *menak*
civitates liberae et immunes, III 341
civitates stipendiariae, III 34
cœnobion, "the most organized and stable monastic community", VIII 258, 265–7; IX 179, 184, 194, 200, 208, 213, 216, 222–3, 226
comes Armeniae, II 82; III 341
čʻorrordapet, "tetrarch", VIII 261
curator, III 347

dačapet/dahič, "chief executioner", XII 100, 102
daranderjapet, "court counsellor", XII 102–3
datawor, "judge", XII 102
dayeak, "tutor", IV 30; XIV 181
dayrā, "monastery", IX 198. See also *vank*
divan, "administration", XII 105
dprapet, "chancellor/chief scribe", XII 101–2
drigōšan jadaggo(w), see *jatagov amenayn zrkelocʻ*
Dumavund vsemakan, XII 100

ełbayr/ełbarkʻ/ełbayrutʻiwn, "brother/ brotherhood", IX 184, 195, 199, 206–7, 212–13, 215
Ērān-spāhbed, III 342
erdumn, "oath", IX 196
erēcʻ, "elder/priest" IX 216–19. See also *kʻahanay*
eristʻavi, "Iberian duke", III 336, 344, 346–7
eristʻavtʻ-mtʻavar, "arch-duke", III 347
erkir haykazean lezui, "land of Armenian speech", I 24; II 91
erkir Hayocʻ, "land of Armenia", I 24; II 91

framadār, "commander", XIV 182. See also *hramanatar* and *vuzurg framadār*

gawaṙ, "canton/ district", V 182; VIII 262; X 498

gawit/zamatun, "exo-narthex", IX 177
gndic' ew drōšuc' teark', "lords with contingents and banners", IV 33; XIV 178
gorcakalk', "officials", XII 101, 104
gund, "contingent", XIV 181–2
gund-i kadag χwadāyagān framadār, "commander of the lords-of-the-house", III 342, 347; XIV 177–8, 182. See also, Smbat Bagratuni and *tēranc' zinwor*

hamakden, "religious authority", XII 102
hamarakar, III 342; XII 97, 104. See also, Hamarakar of Vaspurakan
hambarapet, see *ambarapet*
handerjapet, see *anderjapet*
hark', "tax, tribute", XII 95–6, 104
hask', "tax, levy", XII 95–6
hazarapet, "chiliarch", XII 100, 102–4, 110. See also, *hazarapet of the Aryans*
hazarapet of the Aryans/Great hazarapet, XII 101–2; XIII 311, 314, 317. See also, *vuzurg framadār*
hazarapet of the royal court, XII 101, 103; XIII 314
herbadh, "priest", XIII 316
hierodulos, "temple slave", XIII 315–16
hramanatar, "commander", XII 104; XIII 313. See also, *framadār* and *vuzurg framadār*

īhīdāyā, "solitary", IX 195, 200. See also, *menak*, *mianjn*
išχan, "prince", XII 105

jatagov amenayn zrkeloc'/drigōšan jādaggo(w), "Defender of the dispossessed", I 19; IX 182

kadag-χwadāy, "lord of the house", XIV 178. See also, *tanutēr*
k'ahanay, "married priest", IX 185, 199, 201–2, 218
k'ajut'iwn, "valour", I 20–21; IV 36
k'ałak', "walled enclosure/city", V 182
kleisurai, III 331
k'nnoł, "inspector", XII 104
košik, "tax", XII 95
kusastan, "female ascetic community", IX 209

laura, "monastery, less structured than a conœbion", VIII 266–7; IX 185, 216, 223–4, 226

leaṙnakan/turāyā, "dwellers on mountains", IX 194–6, 212, 216
limes, "boundary/ fortification", III 330–31; V 181, 195

madabārāyā, see, *miaban*
magister militum, "commander of the army" III 331, 341; V 185–6, 192, 193. See also *Magister Militum per Armeniam, Pontum Polemoniacum et Gentes*
magister utriusque militiae per Orientem, IV 32; V 184. See also, Anatolius
magupat/mogpet, IX 182; XII 103
mamasaχlisi, "father of the house", III 344; XIV 178. See also *tanutēr*
marzban/marzpan, "marcher lord/governor/viceroy", I 25; III 343–7; IV 34, 42; X 500, 503; XII 95–7, 103, 105–12; XIV 178–80, 182
  Armenian, XII 106, 109
  Persian, XII 106–8
maypet, "court cupbearer?", XII 101–2
menak/miaban/mianjn/miaynacik'/ monazeank'/madabārāyā, "solitary" etc., VIII 266; IX 191, 196, 200, 202, 210, 212–13, 215–16, and *passim*
menanoc'/menastan', "hermitage", IX 209–11, 214
mep'e, "king", III 347
mianjanoc', "hermitage", IX 199. See also, *vank'*
Mogac'/Movan anderjapet, "counsellor of the Magi", XII 100, 102, 104. See also, *anderjapet*
mohbed/mogpet, III 341; XII 102–3
μονάζων/μοναχός, "solitary, monk", IX 195
"monk", see under, *anapatakan, menak, vanakan*, etc., IX *passim*
Movpetan movpet/Magupatān magupat, XII 102–4; XIII 314–15
mutk', "tax, dues", XII 96

nahapet, "head of the family/clan" IV 31; XIV 179–80
naχarar, "noble/ magnate/ prince", I 12, 15, 18–19; II 85–6; III 333, 336, 346; IV 33, 37; V 182; VIII 262, 264–5; IX 198–9, 202, 206, 218, 224–6; XII 94, 97, 103, 106, 112; XIV 181, 183
niχoragan, III 342; XII 105
nuirapet, "master of ceremonies", XII 100

ōrēnadir, "legislator/ arbiter", XII 102

INDEX OF TECHNICAL TERMS 3

ōrēnk', "traditions/ religion", XII 95
ostan, "domain", X 498; XIII 315–16
ostāndār, III 342
ostanik', "royal retainers", XII 98
ostikan, "governor/supervisor", XII 100, 102, 104
p'aṙk'/χwarrah, "glory", I 20–21; IV 36
parsayenapet/parseanapet, XII 105
paštoneay, "minister/servant", IX 202, 206
protos, "elder of a *laura*", IX 216, 218
p'uštipan, "bodyguard/guardsman", IX 210; XII 100, 102, 104
p'uštipan salar, "commander of the guards or of the army", XII 101

qyāmā, "covenant", see *uχt*

ṙamik, "commoner", I 19; IX 194
rat, "counsellor", XIII 317
ṙočik, "maintenance", XII 95, 99, 104

šahap, XII 105
sahmanakal, "keeper of the border", XII 105, 109
šahrayenapet, XII 105
šahrmar, "census", XII 105. See also *ašχarhagir*
sakk', "taxes", XII 96
šapstan takarapet, "royal cupbearer?", XII 100–101
satrap, III 336, 338
senekapet/senekapan ark'uni", chamberlain", XII 100–102
šinakan, "peasant", I 19
sparapet, "high constable/marshal", I 18; III 343–4; IV 30–31, 35, 43; V 182; XII 95, 106, 110; XIV 180–82
spasawork', "minister/servant", IX 202, 208

t'agadir/t'agakap, "coronant", II 85; IV 35, 39, 40
tanutēr, "lord of the house" III 347; V 182; XIV 178–9, 182
tanutērut'iwn/ išxanut'iwn tanutērut'eann, "lordship", XIV 179
tēr, "lord", II 87; XIV 179, 182
tēranc' zinwor, "soldier of the lords",

XIV 180–82. See also *gund-i kadag χwadāyagān framadār*
tērut'iwn, "lordship", XIV 181
tetrarch, see, *čorrordapet*
θερμόν, "hot water", XI 251
turāyā, see *leaṙnakan*

uχt/qyāmā, "oath/covenant/clergy", IX 196, 198, 202–3, 208, 210, 216–18
uχti mankanc'/bnay-bnāt qyāmā, "sons/ daughters of the covenant", IX 196–7, 216

Vačaṙn pok'r, "Lesser Ministry of Finance", XII 97
vanakan/vanerayk', "solitary, monk?", IX 192–3, 197–200, 202, 210, 212–14, 217
vanic'/vanac' erēc', "priest/ elder of a vank'", IX 190, 192–3, 201–3, 217–19, 227
vank', "dwelling/monastery",VIII 266; IX 193–4, 197–202, 207–8, 212–13
vardapet, "doctor/teacher", VIII 259–60, 266; IX 213; XI 267
verakac'u, "overseer", IX 213; XII 105, 107
vizir, see, *vuzurg framadār*
vuzurg/wuzurg framadār, "grand vizir", XII 101–2, 104; XIII 311, 313, 315–17

Xosrov šum, III 344. See also, Smbat Bagratuni
χwarrah, See *p'aṙk*
χorhin ark'uni, "royal counsellor", XII 104
χorhrdakic', "colleague", XII 103
χorhrdean dpir, "secretary of the council", XII 101–2

Yavitean Xosrov, III 345. See also, Varaztiroc' Bagratuni

zamatun, see *gawit*
zarrbed, "master of the mint", III 342
zik, XII 100
zinakir, "squire", IV 31
zinkapet, "military official", XII 100

GENERAL INDEX

The entries follow the order of the Latin and not of the Armenian alphabet. They are given in English with alternate forms. Given the wide distribution and circumstances of these articles, and the existence of multiple spellings and transliterations, a uniformity of forms regrettably has not been possible. Alternate forms have been indicated and in cases of ambiguity, cross-references are included. Technical terms are given in a separate list.

Only words of primary importance have been considered in the alphabetical list. Words such as 'the', 'of'. 'bp.', 'metropolitan' etc. have been disregarded.

Diacritical marks have been maintained throughout, but they have been disregarded for purposes of alphabetizing. Likewise, the lower case letters, Latin x and Greek χ designate different phonemes but have been equated for purposes of alphabetizing.

Councils are listed according to their location. Where known, titles are given under the name of their author as are saint's *Lives*.

Abas, katʻołikos of Ałbania, VIII 263–5
Abasgia, see Abkhazia
Abbasid(s), dynasty, II 92; IV 42; IX 226
Abdišo/Aptiso, II 89–90; VII 68; IX 202, 219
   First Letter to the Armenians, IX 202–3
   Second Letter to the Armenians, IX 203
Abeghian/Abełean, Manouk, I 15
Abkhazia/Abasgia/Abasgian, III 335
Abraham I, Armenian katʻołikos, VI 85, 94;
   VII 67; IX 190, 203, 220; XIV 179
   Second Letter to Kiwrion, X 500
   Third Letter to Kiwrion, X 500
Abraham rhetor, V 191
Abraham of Tarōn, bp, VII 67
Aβzōn-Artaχšahr Fire Temple, XIII 315
Acacius/Akakios of Melitene, III 332;
   IV 32; V 188; VI 88
Achæmenid, I 10; III 327
Acts of the Martyrs of Arzanene, III 345
Acts of the Persian Martyrs, I 24; III 345
Addai, see Thaddeus
Adiabene, III 337
Adontz, Nicholas, I 12, 18–19, 25;
   III 346;VII 63
Agatʻangełos, *Cycle/History of Armenia*,
   II 81, 83; IV 29; VI 83;VII 59–60;
   VIII 260–61; IX 184, 196, 205, 210;
   XII 92
   Armenian text, XII 92
   Greek version, XII 92
   Teaching/Vardapetutʻiwn, see Gregory
      the Illuminator

Age d'Or, see Golden Age
Ahmad Saeedi, XIV 177
Akinean, N., IX 190, 193
Akitʻ, IX 208
Ałan Arcruni, prince, IX 212, 218
Albania, Caucasian/Ałuankʻ, II 88; VI 190;
   IX 187; XII 91, 93, 109
   Church of, I 24; II 89; III 333; VI 84;
      X 497–8, 500–502, 505
   monasteries in Jerusalem, VIII 259;
      IX 221
Ałckʻ/Ałjkʻ, IV 36; V 183
Alexander the Great, III 327
Ałiwn, district, V 182
Ałjnikʻ/Bēt Arzōn, eastern Satrapy,
   VI 81–2. See also, Arzanene
Ałjkʻ, see Ałckʻ
Ałtʻamar, IV 39
Ałuankʻ, see Albania
Amadouni, G., VIII 257–8; IX 178–9
Amału/Noravankʻ, monastery, IX 177, 187
Amida, III 332, 340; V 189; VI 81, 86;
   VII 66; X 503
Ammianus Marcellinus, *Libri qui
   supersunt*, III 339; IV 31
Anahit the Golden Mother, goddess, VII 61
   Throne of, mountain, IX 211
Anak, XII 92
Ananean, P., X 503
Anania Narekacʻi, IX 178
Anania Širakacʻi, II 87
Ananias, IV 41

Anastas vardapet, *List of Armenian Monasteries in Jerusalem*, VIII 259–63, 265–6; IX 206, 221–5
Anastasius, Byzantine emperor, III 339; V 189–90, 194–5; VIII 265; X 500, 502, 504
Anatolia/Asia Minor, III 327, 330, 352; VI 95
Anatolius, *magister militum*, IV 32; V 184–94; VI 87
Andekan, Sasanian *marzban*, XII 108
Anērān, III 341; XII 101
Angełtun/Ingilene, western Satrapy, VI 81
Ani-Kemah, V 183
Ankara, VIII 260
Antioch on the Orontes, I 21; II 83–4; III 350; V 186; VI 82, 91; VII 63
 Creed of, VI 84
Anzitene, see Hanjit
Aphraat, I 14, 22; VI 84; IX 209
Aphthartodocetism, see Phantasiasts
Aptiso, see Abdišo
Arab(s)/Tačiks, I 25; II 84–5, 92; III 346; V 181, 186; VI 95; VII 68; VIII 262–3; XII 104, 106. See also, sources
Arabia, V 192
Aragac, II 86
Aragacotn, canton, V 183; IX 189
Ararat/Masis, mount, VII 65
Ararat, journal, I 12
Araxes river, I 10; VI 83; VII 62
Arbela, eparchy of, VI 82
Arcadius, Byzantine emperor, IV 30; V 187
Archam, IV 41
archimandrite, see Index of technical terms
Arcruni/Artsruni, Armenian princely and royal house. VII 63; IX 177, 187
Aṙewc, mountain, IX 211
Arianism, IV 37
Aristakēs, St, IX 210
Armawir, I 10
"all Armenia", V 194; IX 204
Armenia
 I (Justinianic), II 83; III 331, 339–40, 347
 I (Theodosian), II 82; III 335, 339–341; VI 80; VII 61;VIII 258–9; IX 184–5
 II (Justinianic), III 340–41
 II (Theodosian), II 82; III 332, 335, 339, 341; VI 80, 88; VII 61; VIII 259; IX 184
 IV (Justinianic), I 19; II 83; III 340
 IV "the other", III 339
 1st century A.D., III 328
 1st century B.C., I 9
 2nd century A.D., II 84

2nd century B.C. I 10
3rd century A.D., I 11; II 84
4th century A.D., I 10–12, 14, 22, 24; II 82–4; III 328, 337, 339, 344, 350; IV 30, 32; V 181–2, 187; VI 80, 82, 86, 93; VII 59, 63–4; VIII 258; IX 179, 184, 186–7, 189, 197, 205, 217; XII 95, 106, 111; XIV 178
5th century A.D., I 9–13, 16, 19, 23, 25; II 81–2; III 332–4, 337, 339, 348, 350; IV 32, 34, 37–9, 42, 44; V 181, 186–7; VI 79–80, 83–4, 86, 88, 91, 94; VIII 257, 259, 262, 267; IX 183, 189–90, 197, 201, 205, 215, 217–18, 220; X 502–4; XI 251–2, 256; XII 93, 102, 106–8, 111; XIII 311; XIV 178, 182
6th century A.D., I 18, 25; II 85, 89; III 334, 342, 350; V 181; VI 83, 85, 89, 92; VIII 263, 265, 267; IX 183, 191, 197, 200, 204, 217–19, 222, 224, 227; X 502–3; XI 265; XII 107–8; XIV 182
6th century B.C., I 9
7th century A.D., I 14, 18, 20, 22, 24–5; II 85, 88–90; III 340, 346, 350; IV 33, 44; VI 85, 91, 93–5; VII 68; VIII 261; IX 187–91, 193–4, 200–201, 203–5, 217–19 (watershed), 220, 227; XI 249, 251–2, 261–2, 271; XII 97, 103, 106–8; XIV 178, 182
8th century A.D., II 85, 88, 92; VI 95; VII 69; IX 186, 188, 227; XI 252–3, 261–2
9th century A.D., III 346; VIII 257; IX 183, 189, 226–7
10th century A.D., I 14; IV 39; VI 85; IX 177, 183, 187, 189, 191, 215; XI 253
11th century A.D., XI 253–4
12th century A.D., I 83, XI 254
14th century A.D., XI 254
16th century A.D., VIII 26
17th century A.D., IX 178
Achæmenid, I 10
Arsacid/Arsacid kingdom, I 11, 18–22, 24–5; II 82, 84–5; III 328, 343, 346, 348; V 181, 183–4;VI 81–5; VII 61; IX 184; XII 91, 93–4, 106; XIV 178
Christian, I 12, 21, 25; IV 88; VI 79; XII 91, 111
Christianization of, I 10, 18, 21, 24; II 83–8; III 337; IV 29; VI 82–4; VII 59; X 502–3; XI 250
 dual origin of, I 21–4; II 84;

GENERAL INDEX

VI 82–4, 86, 92; VII 62–9
  demographic composition, III 335, 345–6
  four, I 19; II 83; III 335, 338–9; IV 34
  grant of autonomy to in 485, I 22;
    III 344; VI 88
  Greater, I 10–11, 15, 17–18, 21–2,
    24–5; II 82, 86, 88; III 329, 339–41,
    345, 349; IV 30; V 182–3, 186, 194;
    VI 81–2, 85–6, 90–92; VII 61, 63;
    VIII 257–8, 267; IX 180, 183, 185,
    188, 204; X 500; XIV 178. See also,
    Armenia, Arsacid
  Hellenistic, I 8, 10, 20
  Historic, I 9
  Interior, II 82; III 339, 341, 346; IX 184
  Iranian influence on, I 19–23; XII 91, 94
  Kingdom of, see Armenia, Greater
  Minor/Lesser, III 335; VI 80; VII 61;
    IX 180, 184
  North–South division, VI 83–4, 92
  Northern, II 83; III 339; VI 83, 94;
    VII 61–3
  "Other", III 339
  Paleochristian, I 7, 10, 15, 17–18,
    20–21, 25–6; II 84, 87; IV 33, 35,
    37, 39, 42, 44; VI 80; VIII 257, 261;
    XII 91; XIII 318; XIV 179, 181
  partition of
    ca. 387, I 19, 22; III 328, 330, 334,
      339–41, 351; IV 30, 33–4;
      V 183, 187, 192–4; VI 80, 82;
      IX 184, 227; XII 91
    in 536, I 19; II 83; III 338
    in 591, II 83, 85, 89; III 329; VI 82,
      93–4; VII 68
    into four parts, IV 34
  Persian, see Persarmenia
  Pre-Islamic, I 25; III 327, 330, 351;
    VI 79, 95; VIII 258; IX 185, 227
  political and administrative
    subdivisions, I 25; II 82–3; IV 44;
    VI 80–83
  Republic of, I 9, 26
  Roman/Byzantine, I 10, 25; II 82; III 332,
    346; IV 34; V 188; VII 61;
    IX 184, 204
    purported reunion with Persarmenia,
      IV 33–4
  Sasanian vassal, VI 82; XII 94–9,
    106–7, 111–12
  Southern, II 83; VI 91; VII 63
  Theodosian, III 339. See also, Armenia
    I and II
"Armenia", II 83; III 339; VI 80; IX 184–5.
  See also, "Armin"
Armeniakon, theme of, III 335

Armenian(s), I 12, 25; II 88; III 327, 345,
  350; IV 38; VI 90; IX 202; X 503;
  XI 252, 256–7, 260; XII 107, 110;
  XIII 312–14, 317
alphabet, I 11; II 83; III 332, 348;
  V 185; VI 86; VII 60, 65–6; XI 251
anti-patriarchs, I 23; VI 87–8, 93–4;
  IX 204
archaeology, I 9–10, 24, 26; II 81, 85–6;
  IX 183, 187, 217
architecture, II 86–7
archives, I 8
authors, I 13, 20; II 85. See also listing
  by name
Aycuptkunkʻ, Mt, V 191
Book of Canons, see Armenian,
  Kanonagirkʻ Hayocʻ
Bronze age, I 9
cavalry, I 20; III 345; XII 97–9, 104
  maintenance, see Index of Technical
    Terms, ṙočik
Chalcedonians, I 25; VI 80; IX 185. See
  also Chalcedon
Chancellery, I 8; VI 86; IX 212
Christianity, II 82–4; VII 63–4
Church, I 11–13, 18, 21–4; II 88–9, 91;
  III 340, 349–50; IV 37; VI 79–80,
  82, 86–9, 91–5; VII 59–60;
  VIII 257, 259; IX 183, 202, 221;
  X 497–9, 500; XIV 183
  apostolic foundation, VII 63
  autocephalic, I 22; III 350; VI 84;
    VIII 259, 267; IX 184, 225;
    XI 249
  autonomy granted by the Sasanians
    in 485, I 22; III 337, 344, 349;
    VI 85, 88, 94; X 503; XII 107
  baptismal rites, VI 84
  canons, IX 190, 217. See also listing
    by council or name
  communion with the Byzantine
    church, III 350; VI 84, 87–9, 92;
    X 497–8, 502, 504; XI 252
  conciliar acts, VI 85; XII 94. See
    also listing by council
  councils, I 18, 22–3; III 340; VI 82.
    See also listing by location
  Creed, VI 84
  doctrine, I 25; II 83–4, 87–91;
    VI 80, 86, 88–95; VII 66–9;
    VIII 259; IX 227; X 497; XI 260,
    262, 266, 269, 271
  eucharistic rite, XI 249–53, 256,
    258–60, 262, 269–71
  internal schism, II 89; VI 93–4
  Lectionary, see Jerusalem

Armenian, Church (cont.)
    links to Syriac Christianity,
        VII 63–6, 69. See also, Syriac
        Christianity
    married priests, see Index of
        Technical Terms, *k'ahanay*
    polemic with Greeks and Latins,
        XI 250, 253–6
    relations with Transcacasian
        Churches, I 24. See also, schisms
    schism with the Byzantine Church,
        I 25; III 350; VI 83, 89, 92–4;
        XI 249
    schism with Iberia, III 350; VI 94;
        IX 189
    secular jurisdiction over, see
        Sasanian king of kings, secular
        jurisdiction of
chronology, I 24; II 84; XI 251
churches, II 86–7; IX 208, 226
cities, I 20; III 348; V 182–4, 189–95;
    X 498
coinage, I 8; II 81
colophons, I 8, 14; VIII 260
"consecrated virgins", IX 200, 209–10,
    216
costumes, I 20
councils, see under Armenian Church
court, XII 100
culture, I 25; III 345
deportations of, III 345; IV 33; VI 85
descent, XII 106
diaspora, I 26; II 92
doctrine, see under Armenian Church
eremitism/solitaries/anchorites, II 88;
    VIII 262–3, 266; IX 186, 191,
    210–18, 222, 227; XI 251. See
    also, Index of technical terms,
    anapatakan, miakaync'ik', etc.
frontier, III *passim*
folklore, I 15
genocide, I 26; II 92
Geography, see *Ašxarhac'oyc'*
Golden Age, see Golden Age
grand marshal, see *sparapet*
Hellenophile School, I 16; III 348
heretics, I 25; II 89–90;VIII 264;
    XI 262
High constable, see *sparapet*
historiography, I 8, 10–12, 17, 24, 26–7;
    II 88; IV 44
history, I 7, 12; II 82; IV 44; IX 221
    interpretations of, I 7–17, 19, 24–7;
        II 82, 84–5; III 329–30; VI 82,
        89; IX 191
    Hellenocentric, VI 86

Historical Atlas, I 15–16
iconography, I 17
identity, VII 65
ideology, I 20–21, 25; IV 35–7, 44
inscriptions
    Aramaic, I 10; II 81
    Armenian, I 14; II 86–7; VIII 259;
        IX 220
    Greek, I 10
    Iranian, see Iran
    in Jerusalem and Palestine, VIII 258,
        263, 267; IX 185, 220–21, 224–6.
        See also, Armenian, monasteries
    in Poland, XI 256
Interregnum, see Interregnum,
    Armenian
intellectual life, II 88
Kanonagirk' Hayoc'/Book of canons,
    II 88, 90; XI 269; XII 92
kat'olikos, see patriarch
king, I 18, 20–21; II 85; III 336; IV 36;
    XII 94. See also listing by personal
    name
land of, see Index of Technical Terms,
    erkir Hayoc
land of Armenian tongue, see Index of
    Technical Terms, *erkir haykazean*
    lezui
language/literature, I 7, 11–12, 14, 16;
    II 81–2; III 348; V 187; VI 84;
    VII 66, 69; VIII 267; IX 185;
    XII 91
Maccabees, IV 38–9; VI 79
manuscripts, I 8, 11–12; VIII 259–60;
    IX 191–3
martyria, II 86; IX 208
martyrs, IV 38–9
master of the cavalry, see Index of
    Technical Terms, *aspet*
miniatures, I 17
monasteries/monasticism, I 8, 24; II 88;
    VIII 257–8; IX 188, 222 and *passim*
    in Jerusalem and Palestine,
        VIII *passim*; IX *passim*
    pre-Islamic, IX 178, 183–7, 191,
        200, 204, 206–7, 209, 217–18,
        221, 227
    later, IX 177–8, 194, 197, 226–7
    transformation of, VIII 267;
        IX 218–19; 225–7
"monastery", see Index of Technical
    Terms, *vank'*
"monk", IX 194, 196, 207. See also,
    Index of Technical Terms
mosaics, I 10; VIII 259, 267; IX 220, 225
nation, II 91

GENERAL INDEX

nationalism, I 27; II 85
nobility, see Index of Technical Terms, *naxarar*
officials, XII 100. See also, Index of Technical Terms, *gorcakalk'*
patriarch/katʻolikos, I 19, 22–3; II 89; III 334, 344, 350; IV 32; VI 82, 86, 88, 93–4; VII 60–61; VIII 263, 265; XI 262; XII 104; XIV 179, 183
resident on Sasanian territory and subject of the king of kings, I 22–3; III 334, 349; VI 82, 84–5, 87, 89, 94; VII 67; IX 204; XI 251
plateau, I 21, 25; II 83, 85, 92; III 346; VII 69; IX 217, 226
polemic, see under Armenian Church
population, III 335, 346–7
princes, see Index of Technical Terms, *naxarars*
prisoners, IV 33; XIII 314, 317
prosopography, I 15, 19; IV 32–3; VIII 261; IX 221
realm, see Index of Technical Terms, *ašxarh Hayocʻ*
"received tradition", I 12, 19, 22; IV 29; VI 83; VII 59, 61–3
revolt of 450/451, I 12; III 347; IV 33, 38; V 186; VI 85, 88; XII 91, 94–6, 99, 102, 106–8, 111; XIII 311, 314, 317
royal necropolis, see Ani-Kemah and Ałckʻ
schisms, see under Armenian Church
school at Edessa, III 333
seals, I 8
society, I 17–21, 24; II 87; III 335–6, 346–8; IV 35; XII 109–12; XIV 178, 181
sources, I 8, 12–16, 20; II 90; III 340; IV 34, 37–9; V 181–2, 192; VI 83, 85, 90, 92; VII 65; VIII 257, 261; IX 178, 183, 185, 188, 197, 201, 205, 227; XI 252, 268; XII 91, 93, 98, 100, 103, 105–7, 109, 111–12; XIII 311–12, 318; XIV 178, 180–83. See also listing by author's name
State, I 12, 26–7
studies, I 7–8, 17; II 81
tax status, XII 96
traditions, see Index of Technical Terms, *ōrēnkʻ*
"Armin", III 342; XIV 177–8, 182
"Arsaces", father and son, supposed kings of Armenia, V 187
Arsacid dynasty, Parthian, III 328. See also, Armenia, Arsacid

"Aršak", king of Armenia, IV 41; V 193
Aršak, son of Pap, king of Armenia, V 182, 193
Aršak II, king of Armenia, I 21; IV 30; XII 92–3, 111; XIV 180
Arsanias, see Euphrates, eastern
Aršarunikʻ/Ašarunikʻ, II 87
Arsēn Sapʻareli, katʻołikos of Iberia, IX 190; XI 254, 267–8
Artašat/Artaxata, I 10; III 333
council of, III 334; IV 33; VI 81; IX 193; XII 94
Artašēs I, king, I 10
Artašēs, last Arsacid king of Armenia, XII 106
Artavasdos, I 15
Artaxata, see Artašat
Artvahīst Fire Temple, XIII 315
"Artawazd" (Mamikonean), I 15
Artawazd Mamikonean, prince, IV 30
Artawazd Mandakuni, prince, IV 30
Aŕuč, II 86; IX 226
Aryans, XII 94, 101; XIII 311
Arzanene, II 85; III 345; X 503. See also, Ałjnikʻ
Ašarunikʻ, see Aršarunikʻ
Asia Minor, see Anatolia
Asołik/Stephen of Tarōn, *Universal History*, II 90; V 185; XI 268
Ašot Bagratuni, "The Blind", prince of Armenia, IV 42
Aspetianoi, I 18. See also, Bagratids
Aštarak/Astarax, II 86; VII 68
Asthianene, III 331, 340
Aštišat/Ashtishat, II 84; VI 83; VII 61, 63–4, 69; IX 206
Astłik, goddess, VII 61
Ašxarhacʻoycʻ/Armenian Geography, II 87, 91; IV 44; V 182; XII 92–3
Athanasius of Alexandria, XI 254, 264
Athens, IX 180
Atrormizd Aršakan, III 347; XII 106–7, 111–12
Atrpatakan/Azerbaijan, III 343, 345; IV 39; XII 91–3, 105, 109
Atrvšnasp Yozmandean, III 344; XII 108
Atticus, patriarch of Constantinople, IV 32; V 185, 188
Aucher/Awkerean, I 12
Augusteum, V 189
Augustus, Roman emperor, I 21; III 328; V 189
Awarayr, battle of 451, II 83, 87; VI 79
Awkerean, see Aucher
Ayrarat, district, II 85; VII 61–2; X 498; XIV 178

Ayrivankʻ, monastery, IX 177
Azat, river, XI 251
Azerbaijan, see Atrpatakan
azymes, see bread, unleavened

Babgēn I, Armenian katʻołikos, VI 89, 91; VII 67; IX 202; X 497–502, 505
  First Letter to Persia, see Dwin, I council, *Conciliar Act*
  Second Letter to Persia, IX 202; X 497, 499, 501
Babik Siwni, prince, IV 30; XII 112
Babwilas, *vanicʻ erecʻ* of Yovannavankʻ, IX 190
Bagratid/Bagratuni, princely and royal family, I 18; II 85; III 346; IV 31, 37–44; V 182; IX 177; XIV 181–2. See also listing by personal name
  aspet, V 182. See also, Index of Technical Terms, *aspet*
  defenders of the faith, IV 40–44
  Jewish origin of, IV 39–43
  support of Sasanians and Umayyads, IV 42
Bagrewand,
  battle of, IV 43–4
  canton, IX 204
Bahram V/Vahram Gor/Gorobanes/Ouaranes/Vram, V 184, 186, 188, 194; IX 204; XII 106; XIII 312–13, 315
Bakr, Arab tribe, III 346
Bałeš/Bitlis, school of, IX 178
Balkans, II 85, 92
"barbarian(s)", XI 259
Bardanes, see Philippikos/Bardanes
Barsauma, metropolitan of Nisibis, VI 90–91
Barseh, see Basil
Bartholomew, St, V 182, 193; IX 186–7
Basean, district, VI 81
Basil of Caesarea/Barseh St, II 83; VI 84; IX 179–80; XI 249–50
  Anaphora, VI 84
  Letters, IX 180, 182
  monastic institutions, VIII 257–8, 267; IX 216, 227
  Rule, IX 178, 183
Basiliada, IX 180–82
Bat Saharuni, prince, XIV 181
Bazmaveb/Pazmavēp, journal, I 12
"Beau Début", see Καλὴ' Ἀρχή
Benedict XII, pope, XI 255
Benveniste, E., I 16
Bēt Arzōn, see Ałjnikʻ
Bēt Dasn, see Dasn
Bēt Lāpāt, see Gundešāhpūr
Bēt Mahqart, see Mahkʻertun

Bēt Moksāyē, see Mokkʻ
Bēt Qardu, see Kordukʻ
Bēt Rahimaī, VI 81
Bēt Zabdaī, see Cawdek
Bitlis, see Bałeš
Bizana/Leontopolis, III 331, 339
Bjni, II 86
Black Sea, Mer Noire, V 181
Bogharian/Połarean, N., arbp, XI 262
Book of Canons, see, Armenian, *Kanonagirkʻ Hayocʻ*
Book of Letters/Girkʻ Tʻłtʻocʻ/Livre des lettres, I 13, 18, 25; II 88; IV 32; V 188; VI 89; VII 68; IX 189, 206, 220; X 497–8; XI 261–2; XII 92; XIV 179–80, 182
Book of One Thousand Judgements, see Farraχvmart-ī Vahrāmān
bread
  leavened, XI 251, 253, 259, 261, 263, 270
  unleavened/azymes, XI 250, 253, 255, 257–9, 263, 270
Britain, III 330
Byzantine-Sasanian wars, II 85; III 329, 331–2; V 184, 192; X 503–4
  armistice negotiations, X 504
Byzantium/Byzantine Empire/Byzantine, I 7, 23; II 85; III 329–30, 333, 349, 351; V 185, 192–3; VI 82, 87, 92–5; VII 68; VIII 259; IX 184; X 503; XII 91, 104; XIII 313 See also, Rome/Roman
  Church, II 84, 89; III 333, 340, 350; VI 80–81, 83, 88, 90, 92–3; VIII 258–9, 264; IX 184; X 497; XI 250, 252
  councils, see listing by location
  documents, III 339; V 181
  Far East, III 327–9, 340–41; XIV 183
  East frontier, III 329–32, 334–8, 351; V 183, 185, 194–5; VI 93; VIII 259; XII 92–3; XIV 183
  emperor, VIII 263. See also listing by personal name
  history, I 7
  monasteries in Jerusalem, VIII 266; IX 201
  officials, III 347

Caesarea of Cappadocia, I 7, 22; III 340, 350; VI 82, 84; VII 59–60; IX 180, 182, 184–5; X 503
  council of 314, VII 60
Caesarea Maritima of Palestine, VIII 263–4
Cʻałacʻkʻar, monastery, IX 177

Caliphate, see Muslim, caliphate
Callinicum, III 333
Č'amč'ean, see Tchamchean
Canivet, P., IX 195
Cappadocia, II 83–4; III 327, 336; IV 32;
    V 185; VI 82–3, 91; VII 63–5;
    VIII 257; IX 177, 179, 184
  fathers, I 24; VI 84: IX 179
Carthage, council of, XI 249–50, 257
Caspian Sea, III 327, 337, 344; XII 109;
    XIV 179
Castle of Forgetfulness/Château de l'Oubli,
    I 21
Catalans, I 8
Catholics, see Latins
Caucasia, IX 216; X 497, 502, 505; XII 93,
    98, 109. See also, Transcaucasia
Caucasus
  mountains, III 327; XI 267
  plain, III 327
  people of, III 335
Cawdek/Bēt Zabdaī, eastern Satrapy, VI 81.
    See also, Zabdicene
census, see Index of Technical Terms,
    ašχarhagir and šahrmar
Chalcedon/Chalcedonians, VI 90–91;
    XI 253
  council of 451, I 22; II 89; III 340, 350;
    VI 80–81, 83, 87, 89–90, 92;
    VIII 259, 263; IX 204; X 498–500,
    502, 504–5; XI 263
  doctrine of, II 89–90, 93; VIII 267;
    IX 221, 225; X 505; XI 267. See
    also, Byzantine Church
  party in Jerusalem, VIII 265; IX 221
  sources, XI 268–9, See also, Narratio de
    rebus Armeniae
Chapot, V 195
Château de l'Oubli, see Castle of
    Forgetfulness
Christian(s), XIII 313
  bishops, XII 103
  communities, III 334
Christianity, III 349; IX 220. See also
    listing by region
  Oriental, I 7, 15; III 351
Christianization, III 336–7. See also,
    Armenia, Christianization of
Churches of the East, VI 87
  Armenian, see Armenian,Church
  Byzantine, see Byzantine, Church
  of the Orient, see Sasanian, State Church
  Paleochristian, I 7, 17
  of Persia, see Sasanian, State Church
  of Transcaucasia, see listing by country
Cilicia, Armenian kingdom of, I 8, 17;
    II 84, 92; XI 256
Cimin, see Tzumina
Citharizon, see Kitharizon
Classical/Graeco-Roman
  civilization, I 7, 20–21
  sources, I 7, 11, 24. See also listing
    under author's name
  urban pattern, III 348
  world, III 327, 329, 336, 348–9
Čoł/Čołay, pass, XII 98, 109
Colchis-Lazica, III 327, 329, 335, 351
Colonia, III 339–40; VIII 258
"commander of the lords of the house", see
    Index of Technical Terms, gund-i
    kadag χwadāyagān framadār
Conrad of Hildesheim, chancellor, XI 255
Conrad of Wittelsbach, bp of Mainz, XI 255
Constans II, Byzantine emperor, II 89;
    XI 252
Constantine I, the Great, Roman
    emperor,VIII 260, 262; X 500
Constantine V, Byzantine emperor, V 181
Constantinople, I 24–5; II 84, 89, 92;
    III 327, 329, 332–3, 338, 350–51;
    V 185, 188, 191–2; VI 86–7, 91–4;
    VIII 259; IX 216; X 503–4; XI 252,
    256
  council of 381; IV 30
  council of 553, "Three Chapters",
    III 340
  council of 692, "Quinisext, in Trullo",
    III 340; XI 249–51, 261
    canon xxxii, XI 249, 256–8
    canon xxxiii, XI 258
  doctrine, see Byzantine Church
  synod of 536, III 340
  synod of 572, VI 93
Cop'k' Šahuni/Sophene, western Satrapy,
    VI 81; VII 63. See also, Sophene
Coptic Church, XI 258
Č'or, see Čoł
Corduena, III 339, 345
corruptible/corruption, XI 261–2, 266, 270,
    See also, Index of Technical Terms,
    apakan
Cowe, Peter, XI 265
Crimea, II 92
Croke, B., V 185
Ctesiphon, III 329, 334, 343. See also,
    Seleucia-Ctesiphon, council of
Cyprus, II 85
Cyril of Alexandria, St, I 14; II 90; IV 32;
    V 186; VI 87
  Christological formula, XI 258
  Scholia, XI 263
  Twelve chapters of, X 497, 501, 505

GENERAL INDEX

Cyril of Scythopolis, *Lives of the Monks of Palestine*, V 186, 192; VIII 258, 266–7; IX 185, 188, 220, 223–4

Dadimon, bp of, III 340
Dadivankʻ, monastery, IX 177, 187
Dagron, Gilbert, VIII 257
Daniēl, Syrian bp, VII 66
Daniēl of Sarebay, IX 219
Daniēl of Tarōn, St, VII 63–4; IX 211, 213, 215
Daniel of Thaurizio/Tabriz, *Responsio ad errores impositos Hermenis*, XI 255–6
Dara/Daras, III 329; V 190, 192, 194
Daranałi(kʻ), canton, V 182; VII 61
Dasn/Bēt Dasn, district, VI 81
David, king, IV 40, 43
David "The Invincible", V 191
David of Taykʻ/Tao, prince, V 181
"Dawitʻ", monk, V 191–4
"Defender of the dispossessed," see Index of Technical Terms, *jatagov amenayn zrkelocʻ*
Derbent, XII 98, 103, 109
Derǰan, canton, V 182; VII 61
Der Nersessian, Sirarpie, I 17; II 81; VIII 260
desert/desert dweller, see Index of Technical Terms, *anapat/anapatakan*
"destiny/fate", see Index of Technical Terms, *baχt*
Dionysius the Aeropagite, XI 264
Dionysius bar Salibi, *Treatise against the Armenians*, XI 255–7, 260
Duchesne-Guillemin, J., XIII 313, 316
Dwin/Duin/Tibin, III 332–3, 335, 344; VI 92; VII 68–9; X 498–501; XII 105, 111; XIV 178–9, 182
  bulla from, III 342
  I council of 505/6, III 333; VI 84–5, 88–90; VII 67; IX 202; X 497–9, 501–5
    Conciliar act/ First Letter to Persia, VI 89–91 IX 20; X 497–9, 501–2, 505
  II council of 555, I 19; II 89–90; VI 85, 89, 91; VII 67; IX 191, 202–3, 217, 219
    Uχt, VI 89–92; IX 202, 203, 219
  III council of 607, II 89; IX 207; XIV 179
  council of 644/5, IX 193–4, 200
  council of 719, II 90; XI 253, 265–6, 269–70
Dyophysite(s), II 89; V 191; VI 85–93;

VII 67; VIII 263–5; X 505; XI 258, 264. See also, Chalcedon and "Nestorian"

Edessa, I 24; II 83; III 332–5; IV 41; V 186; VI 82, 86; VII 63; IX 216; X 503
Egypt, VIII 263; IX 221, 223
Egyptians, I 7; VIII 263
Ējmiacin, II 84; VII 69. See also, Vałaršapat
Ekełeacʻ/Ekełecʻ, canton, V 182; VII 61
Ekełeacʻ, peace of, see peace of Akilisene
Eleazar, IV 41
Elia of Sarebay, IX 219
Elijah, IX 210
Ełišē, *History of Vardan and the Armenian War*, IV 38; V 186, 192; VI 85; IX 199, 205, 209–10, 218; XII 92, 96, 101–2, 104, 111; XIII 311–15, 317–18
  Yałags mianjancʻ, attributed to, IX 205
Enkratios, VIII 258; IX 185
Ephesus
  I council of 431, I 24; II 90; III 332; VI 87–8, 90; X 505; XI 258
  II council of 449, III 333
Ephraem Syrus, I 22; VI 84; IX 217; XI 264
Epic Histories, see Pʻawstos Buzand (Ps.)
Epiphanius, *Notitia*, III 340
Epiphanius/Epipʻan, Greek disciple of Daniēl of Tarōn, IX 211, 215
Ērānšahr, III 341; XII 93
Ērazman, see Xoṙeam
Erevan, I 13
Erzurum, see Theodosioupolis
van Esbroeck, Michel, XI 261
Euchaïta, III 340
Eucharist, II 90; XI 249–50. See also, Armenian, eucharistic rite
Eudoxia, Byzantine empress, VIII 265; IX 223
Eunomius, bp, V 184
Euphemia, VIII 258; IX 185
Euphrates/Epʻrat, river
  frontier, III 327, 329
  northern, I 21, 25; II 82; III 335, 339–41; V 193–4; VI 80, 82; VII 61; VIII 258, 267; IX 180, 184, 210, 213
  eastern/Arsanias/Murad-su, I 25; II 82; III 328; V 181; VI 81
Europe, I 12
Eusebius of Caesarea, *Chronicle* of, I 7
Euthemios, St, IX 224
Euthemius, archimandrite, XI 258
Euthemius Zigabenus, *Panoplia dogmatica*, XI 254, 256–7
Extrême-Orient, see Far East

GENERAL INDEX

Eznik, *Nšanagir*, attributed to, XII 92
Ezr, Armenian kat'oɫikos, XI 268

Far East/Extrême-Orient, I 17. See also,
  Byzantine, Far East
Farracvmart-ī Vahrāmān, *Matakdān ī hazār
  datastān/Book of One Thousand
  Judgements/ Sasanian Lawbook*,
  XIII 314–15, 317–18
Far West, see, Iran, Far West of
Faustus of Byzantium, see P'awstos Buzand
  (Ps)
Firuzābād, XIII 312–13, 318
Flusin, B., IX 220, 223
France, II 84
Franks, IX 178
French, I 8
Frye, R., XIII 313

Gabriel, Iberian kat'oɫikos , X 500–501
Gagik Arcruni, king of Vaspurakan, IV 39;
  X 501
Ganjak of Atrpatakan, XII 93
Ganjasar, monastery, IX 177
Gardman, district, IX 208
Garitte, G., I 25; II 89; IV 29; V 193; VI 90
Gaṙnahovit, II 86
Gaṙni, I 10
Geltzer, H., IX 178
George, bishop of the Arabs, *Letter*, XI 254
George of Cyprus, *Descriptio orbis
  Romani*, III 339
Georgia, see Iberia
Gerasa, V 186
German *limes*, III 330. See also, Index of
  Technical Terms, *limes*
Germanos, patriarch of Constantinople,
  XI 261
Gignoux, Ph., XI 259
Gind of Tarōn, disciple of Daniēl of Tarōn,
  IX 213
Girk' T'ɫt'oc', see Armenian, *Book of
  Letters*
Giudi, see Sararad
Giwt, Armenian kat'oɫikos, I 23
Glajor, monastery, IX 177
Glakavank', see Surb Karapet
"glory", see Index of Technical Terms,
  p'aṙk'
Gndevank', monastery, IX 177 '
Gnuni, princely house, XII 100
Gobazes II, Lazic king, III 338
Golden Age/Age d'Or, II 81–2, 84, 91;
  IX 183
Gōr-gōn, III 342
Gorobanes, see Bahram V

Goš, monastery, IX 177
Greatrex, G., V 183–6
"Great Parthian and Pahlav *aspet*", III 342.
  See also, Index of Technical Terms,
  aspet
Greek(s), I 7, 24; II 83; III 335, 348–9;
  VI 83–4, 86; VII 65–6; VIII 262;
  IX 185, 201, 204, 216; X 502;
  XI 252, 259–60, 270; XII 92. See
  also, Byzantine, Church
  inscriptions/graffiti, I 10
  sources, III 339; IV 34, 39; V 181, 191.
  See also, Byzantium and listing by
  author
Gregorid(s)/Gregorid House, I 18–19;
  VI 85–6, 88; VII 60–61, 64; IX 211
  Hellenizing tendency, VI 86
Gregory the Illuminator, St, I 21–3; II 84;
  III 337; IV 41; V 188; VI 82–5;
  VII 59, 62–4; VIII 259–60, 262;
  IX 179, 184, 186, 195, 201, 204,
  210, 213, 220–21; X 503; XI 250,
  253, 270
  anaphora attributed to, VI 84
  Teaching/Vardapetut'iwn, XI 250–51;
  XII 92
Gregory Nazianzenus, St, VI 84; IX 179
Gregory of Nyssa, St, VI 84; IX 179
Grigor Magistros, prince, *Letter to the
  Syrian kat'oɫikos*, XI 254
Grigor Narekac'i , IX 178, 187
Grigor, Tat'ewac'i, IX 178; XI 271
Grigoris, St, IX 186
Guaram I, Iberian ruler, III 347
Gugark, march, III 337
Gund-i kadag-χwadāyagān framadār, see
  Index of Technical Terms
Gundešāhpür/Bēt Lāpāt, VI 85
  synod of, VI 89–91
Gurgan, see Hyrkania
Gurzan, see Iberia
Gyselen, Rika, III 342; XII 93; XIV 177–8,
  182

Hac'ekac'/Hatsekats, VII 65
Hakobyan, V., IX 191–3
Haɫbat, monastery, II 88; IX 177
Haɫarjin, monastery, IX 177
Hamarakar of Vaspurakan, III 342. See
  also, Index of Technical Terms,
  hamarakar
"Hamazasp" (Mamikonean), I 19
Hamazasp Arcruni, prince, IV 39
Hamazasp Kamsarakan-Pahlawuni, prince,
  VIII 259, 261–2; IX 225
"Hamazaspuhi" (Mamikonean), I 19

Hanjit/Anzitene, western Satrapy, VI 81
Handes Amsorya, journal, I 12
Hanssens, I.M., XI 250
Harvard University, I 15
Hatsekats, see Hacʻekacʻ
Hebrew, III 349
Helenopontus, III 340
Heliopolis, V 186
Hellenizing School, see Armenian, Hellenophile School
Henotikon, III 333, 350; VI 84, 88–9, 92; X 497, 499, 501–3, 505
Henning, W.B., XIII 312
Henry VI, Holy Roman emperor, XI 255
Hephthalites, XII 98. See also, Kʻušans
Heraclian dynasty, VI 95
Heraclius, Byzantine emperor, II 85; III 340; XI 252, 268
Hermes Trismegistes, IX 204
hermit/solitary, see Index of Technical Terms, *anapatakan/menak/mianjn/miaynacʻikʻ/ihīdāyā*
Hierokles, *Synekdemos*, III 339
Hisham, caliph, IV 42
History of the Hṙipʻsimian Saints, IX 186–7
Hodgson, N., III 330
Hogeacʻ vankʻ, monastery, IX 187
Hoṙomos, monastery, IX 177
Hrahat, Sasanian *marzpan*, XII 108
Hratrin Datan, Sasanian *marzpan*, XII 109
Hṙipʻsimē, St, IX 186–7
Hydroparastes, XI 256
Hyrkania/Gurgan/Vrkan, III 344; VI 85; XII 109–11; XIV 179–80, 182

Iberia/Iberian(s)/Kartli/Gurzan/Georgia, III 327–8, 332–4, 336, 341, 344, 347–8, 350; VI 84; XI 254; XII 91, 93, 103, 108–9; XIV 178. See also, Wirozān
 alphabet, III 348
 Church of II 89; III 333–4, 337, 350; V I94; X 497–8, 500–502, 505
  Autonomy of, III 350–51
  bishops, III 351
  break with Armenia, See Armenian Church, schism with Iberia
  katʻołikos, III 334, 337, 350; IX 220. See also, Kiwrion
 languages, III 348
 literature, III 348
 monarchy, III 338, 347–8
 monasticism, III 350–51
 nobility, see Index of Technical Terms, *eristʻavi*
 people of, III 333
 society, III 335–6, 348
 sources, III 343; IV 40
 "Syrian Fathers", III 351
Ibero-Armenian, III 337
Ile-de-France, II 84
Inčičean, VIII 260
incorruptible/incorruptibility, II 89; XI 261–2, 266, 269. See also, Index of technical terms, *anapakan*
India, III 333
Ingilene, see Angeł tun
Interregnum, II 85, 87–8, 91 *and passim*; IV 39
Iran/Iranians/Persia, I 9, 19, 26; II 83; III 328–30, 333–6, 338–9, 344–5, 347, 349, 351; IV 33, 36; V 186–7, 190, 193, 195; VI 79, 82, 90, 92, 94–5; VIII 259; IX 182, 184, 202; X 504; XI 259; XII 91, 95, 104, 110; XIII 317; XIV 183. See also, Sasanians
 Christians, V 186
 Church, see Sasanian State Church
  councils, III 337, 349; VI 82. See also listing by location
 Far West, III 327, 341, 343, 345; VI 95
 ideology, I 20–21; IV 35–7; VI 93; XII 91
 inscriptions, I 11; III 341; XIII 312, 318
 loan-words, III 348
 merchants, VI 85
 missionaries, VI 85, 90–91; X 502
 seals/sigillography, III 341–2, 347; XII 93; XIV 177–8, 180, 182–3
 society/institutions, I 19; XII 91
 sources, I 7; III 341–3; XII 91; XIII 312, 318; XIV 183
 visual sources, I 15, 20; XII 91
Islam, III 327, 351–2
Isphahan, XII 97
Issus, II 83
Italy, X 502

Jacob of Sarug, *Letter concerning the Faith*, VI 90
Jacobites, VIII 263; XI 254, 258
James, St, XI 249–51
James of Nisibis, St, VII 65; IX 186–7
Jerusalem/Holy City/Ville Sainte, III 350; VIII 258–9, 260, 262–5, 267; IX 185, 220–22, 224–5; XI 250
 Chalcedonian patriarchs, VIII 262–3, 265; IX 222. See also, John IV and Juvenal
 council of 1142, XI 255

Lectionary, VIII 259, 267;
  IX 220–21, 225
Persian sack in 614, VIII 261
Jews/Jewish, XI 257, 259
  communities, III 336–7
  faith, IV 40–41
  Judaising influence in Armenia,
    XI 256–8, 259
  medieval cemetery in Armenia, II 81
  origin of the Bagratids, see Bagratids
Jiraw, battle, IV 31
John. See also, Yovhannēs
John the Baptist/Precursor, St, IX 187,
  188–9, 210
John the Evangelist, St, XI 256, 260, 267
John IV, patriarch of Jerusalem, *Letter to
  Abas*, VIII 263–7; IX 222
John of Antioch, patriarch, V 186; VI 87
John Bar Šušan, Jacobite patriarch, XI 254
John Chrysostom, St, VI 84; XI 249, 256,
  258
John the Hesychast, VIII 258; IX 185
John Moschos, *Pratum spirituale*, VIII 266;
  IX 223
John Tsimiskes, Byzantine emperor, IX 187
Jones, A.H.M., V 183
Joshua the Stylite, *Chronicle*, X 504
Jovian, Roman emperor, VI 81
Judah Maccabeus, IV 39
Julian, Roman emperor, IV 30
Julian of Halicarnassus, II 89–90; XI 261,
  265–6, 268–9
Julianism, IX 218; XI 269–70
  Influence in Armenia, XI 265, 267–9
Justi, XIII 313
Justin I, Byzantine emperor, VI 89
Justin II, Byzantine emperor, VI 92; XI 252
Justinian I, Byzantine emperor, I 18; II 83;
  III 335, 338–41, 346–7; V 181, 190,
  192, 195; VIII 262
Justinian II, Byzantine emperor, XI 252
Juvenal, patriarch of Jerusalem, VIII 263

Ka'aba-i Zardušt, see Kaaba of Zoroaster
Kaaba of Zoroaster, III 341
Kaine Polis/New City, see Vałaršapat
Καλή' Αρχή/"Beau Début", V 182, 193
Kamsarakan-Pahlawuni, princely family,
  II 86; VIII 261; IX 226, See also
  listing by personal name
Kanonagirk' Hayoc', see Armenian,
  Kanonagirk' Hayoc'
Karabagh, I 26; IX 187
Karana, see Sebastopolis
Karnamag-i Ardašir, XII 92
Karin, district, V 181–3, 189. See also,

Theodosioupolis
Karin/Karnoy k'ałak', fortress, see
  Theodosioupolis
Kartir/Kirdīr, III 341
Kartli, see Iberia
Kartvelians, see Iberia, people of
Kavād, Sasanian king of kings, III 338;
  V 189; VII 68; X 498, 503–4
Kavād II, Sasanian king of kings, XIV 179
Keč'aris, monastery, IX 177
Kitharizon/Citharizon, fortress, III 331, 340
Kiriakos, bp, III 340
Kiwrion, kat'ołikos of Kartli, III 332;
  IX 189, 220; X 500
Knik Hawatoy/Seal of Faith, II 87, 90;
  XI 268
Komitas, Armenian kat'ołikos, II 86–7, 90;
  VIII 261, 268
Koprik/Kodrik, III 343; XII 109
Korduk'/Bēt Qardu, eastern Satrapy,
  VI 81–2
Koriwn, *Life of Maštoc'*, II 81, 83; IV 29,
  32; V 185, 188–9, 192–3; VI 86, 88;
  VII 65; IX 199, 205–7, 212; XII 93
K'ušan(s), III 345; IV 33; XII 98, 104;
  XIII 317

Latin, III 349
Latin liturgy, XI 255
Latins/Catholics, XI 250, 270
Łazar P'arpec'i
  History of Armenia, I 23; II 82–3, 85,
    88; III 343; IV 29, 33, 38–9, 42–3;
    V 182, 186, 192; VI 85–6; VII 65;
    IX 198–9, 205–6, 212, 217–18;
    XII 92, 100–102, 104, 106, 108, 111;
    XIII 311–12, 314
  Letter to Vahan Mamikonean, IX 205–8,
    213–14
Lazes, III 335
Lazica, see Colchis
Leo I pope, *Tome*, X 500–502
Leo I, Byzantine emperor, *Encyclical letter*,
  III 335; VI 81
Leo I, Armenian king of Cilicia, XI 255
Leo III, Byzantine emperor, I 15
Leontius of Caesarea, bp, VII 59–60
  Letter to St Gregory the Illuminator,
    IX 189
Leontopolis, see Bizana
"Lesser Ministry of Finance", see Index of
  Technical Terms, *Vačaṙn p'ok'r*
Łewond vardapet, II 88
Livre des lettres, see Armenian, *Book of
  Letters*
Lmbat, II 86

"Lords with contingents and banners", see
  Index of Technical Terms, *"gndic'
  ew drōšuc' teark'"*
Maccabees, IV 39, 41
  Armenian/Christian, see Armenian,
  Maccabees
Magi, I 19; IX 186, 199; X 504; XII 104;
  XIII 316
*Magister militum per Armeniam, Pontum
  Polemoniacum et gentes*, III 331,
  341; V 181
Magister utriusque militiae per Orientem,
  IV 32
magistrate, III 336
Mahé, J.-P., IX 204; XI 262
Mahk'ertun/Bēt Mahqart, eastern Satrapy,
  VI 81
Māhtaspand, *rat*, XIII 317
Maiferqat, see Martyropolis
Mak'enoc', monastery, IX 177, 187
Mambrē, hermitage, IX 211, 216
Mambrē, scholar, V 191
Mamikonean, princely family, I 18–19;
  II 86; III 346; IV 30, 35, 38–9, 42–3;
  VI 86; VII 64, 67–8; IX 226;
  XII 109–10; XIV 180–81
  pro-Byzantine party, VI 86
Mamušeł, river, IX 211
Mananali, canton, III 334
Manandyan, H., I 16,
Manazkert
  council of 725/6, II 90; VII 69;
  XI 253–4, 265–6, 268, 270
Manē, St, IX 186, 210
Manichaean(s)
  communities, III 336–7
  psalm, XI 259
Manuel I Comnenus, Byzantine emperor,
  XI 255
Manuēl Mamikonean, prince, III 344;
  IV 30, 34; V 182; XII 106;
  XIV 180–81
Mariam Bagratuni, princess of Siwnik',
  IX 177, 215
Mardirossian, Aram, IX 190; XI 269
Marmašēn, monastery, IX 177
Martbüt, *Magupatān-magupat*, XIII 315
Martindale, J.R., *Prosopography of the
  Later Roman Empire*, V 185;
  XIII 313
Martyropolis/Maiferqat, III 338, 340;
  X 503
  Marut'a, bp of Martyropolis, III 334
Masis, see Ararat, mount
Mastara, II 86

Maštoc', St, II 81; III 334; IV 32; V 185,
  188–9, 191–2; VI 86–8; VII 60,
  65–6, 69; IX 199, 206, 212, 214,
  216; XI 252
Maštoc', kat'ołikos, IX 183
Matenadaran, ms #659, IX 193, 197, 209
Mathews, Edward, IX 195
Mattathias Maccabeus, IV 39
Matthew the evangelist, XI 260, 267
Maurice, Byzantine emperor, III 329, 340,
  345, 347; VI 93–4; XIV 183
  council of Union, III 334; VI 93; XI 251
Maximianus, *magister militum*, V 185
Mazan, IV 35
Mazdeism, see Zoroastrianism
Mcχeta, III 344, 350
Mec Cop'k'/Sophanene, western Satrapy,
  VI 81. See also, Sophanene
Mediterranean world, I 26; II 83; III 336;
  XI 259
Mehršapuh/Mihršāhpūhr/Nersapo,
  Mamikonean, bp of Tarōn, I 19;
  VII 67–8; IX 219. See also, Nersēs II
  and Mehršapuh, *canons* attributed to
Meillet, A., I 16
Mekhitarist congregations, I 8, 12; II 81
Melik-Ohandjanian/Melik'-Ōhanǰanean,
  K., I 15
Melitene, III 332, 335; V 185; VI 80;
  IX 184
Mer Noire, see Black sea
Mercier, Ch., I 16,
Meruzan/Meruzanes, bp, VII 63
Mesopotamia/Mesopotamian, II 83;
  III 327–37, 340; V 184–5, 192, 194;
  VI 86, 92, 95; VII 63, 66, 68–9;
  X 503
  bishops, III 337
  Ἐπαρχία Μεσοποταμίας, III 340; VI 81
  mission to Armenia, IX 202–3
  Persian, III 334
  Syro/Mesopotamia, III 348; IV 32
Michael the Syrian, *Chronicle*, V 184
Middle East/Moyen Orient, see Orient
Mihrān, princely house, III 342, XII 108
Mihr-nerseh, *vuzurg framadār*, XII 107;
  XIII *passim*
Mithra, I 19
Modestos, patriarch of Jerusalem, *Letter to
  Komitas*, VIII 261
Mokk'/Bēt Moksayē, eastern Satrapy,
  VI 81–2
monasticism, VIII 265–7. See also,
  Armenian, monasticism
Monoenergy, XI 262–3
Monophysite(s), I 7; II 89–90; VI 82–3, 87,

GENERAL INDEX

90, 92–3, 95; VIII 264–5, 267;
    IX 221; XI 258, 267; XIV 183
  addition to the *Trisagion*, VIII 267;
    IX 185
  missionaries, III 334
  sources, VI 92
Monothelitism, XI 262–3
Movsēs II, Armenian katʻołikos, VI 93–4;
    XI 251
Movsēs of Cʻurtaw, bp, *Letter*, IX 189–90,
    203
Movsēs Kałankatuacʻi/ Dasχurancʻi,
    History of the Albanian People,
    II 88; VIII 262; IX 190–91, 203, 221;
    X 502, 504; XII 92, 97, 104, 111
Movsēs of Siwnikʻ, II 87
Movsēs Xorenacʻi, *History of Armenia*,
    I 16; II 88; IV 29–37, 44 and *passim*;
    V 182–5, 187–94; IX 205
"Movsēs", monk, V 191–4
Mouradian/Mouradyan, A.N., I 16
Moyen Orient, see Orient
Mren, II 86
Murad-su, see Euphrates, eastern
Muš, IX 177; XI 270
Mušeł Mamikonean, prince, IV 30, 36
Muslim(s), I 25; III 351; V 181
  caliph/caliphate, I 22; V 181
  emirates, II 92; IV 39
  taxes, IX 226
Mχitʻar Sasnecʻi, XI 270–71
Mzur, canton, V 185

Narratio de rebus Armeniae, II 89;
    V 182–3, 193–4; VII 67; XI 267;
    XII 92
Narek, monastery, II 88; IX 177
Near East, see Orient
Nersapo, see Mehršapuh
Nerseh Kamsarakan, prince, II 87; IX 226
Nersēs I, the Great, St, Armenian
    katʻołikos, IV 30; VI 86; VII 64;
    VIII 260; IX 179–83, 198, 209, 211,
    221
Nersēs II, Armenian katʻołikos, I 19; VI 89,
    91; VII 67–8
  Answer to the Syrians, IX 202
  Letter of Blame, VI 91
  Letter to southern bishops, VI 91;
    IX 203
Nersēs II and Mehršapuh of Tarōn, *canons*
    attributed to, IX 191–2, 200, 217
Nersēs III, Armenian katʻołikos, II 87;
    XI 267
Nersēs IV, Šnorhali, Armenian katʻołikos,
    Profession of Faith, XI 255

Nersēs Lambronacʻi, arbp of Tarsus,
    XI 255, 259
"Nestorian(s)",VI 90–93; VII 66–7; XI 253,
    269. See also, dyophysite
Nestorius, patriarch of Constantinople,
    VI 91; XI 258
New City/Kaine Polis, see Vałaršapat
New Djulfa, II 92
Nicæa, council of 325, I 18, 22; III 350;
    VI 84–5; X 505
Nikopolis, III 332, 340; VI 84–5; VIII 258;
    IX 185
Nino, St, III 334
Nisibis, III 328–9, 333–5; V 184, 194;
    VI 90–91; VII 65; IX 187
  eparchy of, VI 82, 90–91
  treaty of, see treaty
Niχor Všnaspdat, XII 108
Niχorakan Sebuχt, XII 107. See also,
    Sebukht and Index of Technical
    Terms, *nixoragan*
Noah's Ark, VII 65
Nöldeke, XIII 313
non-Aryans, XII 94, 101; XIII 311
Nor Bargirkʻ Haykazean Lezui, IX 198
Noravankʻ, see, Amału/Noravankʻ
Notitiae, episcopal, III 340

Occident/West, I 8, 17, 24–5, 27; XIII 313
Ōjun, II 86
Orbeli, J., I 15
Orient/Middle East/Moyen Orient/Proche
    Orient/Oriental civilization, I 7, 12,
    17, 21, 24; III 327, 335, 349; IV 35;
    V 195; VI 85
Ōrmanean, Malachia, X 499, 503
Ōrmizd IV, Sasanian king of kings, XIV 178
Ōrmizd-Pērōz Fire Temple, XIII 315
Orotnavankʻ, monastery, IX 177
Orthodox Church, see Byzantine, Church
Ōšakan, II 86; IX 206
Oskean, H., IX 185
Osrhoene, III 335, 339; V 184, 194
Ottoman empire, II 92
Ouaranes, see Bahram V
Outremer, II 92

Pact of Union, see II council of Dwin, *Uχt*
    and Index of Technical Terms, *uχt*
Pahlawuni, see Kamsarakan-Pahlawuni
Palestine, VIII 258, 263, 266–7; IX 185, 221
  monasticism in, IX 223–5
Palmyra, IV 31
Pap, king of Armenia, IV 30–31, 34; V 182,
    193; IX 209; XII 106
Pappus of Alexandria, geographer, IV 44

Parthia/Parthian, I 7, 20; II 82; III 328, 348, 351; V 193
Middle-Parthian language, I 16
Paulician heresy, II 89
Pawłos Tarōnac'i, XI 270
P'awstos, bp, IX 212
P'awstos Buzand (Ps), *Epic Histories/Récits épiques/Buzandaran Patmut'iwnk'*, I 11–12, 19, 21; II 81–3, 91; III 346; IV 29, 31–3, 36–8, 42; V 181–2; VI 79–80, 83, 85; VII 60, 63–4, 69; IX 179–82, 196, 198–9, 205, 207, 209; XI 251; XII 92–3, 95, 100–102, 106–7, 111; XIV 178, 180–81
P'aytakaran, XII 105; XIII 312
Pazmavēp, see *Bazmaveb*
Peace of Akilisene/Ekełeac', III 328
Peeters, P., I 21; VI 86
Pehlevi, I 16; III 335
Pemzašēn, II 86
Perikhanian, Anahit, XIII 313, 315
Pērōz, Sasanian king of kings, XIII 315, 317
Persarmenia, I 25; II 82; III 329–30, 332–3, 335, 337–40, 344, 346, 349; IV 34; V 184, 192; VI 87, 91, 93; VIII 258; IX 184–5, 204; X 503–4; XII 91, 93; XIV 178–9
Loyalty to the Sasanians, XII 94–5
Persia/Persians, see Iran/Iranians
Persian Gulf, III 337; VI 85, 91, 93
Peter the Iberian, III 333
Peter Knaphaeus, patriarch of Antioch, X 504–5
Peter Mongus, patriarch of Alexandria, X 504–5
Phantasiasts/Aphthartodocetists, II 89–90; XI 262, 265–6, 269. See also, Yovhannēs Ōjnec'i, *Contra Phantasiastikos* and Julian of Halicarnassus
Philippikos/Bardanes/Vardan, Byzantine Emperor, I 15
Philo of Alexandria,
De Jona, I 7
De vita contemplativa, IX 205
Philoxenus of Mabboug, bp, II 90; VI 93; XI 265
Phœnicia, V 186
Pliny the Elder, *Natural History*, I 9
Plutarch, *Parallel Lives*, I 9
Pontus/Pontic lands, II 83; III 335, 338
diocese of, IX 184
Proche Orient, see Orient
Procopius, I 18; III 331, 333, 338–9; V 181, 183–4, 186–7, 189–90, 192–3

Proklos of Constantinople, Byzantine patriarch, III 332; IV 32; V 188; VI 87–8
Tome to the Armenians, IX 203–4
Ptłni, II 86
Ptolemy, geographer, IV 44

Qālīqalā, see Theodosioupolis

Rabbula of Edessa, bp, VI 87–8
Ramsay, W., V 183
Řazmiozan, see Xořeam
Récits épiques, see P'awstos Buzand (Ps.)
Renoux, Ch., VI 84
Resh'ayna, V 184. See also, Theodosioupolis-Resaïna
Rhandeia, Peace of, III 328
roi des rois, see Sasanian, king of kings
Romanos Lekapenos, Byzantine emperor, X 501
Rome/Roman Empire, I 19, 21–2, 26; II 82; III 328–9, 333, 345, 348; V 187; VI 80; VII 61; IX 184; XIII 312. See also, Byzantium
commanders, III 338
garrisons, III 335
monasteries, IX 201
prisoners, III 337
Satrapies, see Satrapies
urban pattern, III 348
"Romans", III 350

Sabas, St, VIII 258, 266–7; IX 185, 221, 224
Safavid empire, II 92
Sahak I the Great, St and kat'olikos, I 23; III 332, 334; IV 32, 34; V 188–9; VI 85–8; VII 65; IX 183, 203–4, 206; XI 262
canons attributed to, IX 190, 194, 200
hypothetical trip to Imperial Armenia, IV 34; V 188
Letter, VI 88
presumed correspondence with Theodosius II, Atticus and Anatolius, IV 32; V 188, 192
Sahak III, Armenian kat'ołikos, XI 252, *Discourse* attributed to, XI 261–2, 266
Sahak, bp of the Mamikonean, VII 68–9
Sahak Arcruni, prince, IV 39
Sahak Bagratuni, prince, III 344; IV 34–5; XII 107–8, 110
Sahak of Manazkert, non-Gregorid kat'ołikos, VII 61
Šahapivan, Council of 444, *canons*, VI 85; IX 191–3

canon xv, IX 191, 193, 195–7, 209, 217
canon xvi, IX 192–3, 196, 201, 217
Šāhpūr I, Sasanian king of kings, III 341, 345; VI 85
Šāhpūr II, Sasanian king of kings, III 345; IV 30; VI 85; XII 92–3, 111
Šāhpūr III, Sasanian king of kings, III 328; IV 30
Šahrvaraz, see Xořeam
Sakastan, counsellor of XII 93. See also, Index of Technical Terms, *anderjapet*
Šałita, Syrian disciple of Daniēl of Tarōn, IX 211, 215
Sałmosavank', monastery, IX 177
salt, XII 111
Samosata, VI 86; VII 66
Samuel Vahewuni, prince, XII 97
Sanahin, monastery, II 88; IX 177
Sanjian, Avedis, VIII 260–61, 263; IX 221
Sapor, king of Persia, V 193. See also, Šāhpūr
Šapuh, see also Šāhpūr
Šapuh, Sasanian *marzpan*, XII 108
Šapuh Bagratuni (Ps.), I 17
Sarebay/Sarepa, monastery,VII 68; IX 219
Sararad/Giudi, mount, VII 65
Sargis, disciple of Mayragomec'i, XI 268
Sargisean, VIII 260
Sasanian(s)/Sasanian Empire, I 19, 20, 22, 25; II 82, 85; III 336–7, 341, 343, 349; V 192; VI 85, 94–5; IX 193, 209–10; X 503; XII 91, 95, 98–100, 106, 111; XIII 313. See also, Iran
administration, III 341–5, 348; IV 34; XII *passim*
army, XII 98
conquest of Armenia in 363/4, I 20–21; V 183; XII 111
in 450/1, VI 83
council of magnates, XII 92, 101
division into four parts, IV 34–5; XII 93
earlier period, XII 100
effigy, XII 111
garrisons, XII 110–11
king of kings/Persian king, I 20, 22–3; II 85; III 331, 336, 344, 346, 349; VI 85, 93, 95; XII 94–6, 103, 105, 107, 111; XIII 312, 314–15; XIV 179, 182. See also, listing by name
secular jurisdiction over the Armenian Church, I 23; III 349; V 188; VI 85, 87–8, 94; XII 94
later period, VI 85; XII 104, 108, 111–12
Law-book/ Book of One Thousand Judgements, see Faraχvmart-ī

Vahrāmān
magnates/grandees, XII 106. See also, council of
officials, III 342–5, 347; XII 93, 100–103, 109–12; XIV 182
seal, see Iranian, seals
social structure, I 7, 19; XII 91
State Church/Church of the Orient/ Church of Persia, I 22–3; II 84, 89; III 334–5, 349; VI 80, 85, 88–9, 93, 95; X 505
taxes, XII 95–6, 99, 104, 110, see Index of Technical Terms, listing by type
treasury, XII 95–7, 110. See also, Index of Technical Terms, *Vačařn p'ok'r*
Satala, III 339–40
Satrapies, I 25; II 82–3; III 328, 335–7, 339–41, 345–9; V 181; VI 81–2, 90; VII 61, 63. See also listing by name
Eastern retroceded to Persia, VI 81
Roman/Western, VI 81
Sceau de la Foi, see *Knik' Hawatoy*
Schrier, O.J., V 184
School of Antioch, see Syriac Christianity
School of the Persians, III 333–4
Seal of Faith, see *Knik' Hawatoy*
Sebaste, III 340; VI 80; VIII 258; IX 184, 195
Sebastopolis/Karana, III 340
Sebēos (Ps.), *History*, I 16; II 88; III 343, 346; IV 33; IX 203, 205; XII 92, 97, 104, 108, 110; XIV 178–80, 182–3
Sebukht, XII 108. See also, Niχorakan Sebuχt
"Second after the king", XII 92
Sēd-hōš, III 342
Seleucia-Ctesiphon,
council of 410, I 22; III 334, 336; VI 81–2, 84–5
council of 424, VI 89
council of 486, VI 89
council of 496, VI 89
doctrine, see Sasanian State Church
Seljuks, V 181
Sepuh, mount, IX 186, 215, 226
Severus of Antioch, III 340; XI 261, 266
Severans, XI 270
Sewan, lake, IX 177, 215
Simeon of Amida, metropolitan, VI 81
Simeon of Bēt Aršam, bp, IX 202; X 500
Sinai, IX 225
"*Treatise against those who oppose mixing wine in the chalice*", XI 254
Širak, canton, II 87
Sis, councils of, XI 255
Sisian, II 86

Siwnik', IX 213–14; XII 103, 105, 111
  cavalry of, XII 93
  Church of, II 89; VI 94; X 500–501, 505
  prince(s) of, I 18; IX 177
Smbat I, "*Nahadak*", king of Armenia,
  IV 43
Smbat Bagratuni, prince, IV 30
Smbat Bagratuni, "The Confessor", prince,
  IV 43
Smbat Bagratuni, *sparapet* killed at
  Bagrewand, IV 43–4
Smbat Bagratuni, "*Xosrov šum*", prince,
  III 344; VI 85, 94; XII 107, 109–12;
  XIV 178–83
Šmbat "Bagratuni", IV 40–41
  sons of, IV 41
Solomon, kat'ołikos, IX 187
Sophanene/ Mec Cop'k', III 338–40;
  IX 211
Sophene, III 340. See also, Cop'k' Šahuni
Sources
  Arab, I 17
  Armenian, see Armenian, authors and
    listing by author's name
  Classical, I 14; IV 29. See also listing
    by author's name
  Georgian, see Iberia, sources
  Patristic, I 14; IV 29. See also listing by
    author's name
  Persian, see Iranian, sources
  Syriac, see Syriac/Syrian
South-Caucasian languages, see Iberia,
  languages
Sozomenos, *Ecclesiastical History*,
  III 337
Sper, canton, III 346; V 182
Step'annos Ōrbelean, IX 178
Step'annos Siwnec'i, II 87; IX 178;
  XI 261–2, 269
  Letter to Antioch, XI 269
  Letter to Germanos, XI 261–2
Stephen of Tarōn, see Asołik
St James of Kaputkoł, monastery, IX 187
Suans, III 335
Surami range, III 327, 335
Surb Karapet/Glakavank', monastery,
  IX 177, 188–9
Sūrēn, I 19; III 344, 347; IV 34;
  XII 95, 107–9
Šušanik Mamikonean, St, IV 39
Susiana, see Xuzastan
Syriac/ Syrian (s), II 83, 89; III 327, 335,
  348–9; VI 84; VII 64–5, 68–9;
  IX 195, 198, 201–3, 207, 209, 211;
  XI 254

Christianity, I 21; II 84; VI 82, 86–8;
  VII 63–4, 68–9; IX 195–7, 209–10,
  216–17
Fathers, I 22; VI 86; VII 66. See also
  listing by personal name
*First Letter of the Orthodox Syrians to
  the Armenians*, IX 202, 219
sources, I 7, 14, 17, 22; III 333; VI 90;
  VII 69; IX 197. See also listing by
  author's name

Tabarī, XIII 312–18
Tabula Peutingeriana, III 332–3
T'adik, disciple of Maštoc', IX 206
Taft, R., XI 250, 257
T'alin,
  Cathedral, II 86; IX 226
  Church of the Mother of God, II 87;
    IX 226
Tanahat, monastery, IX 177
Tanuterakan tun/Tanuterakan gund, region,
  XIV 178
Tarōn/Tarawn, II 84; VI 83; VII 61, 63–9;
  IX 213, 219
Tat'ew, monastery, II 88; IX 177–8
Taurus mountains, III 331
Tayk'/T'ao, V 181
Tbilisi, see Tiflis
Tchamtchean/Camčean, Michael, *History
  of Armenia*, I 8; X 498
Tełk, holy man of, IX 199
"Tēodos", V 188–9. See also, Theodosius
Terian, A., I 16
Tēr Minassiantz/Minasseanc', Erwand,
  I 21; IX 195; XI 265
Tēr Mkrtč'ean, Galoust, I 12
Tēr Mkrtč'ean, Karapet, I 12; X 498
Thaddeus/Addai St, IV 41; VI 82–3;
  VII 64; IX 186–7
Theodora, Byzantine empress, VI 92
Theodoran Christology, see Dyophysite
Theodore of Mopsuestia, bp, II 84; VI 87–9
Theodoret of Cyr, bp, I 14
  Ecclesiastical History, V 184–5
Theodoros, satrap of Martyropolis/
  Sophanene, III 338–9
Theodosioupolis/Karin/ Karhoy k'ałak'/
  Qālīqalā/Erzurum, III 328, 331,
  339–40; IV 32; V *passim*; X 503
  Anastasian, V 189–90, 195
  bishop of, VI 80–81; IX 184
  council of 632/3, III 340; XI 252, 268
  council of 693, XI 253 ?
  post Justinianic, V 192, 195
  Theodosian,V 191–2
Theodosioupolis-Resaīna, V 184, 194

Theodosius, V 187–9
Theodosius I, the Great, Byzantine emperor, III 328–9; IV 30–33; V 181, 184, 187, 192–4; VI 80; IX 184
Theodosius II, Byzantine emperor, IV 32; V 181, 183–4, 186–8, 191–4
Theophanes the Confessor, *Chronicle*, V 186
Theorianus, XI 255
Therapeutae, IX 205
Thierry, J-M., IX 185–6
Thomson, Robert, I 13; VIII 260; XII 97
Thopdschian, H., IX 178
Thrace, III 345
Tibin, see Dwin
Tiflis/Tbilisi, I 13; II 92; III 343–4
Tigran II, Armenian King, II 81
"Tigranes", supposed king of Armenia, V 187
Tigranocerta/Tigranakert, I 9
Timothy Ælurus, patriarch of Alexandria, *Refutation of the Council of Chalcedon*, I 7; II 90; VI 93
Tiran, king of Armenia, IV 30; V 193
Tiroc' Bagratuni, prince, IV 38–9
Titus, Roman emperor, IX 220
Toubia "Bagratuni", Jewish prince, IV 41
Toumanoff, C., I 18; II 85; III 336, 347–8
T'ovma Arcruni, *History of the House of Arcrunik'*, VI 85
Transcaucasia, I 13, 17; III 330, 332–3, 336–7, 342–3, 346, 348–52; VI 88–9, 95; VIII 264
 union of Churches, VI 94; X 498, 500–501, 504–5. See also listing under individual countries
Trdat, St, IX 213
Trdat/Tiridates, the Great, king of Armenia, VII 59; VIII 260, 262
Treaty
 of Nisibis in 299, II 82; III 328; VI 81
 of 363/4, II 82; VI 81. See also, Akilisene and Rhandeia
Trisagion, VIII 267; IX 185
Turkey, I 9
Turks, see Seljuks
Tzanica, III 331
Tzathes, Lazian king, III 338
Tzumina/Cimin, III 339

Umayyads, IV 42–3
unleavened bread, see bread
unmixed wine, see wine
Urartu, kingdom of, I 9
Uxtanēs Uṙhayec'i, IX 189; X 502, 504

Vačagan, king of Ałbania, *canons* of, IX 190–91

Vačē Mamikonean, prince, IV 41; XIV 180
Vahagn, god, VII 61
"Vahan" (Mamikonean), I 19
Vahan Mamikonean, prince, III 343–4; IV 34, 42; IX 208; X 503; XII 107–10
Vahan of Siwnik', prince, XII 105
Vahewuni, princely family, III 346
Vahram, see Bahram V
Vałaršak, Armenian king, IV 40
Vałaršak, son of Pap, Armenian king, V 182
Vałaršapat/Kaine Polis/New City, II 86; VI 83; VII 62, 64; IX 207–8; X 499
 council of 491, III 333, 337; VI 88; X 497–9, 501, 505
Valens, Roman emperor, IX 182–3
"valour", see Index of Technical Terms, *k'ajut'iwn*
Varag, monastery, IX 177, 186
Varazdat, king of Armenia, V 193; XIV 180–81
Varaztiroc' Bagratuni, "*Yavitean Xosrov*", prince, III 345; IV 42; XII 107; XIV 179
Varaz Trdat II, prince of Ałbania, IX 187
"Vardan" (Mamikonean), I 15, 19. See also, Philippikos
Vardan Mamikonean, *nahapet*, IV 31; XIV 180
Vardan I Mamikonean, prince and saint, I 12; III 346; IV 33, 38–9, 41–3; V 189; XII 111; XIII 311
Vardan II Mamikonean, prince, II 85; VI 92; XII 107–8
Vardanank', I 12; IV 41
Vardanduxt Mamikonean, Armenian queen, V 182
Vard Patrik Mamikonean, prince, III 344; IX 202; XII 107–8
"Vasak" (Mamikonean), I 19
Vasak Mamikonean, *sparapet*, IV 31; XIV 180
Vasak Siwni, prince, IV 33, 38; XII 103, 107, 109–10, 112; XIII 312
Vaspurakan, region, IV 39; IX 186–7; X 501
 auditor of, XII 93, 97. See also, Index of Technical Terms, *hamarakar*
Vaxt'ang Gorgasal, Iberian king, III 333–4, 344, 350
Vehvehnam, *hazarapet of Armenia*, XII 108. See also, Index of Technical Terms, *hazarapet*
Venezia, I 8, 12
Vienna, I 12
Vndatakan Nixorakan/Vndstam Xorakan, XII 105. See also, Index of Technical Terms, *nixoragan*

Vööbus, A., IX 216
Vrkan, see Hyrkania
Vram, see Bahram V
Vrtʻanēs, St, IV 38–9, 41; VII 64
Vrtʻanēs Kʻertoł, IX 189

Ward-Perkins, John, III 351
West, see Occident
"Western Fathers", III 349; VI 89
Wikandert, S., XIII 316
wine
  mixed with water, XI 250–53, 262–3, 265, 270–71
  pure/unmixed, XI 249–51, 253, 256–60, 263–4, 270–71
Winkler, Gabriela, I 22; VI 84
Wirozān/Iberia, III 342. See also, Iberia

Xad of Marag, bp, V 182; IX 182
Xořeam/Šahrvaraz/Řazmiozan/Ēřazman, Sasanian general, XII 105
Xosrov, king of Armenia, V 193
Xosrov Anjewacʻi, *Commentary on the Divine Liturgy*, XI 266–7
Xusrō/Xosrov I, Sasanian king of kings, III 342, 347; XIV 178
Xusrō/Xosrov II, Sasanian king of kings, II 85; III 329, 344; IV 42; VI 85, 93–5; XII 97, 105, 107, 109, 112; XIII 314; XIV 178–9, 183
Xuzastan, I 21; III 337; VI 85, 90–92

Yačaxapatum čařkʻ, IX 204
Yakob of Sarebay, IX 219
Yakob of Tatʻew, IX 178
Yałags mianjancʻ, IX 205
Yazdgird /Yazkert I, Sasanian king of kings, III 338; XIII 312, 315
Yazdgird/Yazkert II, Sasanian king of kings, XII 106, 111; XIII 311–12, 315–16
Yovhannavankʻ, monastery, IX 177
Yovhannēs Awjnecʻi, see Yovhannēs Ōjnecʻi
Yovhannēs Drasxanakertcʻi, "the Historian", Armenian katʻołikos, II 90; IX 186, 215; X 497, 499–501, 504
Yovhannēs I, Mandakuni, Armenian katʻołikos, X 497, 499
Yovhannēs II, Gabełean/Yovhan, Armenian katʻołikos, VI 92; VIII 263, 265; XI 252
  Letter to Abas, VIII 263–5
  Letter to Siwnikʻ, IX 203
Yovhannēs Ōjnecʻi/Awjnecʻi, "the Philosopher", Armenian katʻołikos, II 87, 89–90; VI 95; XI 253, 261–2, 265–7, 269
  Book of Canons, See Armenian, *Kanonagirkʻ Hayocʻ*
  Contra Paulicianos, II 89
  Contra Phantasiastikos, II 90; XI 265
  Discourse attributed to, XI 261, 264–5
Yovhannēs, katʻołikos, IX 178
Yovhannēs Mamikonean (Ps.), *History of Tarōn*, I 14; IX 189, 205
Yovhannēs Mayragomecʻi, II 89–90; IX 190, 192–3; XI 267–9, 271
  disciples of, II 90; XI 267, 269, 271. See also, Sargis
  influence of, II 89–90; XI 267–9
Yovsēpʻ, disciple of Maštocʻ, IX 206
Yovsēpʻ of Sarebay, IX 219
Yuvān-Yam, XIII 317

Zabdicene, III 345
Zanguezur, II 81
Zarmanduct, queen of Armenia, XII 95, 106
Zarmir Hazarawuct, Sasanian general, III 344; XII 108–9
Zeno, Byzantine emperor, III 341; X 497–502
Zenob Glak (Ps.), *History of Tarōn*, I 14; IX 189, 204
Zoroastrianism/Mazdeism, I 12, 22; III 336, 349–50; IV 38; VI 79, 88; IX 217; XII 91, 95, 111; XIII 311, 313
  divinities, VII 61, 64
  ideology, IV 35–7
Zurvāndāt, XIII 316
Zurvanite, XIII 316
Zwartʻnocʻ, II 86